D1746385

Antiqua 18

Veröffentlichung der Schweizerischen Gesellschaft
für Ur- und Frühgeschichte

Publication de la Société Suisse de Préhistoire et d'Archéologie

Pubblicazione della Società Svizzera di Preistoria e d'Archeologia

Antiqua 18

Veröffentlichung der Schweizerischen Gesellschaft
für Ur- und Frühgeschichte

Publication de la Société Suisse de Préhistoire et d'Archéologie

Pubblicazione della Società Svizzera di Preistoria e d'Archeologia

1989
Verlag Schweizerische Gesellschaft für Ur- und Frühgeschichte, Basel

Paul Gutzwiller

Das vormittelalterliche Fundgut vom Areal der Frohburg bei Trimbach/SO

Mit einem Beitrag über die Fundmünzen von S. Frey-Kupper

Umschlagbild: Trimbach SO-Frohburg von Norden (Luftaufnahme: Hist. Seminar, Basel)

Publiziert mit Unterstützung der Schweizerischen Bundesfeierspende und einem Beitrag des Kantons Solothurn.

Redaktion: K. Meier-Riva
Übersetzungen: Ph. Morel, S. Sulzer, A. Stoll-Marci
Photos: Hist. Sem. Basel, Militärflugdienst, J. Stauffer
Zeichnungen: Kantonsarchäologie Solothurn, P. Gutzwiller

Satz: M. Grauwiler, Kaiseraugst
Satz und Druck: Reinhardt Druck Basel

Copyright by Schweizerische Gesellschaft für Ur- und Frühgeschichte, Basel 1989.
Printed in Switzerland
ISBN 3-908006-10-4

Inhaltsverzeichnis

Vorwort 7
Vorbemerkungen 8

EINLEITUNG 9
   1. Topographie und Geologie 9
   2. Forschungsgeschichte und Publikationsstand 11

BEFUNDE 13
   1. Bemerkungen zur Grabungstechnik 13
   2. Die Befunde der Grabungskampagnen 1973–1977 14

FUNDE UND AUSWERTUNG 17
   1. Neolithikum 17
      Keramik 17
      Felsgestein 18
      Silex 18
      Ergebnisse 18
   2. Bronzezeit 19
      Keramik 19
        – Mittelbronzezeitliche Keramik 19
          Töpfe und Schüsseln 20
          Henkelgefässe: Krüge und Tassen 22
          Charakteristische Dekortechniken 23
        – Keramik des frühen Abschnittes der Spätbronzezeit: Stufen BrD/HaA1 24
          Zylinder- und Trichterhalsgefässe 24
          Schrägrandtöpfe 24
          Knickwandschalen 25
          Charakteristische Dekortechniken 25
        – Die Keramik des mittleren und späten Abschnittes der Spätbronzezeit: Stufen HaA2-HaB2 25
          Konische Schalen 25
          Gerundete Schalen 27
          Gefässe mit abgesetztem Halsfeld ... 28
          Bikonische Gefässe 29
          Schrägrandgefässe 29
          Trichterrandgefässe 30
          Gefässe mit Riefendekor 30
          Varia 30
      Objekte aus Buntmetall 31
   3. Hallstattzeit 32
      Keramik 32
        – Grobkeramische Töpfe 32
      Sapropelitringschmuck 33
   4. Die bronze- und hallstattzeitliche Besiedlung des Frohburgfelsens verglichen mit der Situation im nördlichen Jura und Mittelland 33
      Mittelbronzezeit 33
        – Keramik 33
        – Zuweisung und Datierung 33
        – Besiedlung und Funktion 34
        – Handwerk 34

      Spätbronzezeit 34
        – Keramik 34
        – Zuweisung und Datierung 36
        – Besiedlung und Funktion 36
        – Handwerk 39
        – Kult 39
      Hallstattzeit 39
        – Keramik 39
        – Zuweisung und Datierung 39
      Keramikkombinationstabelle 41
   5. Spätlatènezeit 44
   6. Römische Epoche 45
      Fundmünzen (S. Frey-Kupper) 45
      Metall 58
      Glas 58
      Geschirrkeramik 58
        – Terra Sigillata und lokale Produktion TS-ähnlicher Formen 58
        – Becher 59
        – Reibschüsseln 60
        – Krüge und Henkeltöpfe 60
        – Einfache Teller und Schüsseln 61
        – Kochtöpfe 62
        – Lavez und Lavezimitationen 62
        – Verschiedene Töpfe/Töpfchen 62
        – Varia 64
        – Bodenscherben 65
      Baukeramik 65
      Pfeifenton 65
      Datierung 65
        – Münzen 65
        – Metallfunde 65
        – Glas 66
        – Geschirrkeramik 66
      Deutung der Fundstelle 66
      Prozentualer Vergleich der Gebrauchskeramik der Höhensiedlungen Gross Chastel und Frohburg 67
      Die römische Besiedlung des Frohburgfelsens 68
   7. Angaben zum Fundmaterial im Überblick . 69
      Materialverteilung auf die nachgewiesenen Epochen 69
      Die Zusammensetzung des Fundmaterials . 69
   8. Exkurs 71
      Die prähistorischen Fundstellen im Trimbacher Raum 71
      Die römischen und frühmittelalterlichen Fundstellen im Trimbacher Raum 74

ZUSAMMENFASSUNG, RESUME, RIASSUNTO 79

ANHANG 81

Literatur 81
Abbildungsnachweise 84
Abkürzungen 84

KATALOG UND TAFELN 85

Vorwort

Die Frohburg bei Trimbach, einst der Stammsitz eines der bedeutendsten Grafengeschlechter der Region, war schon früh Gegenstand wissenschaftlichen Interesses. Bereits 1907 setzte der Burgenforscher Walther Merz hier den Spaten an, um den Grundriss der Burg abzuklären. Schon er stellte fest, dass neben mittelalterlichen Funden auch «einige Scherben und dergleichen» auftraten, die offenbar aus prähistorischer Zeit stammten.

Unter einem unguten Stern standen die vom Solothurnischen Arbeitsdienst von 1938 bis 1940 durchgeführten Ausgrabungs- und Konservierungsarbeiten auf der Frohburg. Unter anderem war der Ausbruch des 2. Weltkrieges mit der zweimaligen Mobilisation der Armee schuld daran, dass die Arbeiten vorzeitig abgebrochen werden mussten. Für die Burg besonders verheerend war, dass die freigelegten Mauerreste unkonserviert und die ausgehobenen Sondiergräben mit den angeschnittenen Kulturschichten offen liegen blieben. An Versuchen, die Arbeiten zu Ende zu führen, fehlte es nach dem Kriege nicht, aber alle Vorstösse scheiterten vorerst an Finanzierungsproblemen und an Grösse und Komplexität der Anlage. Das Ceterum censeo des damaligen Denkmalpflegers: «Die wichtigste mittelalterliche Burgruine unseres Kantons muss vor dem gänzlichen Zerfall gerettet werden», blieb mehr als zwanzig Jahre lang unerhört.

Erst 1973 konnten die Arbeiten an der Frohburg wieder aufgenommen werden. In die Kosten teilten sich der Schweizerische Nationalfonds, die Eidgenössische Denkmalpflegekommission, der Kanton Solothurn und die Bürgergemeinde Olten. Die Ausgrabungs- und Konservierungsarbeiten standen unter der wissenschaftlichen Leitung von Prof. Dr. W. Meyer, Basel. 1977 wurden die Feldarbeiten abgeschlossen.

Die nun einsetzende Auswertung der Befunde und Funde lief parallel in zwei Institutionen an: Unter der Leitung von W. Meyer wird zurzeit das mittelalterliche Material am Historischen Seminar der Universität Basel bearbeitet. Die Kantonsarchäologie Solothurn beabsichtigte, die Bearbeitung der prähistorischen und römerzeitlichen Funde, immerhin gegen 40 000 Fundeinheiten, zu übernehmen. Diese Auswertungsarbeiten kamen aber nur über erste Ansätze hinaus. Sie bekamen erst wieder neuen Schwung, als Paul Gutzwiller, Therwil, in einer Lizentiatsarbeit unter dem Titel: «Bronzezeitliche Keramik von der Frohburg bei Trimbach» einen ersten, kleinen Ausschnitt des Fundgutes vorlegte. Dank eines Kredites des Lotteriefonds des Kantons Solothurn konnte er von 1986 bis 1988 seine Arbeit weiterführen und das gesamte vormittelalterliche Fundmaterial wissenschaftlich bearbeiten. Die nun vorliegende Untersuchung liefert einen wichtigen Beitrag zur Erforschung der prähistorischen bzw. römerzeitlichen Höhensiedlungen im Nordwestschweizer-Jura.

Als Auftraggeber danken wir Paul Gutzwiller, dass er die schwierige, aufwendige Auswertungsarbeit übernommen und, notabene termingerecht, zu Ende geführt hat. Unser Dank geht aber auch an alle, die durch ihre finanzielle Unterstützung und durch Spenden, wie auch durch ihre Arbeit und ihren Einsatz zum Gelingen der Untersuchungen auf der Frohburg beigetragen haben.

E. Bitterli
Präsident der
Archäologie-Kommission
des Kantons Solothurn

Hp. Spycher
Kantonsarchäologe

Vorbemerkungen

Diese Arbeit ist im Auftrag des Baudepartementes des Kantons Solothurn unter der Aufsicht der Archäologiekommission und des Kantonsarchäologen entstanden. Sie hat zum Ziel, das gesamte vormittelalterliche Fundmaterial sowie die Befunde der Fundstelle Trimbach SO-Frohburg vorzulegen und deren Aussagemöglichkeiten über die Besiedlung durch rund drei Jahrtausende nachzugehen. Dabei soll auch die Siedlungsgeschichte der näheren Umgebung, vor allem des nordwestschweizerischen Juras und des angrenzenden Mittellandes, mit berücksichtigt werden.

Es ist mir ein Anliegen, meinen Auftraggebern, der Archäologiekommission und Hp. Spycher, dem Kantonsarchäologen, für diesen Auftrag zu danken. Susanne Frey-Kupper verdanke ich freundlichst den Beitrag über die Fundmünzen, I. Diethelm die Gesteinsbestimmung und S. Scandella die Bestimmung der Sapropelitringfragmente. Für die Aufnahme in verschiedenen Museen und Sammlungen sowie für die spontane Unterstützung bin ich folgenden Herren sehr verpflichtet: Dr. H. Schneider, Historisches Museum Olten – Dr. J. Tauber und Dr. J. Ewald, Kantonsmuseum Baselland Liestal – Dr. E. Müller, Museum Blumenstein Solothurn – F. Maier, Vindonissamuseum Brugg – R. Gimmel, Historisches Museum Arbon – Dr. F. Müller, Historisches Museum Bern – H. Spycher, Magazin der Kantonsarchäologie des Kantons Solothurn – Dr. S. Haas, Museum für Völkerkunde Basel – A. Heiz, Fricktalermuseum Rheinfelden – A. Huber, Museum Burghalde Lenzburg – Dr. J. Speck, Museum Zug – Prof. Dr. W. Meyer, Historisches Seminar Basel. Ebenfalls zu Dank verpflichtet bin ich den folgenden Damen und Herren, die mir spontan die Durchsicht ihrer am Seminar für Ur- und Frühgeschichte Basel in Bearbeitung befindlichen Materialien erlaubten: S. Erb (Balsthal-Holzfluh), V. Schaltenbrand (Aesch-Fluhstrasse, Amsteg-Zwing Uri), F. Müller (Zeglingen-Neubrunn, Wenslingen-Egg) und P.-A. Schwarz (Cornol-Mont Terri). Dr. H. Bernhard, Speyer, Dr. S. Martin-Kilcher, Dr. A. R. Furger, Dr. M. Joos, Prof. Dr. R. Fellmann, Prof. Dr. L. R. Berger, R. Hänggi, D. Holstein, C. Schucany, C. P. Matt, M. Schwarz, G. Lüscher, R. Jagher, J. Sedlmeier, G. Böckner, G. Helmig, Dr. C. Osterwalder und Dr. J. Winiger schulde ich Anerkennung für ihre klärenden Gespräche und Hinweise zu speziellen Fragen vom Neolithikum bis zur spätrömischen Zeit. An dieser Stelle sei auch allen Kolleginnen und Kollegen herzlich gedankt, die mir in irgendeiner Form Rat oder gute Ideen zukommen liessen und dadurch diese Arbeit bereichert haben.

Paul Gutzwiller

Einleitung

1. Topographie und Geologie

Die Ruine der mittelalterlichen Frohburg[1] (Abb. 1) liegt auf einem NW-SO verlaufenden Höhenzug des Kettenjuras, zwei Kilometer nördlich von Trimbach SO (Abb. 2). Sie befindet sich auf einer felsigen Kuppe (825 m ü. M.) des Hauptrogensteins[2], auf einem Plateau, das auf zwei Seiten durch steil abfallende Flanken, gegen Norden und Süden durch einen tiefen Sattel auf natürliche Weise geschützt ist (Abb. 1). Diese ausgezeichnete Schutzlage gewinnt durch die freie Sicht bis in die Alpen sowie in den Jura zum Wisenberg und auf die Erhebungen des Untern Hauensteins zusätzlich an Bedeutung. Westlich verläuft seit dem Altertum der Erlimoos-Pass, welcher die kürzeste Verbindung zwischen dem Mittelland und dem Rheinknie herstellt[3]. Die Siedlungsfläche der mittelalterlichen Burg beschreibt ein langgezogenes, ungefähr gleichschenkliges Dreieck von rund einem Drittel Hektar Fläche, dessen Spitze wie ein Pfeil gegen Norden zeigt (Abb. 3). Die Gesamtlänge beträgt ca. 130 m, die grösste Breite 50 m. Die Spitze im Norden der Siedlungsfläche mit dem mittelalterlichen Vorwerk ist durch einen etwa 15 m breiten Halsgraben vom Hauptplateau abgetrennt. Die sich aufdrängende Frage nach dem Vorhandensein eines schon vormittelalterlichen Walles oder Grabens an derselben Stelle lässt sich mittels der vorliegenden Grabungsdokumentation nicht mehr beantworten, da das Gelände durch den Abbau von Materialien für den Bau der mittelalterlichen Burg zu stark verändert wurde. Die Hauptsiedlungsfläche wird auf beiden Langseiten von Felsen gesäumt, die ihre maximale Höhe beim sog. «Hohen Felsen» in der Südwestecke erreichen. Dadurch entsteht eine windgeschützte Siedlungsrinne.

Abb. 1: Trimbach SO-Frohburg von Norden (Luftaufnahme: Militärflugdienst, Dübendorf).

---

1 Meyer 1983, 21: In Übereinstimmung mit jüngeren Arbeiten wird im folgenden die nichtamtliche Schreibweise «Frohburg» verwendet.
2 Goldschmid 1965, 85–86, Taf. 1: «Die Froburg bildet bereits den Südschenkel der Hauensteinantiklinale, respektive der eingeschalteten Sekundärfalte von Ober Erlimoos. Ein besonderes Problem stellen die im Sattel zwischen der Geissfluh und der Froburg gefundenen graubraunen, sandigen Kalkmergel dar, die zu wenig aufgeschlossen sind, als dass man eindeutig das Alter bestimmen könnte.»
3 Merz 1910, 87: Diese Passstrasse ist durch Münzfunde für die Römerzeit gesichert. Reber 1970, 96–97: Römische Funde und Mauern. Siehe das Fundstellenverzeichnis auf den Seiten 74–78.

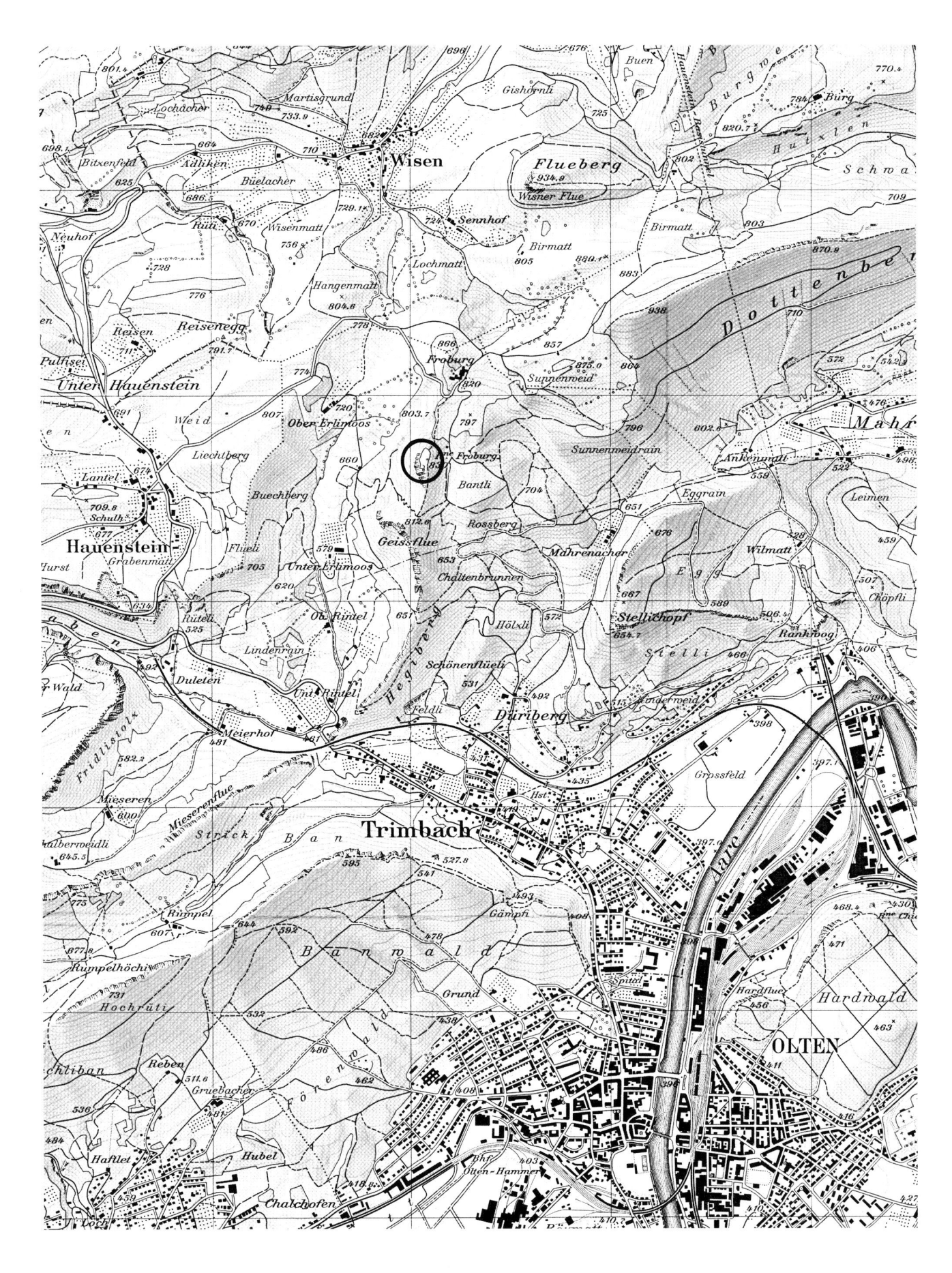

Abb. 2: Trimbach SO-Frohburg. Geographische Lage der Fundstelle. Ausschnitt der Landeskarte 1088, 1:25 000; reproduziert mit Bewilligung des Bundesamtes für Landestopographie vom 3. 10. 1988.

2. Forschungsgeschichte und Publikationsstand

Bereits 1890 erwähnt Meisterhans eine bronzene Pfeilspitze von der Frohburg in den Beständen des Historischen Museums in Olten (Taf. 57, 882)[4]. Ein bronzenes Schwert soll nach Heierli ins Museum für Völkerkunde in Basel gelangt sein[5].

1907 untersuchte W. Merz, ein damals bekannter Burgenforscher, mittels einiger Sondiergräben den Grundriss der Frohburg. Diese einwöchigen Sondierungen lieferten nur wenige Funde. Der von Merz selbst verfasste Grabungsbericht erschien im Aargauer Tagblatt[6].

1938 bis 1940 misslang der Versuch, die Frohburg gänzlich freizulegen. Die Arbeiten standen unter der Oberaufsicht der Museumskommission Olten und wurden zusammen mit dem Arbeitsdienst des Kantons Solothurn in Angriff genommen. Für die wissenschaftliche Leitung zeichneten die Herren E. Häflinger als Vertreter der Altertümerkommission und H. Hugi, Bezirkslehrer und kantonaler Burgenwart, verantwortlich sowie Th. Schweizer, der für neolithische Fragen zuständig und zugleich Grabungsleiter war. Die Arbeiten wurden periodisch von R. Laur-Belart aus Basel kontrolliert.

Zuerst wurde im Süden der Burg eine Plattform als Schuttdeponie errichtet (Abb. 3), um dann gegen Norden vorzudringen. Strenge Winter, diverse Unstimmigkeiten unter den Grabungsverantwortlichen und die am 1. September 1939 erfolgte Generalmobilmachung der Schweizer Armee machten eine Weiterarbeit jedoch unmöglich. Anlässlich der Remobilmachung vom 10. Mai 1940 wurden die nochmals kurz aufgenommenen Restaurierungsarbeiten, die zur Sicherung der bereits freigelegten Mauern eingeleitet worden waren, endgültig abgebrochen und die Burg musste ihrem eigenen Schicksal überlassen werden. Das Fundmaterial gelangte ins Historische Museum nach Olten. Die Ergebnisse dieser Grabung wurden von A. Haefeli in einem unpublizierten Aufsatz zusammengefasst (Siehe Bibliographie).

Erst 1973–1977 unternahm W. Meyer neue Ausgrabungs- und Konservierungsarbeiten auf der Frohburg. Der Zustand der Burg hatte sich zunehmend verschlechtert und ein dichter Wald hatte sich wieder über dem Gelände ausgebreitet. Der Anlass war diesmal nicht nur das wissenschaftliche Interesse, sondern die Notwendigkeit, die noch sichtbaren Mauerreste vor dem endgültigen Zerfall zu retten. Die Oberaufsicht oblag dem kantonalen archäologischen Dienst unter der Leitung von H.R. Stampfli und dem damaligen Kantonsarchäologen E. Müller. Die technische und administrative Leitung hatte E. Bitterli, der im Kanton Solothurn das inoffizielle Amt eines «Burgenwartes» ausübt. Die Finanzierung der Grabungs- und Konservierungsarbeiten übernahm der Kanton Solothurn, diejenige der wissenschaftlichen Forschungen der Nationalfonds. Die Arbeiten wurden auf fünf Grabungskampagnen verteilt, die jeweils im Sommer stattfanden und drei bis fünf Wochen dauerten. Die Mannschaften bestanden aus Schülern sowie Studenten der ETH Zürich und der Universität Basel, mit jeweils ungefähr 50 Ausgräberinnen und Ausgräbern. Über die Ergebnisse der einzelnen Grabungskampagnen wurde von W. Meyer laufend berichtet. Der damalige Kantonsarchäologe E. Müller publizierte einen sehr knappen Schlussbericht[7].

Das mittelalterliche Fundmaterial kam zur Bearbeitung an das Historische Seminar in Basel. Daraus entstanden zwei bislang unpublizierte Lizentiatsarbeiten: D. Rippmann schrieb über die Herrschaft der Frohburger und P. Schenker über den Dienstadel[8]. Die mittelalterlichen Funde und Befunde werden von W. Meyer bearbeitet.

Die vormittelalterlichen Funde werden in dieser Arbeit vollumfänglich vorgestellt und ausgewertet.

---

4 Meisterhans 1890, 13; Fey 1956, 187, Nr. 81, Taf. 5.
5 Meisterhans 1890, 12, Anm. 29: ausgegraben von Prof. Miescher, Sammlung Bernulli; Katalog des Basler Antiquariums 146, Nr. 711.
  Heierli 1905, 84. Heute verschollen!
6 Aargauer Tagblatt vom 8. September 1907.
7 Meyer 1973–1977 und 1980; Müller 1978.
8 Weitere Arbeiten über mittelalterliche Funde von der Frohburg: Baumgartner, Erwin: Glasfunde des 13. und 14. Jahrhunderts von der Frohburg (Kanton Solothurn). Zeitschrift für Schweizerische Archäologie und Kunstgeschichte 3, 1985, 157–172.
  Markert, Dieter: Bericht über die archäo-zoologischen Untersuchungen der Tierreste von der Frohburg. Archäologie des Kantons Solothurn 2, 1981, 39–63.
  Tauber, Jürg: Beinschnitzer auf der Frohburg SO. Ein Beitrag zur Geschichte eines Handwerks im Mittelalter. Festschrift für E. Schmid, Basel 1977, 214–225.
  Ders.: Herd und Ofen im Mittelalter. Beiträge zur Kulturgeschichte und Archäologie des Mittelalters 7, 1980, 235–268.

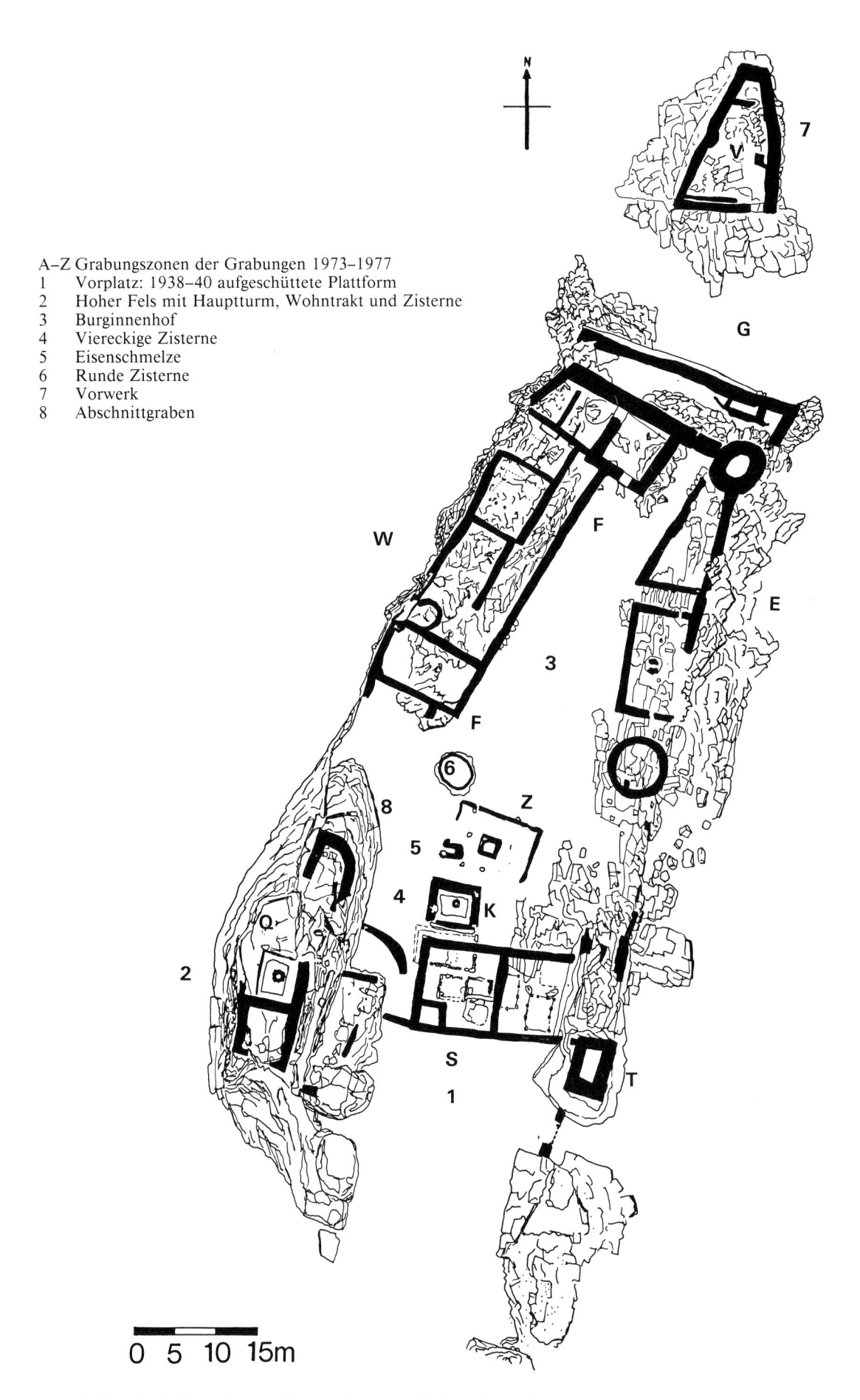

A–Z Grabungszonen der Grabungen 1973–1977
1   Vorplatz: 1938–40 aufgeschüttete Plattform
2   Hoher Fels mit Hauptturm, Wohntrakt und Zisterne
3   Burginnenhof
4   Viereckige Zisterne
5   Eisenschmelze
6   Runde Zisterne
7   Vorwerk
8   Abschnittgraben

Abb. 3: Trimbach SO-Frohburg. Gesamtplan der mittelalterlichen Burg.

Befunde

1. Bemerkungen zur Grabungstechnik

Über den Hergang der Grabungen von 1938–1940 gibt es keine genaueren Angaben. Schnitt- oder Schichtbezeichnungen fehlen ganz, weshalb die Funde dieser Grabungskampagnen in die vorliegende Arbeit als Altfunde aufgenommen werden und im Katalog anstelle der Fundzone/Abstich-Angabe mit dem Hinweis «A» gekennzeichnet sind.

In den Grabungskampagnen von 1973–1977 wurde die Burgruine mittels mehrerer Schnitte und Grabungsflächen untersucht. Die Abstiche erfolgten meist unabhängig von der Stratigraphie, so dass das Fundmaterial, das nach Abstichen gesammelt wurde, stark vermischt vorlag. Um das Einstürzen der Mauern zu verhindern, brach man an verschiedenen Stellen die Grabung vorzeitig ab, ohne auf den anstehenden Fels zu stossen. Auch diese Tatsache erschwerte später die Auswertung der Befunde.

Die Funde sind somit *allesamt unstratifiziert*. Sie können deshalb nur nach typologischen Merkmalen beurteilt und durch Vergleiche mit anderen Fundstellen chronologisch zugeordnet werden.

Abb. 4: Trimbach SO-Frohburg. Grabung 1974. Die vormittelalterlichen Befunde in Zone Z1, zwischen der runden Zisterne (links) und der Eisenschmelze (rechts). Blick vom Hohen Felsen (SW).

2. Die Befunde der Grabungskampagnen von 1973–1977

Die einzigen vormittelalterlichen Baustrukturen und Schichten liessen sich im Innenhof der Burg fassen (Abb. 4). Das Profil in Zone Z1 (Abb. 5) zwischen der runden Zisterne und der U-förmigen Eisenschmelze zeigt 14 Straten, die auf sechs Abstiche verteilt ausgegraben wurden. Die Schichten 1 bis 12 (Abstiche 1 bis 3) können aufgrund des Fundinventars dem Mittelalter zugewiesen werden und sind daher nicht Gegenstand dieser Arbeit. Die obere Hälfte der Schicht 13 deckt sich etwa mit Abstich 4. Dieser brachte ca. 89% römisches und 11% prähistorisches Fundgut hervor, während die untere Hälfte des Paketes (Abstich 5) und die unterste Schicht 14 (Abstich 6) nur wenig römische Funde, vor allem Ziegelfragmente, aber 99% prähistorische Funde lieferten. Diese einfache statistische Erfassung lässt den Schluss zu, dass Abstich 4 eine römische Schicht repräsentiert, die Abstiche 5 und 6 prähistorische Schichten sind. Leider wurde gerade an dieser Stelle nicht bis auf den gewachsenen Fels ausgegraben.

Abb. 6: Trimbach SO-Frohburg. Grabung 1974. Die römischen Steinplatten S. 2 und S. 3. Die prähistorischen Baureste S. 8–10 und die Herdstelle H. 1. Blick von NO.

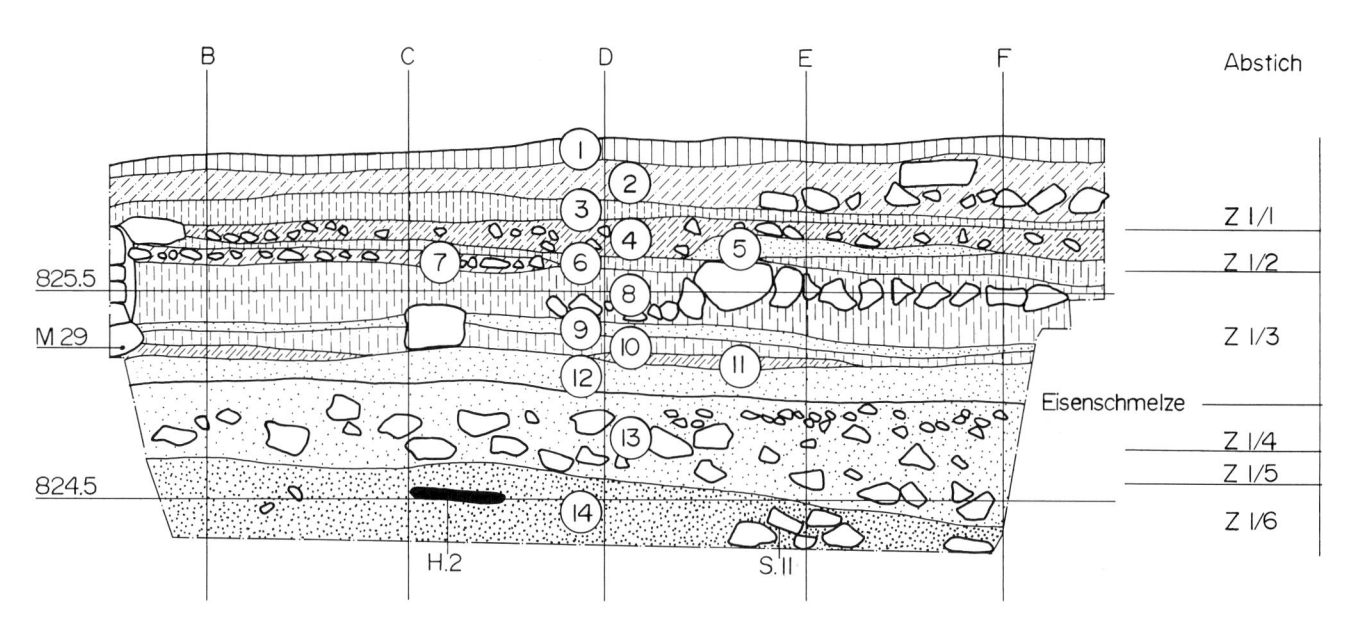

Abb. 5: Trimbach SO-Frohburg. Profil in Zone Z1. (Koordinatenabstand: 1 m)

Mittelalterliche und neuzeitliche Schichten (Abstiche 1–3):
1 Dunkler Waldhumus: 10–15 cm
2 Mauerschutt, humös mit Steinen: 15–26 cm
3 Grünlichgrauer Letten: 5–15 cm
4 Mörtelmauerschutt: 6–21 cm
5 Humös-lettig: 5–15 cm
6 Humuslinse: max. 15 cm
7 Mörtel und Steine, Gehhorizont
8 Grauer Lehm und Steine, Auffüllung: 30–40 cm
9 Humöse Brandschicht: 3–9 cm
10 Feiner grauer, lehmiger Humus: 6–15 cm

11 Zwei getrennte Mörtellinsen: max. 6 cm
12 Humöse Auffüllung: 20–30 cm
Am linken Bildrand, mittelalterliche Mauer M. 29; am rechten Rand, Störung der Stratigraphie durch mittelalterliche Eisenschmelze

Prähistorische und römische Schichten (Abstiche 4–6):
13 Humös mit vielen grösseren Steinen: 33–60 cm
14 Schwarz, stark humös mit Herdstelle H. 2 und Steinsetzung S. 11: 12–39 cm (nur angegraben!)

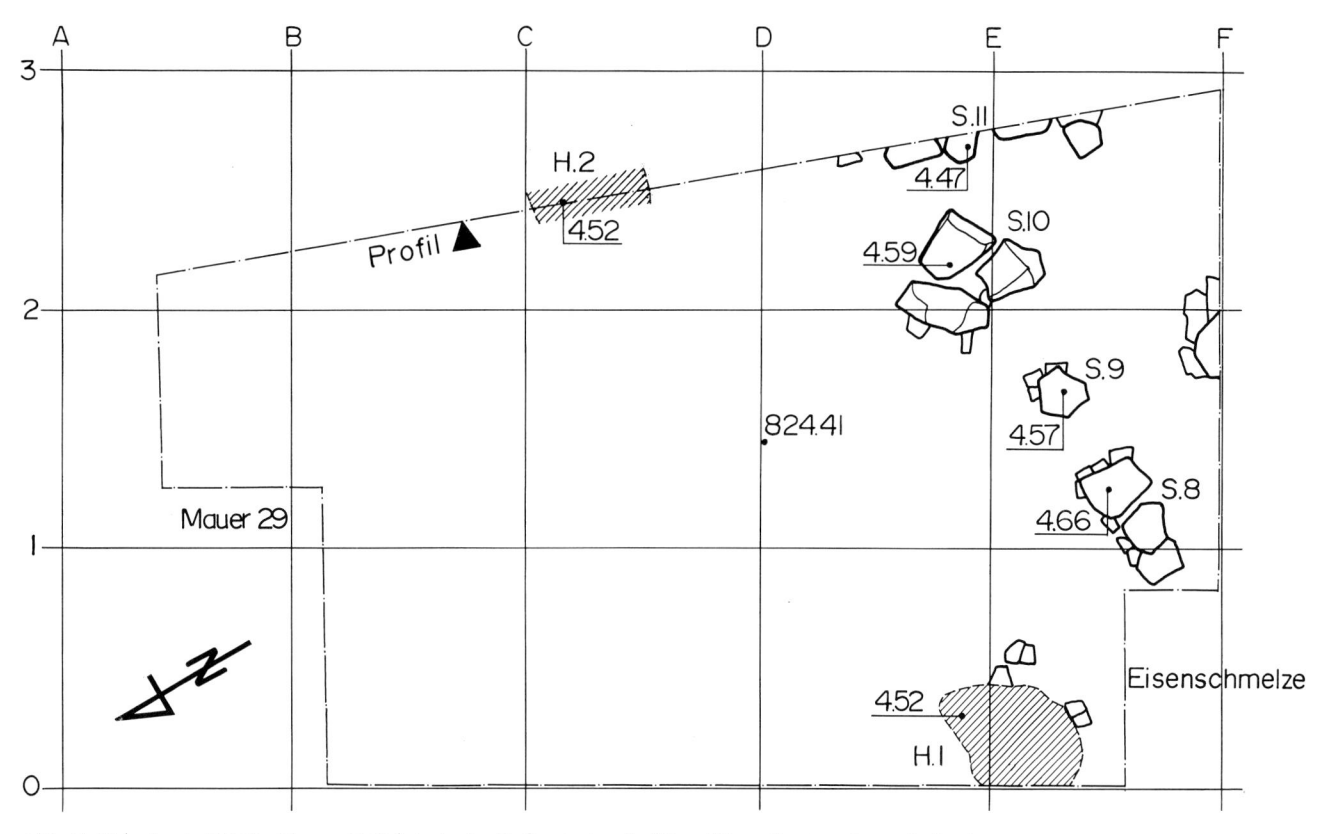

Abb. 7: Trimbach SO-Frohburg. Prähistorische Befunde im Aufriss. (Koordinatenabstand: 1 m)
Herdstellen   H. 1   824,52 m ü. M.   Steinsetzungen S. 8   824,66 m ü. M.   S. 10   824,59 m ü. M.
              H. 2   824,52 m ü. M.   S. 9   824,57 m ü. M.   S. 11   824,47 m ü. M.
▲ Profil in Zone Z1 (vgl. Abb. 5)

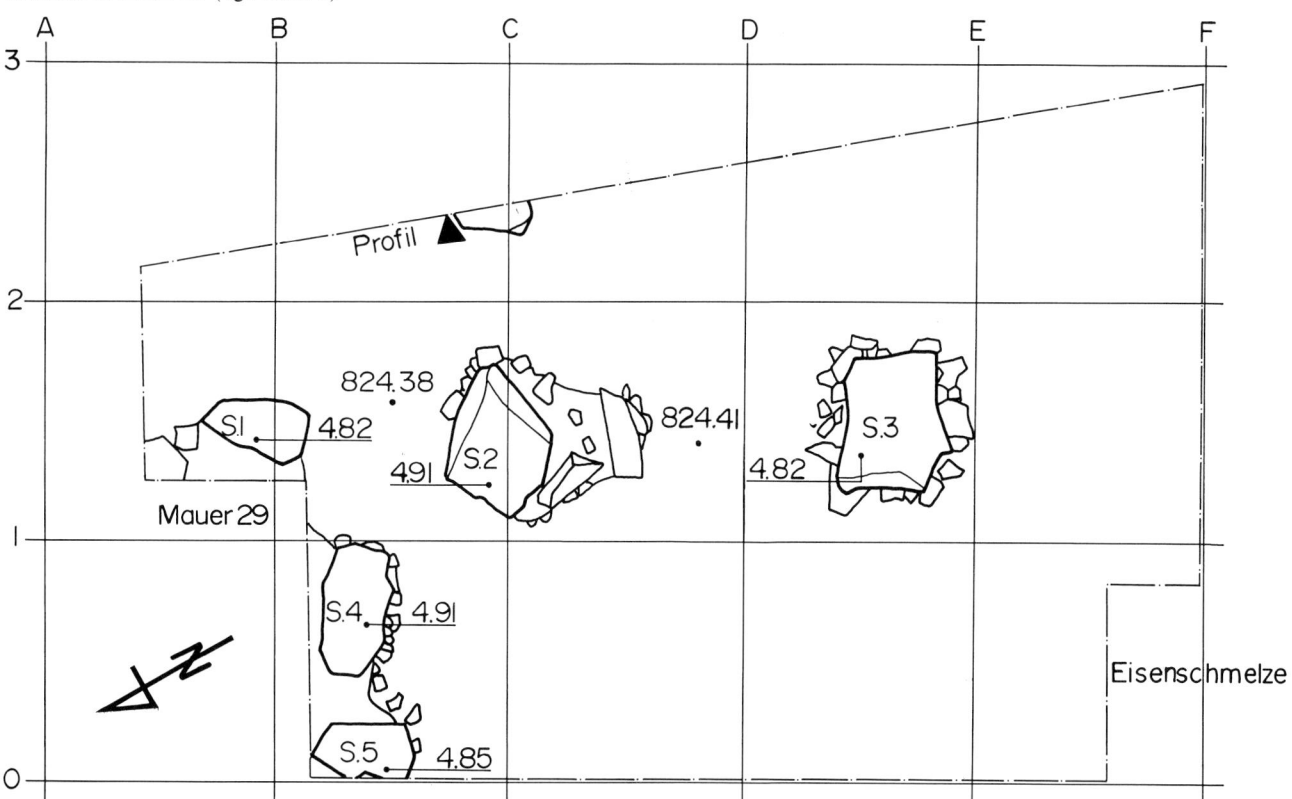

Abb. 8: Trimbach SO-Frohburg. Römische Befunde. (Koordinatenabstand: 1 m)
Grosse Deckplatten, die von kleineren Steinen in etwa horizontaler Lage gehalten werden:
Steinplatten S. 1   824,82 m ü. M.   S. 4   824,91 m ü. M.   ▲ Profil in Zone Z1 (vgl. Abb. 5)
             S. 2   824,91 m ü. M.   S. 5   824,85 m ü. M.
             S. 3   824,82 m ü. M.

Die Herdstelle H. 1 (Abb. 6 und 7) liegt auf der Grenze von Schicht 13 zu Schicht 14, die Herdstelle H. 2 (Abb. 5 und 7) im Stratum 14. Das heisst, beide sind prähistorisch anzusetzen. Dasselbe gilt für die Steinsetzungen S. 8–S. 11. Die grossen Steinplatten S. 1–S. 5 (Abb. 8), die auf kleineren Steinen ruhen, liegen mit Sicherheit in Abstich 4, den wir soeben nach den darin enthaltenen Funden römisch datierten (z.B. Nrn. 885, 936, 976, 1046, 1068).

Die wenigen römischen Funde in Abstich 5 sind vermutlich beim Bau in die Fundamentgruben der Steinstrukturen S. 1–S. 5 gefallen. Die beiden Herdstellen H. 1 und H. 2 sind in derselben Weise hergestellt, wie wir dies z.B. vom Wittnauer Horn AG oder vom Kestenberg bei Möriken AG kennen[9]. Die parallel zur Verbindungslinie der beiden Herdstellen verlaufenden, bereits erwähnten Steinsetzungen S. 8–S. 11 können nicht näher gedeutet werden. Die römisch datierten Steinplatten dürften einst als Balkenwiderlager für einen stabilen Holzbau gedient haben (vgl. Baukeramik, S. 65).

---

9   Bersu 1945, 51. Laur-Belart 1952, 77. Es handelt sich dort um Lehmestriche, deren rissige Oberflächen teils rot, teils grau und hart gebrannt sind.

Funde und Auswertung

1. Neolithikum

Die neolithischen Funde streuen über das ganze Grabungsareal. Eine auffallende Dichte konnte nördlich der runden Zisterne beobachtet werden (Abb. 3).

Keramik (Taf. 1–3, Abb. 9)

Die Zuweisung der neolithischen Keramik basiert auf 62 beurteilbaren Scherben.

Dickwandige Rand-, Wand- und Bodenfragmente gehören zu steilwandigen, «kübelartigen», flachbodigen Töpfen. Ihre Randdurchmesser variieren zwischen 18 cm und 20 cm. Der Randabschluss ist meist gerundet. Die Dekors bestehen aus Horizontalrillen (Nrn. 2–5, 7, 10), Einstichen (Nr. 1) und Rillen mit Löchern (Nr. 6). Einige Scherben besitzen keine Verzierung. Der meist orangerote, braune oder graue Ton ist mit sehr grober Quarzitmagerung durchsetzt. Die Oberfläche wurde mit den Händen knapp verstrichen. Auf einer Wandscherbe (Nr. 7) sind die Fingerbahnen deutlich zu erkennen.

Die Verbreitung derartiger Keramik beschränkt sich aufgrund der bis heute vorliegenden Literatur vor allem auf Höhensiedlungen des Juras. Einigermassen vergleichbare Stücke finden sich jedoch auch in Seerandsiedlungen des Mittellandes[10]. Die Funde der Seeufersiedlungen werden der Horgener Kultur zugewiesen und dendrochronologisch in die Zeit zwischen 3200 und 2800 v. Chr. datiert. Eine differenziertere Datierung unseres Materials ist nicht möglich.

Eine zweite Keramikgruppe besteht aus grobkeramischen Töpfen mit weit ausladenden Rändern und Einstich- (Nrn. 18, 22) oder Fingertupfendekor am Randsaum sowie auf einer randständigen Leiste (Nrn. 19–21, 23). Ebenfalls zu dieser Gruppe gehören eher fein gemagerte, durch Schnureindrücke verzierte Becher (Nrn. 25–29). Während die Töpfe weite Mündungsdurchmesser

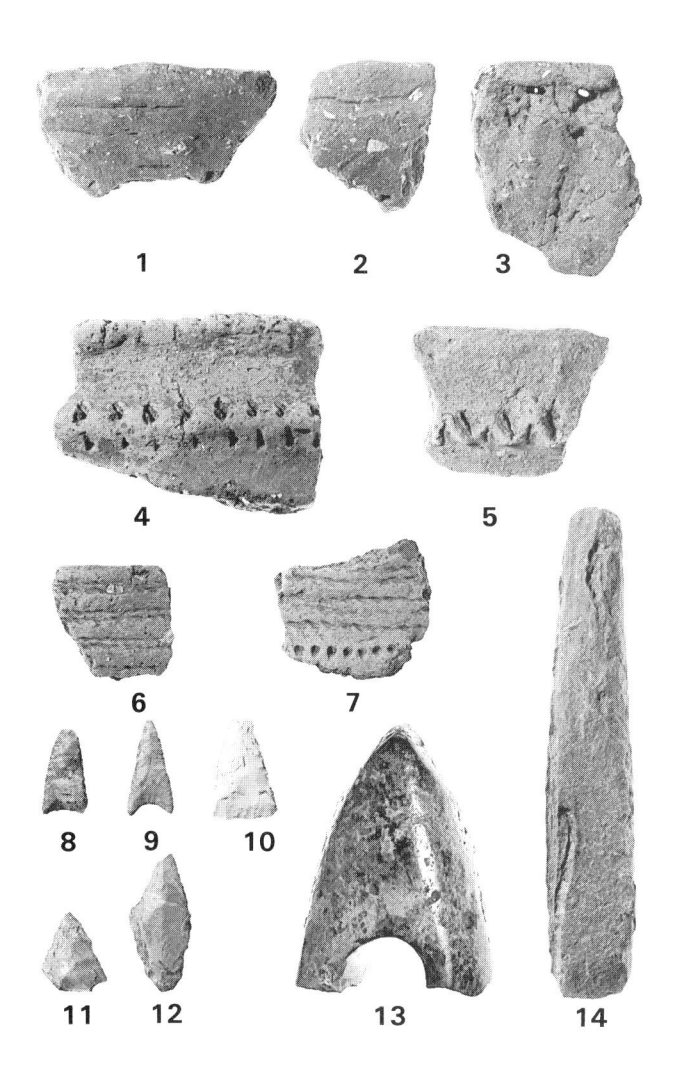

Abb. 9: Trimbach SO-Frohburg. Neolithische Funde. 1–7 Keramik: 1–3 Horgen (Kat.-Nrn. 10, 2, 1), 4–7 Schnurkeramik (Kat.-Nrn. 18, 20, 25, 27), 8–12 Silexartefakte (Kat.-Nrn. 43, 44, 42, 45, 46), 13–14 Geräte aus Felsgestein (Kat.-Nrn. 31, 34). Massstab 1:2.

---

10 Vgl. dazu die Verbreitungskarte bei Winiger 1981, 163.
Höhensiedlungen des Juras: Arboldswil BL-Kastelenfluh: JbSGUF 39, 1948, 84. Egerkingen SO-Ramelen: Itten 1970, 74, Taf. 2, 38–39. Sissach BL-Sissacherfluh: JbSGUF 28, 1936, 20. Sissach BL-Burgenrain: JbSGUF 28, 1936, 18. Böckten BL-Bischofstein: JbSGUF 64, 1981, 226, Abb. 2. Starrkirch SO-Mühliloch: JbSGUF 17, 1925, 48–49, Abb. 8. Mumpf AG-Kapf, Neumatt: FM Rheinfelden.
Seerandsiedlungen: Bodenseegebiet: Winiger und Hasenfratz 1985, 168, Taf. 58, 4–7. Feldmeilen ZH-Vorderfeld, älteres Horgen: Chronologie 1986, 138, 40. Zürich ZH-Mozartstrasse, jüngeres Horgen: Chronologie 1986, 140, 45 und Gross et al. 1987, 125–133. Twann BE, mittlere und obere Schicht: Furger 1977, 83–85, Abb. 47; 48. Nach persönlicher Aussage von J. Winiger (1987) ist unsere Keramik zweifellos der Horgener Kultur zuzuweisen. Er meint aber, dass sie eine Fazies darstelle, die an den Seeufern bislang nicht vorkomme.

11 Lüscher 1987, 26, mit Fundkarte der Höhensiedlungen der Nordwestschweiz und Süddeutschlands; Winiger 1981, 215, Karte der Schnurkeramik der Schweiz.
Eine Auswahl von Fundstellen mit vergleichbarem Fundmaterial: Pfeffingen BL-Schalberg: Lüscher 1987, 26, Abb. 2. Zürich ZH-Mozartstrasse, Schicht 2: Chronologie 1986, 142, 50. Eschenz TG-Werd: Hardmeyer 1983, 99, Taf. 21, 1, 2; 103, Taf. 25, 3, 8; 109, Taf. 28, 14. Zürich ZH-Bad Wollishofen: Ruoff und Hardmeyer 1983, 28, Taf. 7, 1, 3; 29, Taf. 8, 1–3; 33, Taf. 12, 7.

12 Die Gesteinsbestimmung verdanken wir I. Diethelm, Basel.

13 Eschenz TG-Seeäcker: Winiger und Hasenfratz 1985, 25, Taf. 3, 13. Kreuzlingen TG-Alte Badeanstalt: id. 177–178, Abb. 32. Muntelier FR-Platzbünden: Winiger 1981, 150–151, 22.

14 Gross et al. 1987, 216.

zwischen 22 cm und 29 cm aufweisen, erreichen diese bei den Schnurbechern nur um die 15 cm.

Die Fundstellen mit vergleichbarer Keramik sind über das ganze Mittelland verteilt, nur wenige Funde stammen von den Jurahöhen, was wohl mit dem momentanen Forschungsstand und den schlechteren Erhaltungsbedingungen zu erklären ist[11]. Diese Keramik lässt sich zweifellos der schnurkeramischen Kultur zuweisen, die dendrochronologisch in die Zeit zwischen 2700 und 2500 v.Chr. anzusetzen ist.

Felsgestein[12] (Taf. 4)

Das Fragment einer Lochaxt aus Serpentin (Nr. 31) sticht besonders ins Auge. Es ist fein poliert ausser an einer Stelle, wo rauhe Pickspuren auf eine sekundäre Verwendung hinweisen. Alle vergleichbaren Stücke aus den Seeufersiedlungen lassen sich der Horgener Kultur zuweisen[13].

Beim Bruchstück eines im Querschnitt beinahe runden Steinbeils aus grünlichem Gabbro (Nr. 32) ist nur die Schneide poliert. Das Fragment eines kleinen Beils aus Allalin-Gabbro (Nr. 33) wurde hingegen ganzflächig poliert. Diese beiden und drei weitere, nicht abgebildete kleine Beile dürften analog zu dem gewonnenen Resultat an Material aus der Station Zürich ZH-Mozartstrasse der schnurkeramischen Kultur zugeordnet werden. Dort hat sich gezeigt, dass derartige kleine Steinbeile, die nur mit Zwischenfutter genutzt werden konnten, hauptsächlich in der schnurkeramischen Schicht vorkommen[14].

Der Meissel aus vulkanischem Gestein (Nr. 34) besitzt eine polierte Schneide, während der restliche Körper lediglich gepickt wurde. Er lässt sich kulturell nicht eingliedern.

Weitere, nicht zuweisbare Steinartefakte sind: ein langovaler, grauer Sandstein mit Ritzdekor (Nr. 35), ein Glätte- oder Polierstein (Nr. 36) aus feinkörnigem, grünlichem Sandstein, ein Retuscheur (?) aus gelblichem Sedimentgestein (Nr. 37) mit einem nicht deutbaren Ritzzeichen, ein Netzsenker aus grauem Sandstein (Nr. 38), ein «Rillenstein» aus rotem Buntsandstein (Nr. 39), ein bräunlich-grauer Sandsteindiskus (Nr. 40) sowie ein Klopfstein aus Quarzit (Nr. 41).

Silex (Taf. 4)

Die Pfeilspitzen können vier Typen zugewiesen werden: trianguläre mit gerader Basis (Nr. 42), trianguläre mit eingezogener Basis (Nrn. 43–44), trianguläre mit Stiel (Nr. 45) sowie rhombische (Nr. 46). Alle Pfeilspitzen sind beidseitig retuschiert. Die Farbe des Silex variiert zwischen weiss, grau-rötlich gebändert, grau, dunkelgelb und gelbbraun. Die gestielte Pfeilspitze ist typisch für das Endneolithikum, während die übrigen triangulären Formen im Spätneolithikum bekannt waren[15]. Die Bohrer des Types Dickenbännli (Nr. 47), die alle aus einheimischem, weisslichem Silex gefertigt wurden, finden sich in der ganzen Nordschweiz, im Jura besonders auf Höhensiedlungen[16]. Die Mehrheit der Silexartefakte besteht aus gelblichweissem einheimischem Silex, nur wenige sind grau oder gräulich gebändert. Die grosse Anzahl von Kernstücken, die Kernpräparierstücke und die Verwendung von einheimischem Silex deuten auf eine eigene Silexbearbeitung hin. Diese scheint besonders auf gröbere Werkzeuge spezialisiert gewesen zu sein, die im Alltag Verwendung fanden, während die feinen Pfeilspitzen oder wenigstens deren Silexmaterial importiert werden musste.

Typenbezeichnung	Anzahl	Prozent
Pfeilspitzen	5	0,76
Bohrer Typ Dickenbännlispitzen	4	0,60
Andere Spitzen	3	0,45
Winkelschaber	7	1,07
Gerade-konvex-Schaber	2	0,30
Schaber auf Abschlag	8	1,20
Schaber auf Nucleus	2	0,30
Gezähnte Stücke	3	0,45
Stichel	1	0,15
Klingen mit Hohlkerben	5	0,76
Klingenkratzer	17	2,61
Klingen mit «Gebrauchsretuschen»	11	1,70
Unretuschierte Klingen	29	4,45
Abschläge ohne Retuschen	278	42,70
Abschläge mit «Gebrauchsretuschen»	108	16,59
Abschläge mit retuschierter Schlagfläche	1	0,15
Nuclei	77	11,82
Nuclei als Schlagsteine verwendet	2	0,30
Ausgesplitterte Stücke	4	0,60
Kernpräparierstücke	4	0,60
Absplisse und unbestimmbare Silices	80	12,44
Total Silices	651	100%

Ergebnisse

Die neolithischen Funde aus dem Innenhof der mittelalterlichen Frohburg fanden sich besonders konzentriert im Bereich nördlich der runden Zisterne. Bauliche Strukturen konnten keine nachgewiesen werden. Nach 3000 v.Chr. bis um die Mitte des 3. Jahrtausends v.Chr., während der Horgener und Schnurkeramischen Epoche, haben sich in dieser natürlich geschützten Rinne des Frohburgfelsens zeitweise Siedler niedergelassen.

---

15 Zürich ZH-Bad Wollishofen: Hardmeyer und Ruoff 1983, 20, Taf. 1, 3.
16 Zur Funktion, Datierung mit Verbreitungskarte: Aujourd'hui d' 1981, 42–47.
   Höhensiedlungen des Jura: Olten SO-Dickenbännli, JbSGUF 1917, 100. Diegten BL-Rutenrain: JbSGUF 68, 1985, 215, Abb. 16, 6–9.

Einheimischer Silex wurde nachweislich in Olten-Chalchofen abgebaut: Olten 1983, 26.
17 Die grosse Funddichte im Raume Trimbach verdanken wir v.a. den beiden Lokalforschern Theodor Schweizer aus Olten und Pfarrer Sulzberger aus Trimbach.

Diese Leute stellten einen grossen Teil ihrer Steinwerkzeuge selbst her. Das Silex-Rohmaterial bezogen sie wohl im Oltener Raum, die Felsgesteine wurden aus den Aareschottern sorgfältig ausgelesen. Ob sie auch ihre Keramik eigenhändig töpferten, muss hier offen bleiben. Der Netzsenker und die Silexpfeilspitzen zeugen von Jagd und Fischfang in den Bächen und Wäldern der Umgebung. Weitere handwerkliche Tätigkeiten der Neolithiker haben keine Spuren hinterlassen.

Die kleine Fundstelle auf dem Frohburgfelsen lässt sich gut in ein engmaschiges Netz von neolithischen Höhensiedlungen des nordwestschweizerischen Juras einfügen (Abb. 10), welches sich durch die Aufnahme der vielen Altbestände in den lokalen Museen sicherlich noch weiter verdichten liesse. In der nächsten Umgebung von Trimbach säumen Höhensiedlungen beidseitig den Taleingang der Verbindung vom Mittelland in den Jura (vgl. dazu Abb. 19)[17]. Über das Erlimoos, das zwischen dem Frohburgfelsen und dem Buechberg durchführt, gelangte man wohl schon damals auf das Hochplateau von Wisen und hinunter ins Baselbiet. Die vielen Streufunde von Silexartefakten aus der Talebene von Trimbach deuten auf eine regelmässige Begehung, wenn nicht sogar auf Talsiedlungen hin. Besonders interessant ist die reiche Fundstelle Trimbach SO-Chrottengasse, knapp unterhalb der nur 100 Meter breiten Talenge. Mit Leichtigkeit konnte von dieser Stelle der Durchgang zum Erimoos kontrolliert werden.

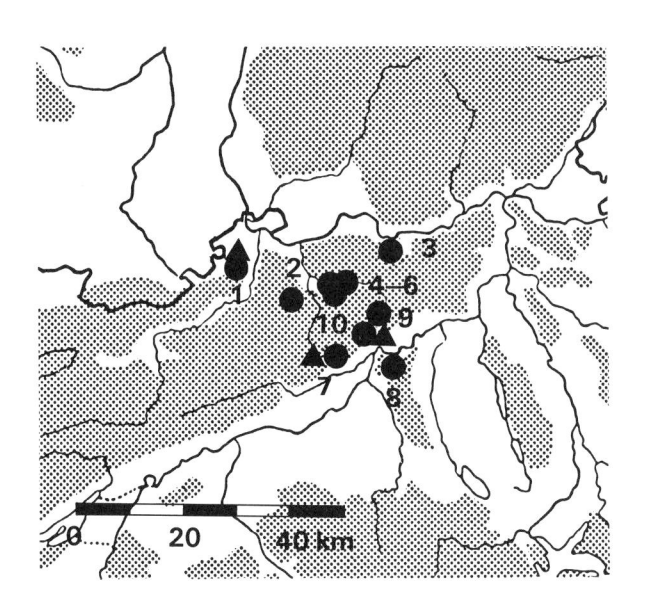

Abb. 10: Trimbach SO-Frohburg. Horgener- (●) und schnurkeramische (▲) Fundstellen im nordwestschweizerischen Jura.
1   Pfeffingen BL-Schalberg
2   Arboldswil BL-Kastelenfluh
3   Mumpf AG-Kapf, Neumatt
4–6 Böckten BL-Bischofstein
    Sissach BL-Fluh
    Sissach BL-Burgenrain
7   Egerkingen SO-Ramelen
8   Starrkirch SO-Mühliloch
9   Lostorf SO-Gross Chastel
10 Trimbach SO-Frohburg

2. Bronzezeit

Die Funde der Bronzezeit streuen über das ganze Grabungsareal. Besonders gross ist die Funddichte in den Zonen F, K und Z (Abb. 3).

Keramik

Die Beurteilung der bronzezeitlichen Keramik basiert auf folgenden Kriterien:

Magerung: Da die Magerung der ganzen Bronzezeitkeramik sehr einheitlich aus anstehendem Gestein, v.a. Kalk, besteht, werden im Text nur ortsfremde Magerungsmittel erwähnt.

Die *Korngrösse* wurde im Verhältnis zur durchschnittlichen Wandstärke ermittelt und in drei Kategorien unterteilt:
– Grobe Magerung:
   Körner $>1/5$ der Wandstärke
– Relativ feine Magerung:
   Körner um $1/5$ der Wandstärke, nicht eindeutig!
– Feine Magerung:
   Körner $<1/5$ der Wandstärke

Bezüglich der *Brennfarbe* unterscheiden wir lediglich rote bis braune von grauen bis schwarzen Oberflächen.

Die *Oberflächen*bearbeitung wurde folgendermassen aufgegliedert:
– Mit Schlicker beworfen
– Mit der Hand verstrichen
– Handgeglättet
– Poliert

Die genannten Kriterien beziehen sich auf den Zustand der Keramik zur Zeit der Bearbeitung.

Trotz teilweise recht starker Oberflächenerosion konnten nicht selten Reste eines feinen Überzuges über sehr groben Scherben festgestellt werden. Wäre dieser Überzug ganz wegerodiert, dann würde eine Scherbe wegen der groben Magerung schlichtweg der Grobkeramik zugeordnet. Dies zeigt, wie irreführend eine Überbewertung der Oberflächenbehandlung und der Magerung – worauf die Einteilung in Grob- und Feinkeramik hauptsächlich beruht – sein kann; und dies gerade bei Höhensiedlungskeramik, die während mehreren Jahrtausenden extremen Witterungsbedingungen ausgesetzt war.

In der Regel ist die sichtbare Seite, d.h. die Schauseite eines Gefässes, feiner behandelt worden als die nicht sichtbare Seite. Auf ihr wurden auch die Dekors angebracht.

Mittelbronzezeitliche Keramik (Taf. 5–15)

Zur Beurteilung konnten 514 Scherben, d.h. ca. 11% der gesamten auswertbaren Keramik, verwendet werden. Da die Scherben im Allgemeinen sehr kleinteilig fragmentiert vorliegen, lässt sich nur in wenigen Fällen die ursprüngliche Gefässform ermitteln. Wir stützen uns deshalb v.a. auf die Randbildungen und Dekors.

Töpfe und Schüsseln (Taf. 5–8)

Ein knappes Viertel der Scherben gehört zu Töpfen oder Schüsseln. Wir unterteilen sie trotz der Mannigfaltigkeit bezüglich ihrer Randbildung bloss in zwei Hauptgruppen:

Form 1:

Sie beinhaltet steilrandige, recht dünnwandige Gefässe meist mit einer Tupfenleiste am Rand (Nrn. 52–56) und/oder auf der Schulter (Nrn. 52–86). Der Rand kann schwach ausbiegen oder gerade bis konisch gebildet sein. Der Randabschluss variiert zwischen gerundet (Nrn. 52, 57, 58, 64, 69–74, 77, 78, 81–84, 86) und horizontal abgestrichen (Nrn. 54, 59–63, 66–68, 75, 76, 79, 80). Die Randzone oberhalb der Schulterleiste ist normalerweise feiner behandelt als die darunter liegende Bauchoberfläche, die in der Regel durch Schlickbewurf aufgerauht wurde (Nrn. 64, 65). Lediglich die Nr. 86 hatte man bis zum Rande geschlickt. Die Randdurchmesser schwanken zwischen 14 und 28 Zentimetern. Der Ton ist meistens grob gemagert, und die Farbtöne der Oberfläche spielen zwischen grau und schwarz.

Form 2:

Diese Randform unterscheidet sich kaum von der ersten Gruppe. Die Scherben sind jedoch in der Regel viel dicker. Tupfenleisten kommen nur noch auf der Schulter vor (Nr. 95). Die meist keulenartig verdickten Randabschlüsse sind normalerweise kräftig horizontal abgestrichen und nicht selten zu Grifflappen ausgezogen worden (Nrn. 95–99). Die Mündungsdurchmesser liegen zwischen 22 und 40 Zentimetern. Der Ton ist grau und grob gemagert, während die Oberfläche bis unter den Randsaum mit bräunlichem bis ziegelrotem Schlicker beworfen wurde, den man mit den Fingern zu regellosen, parallelen oder V-förmigen Bahnen verstrich (Nrn. 107–109).

Die Randstücke der Form 1 mit einer hochsitzenden Tupfenleiste am Rand (Nrn. 52–56) begegnen uns häufig in Materialien aus frühbronze- bis frühmittelbronzezeitlichen Land- und Seeufersiedlungen, z.B. Meilen ZH-Schellen, Arbon TG-Bleiche, Spiez BE-Bürg, Flums SG-Burghügel, Muttenz BL-Wartenberg, Niederlenz AG-Schürz und Trimbach SO-Chrottengasse[18].

Die Topfprofile Nrn. 57–86 besitzen ebenfalls Parallelen aus verschiedenen Siedlungen verstreut über die ganze Nordschweiz und das benachbarte Ausland. Die frühest datierten findet man im Fundgut von Meilen ZH-Schellen und Trimbach SO-Chrottengasse[19]. Sie sind aber auch im Inventar von Wisen SO-Moosfeld vertreten[20], das kein einziges Stück der erstgenannten Variante mit hochsitzender Tupfenleiste enthält. Diese Siedlung dürfte daher, was eine Nadel mit verdicktem, durchbohrtem Hals und doppelkonischem Kopf zu bezeugen scheint, erst während der fortgeschrittenen Mittelbronzezeit entstanden sein[21]. Die Randscherbe (Nr. 65) lässt sich ausgezeichnet vergleichen mit den mittelbronzezeitlichen Töpfen von Rances VD-Champ-Vully[22], der konische Topf (Nr. 69) mit einem unstratifizierten Stück aus dem Gräberfeld von Kleinhüningen bei Basel[23].

---

18 Meilen ZH-Schellen: Ruoff 1987, Taf. 3, 8–18. Dort zusammen mit Töpfen gleichen Randprofils, aber verzweigten Leisten sowie mit kerbgefüllten Drei- und Rechtecken, mit Mustern, die auf dem Frohburgfelsen nicht vorkommen. Kulturelle Zuweisung: späte Frühbronzezeit, dendrochronologisch um 1644 v.Chr. datiert.
Arbon TG-Bleiche: Fischer 1971, Taf. 26, 1. z.T. kombiniert mit verzweigten Leisten oder Taf. 20, 1 mit Doppelhalbkreisstempeln als Leistenzier und ausgesparten Zickzackbändern, Dekors, die bei uns ebenfalls fehlen. Sie werden nach typologischen Merkmalen in die Übergangszeit von der Früh- zur Mittelbronzezeit datiert. Von Gross et al. 1987, 219 anhand typologischer Merkmale wie verzweigte Leisten, viel Ritz- und Einstichdekor, die im Material der jüngeren frühbronzezeitlichen Schicht aus Zürich ZH-Mozartstrasse fehlen, neuerdings wieder älter datiert.
Spiez BE-Bürg: Osterwalder 1971, 38, Abb. 21 weist die bei ihr vorgestellte Keramik in die Mittelbronzezeit. Der gesamte Fundkomplex stellt aber ein gemischtes Inventar aus der ganzen Bronzezeit, wohl auch der Hallstattzeit dar, wie wir bei einer Durchsicht des Fundinventars im Historischen Museum Bern feststellen konnten.
Flums SG-Burghügel: JbSGUF 53, 1966/67, 106, Abb. 9, 14–15, wiederum ein gemischtes Fundgut. Trotzdem geben einzelne Stücke doch recht gute chronologische Anhaltspunkte: Doppelhalbkreisstempel auf Leisten, ausgesparte Zickzackbänder sowie ein Beil des Typs Langquaid und eine Nadel mit durchbohrtem Kopf.
Muttenz BL-Wartenberg: Osterwalder 1971, Taf. 55, 19. Mit verzweigten Leisten und ausgesparten Zickzackbändern sowie einem Pyxisfragment mit durchbohrter Knubbe, das eine zeitliche Zuweisung ähnlich Arbon TG-Bleiche zulässt. Einen Grossteil der Keramik dieser Fundstelle hat C. Freuler 1969 in einer Lizentiatsarbeit (unpubliziert) der Universität Basel vorgelegt.

Niederlenz AG-Schürz: JbSGUF 50, 1963, Abb. 21, 3–4. Typologisch der mittleren Bronzezeit zugewiesen.
Trimbach SO-Chrottengasse: Osterwalder 1971, Taf. 53, 2. Vergesellschaftet mit verzweigten Leisten und einem Fragment einer Randschlitzschale mit T-förmigem Randabschluss, wie sie aus der Ufersiedlung Hochdorf-Baldegg bekannt ist. (Vgl. Strahm 1971, Abb. 8, 9: Dort auch Langquaider Beile und Nadeln mit durchbohrtem Kopf.) Die Randschlitzschale ist eine Form, die während der Straubinger Kultur im Osten bis nach Böhmen und Mähren bekannt war. Vgl. Verbreitungskarte bei Gersbach 1974, 244 und 248, Abb. 11. Biel 1987, 46 betrachtet diese Form ebenfalls als typisch für die frühe Mittelbronzezeit.
Diese Auswahl von Siedlungen aus der ausgehenden Frühbronze- und frühen Mittelbronzezeit lässt sich durch die in der Kombinationstabelle (Abb. 16) aufgeführten typochronologisch ansprechbaren Merkmale und Fundobjekte gut miteinander verbinden. Das Dendrodatum 1644 v.Chr. von Meilen ZH-Schellen liefert dazu einen absolutchronologischen Anhaltspunkt.
19 Ruoff 1987, 59, Taf. 2, 12–22 ohne Randdekor; 60, Taf. 3, 4–7 mit Tupfenzier. Chrottengasse: unpubliziert Inv.-Nr. 120/7/3954, 3956, 4017, 4018. HMO Olten.
20 Unpubliziert Inv.-Nrn. 128/1/20, 28. Mit Kerben am Randsaum Inv.-Nr. d 73 III.
21 Nach Osterwalder 1971, Taf. 49 dem mittleren Abschnitt der Mittelbronzezeit, dem sog. Weininger Horizont, zugewiesen.
22 JbSGUF 63, 1980, 236, Abb. 16, 1 und Chronologie 1986, 146, 60. Spätere Mittelbronzezeit nach Typologie und ^{14}C-Datierung. Der Rand ist bereits deutlich horizontal abgestrichen.
23 Unpublizierte Lizentiatsarbeit an der Universität Basel von D. Holstein 1985, 123, Taf. 21, 262. Er verweist seine Scherbe typologisch in die Stufen BzA/B.

Die Gefässe der Form 2 scheinen eher einer späteren Phase der Mittelbronzezeit anzugehören. Besonders typisch sind die ausgezogenen Randlappen. Diese Keramikart findet sich nicht selten in mittelbronzezeitlichen Stationen zusammen mit Formen, die typologisch bereits in die frühe Spätbronzezeit datiert werden müssen[24].

Die Schüsseln und Schalen (Nrn. 100–106) bestehen aus demselben Ton wie die letztgenannte Gruppe. Die Schüssel (Nr. 100) weist denselben Aufbau auf: Aussen an der verdickten und horizontal abgestrichenen Lippe sitzt eine Tupfenreihe. Die darunter liegende glatte Fläche wird durch eine Tupfenleiste vom geschlickten Gefässunterteil abgetrennt. Die Gesamtform ist leicht gewölbt. Die beiden folgenden Randscherben (Nrn. 101–102) sind bis zum Rande geschlickt. Ähnliche Stücke finden sich im Material von Villigen AG-Obsteinen, Niederlenz AG-Schürz sowie Pfäffikon ZH-Steinacker[25].

Mehrere Rand- und Wandscherben ergaben das Profil einer riesigen Schüssel mit einem Mündungsdurchmesser von mindestens 48 cm und zwei breiten randständigen Kannelüren (Nr. 103). Sie stellt ein Unikum dar. Der horizontal abgestrichene, verdickte Rand und der identische Ton rechtfertigen wohl trotz fehlender Parallelen eine mittelbronzezeitliche Zuordnung. Die gerundeten Schalen (Nrn. 104–106) mit verschiedener Randbildung werden lediglich aufgrund ihrer vergleichbaren Tonqualität an dieser Stelle aufgeführt. Sie passen gut zu Stücken aus den Fundstellen Yverdon VD-Garage Martin, Niederlenz AG-Schürz, Villigen AG-Obsteinen oder Wisen SO-Moosfeld[26]. Die Wandscherben Nrn. 107–109 sowie die Bodenscherben Nrn. 110–112 zeigen die Varianten der Schlickbearbeitung bei Töpfen und Schüsseln. Das Gefäss mit einer sehr unregelmässigen Randbildung (Nr. 113) dürfte ebenfalls wegen seiner Tonqualität im Bereiche der Mittelbronzezeit anzusetzen sein. Es folgen einige Beispiele von leistenverzierten Töpfen und Schüsseln: Die beiden Nrn. 114–115 vertreten eine sehr geringe Anzahl von Gefässen mit unverzierten Leisten, während die weiteren Scherben (Nrn. 116–131) beinahe ausnahmslos (Ausnahme Nr. 128) mit Tupfenleisten dekoriert wurden. Bei einigen sitzen Knubben auf den Leisten (Nrn. 116, 119, 120, 127). Nicht selten sind die Fingertupfen durch den darunter aufgetragenen Schlicker etwas verwischt worden (z. B. Nrn. 116–118). Der Übergang von den Töpfen zu den deutlich profilierten Knickkalottenschalen ist fliessend: Die Wandscherben Nrn. 132–134 täuschen durch eine aufgesetzte Leiste einen Wandknick vor, die Nrn. 135–146, 148 sowie 152–155 dagegen besitzen einen echten Wandknick. Wir unterscheiden grobkeramische, meist unverzierte oder lediglich mit knickbetonenden Knubben versetzte Knickkalottenschalen (Nrn. 132–139) von feinkeramischen, die zusätzlich noch Ritz- (Nrn. 146, 153–155) oder echten Kerbschnittdekor (Nr. 148) tragen.

Vergleichsbeispiele zur gröberen Ware liegen aus Koblach A-Kadel (Vorarlberg), Trimbach SO-Chrottengasse, Hochdorf LU-Baldegg, Meilen ZH-Schellen, Spiez BE-Bürg, Toos TG-Waldi, Wisen SO-Moosfeld sowie weiteren früh- bis mittelbronzezeitlichen Fundinventaren der Nordschweiz und des angrenzenden Auslandes zur Genüge vor[27]. Die unverzierten, feinkeramischen Scherben (Nrn. 143–145, 152) erinnern sehr stark an die für die Frühbronzezeit typischen Henkeltassen, die aus den Siedlungen Arbon TG-Bleiche, Meilen ZH-Schellen, Zürich ZH-Bauschanze, Trimbach SO-Chrottengasse und Täuffelen BE-Gerolfingen-Öfeli vorliegen[28]. Knubbenpärchen sind im Baldegger Material[29] ebenfalls vorhanden.

Die Fragmente mit Vertikalrillenzier auf dem Gefässunterteil (Nr. 141) lassen sich gut mit Stücken aus Trimbach SO-Rinthel und Pratteln BL-Meierhofweg vergleichen, Schrägstrichdekor liegt dagegen aus Spiez BE-Bürg vor[30]. Parallelen zur Nr. 155 bietet die Höhensiedlung Cornol JU-Mont Terri an[31].

---

24 Nach Osterwalder 1971, 48 stellen diese Gefässe eine Leitform für die Mittelbronzezeit dar. Einige Beispiele von Fundstellen: Wisen SO-Moosfeld: Unz 1981, 50, Abb. 1–4. Trimbach SO-Chrottengasse: Osterwalder 1971, Taf. 53, 7. Zeiningen AG-Uf Wigg: Brogli 1980–82, 40, Abb. 22, 8. Rances VD-Champ-Vully: JbSGUF 63, 1980, 236, Abb. 16, 2. Zeglingen BL-Neubrunn: Holstein et al. 1984, 8, Abb. 4, 15–18. Cornol JU-Mont Terri: Müller et al. 1988, Taf. 4, Nrn. 74–81. Die ^{14}C-Daten zwischen 1602 und 1325 ± 40-50 v.Chr. sprechen u.E. für ein gemischtes Inventar der Früh- und Mittelbronzezeit.
Pfäffikon ZH-Steinacker: Zürcher 1977, 35, Abb. 4, 5. ^{14}C-Daten zwischen 1504 und 1241 ± 60-70 v. Chr. markieren etwa den Anfang und das Ende der Mittelbronzezeit, was sich auch im Fundgut leicht nachvollziehen lässt. Aus dem benachbarten Frankreich: Meyenheim-Ensisheim: Mathieu 1983, 41–51, Fig. 8, 4–11.

25 Osterwalder 1971, Taf. 60, 24. Huber 1960, Abb. 3, 15. Zürcher 1977, 35, Abb. 4, 34.

26 Känel 1976, Fig. 30, 8. dort Bronze Ancien IV. JbSGUF 50, 1963, 69–71, Abb. 21, 17–18. Mittelbronze- bis frühe Spätbronzezeit. JbSGUF 51, 1964, 102, Abb. 42, 5. Wisen SO-Moosfeld: unpubliziert, Inv.-Nr. 128/1/54, HMO.

27 Koblach A-Kadel: Vonbank 1966, 57, Abb. 2, 3. Trimbach SO-Chrottengasse: Osterwalder 1971, Taf. 53, 5 und ein unpubliziertes Stück Inv.-Nr. 120/7/3963, HMO. Hochdorf LU-Baldegg: JbSGUF 56, 1971, 123, Abb. 7f. Meilen ZH-Schellen: Strahm 1971, 15, Abb. 11, 7. Spiez Bern-Bürg: Osterwalder 1971, Taf. 46, 10. Toos TG-Waldi: JbSGUF 58, 1974/75, 34, Abb. 12, 1–2. Wisen SO-Moosfeld: unpubliziert Inv.-Nr. 128/1/12, HMO.

28 Arbon TG-Bleiche: Fischer 1971, Taf. 15, 1. Meilen ZH-Schellen: Strahm 1971, 15, Abb. 11, 5. Hochdorf LU-Baldegg: ders. 12, Abb. 8, 1–3. Zürich ZH-Bauschanze: JbSGUF 67, 1984, 15, Abb. 7, 22. Trimbach SO-Chrottengasse: unpubliziert, Inv.-Nr. 120/7/3959, HMO.

29 JbSGUF 56, 1971, 123, Abb. 7f.

30 Trimbach SO-Rinthel: Osterwalder 1971, Taf. 48, 10. Pratteln BL-Meierhofweg: Rudin-Lalonde 1985, 60, Abb. 2, 24. Spiez BE-Bürg: Osterwalder 1971, Taf. 45, 4; Taf. 47, 22.

31 Müller et al. 1988, Taf. 1, Nrn. 19–20.

Für den echten Kerbschnitt, der vor dem Brand in den Ton eingeschnitten wurde, kombiniert mit Knubben konnten bislang keine Vergleichsstücke aufgespürt werden. Die Schale aus einem Grab von Wiedlisbach BE ist ähnlich verziert, besitzt jedoch keine Knubben. Sie wird durch ihre Begleitfunde bereits in die frühe Spätbronzezeit datiert[32]. Echter Kerbschnitt taucht bereits während der Mittelbronzezeit auf. Während in Süddeutschland und im Elsass nicht selten ganze Gefässe aus Gräbern erhalten sind, stammen aus den Siedlungen der Nordschweiz bloss kleinere Scherben, die nur im Einzelfall die Bestimmung der zugehörigen Gefässform zulassen. Auffallend ist die grosse Funddichte im Jura, die wohl bloss das Ergebnis vermehrter Forschungstätigkeit in diesem Gebiet widerspiegelt[33].

Unsere Stücke (Nrn. 148–150) dürften aus der späten Mittelbronze- oder bereits frühen Spätbronzezeit stammen. Zu den Scherben mit Stempelkerbschnitt (Nr. 151, Kombinationstabelle, Abb. 16: Form/Dekor 13): Unter einem durch versetzt eingedrückten Dreiecksstempeln entstandenem Zickzackband befindet sich ein schuppenartiges Stempelmuster, ähnlich dem von Fellers GR-Mutta, dort jedoch in echter Kerbschnittechnik ausgeführt[34].

Schräg gefüllte, hängende Dreiecke sind ein beliebter Dekor während der Mittelbronzezeit. Anfangs weisen sie eine breite Form auf (Nr. 156). Dazu gesellt sich während der frühen Spätbronzezeit (BzD) noch eine lange, schmale Art (Taf. 19, Nrn. 280–286)[35]. Gut belegt für die frühe Mittelbronzezeit sind auch kerbgefüllte Dreiecke oder Rechtecke (Nr. 157?). Man kennt sie z.B. aus Pratteln BL-Meierhofweg oder aus dem Grabhügelfeld von Harthausen in Baden-Württemberg[36]. Die drei Töpfchen Nrn. 158–160 besitzen eine weiche, geschwungene Form. Der Randsaum ist gerundet. Lediglich für die Nr. 159 lassen sich Parallelen aufführen, nämlich aus Trimbach SO-Rinthel und Toos TG-Waldi[37].

Henkelgefässe: Krüge und Tassen (Taf. 14–15)

Die Henkelgefässe machen rund 18% der mittelbronzezeitlichen Keramik aus, was zeigt, dass sie ziemlich beliebt waren. Die Mehrzahl aus unserem Bestand dürfte wenigstens im Henkelbereich unverziert gewesen sein (>90%).

Krüge mit eingezogenem Halsteil und randständigem Bandhenkel, der bis hinunter zum Wandknick reicht (Nrn. 223, 225: Tupfenleiste auf Wandknick, 227), fanden sich zum Beispiel im mittelbronzezeitlichen Inventar von Pfäffikon ZH-Steinacker, in Zeglingen BL-Neubrunn, Urach D-Runder Berg und Reusten D-Kirchberg[38].

Die Randscherbe mit einem relativ dünnwandigen, eingezogenen Halsteil und einem wuchtigen, randständigen geraden Bandhenkel (Nr. 224) könnte gut zu einer Tasse mit Wandknick und kalottenförmigem Unterteil gehören, wie wir sie aus einem Grab von Weiningen ZH kennen[39]. Die beiden steilrandigen Krüge (Nrn. 221–222) mit Bandhenkel sowie die dickwandige Tasse mit Tupfendekor im Randumbruchbereich (Nr. 220) erlauben keine nähere Zuweisung. Das Randfragment einer Tasse mit randständigem Henkel (Nr. 228) passt, nach der Tonqualität zu urteilen, hervorragend zu den mittelbronzezeitlichen Henkeltassen. Auch die gerundete Form, die eher an spätbronzezeitliche Tassen erinnert (vgl. Taf. 35, Nrn. 505–510), lässt sich im mittelbronzezeitlichen Material vom Reustener Kirchberg D nachweisen[40]. Eines (Nr. 229) von insgesamt einem Dutzend Fragmenten mit schwach eingezogenem Bandhenkel, einem sog. X-Henkel, liesse sich nach Osterwalder bereits in die Nähe der frühen Spätbronzezeit einordnen, wo dann Extremformen dieses Henkeltyps vorkommen[41]. Die drei Henkelgefässstücke (Nrn. 232–234, 239) dürften einst flächendeckende Dekors aufgewiesen haben. Die ursprüngliche Form lässt die Nr. 239 noch einigermassen erahnen: Es handelte sich offenbar um einen Krug mit Wandknick und wandständigem X-Henkel. Ein vergleichbares Gefäss liegt vom Hohlandsberg-Amont Route aus dem Elsass vor[42]. Es sind noch vier Einzelstücke zu erwähnen: Die beiden Wandscherben mit einem flüchtig geritzten, mehrfachen Zickzackband (Nr. 240), welches wahrscheinlich unterhalb des Henkels (oder Knubben?) durchlief, können nicht näher bestimmt werden. Ein ähnlicher Dekor befindet sich auf einer bereits frühspätbronzezeit-

---

32 Primas 1971, Abb. 4; Abb. 5, 1.
33 Elsass: z.B. Freilandsiedlung von Ensisheim: Gallia préhistoire 1982, 300–302, Abb. 13, 2–3.
   Zu den altbekannten Fundorten Wenslingen BL-Egg, Muttenz BL-Wartenberg, St-Brais JU und Sissach BL-Sissacherfluh: Gessner 1948, 13. Neufunde: Cornol JU-Mont Terri: Müller et al. 1988, Taf. 2, Nrn. 23–27; Taf. 8, Nrn. 156–163.
   Lausen BL: Martin 1962, Abb. 64, 1. Villigen AG-Obsteinen: Osterwalder 1971 Taf. 60, 1–2. Wisen SO-Moosfeld: Unz 1981, 49, Abb. 1, 11. Trimbach SO-Frohburg (Nrn. 148–150).
34 Lichardus-Itten 1971, 50, Abb. 8, 5–6.
35 Osterwalder 1971, 43. z.B. Rances VD-Champ-Vully: JbSGUF 63, 1980, 234, Fig. 14, 14.
36 Rudin-Lalonde 1985, 59–60, Abb. 2, 23. Kimmig 1966, 86, Abb. 10, 1 (Grabhügel 2)
37 Trimbach SO-Rinthel: JbSGUF 45, 1956, Taf. IV, 26. Toos TG-Waldi: Sitterding 1974/75, 34, Abb. 12, 7. Typologisch Stufe BrA2/B1.

38 Pfäffikon ZH-Steinacker: Zürcher 1977, Abb. 6, 19–20, 24. Zeglingen BL-Neubrunn: Holstein et al. 1984, 7, Abb. 3, 9. Urach D-Runder Berg: Stadelmann 1981, Taf. 2, 20, 22. Reusten D-Kirchberg: Kimmig 1966a, Taf. 15, 3. Toos TG-Waldi: JbSGUF 58, 1974/75, 34, Abb. 12, 14. Olten SO-Chäppelifeld: unpubliziert, ohne Inv.-Nr., HMO. Trimbach SO-Chrottengasse: unpubliziert Inv.-Nr. 120/7/4006, HMO.
39 Weiningen ZH, Hügel 5: Osterwalder 1971, 43, Taf. 5, 7.
40 Kimmig 1966a, Taf. 16, 4.
41 Osterwalder 1971, 43.
42 Bonnet 1974, 49, Fig. 12, 5. Typologische Datierung Bronze Moyen bis Bronze Final I.
43 Unz 1973, Taf. 46, 9.
44 Fischer 1971, Taf. 30, 4.
45 Die Bestimmung des Minerals verdanken wir Dr. M. Joos, Labor für Urgeschichte, Basel.

lichen Buckelvase von St-Brais JU[43]. Die Amphore mit zwei Ösenhenkelchen (Nr. 241) findet ihresgleichen etwa in Arbon TG-Bleiche[44]. Drei Scherben ergaben ein besonders interessantes Gefäss mit einem ausladenden Rand und randständigen Stabhenkel von ungefähr hexagonalem Querschnitt (Nr. 242), das im Jura und Mittelland bisher kein Gegenstück hat. Besonders auffallend ist die dunkelgrüne bis schwarze vulkanische Augitmagerung, die teilweise in ein ziegelrotes Muttergestein eingebettet ist, das als Limburgit bestimmt werden konnte[45]. Die nächste Fundstelle dieses Minerals liegt am Kaiserstuhl D. Als weitere kämen noch der Hegau und Böhmen in Frage. Eine genaue Zuweisung dieses singulären Stückes ist vorerst nicht gelungen; rein typologisch betrachtet wird aber das Randprofil kaum vor der ausgehenden Mittelbronzezeit entstanden sein. Das vierte Stück (Nr. 243) trägt eine zweifach durchbohrte Knubbe am Bauch, wie sie ebenfalls im Material von Trimbach SO-Rinthel und -Chrottengasse sowie von Vuadens FR auftritt[46].

Charakteristische Dekortechniken (Taf. 12–13; Abb. 16: Nr. 11)

Die flächendeckende Zier, meist auf dem Gefässunterteil angebracht, ist sehr mannigfaltig. Die Gefässform kann jedoch wegen der kleinteiligen Fragmentierung der Scherben nur in äusserst seltenen Fällen rekonstruiert werden. Der Ton dieser Scherben ist einheitlich grau bis braun. Die Magerung schwankt zwischen grob und fein. Die Oberfläche zeigt sich mehrheitlich rötlich bis orangebraun.

Dekorart	Anzahl	Prozent
Komma	1	0,48
S-förmige Grübchen	1	0,48
Doppelhalbkreisstempelchen	2	0,96
Halbmonde	2	0,96
Kreise	2	0,96
Flaue Dreiecke	3	1,44
Dreieckkerben	4	1,92
Punkte	6	2,88
Kornstiche	7	3,36
Warzen	9	4,32
Polygone	10	4,80
Fingertupfen	20	9,61
Nagelkerben	21	10,09
Furchen	21	10,09
Zweigmuster	28	13,46
Ritzlinien	71	34,19
Total	208	100%

Fingertupfen, teils mit Nagelabdruck (Nrn. 159, 186–189, 192–193)[47], allerlei Einstiche wie Kerben, Kreis- und Punktstempel wurden in horizontalen, vertikalen oder schrägen Reihen auf die Fläche angebracht (Nrn. 162–165)[48]. Diese Muster hatte man mittels Stäbchen oder den Fingerkuppen geschaffen. Wenige Wandscherben zeigen mit den Fingern herausmodellierte Warzen (Nrn. 190–191). Eine relativ grosse Anzahl ist mit Furchen (Nrn. 194–195, 198, 200) oder Zweigmustern versehen (Furchen mit zusätzlichen Einstichen: Nrn. 196–197, 201–205)[49]. Äusserst beliebt waren auch Linienverzie-

46 Trimbach SO-Rinthel: Osterwalder 1971, Taf. 52, 9. Trimbach SO-Chrottengasse: unpubliziert Inv.-Nr. 120/7/4005, HMO. Vuadens FR, Brandgräber: Schwab 1981, 7. Diese Gräber werden durch typische Beifunde in die Mels-Rixheim-Stufe datiert.

47 Reusten D-Kirchberg: Kimmig 1966a, 26, 23, bereits in der Stufe BrA2 beginnend, jedoch vereinzelt. Arbon TG-Bleiche: Fischer 1971, Taf. 25, 7, selten. Wisen SO-Moosfeld: Osterwalder 1971, Taf. 50, 25–26. Zeglingen BL-Neubrunn: Holstein et al. 1984, 9–10, Abb. 6, 34–36. Trimbach SO-Chrottengasse: Osterwalder 1971, Taf. 53, 16–21.

48 *Kommadekor*: ist singulär und ohne Beispiele.
Kreismuster: Trimbach SO-Chrottengasse: Osterwalder 1971, Taf. 54, 4.
Punktmuster: Spiez BE-Bürg: Osterwalder 1971, Taf. 48, 3; 1971a 36, Abb. 18. Trimbach SO-Chrottengasse: unpubliziert Inv.-Nr. 120/7/3973. Wenslingen BL-Egg: Osterwalder 1971, Taf. 56, 12.
Flaue Dreiecke: Muttenz BL-Wartenberg: Osterwalder 1971, Taf. 55, 4.
Halbmondförmige Eindrücke: Urach D-Runder Berg: Stadelmann 1981, Taf. 15, 154.
S-förmige Grübchen: Urach D-Runder Berg: Stadelmann 1981, Taf. 15, 149.
Dreieckkerben: Wisen SO-Moosfeld: Osterwalder 1971, Taf. 49, 17.
Diverse andere Kerben: Pfäffikon ZH-Steinacker: Zürcher 1977, 36, Abb. 5, 14. Esslingen D-Stadtkirche: Gersbach 1974, Abb. 7, 2.
Nagelkerben: Niederlenz AG-Schürz: JbSGUF 50, 1963, Taf. 21, 1. Oensingen SO-Lehnfluh, Südhalde: unpubliziert Inv.-Nr. 103/15/98, HMO. Pfäffikon ZH-Steinacker: Zürcher 1977, 36, Abb. 5, 29. Spiez BE-Bürg: Osterwalder 1971a, 37, Abb. 19. Trimbach SO-Chrottengasse: Osterwalder 1971, Taf. 53, 18; Taf. 54, 6. Wenslingen BL-Egg: Osterwalder 1971, Taf. 56, 10. Wisen SO-Moosfeld: Unz 1981, 49, Abb. 1, 18. Zeglingen BL-Neubrunn: Holstein et al. 1984, 10, Abb. 6, 37. Zeiningen AG-Uf Wigg: Brogli 1980–82, 36, Abb. 18, 3.
Nagelkerben und Zweigmuster: Spiez BE-Bürg: Osterwalder 1971, Taf. 45, 9–10. Wisen SO-Moosfeld: Unz 1981, 49, Abb. 1, 20.
Kornstiche: Arbon TG-Bleiche: Fischer 1971, Abb. 14, 1–2. Pratteln BL-Meierhofweg: Rudin-Lalonde 1985, 59–60, Abb. 2, 22. Zeglingen BL-Neubrunn: Holstein et al. 1984, Abb. 6, 41.

49 *Warzen*: Pfäffikon ZH-Steinacker: Zürcher 1977, 36, Abb. 5, 33. Trimbach SO-Chrottengasse: unpubliziert, Inv.-Nrn. 120/7/3982; 4011, HMO. Wisen SO-Moosfeld: Unz 1981, 49, Abb. 1, 24. Es ist aber zu beachten, dass Warzengefässe vereinzelt auch aus der Spätbronzezeit bekannt sind, so z. B. aus den Seeufersiedlungen Zürich ZH-Alpenquai und Zürich ZH-Haumesser: Wyss 1972, 11–12, Abb. 4a. Diese scheinen jedoch viel regelmässiger gestaltet und eher auf das Gefäss aufgesetzt als herausgezwickt zu sein.
Furchen: Trimbach SO-Chrottengasse: unpubliziert, Inv.-Nr. 120/7/4010, HMO. Osterwalder 1971, Taf. 53, 13. Trimbach SO-Rinthel: unpubliziert, Inv.-Nr. 120/21/3936, HMO. Mit Leiste JbSGUF 45, 1956, Taf. IV, 45. Niederlenz AG-Schürz: JbSGUF 50, 1963, 69–71, Abb. 21, 27. Mit *Leiste*: Abb. 21, 26. Pfeffingen BL-Schalberg: unpubliziert, Inv.-Nr. 52. 10. 1594, AMABL.
Verschiedene Zweigmuster: Pfeffingen BL-Schalberg: unpubliziert Inv.-Nr. 52. 10. 1600, AMABL. Spiez BE-Bürg: Osterwalder 1971, Taf. 43, 16–18. Trimbach SO-Chrottengasse: Osterwalder 1971, Taf. 53, 14–15; 17. Wisen SO-Moosfeld: Unz 1981, 50, Abb. 1, 18; 20.

rungen aus parallelen, zusammenlaufenden oder sich regellos schneidenden tiefen Rillen oder feineren Ritzlinien (Nrn. 207–218)[50]. Besondere Aufmerksamkeit gebührt den Wandscherben mit flächig geordneten Doppelhalbkreisstempelchen (Nr. 161), einem Dekor, der während der ausgehenden Frühbronzezeit als Leistenzier in der östlichen Landeshälfte und dem angrenzenden Ausland sehr geläufig war[51], während der Mittelbronzezeit jedoch in etwas degenerierter Form, auf dem Gefässkörper flächig angeordnet weiterverwendet wurde, so z. B. auf dem Wartenberg bei Muttenz[52].

Keramik des frühen Abschnittes der Spätbronzezeit: Stufe BzD/HaA1

Aus diesen Zeitabschnitten sind bislang nur sehr wenige Siedlungen bekannt. Ihr Fundgut enthält meist mehrere Stufen, so dass sich in erster Linie fast nur Grabfunde mit gesicherten Bronzebeigaben zur Datierung eignen. Eine Ausnahme macht die Freilandsiedlung Bavois VD-en-Raillon, die ein einheitliches Fundinventar der Stufe HaA geliefert hat[53].

Nur gerade 2% der bestimmbaren Keramik konnten dieser Übergangszeit zugeteilt werden.

Dazu zählen wir Zylinder- oder Trichterhals- und Schrägrandtöpfe sowie Knickwandschalen. Einige typologisch aussagekräftige Ziertechniken ergänzen das Bild.

Zylinder- und Trichterhalsgefässe (Taf. 16; 18–19)

Die grobkeramischen Zylinder- und Trichterhalstöpfe weisen dieselbe Tonqualität auf wie die oben vorgestellten mittelbronzezeitlichen Töpfe der Form 2. Ihre Oberflächen sind meist mit Schlicker beworfen worden (Nrn. 244–245). Sie sind unverziert (Nrn. 246–248, 253 sog. randloses Zylinderhalsgefäss[54]) oder besitzen einen Dekor aus Fingertupfen oder Kerben am Randsaum (Nr. 250: tiefe kerbartige Eindrücke im Bereich des Halsumbruches). Für die Zylinderhalsgefässe (Nrn. 244–245) finden sich gute Parallelen aus Muttenz BL-Wartenberg und Bavois VD-En-Raillon, für das Trichterhalsgefäss (Nr. 246) aus Truns GR-Caltgeras und Gunzgen SO-Restaurant Windrose[55]. Die grobkeramischen Zylinderhalsgefässe sind bekanntlich nicht leicht zu datieren, da sie von der Stufe BrD bis in die Hallstattzeit vorkommen[56]. Unsere Scherben (Nrn. 244–253) dürften aufgrund ihrer «mittelbronzezeitlichen» Tonqualität am ehesten aus der Frühzeit stammen.

Die feinkeramischen Zylinder- und Trichterhalsgefässe zeigen alle einen Dekor: ein Rillenband auf der Schulter (Nr. 272), Kerbchenreihen auf Schulter und Bauch (Nrn. 273–274), horizontal gefüllte Dreiecke kombiniert mit einem Rillenband und einem altmodischen Ösenhenkelchen am Trichterhals (Nr. 277), während zwei unsichere Zylinderhalsgefässe (275–276) Kerben bis unter den Schrägrand aufweisen, einen eher flächendeckenden Dekor in mittelbronzezeitlicher Tradition[57].

Schrägrandtöpfe (Taf. 17)

Die Töpfe (Nrn. 254–270) und die Schüssel (Nr. 271), die wiederum aufgrund ihrer Tonqualität gut zu den Zylinder- und Trichterhalstöpfen passen, weisen schwach nach innen abgestrichene Ränder auf. Falls verziert, befinden sich Fingertupfen oder Kerben am Randsaum und/oder im Bereich des Randumbruches. Lediglich eine Scherbe mit Tupfenleiste kann diesen Töpfen zugeordnet werden. Viele Parallelen zu diesem breiten Formenspektrum fanden sich in Bavois VD-En-Raillon, einzelne Stücke lassen sich aber auch in anderen Siedlungen, dort aber fast immer in einem gemischten Fundinventar, nachweisen[58].

---

50 Möriken AG-Lehmgrube: Weiss und Frey 1980, 8–11, Abb. 5, 6. Muttenz BL-Wartenberg: Freuler 1969, A 165. Niederlenz AG-Schürz: JbSGUF 50, 1963, 71, Abb. 21, 24–25. Pfäffikon ZH-Steinacker: Zürcher 1977, Abb. 5, 23; Abb. 7, 6. Pratteln BL-Meierhofweg: Rudin-Lalonde 1985, 60, Abb. 2, 24. Reusten D-Kirchberg: Kimmig 1966a, Taf. 36, 12–20.
Trimbach SO-Chrottengasse: unpubliziert, Inv.-Nr. 120/7/3958.
Spiez BE-Bürg: Osterwalder 1971a, 37, Abb. 20. Urach D-Runder Berg: Stadelmann 1981, 19, Taf. 14, 138: Sie meint nachweisen zu können, dass die netzartigen Muster in der BrA2Stufe erstmals auftraten, dann in die Mittelbronzezeit fortlebten. Wenslingen BL-Egg: Osterwalder 1971, Taf. 56, 4. Wisen SO-Moosfeld: Unz 1981, 49, Abb. 1, 4; 5; 10; 21; 25. Zeglingen BL-Neubrunn: Holstein et al. 1984, 10, Abb. 6, 38.

51 Nach Hundt 1962, 52, 54–55, Abb. 6–7 tritt dieser Dekor nicht vor der Stufe BrA2 auf. Demnach müsste Meilen ZH-Schellen vor diese Stufe angesetzt werden. Dies passte ausgezeichnet zu den ermittelten Dendrodaten.
Arbon TG-Bleiche: Fischer 1971, Taf. 19, 2–3; Taf. 20, 1–2; 4. Toos TG-Waldi: Sitterding 1974/75, 36, Abb. 13, 5; 8–11. Zürich ZH-Bauschanze: Suter 1984, 15, Abb. 7, 12. Hochdorf LU-Baldegg: Gallay 1971, 123, Abb. 7d. Koblach A-Kadel: Vonbank 1966, 55–58, Abb. 2, 1; 5; 6. Reusten D-Kirchberg: Kimmig 1966a, 33, Taf. 29, 9–11.

52 Freuler 1969, 25, A 18; Osterwalder 1971, Taf. 55, 5. Drei weitere Belegstücke fanden sich auf dem Runden Berg bei Urach D: Stadelmann 1981, 20, Taf. 15, 154–156.

53 Vital und Voruz 1984, Chronologie 1986, 148; 228, 66: Die Zuweisung des Fundmaterials erfolgte typologisch, gestützt durch ^{14}C-Datierung.

54 Dehn 1972, 15.

55 Bavois: Vital und Voruz 1984, Fig. 63, 403; Fig. 66, 1298; Fig. 67, 993; Fig. 70, 821. Muttenz BL-Wartenberg: Unz 1973, Taf. 47, 18, dort stark schematisiert wiedergegeben; Inv.Nr. 44. 58, AMABL. Truns GR-Caltgeras: JbSGUF 53, 1966/67, 112–115, Abb. 13, 19, Datierung der Station typologisch MBZ-HaA1. Gunzgen SO-Restaurant Windrose: JbSGUF 57, 1972/73, 244–248, Abb. 32, 1–5, Grube unsicherer Funktion.

56 Ruoff 1971, 72; Beispiele früher Zuweisung bei Primas 1971, Abb. 9, 11; Abb. 10, 6.

57 Ähnliche Formen aus Bavois VD-En-Raillon: Vital und Voruz 1984, Fig. 61, 1092; 1094. Fig. 66, 1298; Fig. 71, 778; 394; 822. Das Einzelstück (Nr. 277) lässt sich am besten vergleichen mit den Henkelgefässen aus einem Grab von Herrlisheim (F-Elsass): Zumstein 1966, 126, Fig. 45, 289.

58 Bavois VD-En-Raillon: Vital und Voruz 1984, z. B. Fig. 59, 1122; 1132; 1037; 1120; 1140; Fig. 62, 1116; 1192; Fig. 67, 887; 916; 958; fig. 74, 686. Lausen BL: JbSGUF 50, 1963, Abb. 17. Pratteln BL-Adlerberg: JbSGUF 44, 1954/55, 72, Abb. 17, 1–2, 5–6.

Knickwandschalen (Taf. 20–21)

Die undekorierte Knickwandschale (Nr. 302) findet ihresgleichen ebenfalls in Bavois VD-En-Raillon oder in den Grabinventaren von Wiedlisbach BE und Endingen AG[59]. Eine Gruppe von weiteren Knickwandschalen, diese aber mit Riefenband oder einer Kerbleiste über dem Wandknick verziert (Nrn. 303–306), lässt sich gut anschliessen an Grabfunde von Vuadens FR-Le Briez und Erzingen D (Waldshut)[60]. Die auf ihre Gesamtform bezogen eher konischen Schalen (Nrn. 307–313) scheinen mit ihrem hochsitzenden Wandknick eine Übergangsform zu vertreten. Man findet verwandte Schalen ebenfalls im Material von Bavois VD-En-Raillon[61].

Charakteristische Dekortechniken (Taf. 19–20; Abb. 16; Nrn. 15–16)

Folgende Verzierungsarten dürfen für die frühspätbronzezeitlichen Abschnitte als typologisch aussagekräftig angesehen werden: Umriefte Buckel oder Buckel zusammen mit langen Dreiecken (Nrn. 278–280)[62], lange, schraffierte oder verschachtelte Dreiecke (Nrn. 280–286)[63], Leitermuster mit mehrfach geritztem Zickzack (Nr. 287)[64], leichtgeriefte Ware und ähnliche Dekors (Nrn. 288–297)[65]

Die Keramik des mittleren und späten Abschnittes der Spätbronzezeit: Stufen HaA2-HaB2 (Taf. 21–52; Abb. 16; Nrn. 19–31)

Die Keramik liegt trotz allgemein kleinteiliger Fragmentierung in einem gut bewertbaren Zustand vor. Die hartgebrannte Ware scheint den Kräften der Bodenerosion und des Bodenchemismus erfolgreich getrotzt zu haben, die gewöhnlich schlechter gebrannten, grobkeramischen Töpfe hingegen haben darunter verschiedentlich gelitten.

Die Grundformen: Die Gefässformen können natürlich nur mittels typischer Scherben, vor allem Randscherben, eruiert werden. Gelegentlich können aber auch Wandscherben zur Bestimmung der Gefässform dienen, besonders wenn sie aussagekräftige Dekors aufweisen. Dabei ist ein Seitenblick auf die generell besser erhaltene, stratifizierte und meist dendrochronologisch datierte Keramik einzelner Seeufersiedlungen unumgänglich.

Bei den Massangaben der Gefässe beschränken wir uns auf die Angabe des Mündungs-, Bauch- oder Bodendurchmessers, der bei dieser handgetöpferten Keramik immer mit einer gewissen Ungenauigkeit behaftet ist.

Dasselbe gilt auch für die Ausformung der Randprofile, die an erster Stelle zur Bestimmung herangezogen werden. Ebendeshalb werden wir unsere Keramik lediglich nach grobgefassten Formen vorstellen:
1. Konische Schalen
2. Gerundete Schalen
3. Gefässe mit abgesetztem Halsfeld:
   – Schulterbecher
   – Zylinderhalsgefässe
4. Bikonische Gefässe
5. Schrägrandgefässe
6. Trichterrandgefässe
7. Feinkeramische Gefässe mit Riefendekor
8. Varia einschliesslich einiger typischer Dekorarten.

Konische Schalen (Taf. 21–27)

Die konischen Schalen stellen mit knapp 21% die am stärksten vertretene Gefässform dar. Diese Angaben basieren auf den Randscherben, wonach drei Randformen unterschieden werden können:

---

59 Bavois VD-En-Raillon: Vital und Voruz 1984, Fig. 71, 1171; 1653. Wiedlisbach BE: Primas 1971, 59, Abb. 5, 2. Endingen AG: Unz 1982, 197, Abb. 4, 9.
60 Vuadens FR-Le Briez: Schwab 1981, 7, unten rechts. Erzingen D: Badfundber 1968, Taf. 73, 1–4, vergesellschaftet mit Mohnkopfnadeln.
61 Vital und Voruz 1984, Fig. 69, 954; 1413.
62 Grabfunde: Wiedlisbach BE: Primas 1971, 59, Abb. 4. Kerzers FR: Boisaubert 1983, Abb. 11d. Muttenz BL-Schänzli: Lüscher und Müller 1982, 46, Abb. 3, 2, zusammen mit einem Griffzungenschwert. Verbreitungskarte bei Unz 1973, 40: mehrfach umriefte, erhöhte Buckel werden am Übergang von BzD zu HaA durch flache ersetzt. Dies dürfte bei unseren relativ flachen Buckeln in etwa zutreffen.
63 Lange schraffierte Dreiecke zwischen und kürzere über flachen Buckeln (Nr. 280): vgl. Zurzach AG: Primas 1971, 60, Abb. 6. Riedisheim F (Elsass): Zumstein 1966, 150, Fig. 58, 367. Eine kleine Auswahl von langen Dreiecken aus Siedlungen: Muttenz BL-Wartenberg: Unz 1973, Taf. 477, 11; 13. Wisen SO-Moosfeld: Unz 1981, 49, Abb. 1, 3; 8. Villigen AG-Obsteinen: JbSGUF 51, 1964, 102, Abb. 42, 25.
64 Wisen SO-Moosfeld: Unz 1981, Abb. 1, 3. St. Brais JU: Unz 1973, Taf. 46, 5. Muttenz BL-Wartenberg: Unz 1973, Taf. 48, 13. Tiengen D (Waldshut), Grab: Badfundber 1968, Taf. 75, 10.
65 Vgl. Verbreitungskarte bei Unz 1982, 199, Abb. 6.
    Grabfunde: Endingen AG: Unz 1982, 197, Abb. 4, 4, dort kombiniert mit Buckeln. Basel BS-Gundeldingen: JbSGUF 54, 1968/69, 117, Abb. 15, 7. Schweighouse F (Elsass): Unz 1973, Taf. 30, 3–8. Schifferstadt F (Elsass): Unz 1973, Taf. 22, 6–9; 11–13, vergesellschaftet mit Mohnkopfnadeln.
    Siedlungskeramik: Bavois VD-En-Raillon: Vital und Voruz 1984, 108, Fig. 66; 119, Fig. 77. Muttenz BL-Wartenberg: Unz 1973, Taf. 48, 3.
66 Nach Ruoff 1971, 72 oder 1974, 14, charakteristisch für die konischen Schalen der Stufe 3 von Zug ZG-Sumpf. Vgl. dazu Sitterding 1984, 67, zusammen mit Bogenmustern (Girlanden), ebenso typisch für diese Stufe sei der Kammstrichdekor. Weitere Beispiele: Möriken AG-Kestenberg, aus den ältesten Häusern: Ruoff 1974, Taf. 34, 31; wird zur Zeit von D. Holstein neu bearbeitet. Greifensee ZH-Böschen: Eberschweiler 1987, 90–91, Taf. 1, 18; Taf. 2, 1. 3. Zürich ZH-Grosser Hafner, Stratum 3: Ruoff 1971, Abb. 6, 7; Primas und Ruoff 1981, 40. Balm bei Günsberg SO: JbSGUF 51, 1964, 97, Abb. 35, 7, vergesellschaftet mit kammstrichgirlandenverzierten Schalen und kammstrichverzierten Schulterbechern. Pfeffingen BL-Schalberg: unpubliziert Inv.-Nrn. 52. 10. 804; 811; 1471, nach Vogt aus der untersten Schicht; nach den von G. Lüscher 1986 durchgeführten Nachgrabungen muss Vogts Stratigraphie jedoch in Frage gestellt werden.
    Elsass: Achenheim-Oberschäffolsheim: Schmitt 1966, Fig. 4, 10; Fig. 5, 28–29; Fig. 6, 38, mit straffen, kammstrichverzierten Schulterbechern zusammen. Wintzenheim F-Hohlandsberg: Bonnet 1985, Fig. 28, 10a; Fig. 29, 13d, 13e, 21d, 21e.

Form	Anzahl	Prozent
1. Konische Schalen mit prägnanter Stufe	69	12%
2. Konische Schalen mit einfachem Rand	67	11%
3. Konische Schalen mit ausgelegtem Rand	459	77%
Total	595	100%

Form 1: Konische Schalen mit prägnanter Stufe
(Taf. 21–22)

Die konischen Schalen mit einer durch eine kleine, aber prägnante Stufe abgesetzten Randfläche stellen streng genommen bloss eine chronologisch aussagekräftige Sonderform der konischen Schalen dar[66]. Sie weist vorwiegend ausgelegte Ränder auf. Diese Form scheint sich schon während der HaA1-Stufe aus den Knickwandschalen herausgebildet und vor allem in der folgenden HaA2-Stufe einer gewissen Beliebtheit erfreut zu haben[67].

Rund ein Drittel dieser Schalen sind unverziert. Die Schalen mit einfacher (z.B. Nrn. 321, 324) und doppelter (z.B. Nrn. 325, 334, 338), vereinzelt auch dreifacher Zickzacklinie (z.B. Nr. 343) auf einer oder mehreren Randfacetten stellen etwa drei Viertel der verzierten Vertreter. Daneben finden sich nur wenige mit schraffierten Dreieck- (Nr. 322) und Fischgrätenmustern (Nr. 326), die ab und zu auch auf der Schaleninnenwand, besonders im oberen Bereich angebracht wurden (Nrn. 322, 330, 344). Ein grossflächiges Dreieckmuster in etwas verwischtem Kammstrich ziert die Innenseite der weiten Schale (Nr. 314). Sie weist zusätzlich noch ein Loch auf, das von einer Flickstelle oder einer Aufhängung herstammen dürfte. Die Durchmesser dieser Schalen liegen zwischen 16 cm und 25 cm, einige wenige erreichen sogar bis zu 35 cm Durchmesser. Der Ton ist normalerweise fein gemagert, von grauer bis schwarzer Farbe und die Oberfläche auf der Innenseite immer fein geglättet oder sogar poliert, während sie aussen meist nur knapp verstrichen wurde. Die Ränder hat man mit Vorliebe horizontal oder nach innen, manchmal auch doppelt abgestrichen. Obwohl bloss eine einzige Schale (Nr. 314) zugleich eine prägnante Randstufe und einen Kammstrichdekor aufweist, scheint diese mit einem feinen, mehrzinkigen Gerät erzeugte Verzierungstechnik zumindest auf Schalen besonders innerhalb der Stufe HaA2 in Gebrauch gewesen zu sein[68].

Einige Beispiele mit Kammstrichgirlanden (Nrn. 347–349) und anderen, flächigen Kammstrichdekors (Nrn. 350–355) fanden sich auf der Frohburg ebenfalls[69].

Form 2: Konische Schalen mit einfachem Rand
(Taf. 23–24)

Der einfache, auf der Aussenseite nicht abgesetzte Rand ist etwa zu gleichen Teilen gerundet, horizontal, nach innen oder zweimal, d.h. horizontal und nach innen, abgestrichen. Im letztgenannten Fall ist die nach innen abgeschrägte Facette meist gekehlt. Die Mündungsdurchmesser spielen zwischen 16 cm und 28 cm. Nur wenige Exemplare erreichen Weiten über 30 cm, eines, das besser als Becher angesprochen werden müsste (Nr. 357), jedoch auch blosse 9 cm. Der Scherben ist im allgemeinen grau und fein gemagert, die Oberflächenbehandlung innen generell feiner als aussen. Die Dekors sind wieder sehr schlicht gehalten: Einfache oder mehrteilige, geritzte Zickzacklinien auf der Randfacette oder auf der Wand (Nrn. 359, 361–362, 372–373, 375–376, 379) und Schrägstrichgruppen sowie schräg gefüllte Dreiecke (Nrn. 363–364, 368–369, 371). Besonders erwähnenswert ist die Schale mit einem «reicheren» Dekor (Nr. 364), der zudem noch auf einer innen abgestuften Wand sitzt, ein Phänomen, das offenbar in grosser Zahl in Seeufersiedlungen der Stufe HaB1 vorkam[70].

Form 3: Konische Schalen mit ausgelegtem Rand
(Taf. 24–27)

Diese Randform war auf unserer Siedlung die beliebteste. Der Rand wurde absichtlich oder beim Abstreichen zufällig etwas ausgelegt. Die meisten Ränder sind einmal nach innen abgeschrägt worden (>50%), während die horizontal abgestrichenen etwa 10% und die horizontal und nach innen facettierten, wiederum mehrheitlich gekehlten, 20% ausmachen. Den Rest bilden nach aussen und innen mehrfach abgekantete Randformen. Rund die Hälfte aller Schalen besitzen keinen Dekor. Die verzierten Stücke tragen vorwiegend geritzte Zickzackmuster,

---

Grabfunde: Beringen SH-Unterer Stieg: JbSGUF 67, 1984, 188. Urnengrab mit Zylinderhalsgefässen mit feinem Kammstrichdekor.

67 Dies lässt sich an den Schalen aus Bavois VD-en-Raillon illustrieren: Frühformen aus Schicht 5a zeigen einen deutlichen Wandknick (Knickwandschalen): Vital und Voruz 1984, Fig. 64, 1013, 409; Fig. 65, 562), während die Schalen aus Schicht 3 lediglich noch eine innere Abstufung aufweisen: Vital und Voruz 1984, Fig. 75, 1567, 688. Sperber 1987, 53, Typ 112, nennt sie «rudimentäre Knickwandschalen».

68 Besonders typisch für die Stufe HaA2 scheinen Schalen mit Randstufe und Kammstrichgirlandenmuster zu sein, was sich wiederum am Inventar von Bavois VD-en-Raillon ablesen lässt: Vital und Voruz 1984, Fig. 71, 1489. Diese verschwinden offenbar spätestens im Laufe der frühen HaB-Stufe. Dies kann z.B. anhand der Fundkomplexe von Greifensee ZH-Böschen und Vinelz BE-Ländti veranschaulicht werden: Eberschweiler 1987, 90, Taf. 1, 16, 17, noch gut vertreten – Gross 1986, Schicht 2, gänzlich verschwunden. Weitere mit Kammstrichgirlanden verzierte Schalen: Zug ZG-Sumpf: Ruoff 1971, 72, Abb. 1. Möriken AG-Kestenberg: Ruoff 1974, Taf. 34, 31. Zürich ZH-Grosser Hafner: Primas und Ruoff 1981, Abb. 5, 3; Primas 1982, Abb. 1, 4. Günsberg SO-Balm: unpubliziert Inv.-Nrn. 6/2/348–349, 391, KASO. Wintzenheim F-Hohlandsberg: Bonnet 1985, Fig. 28, 51a, 51b; Fig. 29, 15c, 17e, 17g. Muttenz BL-Im Lutzert, Urnengrab: JbSGUF 65, 1982, 180–181, Abb. 16, 1, zusammen mit einem kammstrichverzierten Schulterbecher.

69 Gute Gegenstücke lassen sich aus dem Inventar von Trimbach SO-Chrottengasse aufführen: unpubliziert Inv.-Nrn. 120/7/3950–3953, HMO.

70 Vinelz BE-Ländti, Schicht 2: Gross 1986, Taf. 29; Taf. 30. Zug ZG-Sumpf: Sitterding 1984, 71, Abb. 5, wegen der fla-

gefüllte Dreiecke und Fischgrätenmuster. Dekors wie sie bereits bei den Schalen der Form 2 vorgestellt wurden. Neu auftretende Dekors auf den Randfacetten sind radiale Riefelung (Nr. 397), verschachtelte Dreiecke (Nr. 393), Zickzacklinien in Kornstichtechnik (Nr. 391) sowie Einstiche auf der Innenwand (Nrn. 392, 425, 435). Lediglich Nr. 441 trägt feine Schrägkerben am äusseren Randsaum. Die Randdurchmesser betragen zwischen 16 cm und 30 cm. Der Ton ist im allgemeinen fein gemagert, die Oberfläche in grauen Nuancen gehalten und innen feiner gearbeitet als aussen.

Gerundete Schalen (Taf. 27–31)
Form 1: Gerundete Schalen mit einfachem Rand (Taf. 29–31)

Es lassen sich wieder drei Grundformen der Randgestaltung unterscheiden:

Gerundeter Randsaum: 60 Randfragmente von gerundeten Schalen mit einfachem Rand besitzen einen gerundeten Randsaum. Bei wenigen Scherben zieht der Rand oben etwas ein (Nrn. 482–486), was bei der Kleinteiligkeit der Fragmente nicht immer leicht zu erkennen war. Die Nr. 487 besitzt als einzige zusätzlich einen eingezogenen Unterteil[71]. Während die übrigen mehrheitlich grau bis schwarz und beidseitig geglättet bis poliert waren, ist diese braun überzogen worden. Die Weiten variieren zwischen 14 cm und 20 cm. Alle Scherben sind unverziert, vier tragen jedoch Reste roter Farbe (Nr. 496 und drei nicht abgebildete Wandscherben[72]), ein Phänomen, das bestimmt erst am Ende der Spätbronzezeit, besonders ausgeprägt aber während der Hallstattzeit auftauchte[73].

Horizontal abgestrichener Rand: Ca. ein Dutzend der Randscherben wurde horizontal abgestrichen (Nrn. 488–489). In allen anderen Merkmalen entsprechen sie der ersten Randform.

Nach innen abgestrichener Rand: Die dritte Gruppe zeichnet sich durch einen nach innen abgeschrägten Rand aus: 20 Randscherben gehören dieser Form an. Drei Scherben tragen aber einen Dekor: Nr. 495 ist auf der Innenseite mit einem Doppelfurchenstichdekor, wohl einst schraffierte Dreiecke darstellend, verziert[74].

Die singuläre Kalottenschale (Nr. 494) mit feingeritzten Zickzacklinien auf der Gefässaussenseite lässt sich vergleichen mit Dekors von Keramik aus gut datierten Seeufersiedlungen[75]. Ein weiteres Einzelstück (Nr. 497) wird am Rand von feinen Schrägkerben gesäumt.

Form 2: Gerundete Schalen mit ausgelegtem Rand (Taf. 27–29)

Auch hier zeigt sich wie bei den konischen Schalen eine grosse Vorliebe für nach innen abgestrichene und gekehlte Randformen (80%). Die Hälfte davon ist zusätzlich noch horizontal abgekantet worden. Die allgemein eher grossen Durchmesser bewegen sich zwischen 20 cm und 30 cm, der Ton ist grau und fein gemagert. Nur wenige Scherben präsentieren eine rote bis braune Oberfläche. Die fünf verzierten Randfragmente tragen Zickzackmuster auf der Randfacette oder der schwach gestuften Innenwand (Nr. 456).

Die ausgelegten Ränder sind z.T. so markant ausgebildet, dass einzelne Gefässe eher schon als Trichterrandschüsseln angesprochen werden müssten (Nrn. 461–473). Diese Form weist bereits auf das Ende der Spätbronzezeit[76].

Form	Anzahl	Prozent
1. Gerundete Schalen mit einfachem Rand	92	42,2%
2. Gerundete Schalen mit ausgelegtem Rand	111	50,9%
3. S-förmig geschweifte Schalen	15	6,9%
Total	218	100%

Form 3: S-förmig geschweifte Schalen (Taf. 31)

Dieser feinkeramische, im allgemeinen sehr dünnwandige Schalentyp weist meist einen spitzgerundeten Randsaum und eine geschweifte Gesamtform auf. Alle Stücke waren mindestens geglättet, eventuell sogar poliert. Die Schale Nr. 500 wurde innen braun poliert und auf der Aussenseite schwarz geschmaucht. Die Nr. 504 hingegen ist innen schwarz und aussen braun. Diese Zweifarbigkeit bewirkte einen ähnlichen Effekt wie die Bemalung der Keramik während der ausgehenden Spätbronzezeit und

---

chen Form «Teller» genannt. Cortaillod NE-Est: Borello 1986, Taf. 13–22, ein dendrochronologisch gut datierter HaB1-Komplex.
71 Diese Form taucht nirgends vor der Stufe HaB2 auf. Sie fehlt z.B. noch in Cortaillod NE-Est. Gut belegt ist sie im oberen Schichtpaket von Zug ZG-Sumpf: Ruoff 1974, Taf. 25, 13, 16. Möriken AG-Kestenberg: Ruoff 1974, Taf. 33, 1–2. Zürich ZH-Alpenquai: Ruoff 1974, Taf. 15, 13, 22. Bellerive JU-Roc de Courroux: Lüdin 1972/73, Abb. 23, 18. Wintzenheim F-Hohlandsberg: Bonnet 1974, 44, Fig. 9b, 2–3. Wittnau AG-Horn: Gassler 1982, Abb. 2, 14, graphitiert. Sie finden sich aber auch in der Nekropole von Ossingen ZH-Im Speck: Ruoff 1974, Taf. 7, 1, 7.
72 Inv.-Nrn. 120/14/2121, 4335–4336.
73 Vinelz BE-Ländti, Schicht 1: Gross 1986, 74. Bemalung fehlt noch gänzlich in diesem späten Komplex, in Zürich ZH-Alpenquai dagegen gute Belege für Bemalung: Ruoff 1974, 21. Sie kommt ebenso, wenn auch nur in geringer Anzahl – kein Wunder bei der starken Bodenerosion und den oft rabiaten Waschmethoden – auch auf Höhensiedlungen des Jura vor: Möriken AG-Kestenberg: Ruoff 1974, Taf. 32;

Taf. 33, zusammen mit Graphitierung. Wittnau AG-Horn: Gassler 1982, Abb. 4, 1, der Topf mit Trichterrand gehört typologisch sicher noch zur Spätbronzezeit. Es gibt jedoch auch eine grosse Menge gesicherte Hallstattkeramik, Sanguisuga-, Bogen- und Paukenfibeln sowie Fragmente eines Tonnenarmbandes aus Lignit/Sapropelit.
Aus dem angrenzenden Elsass und Süddeutschland: Wintzenheim F-Hohlandsberg: Bonnet 1974, Fig. 7b. Istein D-Klotzen: Dehn 1967, Taf. 29–30. Hoppe 1982, 92–94 ordnet rot überfangene Schalen mit einigen Vorbehalten seiner Formengruppe IV und somit der HaC-Stufe zu.
74 Auch Geissfusstechnik genannt, wurde in Wittnau AG-Horn oder Zeiningen AG-Bönistein angewandt, um konische Schalen oder Schrägrandschüsseln zu dekorieren. Die Muster sind verschiedenartig: Mäander, Mäandroide, schraffierte und verschachtelte Dreiecke, Zickzackbänder und H-Motive: Bersu 1945, Taf. 31, Abb. 119, 11, 15, 21, 23, 31, 40. Gassler 1982, 61, Abb. 5, 7.
75 Cortaillod NE-Est: Borello 1986, Taf. 38, 4, 6, 9. Brandgrab von Elgg ZH-Ettenbühl Chronologie 1986, 151–152, Taf. 72, 4, typologische Zuweisung HaB.

der Hallstattzeit. Eine späte Datierung wird auch durch die Form gestützt, die v. a. in hallstattzeitlichen Siedlungen verbreitet war[77].

Die wenigen Tassen (Nrn. 505–510) betrachten wir lediglich als Schalen-Sonderform mit einem zusätzlichen Bandhenkelchen. Sie traten während der ganzen Spätbronzezeit auf.

Gefässe mit abgesetztem Halsfeld (Taf. 33–38)

Schulterbecher: Unter dieser Gefässgruppe werden sowohl die hohen Becher als auch die breiten Schüsseln zusammengefasst. Das gemeinsame, verbindende Merkmal ist der deutlich betonte Schulteransatz. Dieser erlaubt schon bei den kleinsten Wandscherben eine sichere Zuweisung. Der Ton ist vorherrschend grau und fein gemagert, die sichtbare Oberfläche mindestens geglättet. Nur wenige Stücke weisen einen feinen, hellbraunen Überzug auf (Nrn. 524, 557, 589). Wir unterscheiden, der traditionellen Typologie folgend, eine «straffe» von einer «verflauten», verrundeten Form.

Die erste wurde mit Vorliebe am Hals mit Kammstrichbändern und auf der Schulter mit Kammstrichgruppen verziert (Nrn. 522–546). Manchmal betonte man die Schulter durch zusätzliche Horizontalriefenbänder (Nrn. 542–546, 549). Gelegentlich hat man die Schulter abgekantet (Nrn. 553–554), Riefengirlanden (Nr. 551) oder breite Schrägriefen darauf angebracht (Nrn. 555, 576). Diese letzten beiden Dekortechniken sind sicher aus der oben genannten leichtgeriften Keramik herzuleiten. Sie stellen somit eine «altmodische» Verzierungsweise dar[78]. Die straffen, kammstrichverzierten Schulterbecher waren vor allem während der Stufe HaA2 in Gebrauch. Der Kammstrichdekor selbst erscheint jedoch vereinzelt auch auf späteren, verflauten Schulterbechern, vereinzelt sogar noch auf den typischen Kugelbechern (Kugeltöpfchen) aus den spätesten Seeufersiedlungen[79]. Bei unseren flau profilierten Schulterbechern herrscht die Ritzverzierung vor (Nrn. 557–584): Auf der Schulter befinden sich vorwiegend verschiedenartige Schrägstrichkombinationen und am Hals Horizontalrillenbänder (Nrn. 590–592). Es tauchen jedoch auch reichere Dekors auf wie metopenartig konzipierte Fischgräten- und Blitz- sowie Rautenmuster (Nrn. 572–574, 577). Die hellbraune Wandscherbe (Nr. 589) trägt am Hals ein mäandroides Ritzmuster. Es steht einem Stück aus dem Stratum 3 von Zürich ZH-Grosser Hafner sehr nahe[80]. Rund die Hälfte aller Schulterbecher und -schüsseln ist indessen unverziert.

Zylinderhalsgefässe: Die Zylinderhalsgefässe lassen sich nicht eindeutig von den häufig ebenso weitmündigen Schulterschüsseln trennen (Vgl. Taf. 36–38). Die Halspartie ist scheinbar meistens unverziert, der Ton fein gemagert und die dunkle Oberfläche mindestens geglättet. Zur Datierung der Zylinderhalsgefässe lässt sich Folgendes festhalten: Am Anfang der Spätbronzezeit waren ihre Ränder eher noch schwach ausgebildet und kaum abgestrichen, während sie in der entwickelteren Spätbronzezeit oft mehrkantig profiliert wurden. In der ausgehenden Epoche nahm ihre Häufigkeit wohl zugunsten der Trichterrandgefässe ab[81].

Die Dekorverteilung der Gefässe mit abgesetztem Halsfeld lässt sich der folgenden Tabelle entnehmen:

Dekor	RS	WS	Total	Prozent (gerundet)
Kammstrich	15	90	105	32,3
Kammstrich und Ritzdekor	–	7	7	2,2
Ritzdekor	4	47	51	15,7
Ritzdekor und Riefen	–	5	5	1,5
Riefen	–	7	7	2,2
Schulterabkantung	–	4	4	1,1
Ohne Dekor	134	12	146	45,0
Total	153	172	325	100%

Die Randformen verteilen sich folgendermassen:

Randform	RS	Prozent (gerundet)
horizontal / nach innen abgestrichen	37	24,9
horizontal abgestrichen / nach innen gekehlt	27	18,1
horizontal / nach innen doppelt abgestrichen	16	10,7
horizontal / nach innen abgestrichen und gekehlt	2	1,3
nach innen abgestrichen	48	32,3
nach innen abgestrichen / nach innen gekehlt	4	2,7
nach innen doppelt abgestrichen	4	2,7
nach aussen / horizontal / nach innen abgestrichen	2	1,3
schwach umbiegender Rand	9	6,0
Total RS	149	100%

---

76 Wittnau AG-Horn: Gassler 1982, Abb. 3, 1, 4–8. Bellerive JU-Roc de Courroux: Lüdin 1976, 237, Abb. 13, 14. Möriken AG-Kestenberg: Ruoff 1974, Taf. 33, 7–8.

77 Allschwil BL-Vogelgärten: Lüscher 1986, Taf. 2, 28, 33–36. Sissach BL-Burgenrain: unpubliziert, Inv.-Nrn. 63. 2. 298–299, 444, 452, 461, 502, AMABL. Waldenburg BL-Gerstelfluh: Berger und Müller 1981, Bild 25, 57–62. Wittnau AG-Horn: Bersu 1945, Taf. 39, Abb. 129, 29. Zeiningen AG-Bönistein: Drack 1947, Taf. 6, 270, 282, 286.

78 Vgl. dazu Grotte de Chancia F, Jura: Aimé et Jacquier 1985, 147–148, Fig. 11, 45, dort in die Stufe Bronze Final IIb–IIIa datiert (HaA2-B1).

79 Beispiele guter HaA2-Formen: Zug ZG-Sumpf: Sitterding 1984, 68, Abb. 1. Hauterive NE-Champréveyres, Schicht 3: Chronologie 1986, 149, Taf. 68, 1; 150, Taf. 69, 2, 5.

Flaue Formen: Vinelz BE-Ländti, Schicht 2: Gross 1986, Taf. 32; Schicht 1: Taf. 44, 1, 2. mehrheitlich eher den verflauten Schulterbechern oder sogar den Kugeltöpfchen zuzurechnen.
Cortaillod NE-Est: Borello 1986, Taf. 55, 6; 57, 15.
Kugelbecher/Kugeltöpfchen mit Kammstrichdekor: Mörigen BE: unpubliziert, Inv.-Nrn. 7950, 8018, BHM: Die Durchsicht dieses Materials verdanken wir F. Müller. Der Kammstrichdekor war in der Westschweiz generell häufiger als in der Ostschweiz. Die Menge kammstrichverzierter Keramik auf dem Frohburgareal deutet demnach auf eine eher stark «westschweizerisch» orientierte (?) Bevölkerungsgruppe hin.

80 Primas 1982, 49, Abb. 1, 9.

Bikonische Gefässe (Taf. 39)

Eine kleine Gruppe feinkeramischer Scherben lässt sich zu bikonischen Gefässen ergänzen (Nrn. 624–629). Mindestens zwei davon sind unverziert, während drei Riefen- (Nrn. 626–629) und Ritzdekor tragen. Ähnliche bikonische Gefässe fanden sich auch in den gut datierten Seeufersiedlungen Auvernier NE-Nord, Hauterive NE-Champréveyres, Schicht 3 und Zürich ZH-Grosser Hafner[82].

Schrägrandgefässe

Schüsseln: Sie bilden ebenfalls nur eine kleine Gruppe, die mit einiger Sicherheit kaum vor der Stufe HaB anzusetzen ist (Taf. 40). Der Ton ist vorherrschend grau, fein gemagert und die Oberfläche wenigstens geglättet worden. Die Ritzverzierung befindet sich auf der Schulter. In einem Falle (Nr. 638) erkennen wir noch ein Loch. In derartige Löcher, die in Reihen angebracht wurden, konnten Drähte oder farbige Fäden aufgezogen werden. Bei einer weiteren Randscherbe (Nr. 639) sitzt eine durchbohrte Vertikalknubbe im Randumbruch. Vergleichbare Stücke begegnen uns aus verschiedenen Seeufer- und Höhensiedlungen[83].

Die Nrn. 640–655 zeigen noch einige Beispiele weiterer verzierter Feinkeramik, die aufgrund ihrer Dekors sicher spätbronzezeitlich zu datieren sind. Die ursprünglichen Gefässformen lassen sich nicht mehr eruieren.

Dasselbe gilt für die abgebildete Auswahl einiger feinkeramischer Bodenscherben (Nrn. 656–669). Diese besitzen auf der Bodenfläche Ritzmuster, Riefenkreuze oder Punktreihen. Bodenmarken dieser Art finden sich in kleiner Anzahl beinahe in jedem spätbronze- und hallstattzeitlichen Inventar[84].

Töpfe: Wir können diese Gefässe in eine steilwandige und eine bauchige Variante, diese wiederum je in fünf Randformen unterteilen (Taf. 41–47):

Rund 80% der steilwandigen Töpfe besitzen einen horizontal und nach innen abgestrichenen oder einen gekehlten Schrägrand. Etwa die Hälfte ist am Randsaum und im Randumbruch verziert, während der Rest meist nur auf der einen Zierzone Fingertupfen, Kerben oder andere Einstiche aufweist. Randdellung kommt lediglich vereinzelt vor.

Bei den bauchigen Töpfen überwiegen ebenfalls die horizontal und nach innen abgestrichenen oder gekehlten Ränder, aber die Zahl der nur nach innen abgeschrägten

Randform	steilwandig	bauchig
1. horizontal/nach innen abgestrichen oder gekehlt	54	89
2. nach innen abgestrichen	7	44
3. nach innen doppelt abgestrichen	3	3
4. nach aussen abgekantet	2	3
5. flauer Randumbruch	1	22
WS mit Randansatz	–	72
Total	67 (22,3%)	233 (77,7%)

Dekors der steilwandigen Variante

Randsaum	K	–	K	K	–	F	F	D	A	ohne
Randumbruch	–	K	K	F	F	–	F	–	A	Dekor
Randform 1	9	–	9	8	6	3	12	–	5	2
Randform 2	–	–	1	–	–	–	2	4	–	–
Randform 3	1	–	–	–	1	–	1	–	–	–
Randform 4	–	2	–	–	–	–	–	–	–	–
Randform 5	–	–	–	–	–	1	–	–	–	–
Total	10	2	10	8	7	3	15	5	5	2

Dekors der bauchigen Variante

Randsaum	K	–	K	K	–	F	F	D	A	ohne
Randumbruch	–	K	K	F	F	–	F	–	A	Dekor
Randform 1	29	6	18	11	6	3	1	6	2	8
Randform 2	–	3	1	23	4	4	7	–	1	–
Randform 3	–	1	–	–	–	–	1	–	1	–
Randform 4	3	–	–	–	–	–	–	–	–	–
Randform 5	3	–	2	–	2	–	–	2	7	6
Total	35	10	21	34	12	7	9	8	11	14

(Legende: K = Kerben, F = Fingertupfen, D = Dellung, A = andere Dekors)

Wandscherben, die keiner der beiden Varianten zugeteilt werden können:

Dekors	Anzahl	Prozent
Fingertupfen	166	42,9
Kerben	78	20,2
andere Einstiche	54	13,9
unverzierte Leisten	17	4,4
Fingertupfenleisten	55	14,2
Kerbleisten	16	4,1
Kerbleiste mit begleitenden Einstichen	1	0,3
Total	387	100%

---

81 Dies hat Pétrequin 1982, 167–170 im Material des französischen Jura festgestellt.
82 Auvernier NE-Nord: Rychner 1979, Taf. 46, 5, HaB1; Taf. 61, 4, 6, HaA2/B1. Hauterive NE-Champréveyres: Chronologie 1986, 149, Taf. 68, 4, HaA2. Zürich ZH-Grosser Hafner: Chronologie 1986, 151, Taf. 71, 15, HaB.
83 Auvernier NE-Nord: Rychner 1979, Taf. 30, 6; Taf. 33, 6–8. Cortaillod NE-Est: Borello 1986, Taf. 43, 5; Taf. 45, 1–2, 5–12. Vinelz BE-Ländti: Gross 1986, Taf. 33, 12–16; Taf. 34, 3. Zürich ZH-Grosser Hafner: Ruoff 1974, Taf. 28, 31–32, 38–40. Säckingen D-Ehemalige Rheininsel, Schlosspark: Badfunder 1968, Taf. 90, 11, 18, 23. Möriken AG-Kestenberg: Ruoff 1974, Taf. 34, 16. Möhlin AG-Niederriburg, Brandgräber: Maier 1986, 114, Abb. 7, 57–59, 61. Auf der Seeufersiedlung Greifensee ZH-Böschen mit Keramik der Stufen HaA2/B1 und Dendrodaten um 1046 v.Chr. scheinen sie noch zu fehlen: Eberschweiler 1987, 77–100. *Durchbohrte Vertikalknubben:* Möriken AG-Kestenberg: Ruoff 1974, Taf. 33, 37.
84 z.B. Säckingen D-Ehemalige Rheininsel, Schlosspark: Badfunder 1968, Taf. 96, 22. Bellerive JU-Roc de Courroux: Lüdin 1978, 179–180, Abb. 12, 4. Zeiningen AG-Bönistein: Drack 1947, Abb. 7, 325–327. Allschwil BL-Vogelgärten: Lüscher 1986, Taf. 16, 203; Taf. 17, 214.
85 Lüscher 1986, 21–22. Sissach BL-Burgenrain: unpubliziert, Inv.-Nrn. 63. 2. 650–786, AMABL. Muhen AG-Schafrain: Drack 1951, 173, Abb. 8–13. Wittnau AG-Horn: Bersu 1945, Abb. 121, 1–15.

und der flauen Randform hat beachtlich zugenommen. Der Kerbdekor scheint generell etwas beliebter zu sein. Leistendekors sind nur auf unbestimmbaren Wandfragmenten nachweisbar.

Der graue bis braune Ton ist ausnahmslos grob gemagert und die rötliche bis braune Oberfläche knapp geglättet. Die Mündungsdurchmesser bewegen sich zwischen 14 cm und 44 cm. Diese groben Gefässe lassen sich nur näherungsweise in die Spätbronzezeit eingliedern. Eine Tendenz lässt sich im Material gut datierter Stationen jedoch ablesen: Die Profile werden während der auslaufenden Spätbronzezeit immer weicher und die Gefässkörper bauchiger. Kerben im Bereiche des Randknickes scheinen ebenfalls häufiger aufzutreten. Die Töpfe mit Randdellung stellen, besonders zusammen mit einer Zierleiste im flauen Randumbruch geradezu eine typische Form der hallstattzeitlichen Siedlungskeramik dar (vgl. Nrn. 839–853)[85].

Daneben besitzen wir eine riesige Anzahl grobkeramischer Bodenscherben (732 BS), deren Zuweisung offen bleiben muss. Eine kleine Auswahl ist unter den Nrn. 750–752 abgebildet.

Trichterrandgefässe (Taf. 50)

Aufgrund der Randgestaltung können folgende Gruppen gebildet werden:

Randgestaltung	Riefen/ Rillen	ohne Dekor	Total	Prozent (gerundet)
horizontal abgestrichen	1	5	6	13,7
horizontal abgestrichen/nach innen gekehlt	–	2	2	4,5
nach innen abgeschrägt	23	5	28	63,6
mehrfach nach innen abgestrichen	–	3	3	6,8
aussen abgekantet/ horizontal abgestrichen	–	1	1	2,3
gerundeter Randsaum	–	4	4	9,1
Total Trichterrandgefässe	24	20	44	100%

Trichterränder, vor allem längere mit Innenkehle, kommen nach konventioneller Datierung während der HaB2-Stufe auf und laufen während der frühen Hallstattzeit (HaC) aus[86]. Der Trichterrand (Nr. 784) fällt wegen seiner besonderen Oberflächenbehandlung auf: Die Aussenseite ist mit Ausnahme der horizontalen Randfacette braun gearbeitet. Die Innenseite jedoch hat man schwarz geschmaucht und poliert. Die gleiche Verzierungstechnik ist uns bereits oben bei zwei Schalen begegnet.

Gefässe mit Riefendekor (Taf. 48–49)

Lediglich eine einzige Randscherbe eines typischen Kugeltöpfchens/-becherchens (Nr. 754) blieb uns neben 16 Wandscherben erhalten. Der stark ausbiegende Trichterrand ist auf der Innenseite mit einer Kehlung versehen, die frühestens bei stark verrundeten Schulterbechern der fortgeschrittenen HaB-Stufe nachgewiesen werden kann[87].

Die Schrägrandgefässe (Nrn. 760–797), hauptsächlich diejenigen mit einem von Kerben begleiteten Riefenband auf der Schulter, passen hervorragend zu spätdatierten Fragmenten von Wittnau AG-Horn, Bellerive JU-Roc de Courroux und Auvernier NE-Nord[88]. Dazu gesellt sich noch eine grosse Anzahl Wandscherben mit einfachen Riefenbändern auf der Schulter (Nrn. 771–777).

Varia (Taf. 51–52)

Zwei Wandscherben (Nrn. 799–800) weisen um die Henkel herumziehende Riefenbänder auf. Diese Verzierungsweise scheint ein typisches Merkmal für die fortgeschrittene HaB-Stufe zu sein[89]. Die weiteren Scherben von Henkelgefässen, wovon die Nrn. 798 und 801–805 nur eine kleine Auswahl darstellen, entziehen sich einer präziseren Zuweisung innerhalb der Spätbronzezeit.

Mondhornfragmente liegen aus vielen Siedlungen und Gräbern der HaB-Epoche vor. Bevorzugt wurden einfache Riefen-und Punktdekors (Nrn. 806–807). Kompliziertere Einstich-und Ritzmuster sowie Leistendekor sind eher seltener. Die Frage nach ihrer Verwendung, ob im profanen Bereich als simple Feuerböcke, im religiösen Zusammenhang aufgrund ihrer mondsichel- oder stierhörnerartigen Form als Idole oder als Akrotere, muss weiterhin offen bleiben[90].

---

86 Vinelz BE-Ländti, Schicht 1: Gross 1986, Taf. 47, 6–20. Auvernier NE-Nord: Rychner 1979, Taf. 38. Basel BS-St. Martin: JbSGUF 56, 1971, Abb. 9, 1–7, von Holstein 1986, 202, Abb. 28 nach HaB2-HaC eingeordnet. Bellerive JU-Roc de Courroux: Lüdin 1976, 236, Abb. 13, 2–7. Wittnau AG-Horn: Bersu 1945, Taf. 36, Abb. 126, 19, 21, 27–29. Möriken AG-Kestenberg: Ruoff 1974, Taf. 33, 6, 10, 23, 32. Oensingen SO-Ravellenfluh: unpubliziert, Inv.-Nr. 103/18/3, KASO. An Kegelhalsgefässen: Allschwil BL-Vogelgärten: Lüscher 1986, Taf. 5, 77.

87 Vgl. dazu auch die Nr. 791.
Vinelz BE-Ländti, Schicht 1: Gross 1986, Taf. 14, 18–20; Taf. 16, 4, 6, 9–10. Auvernier NE-Nord, verrundete Schulterbecher/Kugeltöpfchen: Rychner 1979, Taf. 63, 12, 21–22; Taf. 36, 21–23. Töpfe: Taf. 38, 2–3. Möriken AG-Kestenberg: Ruoff 1974, Taf. 32, 2. Bellerive JU-Roc de Courroux: Lüdin 1976, 236, Abb. 13, 9–11.

88 Wittnau AG-Horn: Gassler 1984, Taf. 11, 1–20; Taf. 12, 1–11; unpubliziertes Manuskript. Bellerive JU-Roc de Courroux: Lüdin 1972/73, 233, Abb. 22, 4. Auvernier NE-Nord: Rychner 1979, Taf. 31, 8. Möriken AG-Kestenberg: Ruoff 1974, Taf. 34, 1, mit vertikal durchbohrten Knubben.

89 z.B. Cortaillod NE-Est: Borello 1986, Taf. 34, 9–10, 12–13. Vinelz BE-Ländti: Gross 1986, aus unsicherem Schichtzusammenhang: Taf. 39, 29; Schicht 1: Taf. 48, 6. Efringen D-Kirchen: Dehn 1967, Taf. 25, 8. Möriken AG-Kestenberg: Ruoff 1974, Taf. 31, 11–12, 20. Wittnau AG-Horn: Bersu 1945, Taf. 32, Abb. 120, 28, 30–31.

90 Bonnet 1985, 481–482. Akrotere: Goetze 1976, 137–140. In Auvernier NE-Nord befanden sie sich v. a. im Hausinnern in Herdnähe: Arnold 1983, 97–99, Fig. 16.
Datierung: HaB-Stufe, mehrheitlich HaB2. Dies geht aus der Fundmasse von Bellerive JU-Roc de Courroux deutlich hervor, wo sich beinahe alle Exemplare (etwa 80) auf dem unteren Hüttenplatz fanden.

Zwei Passscherben gehören zu einem Siebgefäss, dessen Schulter eine Ritzzier trägt. Fragmente derartiger Gefässe kennen wir von verschiedenen spätbronzezeitlichen Siedlungen, z. B. von Wittnau AG-Horn, Bellerive JU-Roc de Courroux[91].

Wir besitzen auch Fragmente von langovalen (Nr. 809) und runden (nicht abgebildet) Webgewichten, die zum Spannen der Kettfäden am Webstuhl Verwendung fanden. Die Tonspulen (Nr. 810) fallen vereinzelt auf allen bronzezeitlichen und hallstattzeitlichen Stationen an. Dies gilt ebenso für die mannigfaltig geformten und mehrheitlich verzierten Spinnwirtel (Nrn. 811–818). Eine annähernd gerundete Scherbe wurde durchbohrt (Nr. 819). Sie dürfte als Spielstein Verwendung gefunden haben[92].

Die beiden Bodenfragmente mit gut erhaltenen Standringen von Gefässen unbekannter Form (Nrn. 820–821) sind in unserem Material wie in demjenigen anderer Höhensiedlungen aus der Bronzezeit eher singulär, jedoch scheinen sie in Südwürttemberg recht häufig in HaC- und HaD1-Inventaren vorzukommen[93].

Daneben steht ein Tonfüsschen (Nr. 822), das eine zapfenartige Bruchstelle aufweist. Zwei Stichreihen deuten vielleicht noch die Riemen an, mit denen damals lederne Stiefel über dem Knöchel und an den Waden festgebunden wurden. Ob dieses Stück einst zu einem zoomorphen Sauggefäss, möglicherweise in der Form eines Vogels, gehörte, bleibt ungewiss. Es passt ebenso gut zu einer Fussschale, wie sie in einem hallstattzeitlichen Grab bei Prächting D (Oberfranken) zum Vorschein kam[94].

Das grob geformte Töpfchen (Nr. 823) möchte man am ehesten zu den sog. Miniaturgefässen zählen, wie sie verschiedentlich in bronze- und vor allem hallstattzeitlichen Stationen vorkommen[95].

Die beiden Randscherben (Nrn. 824–825) stehen vorläufig ohne Parallelen da. Die Wandscherben (Nrn. 827–831) sind aufgrund ihrer Dekors wohl in hallstattzeitlichen Inventaren zu suchen. Dies gilt ebenso für das Randfragment (Nr. 826), das offensichtlich eine starke Ähnlichkeit mit einem Töpfchen aus Allschwil BL-Vogelgärten zeigt[96].

Objekte aus Buntmetall (Taf. 57)

Zum Schmuck dürfen wir vier Nadeln sowie ein tordiertes Fragment, wohl einer Armspange, und zwei Ringlein zählen: Die Nadel mit einem bikonischen Kopf (Nr. 874) ist auffallend schön gearbeitet:

Feine Kerbchen säumen die Kopfkante. Die etwas eingezogene Halszone wird von einer feinen Spiralrille umwunden. Die chronologische Zuweisung basiert auf verschiedenen Vergleichsfunden aus dem Umkreis der HaA2/B1-Stufen[97], während die beiden Rollenkopfnadeln (Nrn. 875–876) die ganze Bronze- und Hallstattzeit durchliefen. Der feine, teils tordierte Rundstab mit dem Ansatz einer Spirale (Nr. 878) steht offenbar den Armspangen aus La Béroche NE und Seon AG nahe, wodurch sich eine hallstattzeitliche Datierung aufdrängt[98]. Das Nadelfragment (Nr. 877) sowie das Bronzeringlein (Nr. 879) sind chronologisch nicht einstufbar. Derartige einfache Ringlein fielen z. B. in Auvernier NE-Nord massenweise an[99]. Das Bronzeringlein (Nr. 880) besitzt einen Ösenverschluss (Nr. 880), wie er auch bei Arm-, Fuss- und Halsringen der Hallstatt- und frühen Latènezeit nachgewiesen ist[100]. Der Pfriem (Nr. 881) mit einer Schneide und einer Spitze könnte als Werkzeug Verwendung gefunden haben[101].

Lediglich zwei Altfunde, eine durch Korrosion und übertriebene Restauration stark entstellte Pfeilspitze sowie eine gut erhaltene Lanzenspitze, können den Waffen zugerechnet werden. Die Lanzenspitze findet gute Parallelen im spätbronzezeitlichen (Stufen HaA2/B1) Fundgut von Greifensee ZH-Böschen. Eine ältere Datierung wäre aber ebenso denkbar[102].

---

91 Wittnau AG-Horn: Bersu 1945, Abb. 120, 3–5. Bellerive JU-Roc de Courroux: Gerster 1926, 41, Abb. 5, 5. Boisaubert 1983, Abb. 11c: bringt sie mit früher Käseproduktion in Verbindung.

92 Ähnliche «Rundeln» kennen wir hauptsächlich aus spätlatènezeitlichen Siedlungen, so z. B. Basel BS-Gasfabrik: Furger und Berger 1980, Taf. 14, 288–305. Basel BS-Münsterhügel: Furger-Gunti 1979, Taf. 33, 607–612. Basel BS-Augustinergasse: Mäglin 1986, Taf. 8, 49–50. Cornol JU-Mont Terri: Müller et al. 1988, Nr. 261.

93 Biel 1987, 101; Gruppe II.

94 Zürich ZH-Alpenquai/-Haumesser: Wyss 1972, 16, 13a–13b (Zoomorphe Gefässe). Prächting: Abels 1978, 204–205, Taf. 32, 1–2.

95 Auvernier NE Nord: Rychner 1979, Taf. 70, 13–25. Zeiningen AG-Bönistein: ca. 50 Expl. im FM Rheinfelden, unpubl. Allschwil BL-Vogelgärten: Lüscher 1986, Taf. 16, 191–194.

96 Lüscher 1986, Taf. 5, 78.

97 Argolsheim F (Elsass): Zumstein 1966, 70–71, Abb. 13, 18. Auvernier NE-Nord: Rychner 1979, 66, Taf. 79, 30. Greifensee ZH-Böschen: Eberschweiler 1987, Taf. 5, 2–3. Zug ZG-Sumpf, Schicht 2: Grosse Auswahl im Museum in Zug. Die Durchsicht verdanken wir J. Speck.

98 Drack 1970, 38, Abb. 19, 5 (La Béroche NE); 19, 19 (Seon AG); Abb. 21, 5 (Bönistein).

99 Rychner 1979, Taf. 94–95.

100 Drack 1970, 48–49, Abb. 70–71.

101 Auvernier NE-Nord: Rychner 1979, Taf. 126.

102 Die Pfeilspitze wurde schon bei Meisterhans 1890, 13 erwähnt und zusammen mit der Lanzenspitze von Fey 1956, 187, Taf. 5, 80–81 publiziert. Vgl. Anm. 4. Greifensee ZH-Böschen: Eberschweiler 1987, Taf. 5, 19. Mittelbronzezeitliche Beispiele: Osterwalder 1971, 84, Taf. 12, 9–11.

3. Hallstattzeit

Keramik (Taf. 31; 53–56)

Die S-förmig geschweiften und rotüberfärbten Schalen wurden oben bereits vorgestellt. Weitere gerundete Schalen, vorwiegend grobkeramische, stellen die Nrn. 832–835 dar. Die einen besitzen einen gedellten Randsaum und wurden aussen nur grob verstrichen. Andere Schalen weisen eine geschweifte Form auf und sind mit Schrägkerben oder einer Kordelleiste verziert. Diese lassen sich mit Funden aus hallstattzeitlichen Siedlungen gut vergleichen[103].

Zwei Rand- und eine Wandscherbe ergaben die Rand-Schulter-Partie eines grossen Kragenrandgefässes mit einer horizontalen Schulter (Nr. 836). Der graue, fein gemagerte Ton ist gut gebrannt. Ähnliche Gefässe konnten nur in hallstattzeitlichen Komplexen ausfindig gemacht werden, so in Sissach BL-Burgenrain, in Allschwil BL-Vogelgärten, in Zeiningen AG-Bönstein, oder noch häufiger in Gräbern wie z.B. in Subingen SO, Unterlunkhofen AG und Aarwangen BE[104].

Zwei Wandscherben zeigen die Schulter-Hals-Partie eines Kegelhalsgefässes (Nrn. 837–838). Der kegelartige Hals hebt sich durch eine scharfe Kante von der Schulter deutlich ab. Derartige Kegelhalsgefässe begegnen uns in Siedlungen nur selten, in Gräbern kommen sie dagegen häufig vor[105]. Zu einem dünnwandigen Topf gehören die Passscherben Nr. 870: Unter dem kegelähnlichen, schwach abgesetzten Halsfeld zieht ein seicht eingeglättetes, gerahmtes Sparrenmuster um die Schulter. Der Bauchknick wird durch eine zusätzliche Linie betont. Ein vergleichbares Profil begegnet uns auf der Heuneburg bei Hundersingen D. Sogar die Dekors zeigen dort grosse Ähnlichkeit, nur sind jene gemalt, unsere aber eingeglättet[106].

Die Scherbe eines Drei- oder Mehrfussgefässes (Nr. 871) zeigt am ehesten Verwandtschaft mit latènezeitlichen Dreifussgefässen in der Art, wie eines von Basel BS-Münsterhügel vorliegt[107].

Grobkeramische Töpfe (Taf. 53–56)

Trotz kleiner Randscherben wagten wir eine Aufgliederung der grobkeramischen Töpfe in zwei anteilmässig etwa gleich starke, aber recht heterogene Formengruppen:

Form	o.D.	L	RdL	Rd	RdF	RdK	KF	K	F
Töpfe mit Kragenrand	2	1	5	11	3	–	2	–	
Töpfe mit flauem Schrägrand	–	5	4	3	1	3	1	6	2
Total RS 49:	2	6	9	14	4	3	3	6	2

(Legende: o.D. = ohne Dekor, L = Leiste, Rd = Randdellung, F = Fingertupfen und ähnliche Eindrücke, K = Kerbenvarianten)

Form 1: Töpfe mit Kragenrand

Diese bauchigen Töpfe besitzen einen mehr oder weniger steilen oder kegelartig einziehenden Kragenrand. Der Schulter-Rand-Umbruch ist weich, jedenfalls niemals kantig abgesetzt. Meistens wurde der sonst nur gerundete Randsaum gedellt (Nr. 861) und zudem mit einer Leiste im Umbruchbereich verziert (Nrn. 840, 842–843). Diese Leisten tragen Kerben-, Fingertupfenzier oder weisen kordelähnliche Form auf. Sie wurden mehrheitlich aufgesetzt. Einfache Kerben- oder Tupfenreihen kommen seltener vor (Nrn. 862, 866).

Form 2: Töpfe mit flauem Schrägrand

Die zweite Formengruppe unterscheidet sich von der ersten lediglich durch den flauen Schrägrand (Nrn. 839, 844, 863). Neben den zahlreichen mit Leisten und durch Randdellung verzierten Gefässen sind auch kerbverzierte Töpfe sehr beliebt. Diese begegneten uns bereits in spätbronzezeitlichen Siedlungen wie z.B. Vinelz BE-Ländti oder Bellerive JU-Roc de Courroux; dort waren die Schulter-Rand-Umbrüche meist viel kantiger profiliert.

Für beide hier vorgelegten Keramikgruppen können etliche Beispiele aus Allschwil BL-Vogelgärten, Zeiningen AG-Bönstein, Wittnau AG-Horn, Muhen AG-Schafrain und Sissach BL-Burgenrain namhaft gemacht werden. Eine genauere Zuweisung innerhalb der Hallstattzeit ist aber nicht möglich[108].

---

103 Allschwil BL-Vogelgärten: Lüscher 1986, Taf. 3, 59–62. Sissach BL-Burgenrain: unpubliziert, Inv.-Nrn. 63. 2. 862–876, wird zur Zeit von G. Böckner, Basel bearbeitet. Waldenburg BL-Gerstelfluh: Berger und Müller 1981, Bild 27, 81–88. Muhen AG-Schafrain: Drack 1951, Abb. 5, 49. Zeiningen AG-Bönstein: Drack 1947, Abb. 5, 224, 234. Le Bas de Sainte Ragonde F, Germania 1985, 6, Abb. 4. 6.

104 *Töpfe:* Sissach BL-Burgenrain: unpubliziert, Inv.-Nr. 63. 2. 463, AMABL. Subingen: Lüscher 1983, Taf. 24, 9; Taf. 17, B1. Aarwangen BE: Drack 1974, 23, Abb. 11.
Eher Schüsseln: Allschwil BL-Vogelgärten: Lüscher 1986, Taf. 4, 76. Zeiningen AG-Bönstein: Drack 1947, Abb. 6, 256, 259–260. Unterlunkhofen AG: Ruoff 1974, z.B. Taf. 39, 6; Taf. 42, 12.

105 *Siedlungen:* Allschwil BL-Vogelgärten: Lüscher 1986, Taf. 5, 77. Zeiningen AG-Bönstein: Drack 1947, 107, Abb. 4, 165. Eine flaue Form. Vgl. dazu auch Ruoff 1974, 60. Unsere Form entspricht etwa den Stufen Khg2/Khg3 bei Hoppe 1982, 89–94, der er der frühen Hallstattzeit (HaC) zuteilt; Biel 1987, 93–94, Gruppe II, Stufe HaC-HaD1.
Gräber: Subingen SO, Hügel 6, Grab 3: Lüscher 1983, Taf. 25, B5; Hügel 4, Grab 1: Taf. 12, 1, 3; Hügel 1, Grab 4: Taf. 9A.

106 Kimmig 1983, 111, Abb. 61, HaD.

107 Furger-Gunti 1979, Taf. 40, 714, dort LTD-Zusammenhang.

108 Spätbronzezeitliche Beispiele: Bellerive JU-Roc de Courroux, Untere Hütten: Lüdin 1966/67, 235, Abb. 12, 6. Vinelz BE-Ländti, Schicht 1: Gross 1986, Taf. 49–50.

Sapropelitringschmuck (Taf. 56)

Drei Armringfragmente aus Sapropelit sind uns überliefert (Nrn. 872–873, ein Fragment nicht abgebildet)[109]. Sie weisen eine dunkelbraune bis graue, polierte Oberfläche auf. Ihr Querschnitt ist in etwa hochoval und innen mit Ausnahme des nicht abgebildeten Stückes mit einer Mittelrille versehen. Das Material setzt sich aus feinen Schichten zusammen, die von Längsrissen begleitet sind. An den Bruchstellen blättern millimeterdünne Schichten ab. Es scheint, dass alle drei Armringe auf einer Drehbank hergestellt oder mindestens überdreht wurden[110], was die durch Vibration des Schneidegerätes entstandene Riffelung zu bestätigen scheint (Nr. 873).

Bereits während der ausgehenden Spätbronzezeit tauchten die ersten vergleichbaren Armringe, allerdings vorerst aus Tonschiefer, in den Seeuferdörfern von Zug ZG-Sumpf, Zürich ZH-Wollishofen und Zürich ZH-Alpenquai auf. Rochna betrachtet diese deshalb als Vorgänger der dünnen hallstattzeitlichen Sapropelit- und Lignitarmringe. Parallelen lassen sich aus Châtillon-sur-Glâne FR, vom Grossen Chastel bei Lostorf SO, aus einem Grab von Wohlen AG sowie aus Belp BE-Zelg aufführen. Eine hallstattzeitliche Datierung unserer Fragmente scheint daher angebracht[111]. Über die Herkunft des Sapropelits können vorerst nur Vermutungen angestellt werden: Da er nicht wie Lignit und Gagat an eine geologische Stufe (Posidonienschiefer) gebunden ist, konnte er unter entsprechenden Bedingungen zu verschiedenen geologischen Zeiten entstehen. Rochna vermutete mehrere kleinere Abbaumöglichkeiten in der Umgebung von Basel, im Aargau und an Orten, wo heute noch abbaufähige Schieferkohle ansteht wie südlich von Willisau, in der Westschweiz bei Yverdon und nördlich von Lausanne. Es könnte sich aber bei unseren Funden ebenso um importierte Stücke (oder Rohmaterial) etwa von der Schwäbischen Alb handeln. Um diesbezüglich aber mehr Klarheit zu gewinnen, müssten die schweizerischen Bestände an Sapropelitschmuck gründlichen naturwissenschaftlichen Untersuchungen unterzogen werden, wie dies in Deutschland bereits geschieht[112].

4. Die bronze- und hallstattzeitliche Besiedlung des Frohburgfelsens verglichen mit der Situation im nördlichen Jura und Mittelland

Mittelbronzezeit

Keramik (Vgl. Abb. 13 und 16: Nrn. 5–14)

Die mittelbronzezeitliche Keramik zeichnet sich besonders durch die feinen Töpfe mit einem steilen, meist etwas ausbiegenden Rand mit hochsitzender Tupfenleiste aus. Ein weiteres Charakteristikum stellen die in der Regel grobkeramischen Töpfe mit keulenartig verdicktem und horizontal abgestrichenem Rand dar. Nicht selten wurde dieser Rand zu Grifflappen ausgezogen. Der Gefässunterteil wurde mehrheitlich mit ungleichmässig oder zu parallelen Fingerbahnen verstrichenem Schlicker aufgerauht. Recht beliebt waren auch grob- sowie feinkeramische Knickkalottenschalen, deren Wandknick manchmal durch Knubben oder eine Leiste zusätzlich hervorgehoben wurde. Zu den typischen Dekor der Mittelbronzezeit zählen wir die flächendeckenden Muster aller Art, die aber wie die Kerbschnittkeramik bedenkenlos auch in die frühe Spätbronzezeit hinein in Gebrauch gewesen sein konnten. Verschiedene Henkelgefässe waren damals ebenfalls häufig.

Zuweisung und Datierung

Da keine datierbaren Bronzen vorliegen, hängt die ganze Zuweisung der Keramik an einem weitgesponnenen Netz von vergleichbaren Siedlungsfunden aus der weiteren Umgebung unseres Fundortes (Abb. 16: Kombinationstabelle). Sicherlich ist eine derartige Zuordnung immer mit vielen Wenn und Aber verbunden, besonders deshalb, weil gerade die Keramikformen bekanntlich

---

Hallstattzeitliche Beispiele: Allschwil BL-Vogelgärten: Lüscher 1986, Taf. 11, 142, 137; Taf. 15, 176 (Kragenrand); Taf. 8, 130a, 131; Taf. 12, 151 (Schrägrand). Zeiningen AG-Bönistein: Drack 1947, 109, Abb. 5, 192–197, 200–204 (Kragenrand); Abb. 5, 205–206 (Schrägrand). Wittnau AG-Horn: Bersu 1945, Taf. 39, Abb. 129, 1–9 (Kragenrand); Abb. 129, 10 (Schrägrand). Muhen AG-Schafrain: Drack 1951, 173, Abb. 4, 4–13 (Kragenrand); Abb. 4, 3–17 (Schrägrand). Sissach BL-Burgenrain: unpubliziert, Inv.-Nrn. 63. 2. 644, 652, 664, 705, 812 (Kragenrand); 639, 648 (Schrägrand).

109 Inv.-Nr. 120/14/4411, KASO.
Die Bestimmung des Materials verdanken wir S. Scandella, Basel. Die Untersuchungen (EDS-XFA, Röntgenfluoreszenzaufnahme) wurden im geochemischen Labor in Basel von W. B. Stern durchgeführt. Nach den genannten Analysen muss davon ausgegangen werden, dass eine grosse Anzahl publizierter, sog. «Lignitarmringe» in Wirklichkeit aus Sapropelit bestehen: Zur Definition vgl. Klug 1985, 17.

110 Zur Herstellungstechnik auf der Heuneburg D vgl. Sievers 1984, 13.

111 *Tonschiefer:* Zug ZG-Sumpf: Rochna 1984, 93, Abb. 1. Wollishofen/Alpenquai: unpubliziert, vgl. Rochna 1984, 93–94 und Anm. 3. Einzelne Stücke fanden sich noch auf der Heuneburg bei Hundersingen D in HaD1-Schichten.
Dünne Sapropelitarmringe: Ihringen D: Klug 1985, 16–21, und aus den Höhensiedlungen Endingen und Schlatt im Breisgau D: Referat von J. Klug am 25.1.88 in Freiburg. Lokale Verarbeitung ist dort durch Halbfabrikate gesichert. Die Herkunft des Rohstoffes bleibt bis zum Abschluss der naturwissenschaftlichen Untersuchungen noch ungewiss. Châtillon FR: Ramseyer 1983, 184, Fig. 24, 2–3. Chastel: Matt 1987, 119–120, Abb. 38, 37. Belp BE-Zelg: unpubliziert. Inv.-Nr. 34424, BHM. Weitere Beispiele: Urtenen BE-Grauholz: Drack 1959, 26, Taf. 14, 5–6. Wagengrab von Gunzwil LU-Adiswil: Gessner 1948, 120, Taf. 14, Abb. 1; Rochna 1984, 95, Abb. 4. HaD2.

112 Rochna 1962, 70–72.

nicht so stark dem Modewechsel unterworfen und deswegen sog. «Keramikleittypen» oft länger in Gebrauch waren, als dies bisher angenommen wurde. Trotz all der Einschränkungen scheint sich aber die Wiederaufnahme der Siedlungstätigkeit auf dem Areal der mittelalterlichen Frohburg zu Beginn der Mittelbronzezeit zu bestätigen: Dazu liefern die Fundinventare von Arbon TG-Bleiche und Meilen ZH-Schellen einen passenden Terminus post quem. Die Inventare dieser beiden Stationen enthalten neben eindeutig frühbronzezeitlichen Keramikformen und Dekorarten (Kombinationstabelle, Nrn. 1–4) auch solche, die in unserem Komplex gut belegt werden können[113]. Unser Keramikspektrum deckt typologisch betrachtet die gesamte mittelbronzezeitliche Epoche ab. Ja, es ist sogar mit einer kontinuierlichen Besiedlung bis in die Spätbronzezeit zu rechnen.

Als Vergleich kann die Keramik der benachbarten, bislang leider nur unvollständig publizierten Freilandsiedlung Wisen SO-Moosfeld herangezogen werden, die spätestens während der frühspätbronzezeitlichen Stufe BzD aufgegeben wurde. Innerhalb des Trimbacher Gemeindebannes befanden sich die zwei Talsiedlungen «Im Rinthel» und «Chrottengasse», die aufgrund des fassbaren Keramikinventars wenigstens episodisch gleichzeitig mit der Siedlung auf dem Frohburgfelsen bewohnt waren.

Besiedlung und Funktion

Da keine mittelbronzezeitlichen Siedlungsstrukturen ergraben werden konnten, können über die Art und die Grösse der Bebauung nur vage Vermutungen angestellt werden.

Der besonders hohe Anteil an Keramik im Burginnenhof (v. a. Zone Z: Abb. 3) lässt den Standort einiger Häuser, analog zu anderen Fundstellen wohl Blockbauten, in dieser damals noch viel ausgeprägteren, wind- und wettergeschützten Rinne vermuten. Dabei muss jedoch beachtet werden, dass derartige Fundkonzentrationen auch ganz zufällig durch die massiven Planierungs- und Bauarbeiten der nachfolgenden Epochen zustande gekommen sein könnten. Ähnliche «Rinnensiedlungen» kennen wir bislang lediglich aus dem alpinen Raum[114].

Der nördliche Jura und das angrenzende Mittelland waren damals scheinbar sehr dicht bewohnt. Einzelne Siedler sind sogar bis weit in den Alpenraum vorgestossen, was allgemein mit der Metallprospektion und der Alpwirtschaft in Verbindung gebracht wird (Abb. 11). Die sehr einheitliche und inneralb der ganzen nordalpinen Schweiz und dem allseitig angrenzenden Ausland gut vergleichbare Keramik scheint einen regen Kulturaustausch unter den Siedlungen zu bestätigen. Was die Frage nach der Funktion unserer Station innerhalb dieses dichten Siedlungsnetzes betrifft, sollen lediglich einige Ideen vorgestellt werden: Wir glauben kaum, dass bei der Wahl des Siedlungsplatzes vorwiegend die natürliche Schutzlage ausschlaggebend war. Es gab nämlich, wie oben bereits erwähnt, zur gleichen Zeit auch Siedlungen in den völlig ungeschützten Talniederungen und auf Hochplateaus[115].

Haben wir vielleicht die Überreste einer Niederlassung vor uns, deren Bewohner die Sonnenlage dieses Felsens ganz einfach der schattigen Tallage vorzogen? Übernahm diese Siedlung etwa den Schutz für das Hinterland mit seinen fruchtbaren Hochebenen und kontrollierte zugleich den zu ihren Füssen liegenden leichten Übergang vom Mittelland zum Rheinknie? Auch die Möglichkeit eines Refugiums für die weniger geschützten Bewohner der Umgebung wäre nicht ganz auszuschliessen. Unsere Siedlung könnte zweifellos aber auch alle drei genannten Aufgaben in sich vereint haben.

Ebenso schwer zu beantworten ist die Frage nach der Dauer dieser Siedlung: Die grosse Fundmenge lässt am ehesten an ein permanent oder wenigstens saisonal bewohntes Dorf denken. Es könnte in Notzeiten trotzdem einigen hilfesuchenden Nachbarn Zuflucht geboten haben. – Um diesbezügliche sowie ökonomische, handelspolitische oder soziale Fragen jemals auch nur annäherungsweise beantworten zu können, bedarf es noch intensiver Grundlagenforschung.

Handwerk

Mit einer dorfeigenen Keramikproduktion darf aufgrund der überlieferten Keramikmasse gerechnet werden, obwohl keine eindeutigen Indizien wie z. B. Fehlbrände vorliegen. Die Öfen standen wegen der grossen Brandgefahr sicherlich ausserhalb des Siedlungsbereiches. Zweifelsfrei übte man auch weitere Handwerke aus, diese haben jedoch mit Ausnahme der Textilverarbeitung, (Webgewichte, Spinnwirtel) keine merklichen Spuren hinterlassen.

Spätbronzezeit (Stufen BzD-HaB2[116])

Keramik (Abb. 13)

Das Keramikbild erweckt den Eindruck einer kontinuierlichen Besiedlung während der ganzen Spätbronzezeit.

---

113 Dendrodaten von frühbronzezeitlichen Inventaren:
Meilen ZH-Schellen: Chronologie 1986, 144, 55: um 1644 v.Chr. Zürich ZH-Mozartstrasse: Gross et al. 1987, 217; Chronologie 1986, 145, 58:1504–1503. Der veröffentlichte Komplex (Formen/Dekors Nrn. 5–8) stellt eine Auswahl dar. Deshalb wurde auf die Aufnahme in unsere Tabelle verzichtet.
114 Cresta bei Cazis GR: Wyss 1971, 114–115, Abb. 12; JbSGUF 53, 1966/67, 100, Taf. 33, 1–2. Savognin GR-Padnal: Rageth 1986, 63–103.

115 Weitere Verbreitungskarten der mittelbronzezeitlichen Siedlungen und Einzelfunde aus dem Jura und Mittelland: Osterwalder 1971, Karten 1–2.
Talsiedlungen: Trimbach SO-Chrottengasse und -Rinthel, Aesch BL-Fluhstrasse, Zeiningen AG-Uf Wigg.
Hochplateaus: Wisen SO-Moosfeld.
116 Wir verwenden in dieser Arbeit das Chronologiesystem von Reinecke und seinen Nachfolgern: HaB2 = HaB3 nach Müller-Karpe. Die ^{14}C- und Dendrodaten beruhen auf den Angaben im Chronologieband 1986.

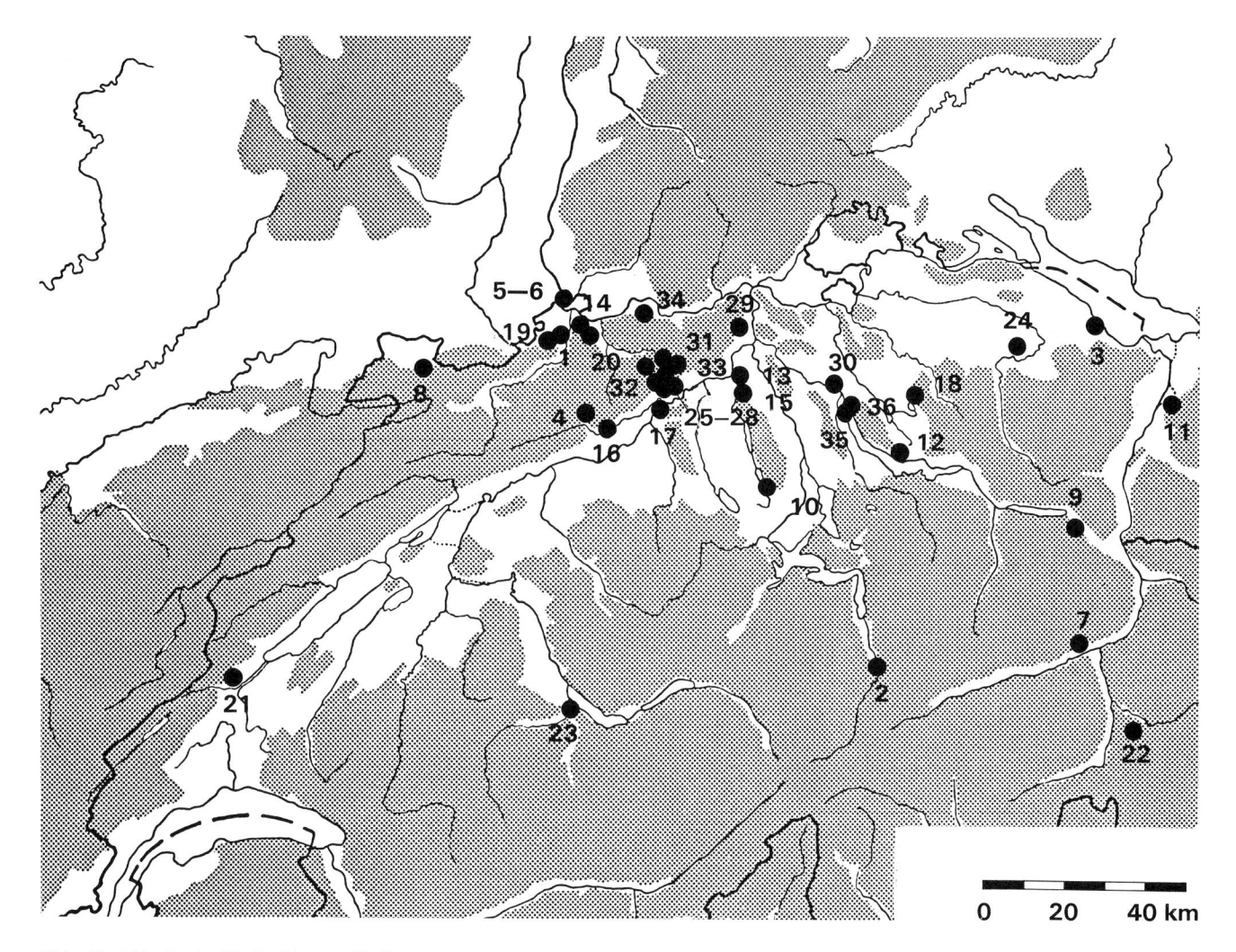

Abb. 11: Trimbach SO-Frohburg. Siedlungen der Früh- und Mittelbronzezeit auf schweizerischem Gebiet nördlich der Alpen, inklusive einige im Text erwähnte alpine Fundstellen im Kanton Graubünden.

1 Aesch BL-Fluhstrasse	19 Pfeffingen BL-Schalberg
2 Amsteg UR-Zwing Uri	20 Pratteln BL-Meierhofweg
3 Arbon TG-Bleiche	21 Rances VD-Champ-Vully
4 Balsthal SO-Holzfluh	22 Savognin GR-Padnal
5 Basel BS-Hechtliacker	23 Spiez BE-Bürg
6 Basel BS-Kleinhüningen	24 Toos TG-Waldi
7 Cazis GR-Cresta	25 Trimbach SO-Chrottengasse
8 Cornol JU-Mont Terri	26 Trimbach SO-Frohburg
9 Flums SG-Burghügel	27 Trimbach SO-Mühlemattschulhaus/Kirchfeldstrasse
10 Hochdorf LU-Baldegg	28 Trimbach SO-Rinthel
11 Koblach FL-Kadel	29 Villigen AG-Obsteinen
12 Meilen ZH-Schellen	30 Weiningen ZH-Hardwald*
13 Möriken AG-Lehmgrube	31 Wenslingen BL-Egg
14 Muttenz BL-Wartenberg	32 Wisen SO-Moosfeld
15 Niederlenz AG-Schürz	33 Zeglingen BL-Neubrunn
16 Oensingen SO-Lehnfluh, Südhalde	34 Zeiningen AG-Uf Wigg
17 Olten SO-Chäppelifeld	35 Zürich ZH-Bauschanze
18 Pfäffikon ZH-Steinacker	36 Zürich ZH-Mozartstrasse
	* Einzelgrab/Gräber.

Die für die frühe Phase (BzD-HaA1) typischen Keramikformen und Dekors liegen zwar nur in geringer Zahl vor (Abb. 16: Nrn. 15–18). Die Grobkeramik besteht aus Zylinder- und Trichterhalsgefässen, die nach mittelbronzezeitlicher Manier mit Schlicker beworfen wurden. Einige Schrägrandtöpfe mit Fingertupfen- und Kerbdekor verraten durch die identische Tonqualität noch ihre Nähe zu den mittelbronzezeitlichen. Die feinkeramischen Zylinder- und Trichterhalsgefässe tragen Rillenband- und Kerbmuster auf der Schulter. Ein Unikat besitzt ein altmodisches Ösenhenkelchen an seinem Trichterhals. Auch die Knickwandschalen dürfen diesem Zeitabschnitt zugerechnet werden. Typische Dekors stellen umriefte Buckel, lange verschachtelte oder strichgefüllte Dreiecke, Leitermuster mit Zickzackbändern sowie die leichtgerieften Gefässkörper dar.

Aus der mittleren Spätbronzezeit (HaA2-HaB1) liegt eine Nadel mit bikonischem Kopf vor. Dieser Zeitabschnitt ist auch mit der grössten Keramikmasse vertreten. Die konischen Schalen sowie die Schulterbecher (Kombinationstabelle, Nrn. 19-23) beherrschen diesen Zeitraum. Die älteren Schalen besitzen eine kleine prägnante Stufe zwischen Rand und Wand oder sind auf der Innenseite mit Kammstrichgirlanden verziert. Der Ritzdekor, vor allem Zickzacklinien auf einer oder mehreren Randfacetten und/oder auf dem oberen Wandteil war ebenfalls sehr verbreitet. Die grosse Menge Scherben mit Resten einer weissen Inkrustationsmasse lässt annehmen, dass die Ritzungen ursprünglich oft mit dieser Kalkmasse ausgefüllt waren. Schalen mit grossflächig verzierter Innenwand in Kammstrichtechnik kommen jedoch nur selten vor. Die Schalenränder hat man mehrheitlich stark profiliert und nach innen abgestrichen. Die Kalottenschale mit Aussendekor kann lediglich mittels einer Scherbe sicher belegt werden. Die seit der ausgehenden Mittelbronzezeit auftretenden Zylinderhalsgefässe wurden auch während dieser Periode, jedoch in völlig anderer Tonqualität, weiter produziert. Eine Sonderform davon stellen die Schulterbecher dar. Nur in wenigen Fällen können ihre Gesamtprofile rekonstruiert werden. Sie sind aber bereits durch den markanten Schulterabsatz auf Wandscherben eindeutig bestimmbar. Die konventionelle Unterteilung in straff profilierte und verflaute Schulterbecher kann nur bei wenigen Stücken vorgenommen werden. Beide Formen sind jedoch gut vertreten. Die kammstrichverzierten Schulterbecher überwiegen gegenüber den ritzverzierten und diese wiederum im Vergleich zu den riefenverzierten. Auffallend ist die Vorliebe zum Schrägstrichgruppen-Dekor auf der Schulter, der sowohl in Kammstrich- als auch in Ritztechnik ausgeführt wurde. Die Ränder der Schulterbecher sind mehrheitlich nach innen abgestrichen oder gekehlt. Die feinkeramischen Schrägrandschüsseln, eine eher späte Keramikgattung innerhalb dieses Zeitabschnittes, sind lediglich schwach vertreten. Daneben besitzen wir eine grosse Anzahl von grobkeramischen Schrägrandgefässen (Schüsseln und Töpfe). Ihren Dekormöglichkeiten waren kaum Grenzen gesetzt: Während sich bei den steilwandigen Töpfen Fingertupfen- und Kerbzier anteilsmässig etwa die Waage halten, überwiegen bei den bauchigen, wohl eher jüngeren Formen die Kerbdekors.

Typisch bezüglich ihrer Form und Zierart für die ausgehende Spätbronzezeit (HaB2) sind die Kugeltöpfchen mit mehrfachen Riefenbändern im Schulterbereich. Bei den Schräg- und Trichterrandgefässen werden die Riefenbänder manchmal von Kerben begleitet. Besonders markant scheinen die Trichterränder mit einer Kehlung auf der Lippeninnenseite. Die Schalen sind mehrheitlich gewölbt, ohne Dekor und besitzen einen einfachen, gerundeten Randsaum. Riefenbänder, die um die Henkel herumgeführt werden – wir besitzen lediglich zwei Fragmente –, treten in der Regel erstmals in der Stufe HaB1 auf, kommen aber in HaB2 vermehrt vor. Bei den grobkeramischen Schräg- und Trichterrandgefässen dürften hauptsächlich die bauchigeren Formen vorgeherrscht haben.

Die Keramik der gesamten Spätbronzezeit lässt sich über grosse Distanzen, von der Westschweiz bis nördlich des Bodensees und von Ostfrankreich bis nach Süddeutschland, d.h. innerhalb der rheinisch-schweizerischen Gruppe nach Kimmig, gut vergleichen. Es scheinen sich aber auch einige lokale Eigenheiten abzuzeichnen: Bei der Frohburg-Keramik fällt die mehrheitlich uniforme Gestaltung der Schrägränder auf, die nach innen abgestrichen und/oder gekehlt wurden. Die Schrägstrichgruppenzier auf den Schulterbechern ist ebenfalls auffallend oft nachweisbar. Diese kleinen Ansätze reichen aber bei weitem noch nicht aus, um von einem «Dorfstil» zu sprechen, ähnlich dem Hausstil, den Gross für Vinelz BE-Ländti herausarbeiten konnte[117].

Zuweisung und Datierung

Für die Zuweisung der BzD-zeitlichen Keramik sind wir ausschliesslich auf Grabfunde angewiesen, während die Stufe HaA1 nach dem stratigraphisch gesicherten Siedlungskomplex von Bavois VD-en-Raillon ausreichend belegt werden kann.

Aus der Nordwestschweiz liegt zur Zeit noch kein ausreichend stratifiziertes Siedlungsmaterial vor. Die Keramik der mittleren Phase (HaA2-B1) wird aber durch grosse Mengen an Parallelfunden und gut datierten Komplexen aus Seeufersiedlungen gestützt. Einige keramische Frühformen finden sich ausserdem im Fundgut von Bavois VD-en-Raillon, während die jüngere Keramik Parallelen in den dendrodatierten Siedlungen von Zug ZG-Sumpf, Greifensee ZH-Böschen, Cortaillod NE-Est sowie der älteren Schicht von Vinelz BE-Ländti besitzt[118].

Die leider nur schwach vertretene Keramik aus der Spätphase (HaB2) lässt sich gut vergleichen mit dem Material aus der Höhensiedlung Wittnau AG-Horn und aus den jüngsten Schichten der Seeufersiedlungen Vinelz BE-Ländti und Zürich ZH-Alpenquai.

Besiedlung und Funktion

Während der Spätbronzezeit waren das Mittelland und das Juragebiet zeitweise dicht besiedelt (Abb. 12). Die Siedlungsplätze lassen sich folgendermassen unterteilen:
Höhensiedlungen
– auf allseitig natürlich geschütztem Felsen, z.B. Trimbach SO-Frohburg, Pfeffingen BL-Schalberg
– auf einem Bergsporn, gegen die Feindseite hin durch eine Wallanlage geschützt, z.B. Wittnau AG-Horn
– auf Terrassen, z.B.
Bellerive JU-Roc de Courroux, Balsthal SO-Holzfluh

---

117 Gross 1986, 59-60.
118 Chronologie 1986, 148: Die Schichten 5a und 5b von Bavois VD-En-Raillon gelten als gesicherte HaA-Komplexe, ^{14}C-Daten: 2960 ± 70 BP, 3230 ± 60 BP. Zug ZG-Sumpf, untere Schicht: typologisch HaA2-HaB1. Greifensee ZH-Böschen: Eberschweiler 1987, 89, HaA2-HaB1, Dendrodaten 1047/1046 v.Chr. Cortaillod NE-Est: Borello 1986, 11, HaB1, Dendrodaten 1010-965. Vinelz BE-Ländti, Schicht 2: Gross 1986, 33, HaB1, Dendrodatum 1005 (nur *ein* Pfahl!).

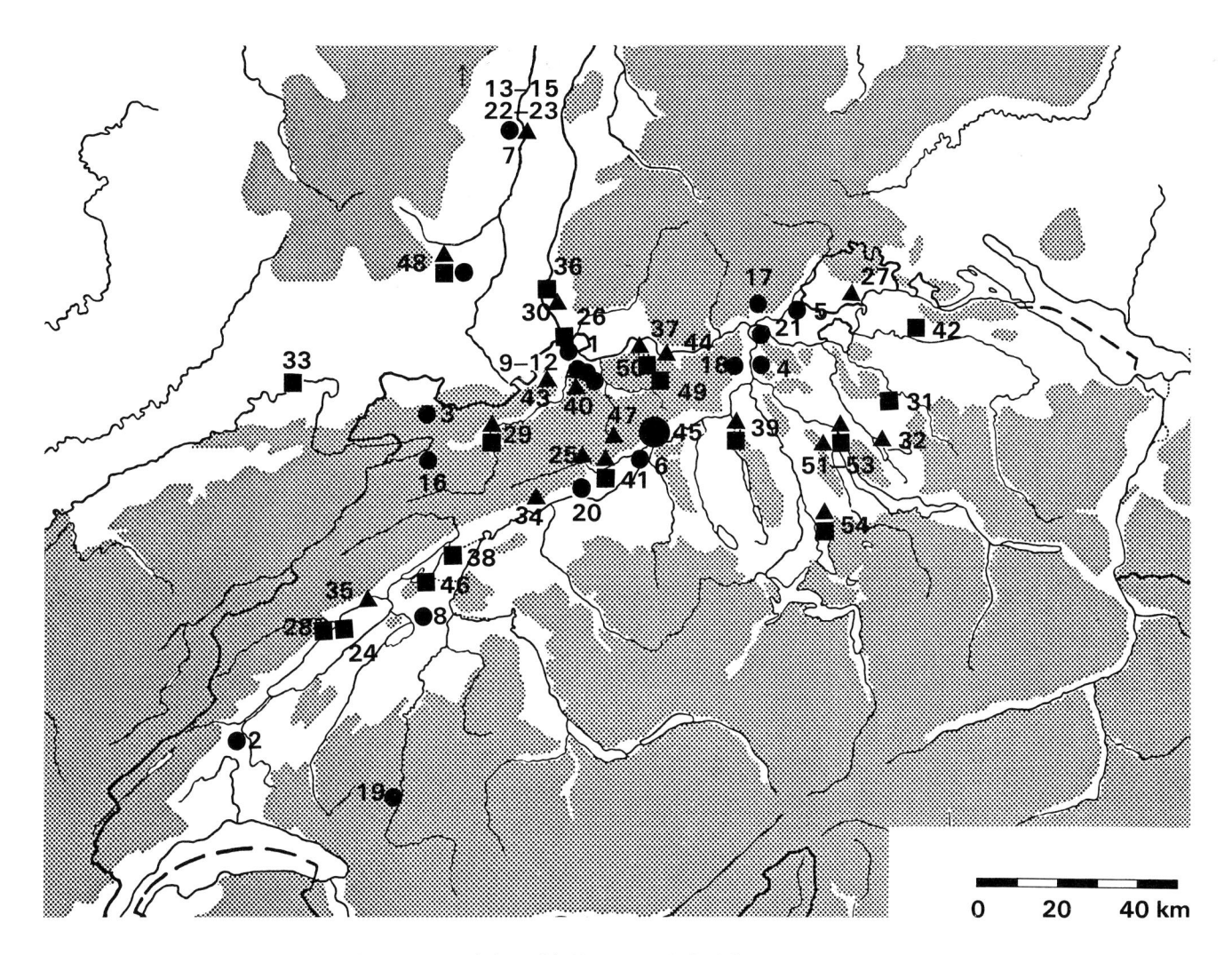

Abb. 12: Trimbach SO-Frohburg. Spätbronzezeitliche Siedlungs- und Grabfunde der Nordwestschweiz und des angrenzenden Auslandes.
- ● BzD-HaA1
- ▲ HaA2-HaB1
- ■ HaB1-HaB2
- ⬤ Trimbach SO-Frohburg BzD-HaC.
- * Einzelgrab/Gräber.

Frühe Spätbronzezeit:
 1 Basel BS-Gundeldingen*
 2 Bavois VD-En Raillon
 3 Cornol JU-Mont Terri
 4 Endingen AG*
 5 Erzingen D*
 6 Gunzgen SO-Restaurant Windrose
 7 Herrlisheim F*
 8 Kerzers FR-Ried/Hölle
 9 Lausen BL
10 Muttenz BL-Schänzli*
11 Muttenz BL-Wartenberg
12 Pratteln BL-Adlerberg (Madeln)
13 Riedisheim F
14 Schifferstadt F
15 Schweighouse F
16 St-Brais JU, Höhle
17 Tiengen D*
18 Villigen AG-Obsteinen
19 Vuadens FR*
20 Wiedlisbach BE*
21 Zurzach AG*

Mittlere und späte Spätbronzezeit:
22 Achenheim-Oberschäffolsheim F
23 Argolsheim F*

24 Auvernier NE-Nord
25 Balsthal SO-Holzfluh
26 Basel BS-St. Martin
27 Beringen SH-Unterer Stieg*
28 Cortaillod NE-Est
29 Bellerive JU-Roc de Courroux
30 Efringen-Kirchen D
31 Elgg ZH-Ettenbühl*
32 Greifensee ZH-Böschen
33 Grotte de Chancia (Jura) F
34 Günsberg SO-Balm
35 Hauterive NE-Champréveyres
36 Istein D-Klotzen
37 Möhlin AG-Niederriburg*
38 Mörigen BE
39 Möriken AG-Kestenberg
40 Muttenz BL-Im Lutzert*
41 Oensingen SO-Ravellenfluh
42 Ossingen ZH-Im Speck*
43 Pfeffingen BL-Schalberg
44 Säckingen D-Ehemalige Rheininsel, Schlosspark
45 Trimbach SO-Chrottengasse
46 Vinelz BE-Ländti
47 Waldenburg BL-Gerstelfluh
48 Wintzenheim F-Hohlandsberg
49 Wittnau AG-Horn
50 Zeiningen AG-Bönistein
51 Zürich ZH-Alpenquai
52 Zürich ZH-Grosser Hafner
53 Zürich ZH-Haumesser
54 Zug ZG-Sumpf

Abb. 13: Trimbach SO-Frohburg. Keramik der Bronzezeit: 1–8 Mittelbronzezeit (Kat.-Nrn. 52, 95, 187, 196, 170, 161, 211, 225), 9–36 Spätbronzezeit (Kat.-Nrn. 287, 151, 150, 280, 289, 278, 273, 555, 571, 589, 523, 351, 330, 347, 391, 415, 364, 511, 494, 800, 630, 754, 712, 763, 708, 676, 679, 711). Massstab 1:2.

Freiland-/Talsiedlungen z. B.
Trimbach SO-Chrottengasse, Basel BS-Kleinbasel
Seeufer-/Inselsiedlungen z. B.
Cortaillod NE-Est, Vinelz BE-Ländti
Greifensee ZH-Böschen
Eschenz TG-Insel Werd, Zürich ZH-Grosser Hafner

Wir vermuten, dass während der Spätbronzezeit eine Haupthandelsroute durchs Mittelland führte. Sie verlief entlang oder, wo immer möglich, auf den Jurarandseen und Flüssen. Sicherlich zweigten einzelne Pfade in die Juratäler und über die Höhen ab. Ein derartiger führte schon damals über das Erlimoos am Fusse des Frohburgfelsens vorbei auf die Hochfläche von Wisen, hinunter ins Baselbiet und schliesslich zum Rheinknie.

Die oben (S. 14–16) vorgestellten prähistorischen Siedlungsstrukturen müssen wohl einer spätbronzezeitlichen Epoche zugeschrieben werden. Zwei rotgebrannte Herdstellen sowie eine nicht näher bestimmbare Steinsetzung lassen jedoch keine Rekonstruktion der Häuser zu. In Übereinstimmung mit anderen etwa gleichzeitigen Höhensiedlungen, wie z. B. auf dem Horn bei Wittnau AG oder auf dem Kestenberg bei Möriken AG, dürfen für die Spätbronzezeit Blockbaukonstruktionen angenommen werden[119].

Obwohl nicht jede Stufe gleichermassen mit Fundmaterial belegt werden kann, darf doch während der HaA2/HaB1-Stufe mit einer Siedlung von beachtlicher Grösse gerechnet werden. Denn die natürliche Schutzlage, die vorteilhaften Verbindungen sowohl zum Mittelland als auch zum Rheinknie, ebenso die fruchtbaren Hochebenen im Rücken des Frohburgfelsens und die umliegenden Wälder boten dazu die besten Voraussetzungen. Ob der Frohburgfelsen während der schwächer belegten Stufen BzD/HaA1 lediglich die Funktion eines Refugiums innehatte, oder allenfalls eine kleinere Dorfgemeinschaft beherbergte, lässt sich anhand der archäologisch fassbaren Überreste heute nicht mehr klären. (Vgl. dazu die Fragen zur Funktion der mittelbronzezeitlichen Siedlung).

Handwerk

Neben der wahrscheinlich dorfeigenen Töpferei lassen sich weitere Tätigkeiten wie die Textilverarbeitung (Spinnwirtel, Webgewichte und Tonspulen), eventuell auch eine frühe Käseproduktion (Siebgefässe) sowie die Jagd (Pfeil- und Lanzenspitze) nachweisen. Das bronzene Doppelwerkzeug, je nach Verwendung Ahle oder Schneide, wurde möglicherweise für die Leder- und Holzbearbeitung oder zum Verzieren der Keramik eingesetzt.

Kult

Die Mondhörner möchten wir am ehesten als Kultobjekte ansprechen. Ob sie jedoch als Akrotere auf dem Giebel oder als Idole einer Herdgottheit im Innern eines Hauses gestanden hatten, wagen wir bis zur Entdeckung eines diesbezüglich eindeutigen Befundes nicht zu entscheiden.

Hallstattzeit

Keramik (Abb. 16: Nrn. 32–35)

Die grobkeramischen Töpfe zeigen hauptsächlich flaue Profile mit kaum abgesetzten Randumbrüchen. Ihre Randgestaltung spielt zwischen schwach ausbiegenden, kragenartig steilen und kegelartigen Varianten. Der Randsaum wurde vorzugsweise gedellt und die Umbruchzone mit einer Tupfen- oder Kordelleiste umgeben. Daneben fanden sich Scherben eines grossen, feinkeramischen Kragenrandgefässes, zweier Kegelhalstöpfe sowie mehrerer schwach S-förmig geschweifter Schalen. Drei Scherben weisen eine rote Bemalung auf.

Zuweisung und Datierung

Die nähere Einordnung der hallstattzeitlichen Funde gestaltete sich weitaus schwieriger als die der vorangehenden Epochen (Abb. 15). Es fehlen wieder die eindeutig datierbaren Metallobjekte. Wir besitzen jedoch Fragmente dreier Sapropelitarmringe. Die Zuordnung der Keramik kann also wiederum nur typologisch erfolgen. Die Grabkeramik darf, wie unter anderen kürzlich auch G. Lüscher bemerkte, für die Zuweisung der Siedlungskeramik nur mit Vorbehalten beigezogen werden, da sie scheinbar eigens für die Grablege geschaffen wurde[120].

Wir kennen im Raume des Juras und Mittellandes nur wenige hallstattzeitliche Siedlungen. Keine einzige lieferte einen stratigraphisch gesicherten Fundkomplex. Es handelt sich zudem meistens um gemischte Inventare aus der Bronze- und Hallstattzeit. (Vgl. Abb. 14).

Die hallstattzeitliche Keramik von der Frohburg lässt sich aufgrund ihres typologischen Entwicklungsstandes, der eindeutig über die Stufe der spätesten Spätbronzezeit (z.B. die jüngsten Schichten von Zürich ZH-Alpenquai und Zug ZG-Sumpf[121]) hinaus gediehen ist, einigermassen von dieser abgrenzen: Die eher schwach geschweiften Schalen sind recht gut vertreten, während die stark Geschweiften, welche auf dem Wittnauer Horn AG und dem Burgenrain bei Sissach BL überwiegen, hier gänzlich fehlen[122]. Ähnlich lässt sich die Grobkeramik, die sowohl flaue Schräg- und Kragenränder als auch bereits kegelartige «Stummelränder» enthält und mittels Randdellung und Leisten verziert ist, zwischen die beiden Stufen HaB2 und HaD eingliedern. Hochhalsgefässe von Zeiningen AG-Bönistein, wie wir sie vereinzelt im Fundgut von Wittnau AG-

---

119 Wittnau AG-Horn: Bersu 1945, 64–65. Möriken AG-Kestenberg: Laur 1953, 25.
120 Lüscher 1986, 32.
121 Zürich ZH-Alpenquai: Ruoff 1974, Taf. 15, 11–Taf. 23. Zug ZG-Sumpf ders. Taf. 25–27.

122 Wittnau AG-Horn: Bersu 1945, Abb. 129, 32–33, 42–43, 49–50. Sissach BL-Burgenrain: unpubliziert, z.B. Inv.-Nrn. 63. 2. 296, 392, 446, 532–533, 595, AMABL Liestal.

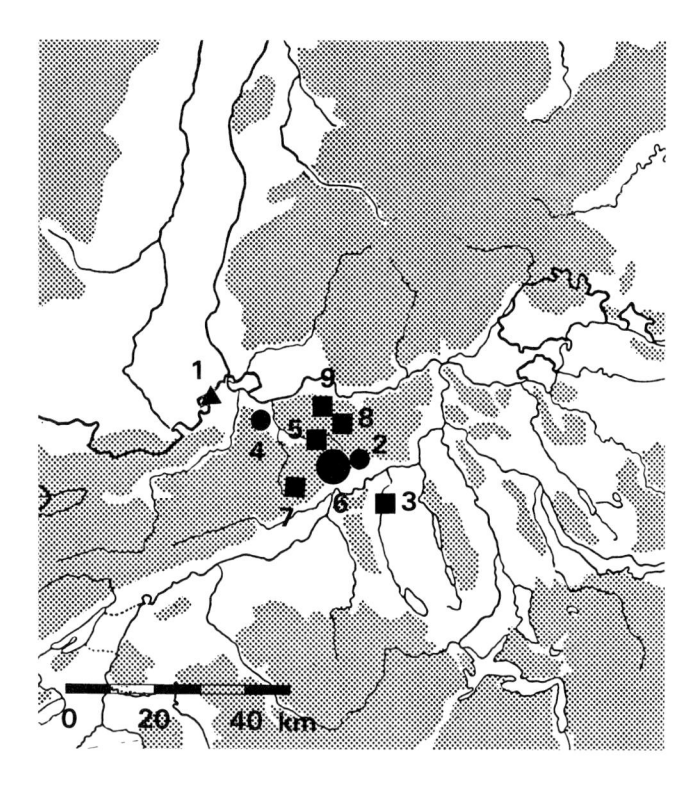

Abb. 14: Trimbach SO-Frohburg. Hallstattzeitliche Siedlungen im nordwestschweizerischen Jura.
- HaB2-HaC
▲ HaC
■ HaD
● Trimbach SO-Frohburg

1 Allschwil BL-Vogelgärten
2 Lostorf SO-Gross Chastel
3 Muhen AG-Schafrain
4 Pratteln BL-Madeln
5 Sissach BL-Burgenrain
6 Trimbach SO-Frohburg
7 Waldenburg BL-Gerstelfluh
8 Wittnau AG-Horn
9 Zeiningen AG-Bönistein

Abb. 15: Trimbach SO-Frohburg. Funde der Hallstattzeit: 1–6 Keramik (Kat.-Nrn. 838, 826, 853, 843, 842, 839), 7 Sapropelit (Nr. 872). Massstab 1:2.

Horn und von Sissach BL-Burgenrain finden, sind keine vorhanden[123]. Daneben stehen aber spätbronzezeitliche Formen und Dekors zur Verfügung, die zweifellos auch während der Hallstattzeit weiterbenutzt werden konnten. Dazu zählen wir die eher feinkeramischen Trichter- und sonstigen riefenverzierten Gefässe, die unverzierten gerundeten Schalen sowie einige grobkeramische Schrägrandtöpfe und -schüsseln, deren Ränder zwar noch kantig umbiegen, aber bereits gedellte Lippen aufweisen.

Zusammenfassend möchten wir festhalten, dass die hallstattzeitliche Keramik vom Frohburgfelsen noch eine ausgeprägte Affinität zum spätbronzezeitlichen Fundgut zeigt. Die typisch späthallstattzeitlichen Merkmale sind dagegen nur schwach vertreten. Aufgrund dieser Feststellungen erwägen wir unseren hallstattzeitlichen Komplex der Stufe HaC zuzuordnen, obwohl diese bislang bezüglich der *Siedlungskeramik* archäologisch noch kaum näher umschrieben wurde.

---

123 Zeiningen AG-Bönistein: Drack 1947, Abb. 4, 167. Wittnau AG-Horn: Bersu 1945, FM Rheinfelden, unpubliziert. Sissach BL-Burgenrain: unpubliziert, Inv.-Nrn. 63. 2. 1, 3, AMABL Liestal.

Keramikkombinationstabelle

In der Kombinationstabelle (Abb. 16) werden Keramikinventare aus 37 bronze- und hallstattzeitlichen Siedlungen aus dem Jura und Mittelland sowie aus zwei Gräberfeldern miteinander verglichen. Die Kriterien beinhalten 36 Formen und Dekors, wovon 31 im Material von der Frohburg (Nrn. 5–35) und fünf in anderen, frühbronze- und späthallstattzeitlichen Siedlungen vorkommen (Nrn. 1–4 und 36).

Die Tabelle könnte natürlich sowohl bezüglich der aufgeführten Fundstellen wie auch der Form/Dekor-Merkmale beliebig erweitert und verfeinert werden: z.B. durch datierte Bronzen, die hier absichtlich weggelassen wurden, da sie in Höhensiedlungen ohnehin sehr selten vorkommen. Alle mit * gekennzeichneten Inventare haben wir am Originalmaterial erarbeitet. Dieses Vorgehen garantiert gegenüber den aus der Literatur übernommenen Angaben eine typologisch homogene Gliederung. Das Fundgut von der Frohburg ist zusätzlich noch quantitativ aufgeschlüsselt.

Der Vorteil einer derartigen Kombinationstabelle liegt unseres Erachtens darin, dass nicht nur Einzelstücke, sondern ganze Keramikensembles, d.h. Vergesellschaftungen von einzelnen Merkmalen, miteinander verglichen werden können.

Einige gut dendrodatierte Komplexe aus Seeufersiedlungen sollen den absolutchronologischen Rahmen dazu liefern: Meilen ZH-Schellen, Greifensee ZH-Böschen, Cortaillod NE-Est und Vinelz BE-Ländti. Nicht in die Tabelle aufgenommen wurde der erst kürzlich in Auswahl publizierte Komplex von Zürich ZH-Mozartstrasse, der dendrochronologisch in die Zeit um 1504–03 v.Chr., also ans Ende der Frühbronzezeit, datiert werden kann[124]. Eine geringe Anzahl ^{14}C-datierter Inventare ergänzt den chronologischen Rahmen vor allem im Bereich der Mittelbronzezeit: Pfäffikon ZH-Steinacker, Cornol JU-Mont Terri, Bavois VD-En-Raillon. Eine weitere Gruppe von Stationen enthält gut zuweisbare Bronzeobjekte: Arbon TG-Bleiche, Beile des Typs Langquaid, Nadeln; Wisen SO-Moosfeld, eine Nadel mit doppelkonischem Kopf und durchbohrtem Hals[125].

Das Erscheinungsbild unserer Tabelle setzt sich aus zwei gegeneinander deutlich abgesetzten Blöcken zusammen (Mittel- und Spätbronzezeit). Klar erkennbar sind die beiden mit diesen Blöcken gut verzahnten «Anhängsel» der Frühbronze- und Hallstattzeit. Diesem schönen Bild darf aber nicht zuviel Bedeutung beigemessen werden: Die beiden Blöcke sind unseres Erachtens nämlich bedingt durch die subjektive Anordnung der einzelnen Siedlungen und Merkmale. Zudem basiert das ganze System auf dem vorhandenen Material vom Frohburgfelsen. Zu beachten ist ebenso, dass praktisch alle Inventare der Landsiedlungen ein gemischtes Fundgut aus mehreren Epochen enthalten und dass nicht selten eine starke Selektionierung des Fundgutes, wenn nicht schon auf der Grabung, dann doch in der Publikation stattgefunden hat.

Die meisten Siedlungen konnten auch nur partiell ausgegraben werden. Die Keramikzusammensetzungen könnten ebenso durch extreme Erhaltungsbedingungen und den Zahn der Zeit stark beeinflusst worden sein.

Dies erklärt wohl auch das viel lockere Bild des mittelbronzezeitlichen Blockes gegenüber dem spätbronzezeitlichen. Im Idealfall müssten diese Blöcke völlig ausgefüllt sein, was in der Praxis kaum erreicht werden kann. Durch das sorgfältige Erfassen eines Fundgutes kann jedoch eine maximale Dichte erreicht werden. Dass eine kontinuierliche Entwicklung sowie ein Durchlaufen einzelner Keramikformen und Dekors (Nrn. 5–8) von der frühen zur mittleren Bronzezeit stattgefunden hat, lässt sich dennoch nicht wegdiskutieren. Etwas anders sieht es am Übergang zur Spätbronzezeit aus. Die Merkmale Nrn. 9–14 sind nicht selten mit mittelbronzezeitlicher Keramik vergesellschaftet, die in spätbronzezeitlichen Seeuferinventaren völlig fehlt. Daneben treten aber wieder neuartige Formen wie der Schulterbecher und die konische Schale auf (Nrn. 19–23).

Der Wechsel von der Spätbronze- zur Hallstattzeit (HaB2-HaC) lässt sich anhand der Siedlungskeramik nicht genau fixieren, da es sich meistens um gemischte Inventare handelt. Die beachtliche Fundmasse von Sissach BL-Burgenrain scheint unseres Erachtens zu komplex, um nur anhand weniger Fibeln der Stufe HaD zugeordnet zu werden. Sie schliesst mit ihren Merkmalen (Nrn. 29–36) sämtliche anderen hallstattzeitlichen Inventare ein. Es wäre jedoch durchaus denkbar, dass die Tabelle gerade in diesem Bereich verfeinert werden müsste.

---

124 Gross et al. 1987, 217: Dieser Komplex enthält mindestens die Merkmale 5–8.
125 Osterwalder 1971, Taf. 49, 1, typologische Zuweisung in die mittlere MBZ-Stufe.

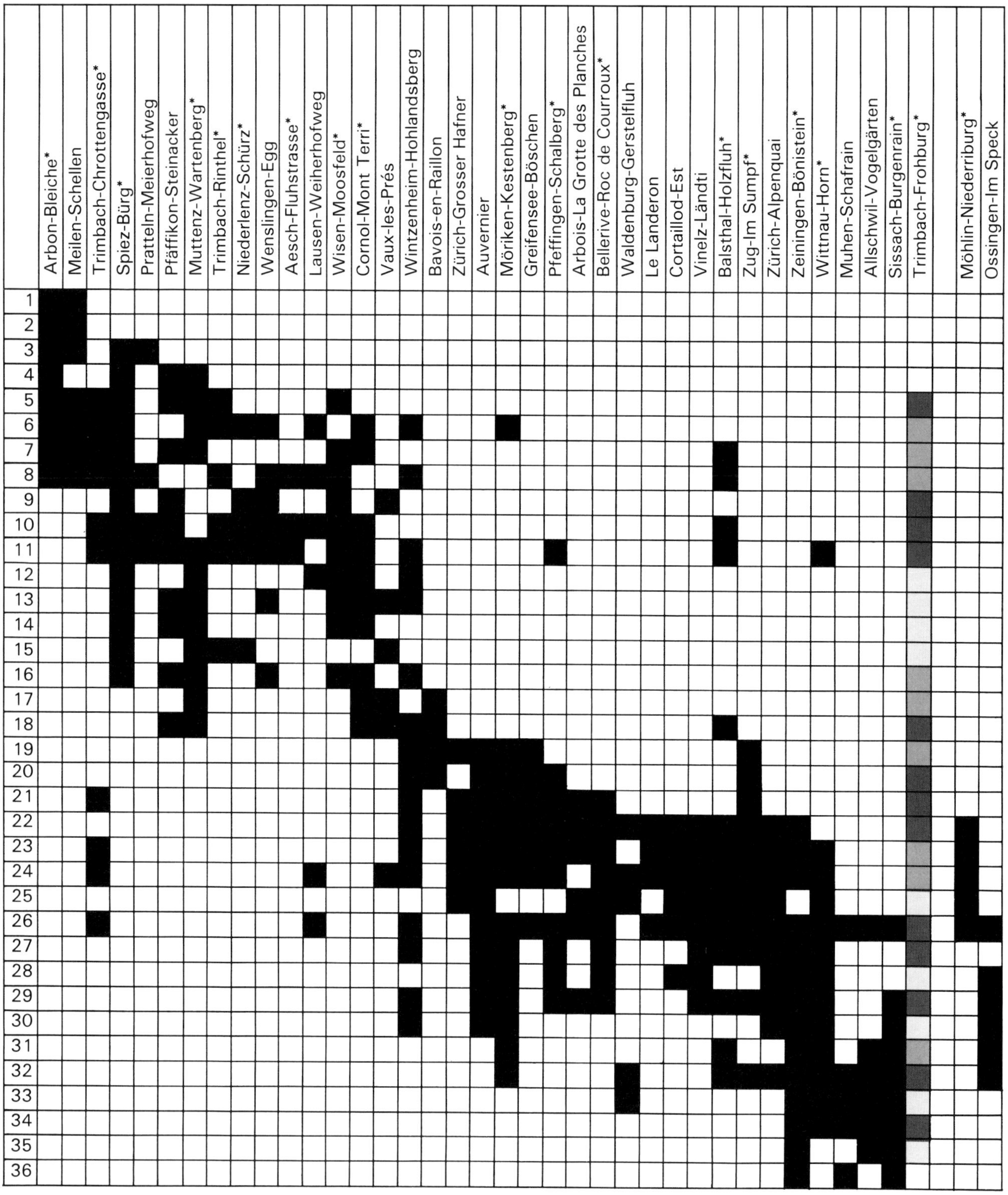

Abb. 16: Trimbach SO-Frohburg. Keramikkombinationstabelle: Auswahl von bronze- und hallstattzeitlichen Siedlungen. Gräberfelder von Möhlin AG-Niederriburg und Ossingen ZH-Im Speck.
* Originalmaterial gesichtet (quantitative Aufschlüsselung des Frohburgmaterials)
☐ = 1–5 / ▨ = 6–10 / ■ = >10 Belege

Abb. 16 (Fortsetzung): Trimbach SO-Frohburg. Keramikkombinationstabelle: Legende. ▶

42

Nr.	Formen/Dekor	Typologische Einstufung	Belege Kat.-Nr.
1	Verzweigte Leisten auf ausbiegenden Rändern	FBZ	
2	Doppelhalbkreisstempel auf Leisten	FBZ	
3	Kerbengefüllte Drei- oder Rechtecke	FBZ	157?
4	Ausgesparte oder gefüllte Zickzackbänder	FBZ	
5	Knickkalottenschalen oder -tassen	FBZ-MBZ	132–146
6	Töpfe mit Steilrand und hochsitzender Leiste	FBZ-MBZ	52–56
7	Unverzierte Leiste	FBZ-MBZ	114–115
8	Leisten durch Knubben unterbrochen	FBZ-MBZ	116, 119, 127
9	Schwach X-förmige Henkel	MBZ (FSBZ)	229
10	Verdickte, flach abgestrichene Ränder	MBZ (FSBZ)	87–102
11	Flächendeckender Dekor	MBZ (FSBZ)	162–218
12	Echter Kerbschnitt	MBZ (FSBZ)	148–150
13	Stempelkerbschnitt	MBZ (FSBZ)	151
14	Kerbleiter kombiniert mit mehrfach geritztem Zickzackmuster	MBZ (FSBZ)	287
15	Umriefte, flache Buckel	FSBZ	278–279
16	Lange, gefüllte Dreiecke	FSBZ	280–286
17	Leichtgeriefte Ware	FSBZ	288–293
18	Knickwandschalen	FSBZ	301–313
19	Konische Schalen mit Kammstrichgirlanden	MSBZ	347–349
20	Konische Schalen mit markanter Randstufe	MSBZ	314–346
21	«Straffe» Schulterbecher mit Kammstrichdekor	MSBZ	522, 530
22	Schulterbecher mit Ritzdekor	MSBZ	557–574
23	Konische Schalen mit verzierter Innenwand	MSBZ	364, 391, 415, 511
24	Schrägrandschüsseln	MSBZ	630–638
25	Kalottenschalen mit Aussendekor	MSBZ	494
26	Gerundete Schalen ohne Dekor	SSBZ-HaZ	474–486
27	Kugelbecher mit Riefendekor	SSBZ	754–755, 758
28	Um Henkel ziehendes Riefenband	SSBZ	800
29	Lange Trichterränder mit/ohne Innenkehle	SSBZ	781–795
30	Graphitierung, Bemalung	SSBZ-HaZ	496
31	Gerundete Schalen mit Trichterrand	SSBZ-HaZ	461–467
32	Geschweifte Schalen	HaZ	498–504
33	Kragenrandschüsseln und -töpfe	HaZ	836, 840, 843, 853
34	Grobkeramische Töpfe mit Randdellung und aufgesetzter Leiste (Tupfen- oder Kordelleiste)	HaZ	839, 841–842
35	Kegelhalsgefässe	HaZ	837?, 838
36	Hochhalsgefässe	HaZ	870?

5. Spätlatènezeit

Dieser Epoche kann lediglich das Werkstück einer Nauheimerfibel (Nr. 884, Abb. 17; Taf. 57), das wahrscheinlich als Altmetall auf die Siedlungsstelle gelangt ist, als gesichert zugerechnet werden[126]. Es besteht aus einem Bronzedraht, der bereits zu einem Bügel breitgehämmert und mit dem typischen Leitermuster verziert ist. Die Spirale war jedoch noch nicht gewunden und die Nadel ebenfalls noch nicht gezogen, als es wohl bei der Bearbeitung des Fusses zum unglücklichen Bruch kam[127]. Zwei Fibeln aus der Siedlung Basel-Gasfabrik stehen unserem Exemplar vergleichbar nahe[128].

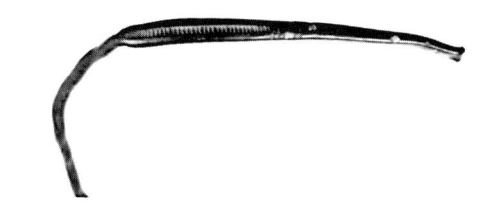

Abb. 17: Trimbach SO-Frohburg. Spätlatènezeit: Das Fragment einer Nauheimerfibel (Kat.-Nr. 884). Massstab 1:1.

126 Vgl. dazu die Bodenscherbe eines Mehrfussgefässes (Nr. 871), die unter Umständen ebenfalls der Spätlatènezeit zugeordnet werden könnte.
127 Zur Herstellung der Nauheimerfibeln vgl. Furger-Gunti 1977, 73–84.

128 Furger und Berger 1980, Taf. 6, 68–69. Datierung nach Furger-Gunti 1979, 55 um die Mitte des 1. Jh. v.Chr.

6. Römische Epoche

Das römische Fundgut stellt ungefähr 10% des gesamten vormittelalterlichen Inventars. Die Funde streuen über das ganze Grabungsareal. Eine besonders grosse Dichte konnte in Zone Z beobachtet werden (Abb. 3).

Fundmünzen (Susanne Frey-Kupper)

Im folgenden Katalog werden die antiken Fundmünzen[129] der Frohburg vorgestellt. Die Durchsicht des numismatischen Materials des Kantons Solothurn und der dazugehörigen Dokumentation sowie die Auswertung der bereits veröffentlichten Angaben brachten 26 Münzen ans Licht.[130] Bei der Münze Nr. 1 handelt es sich um einen Altfund von 1863.[131] Acht Stücke, Nr. 3, 5, 7, 10 und 23–26, stammen aus den 1938–1940 durchgeführten Ausgrabungen.[132] Die übrigen 17 Fundmünzen kamen bei W. Meyers Untersuchungen von 1973–1977 zum Vorschein.[133] Die Münze Nr. 21 muss heute als verschollen gelten. Aufgrund einer Photographie[134] und der Angaben im Dossier «Frohburg» der Kantonsarchäologie Solothurn sind Fundort und Bestimmung des Stückes jedoch gesichert. Alle übrigen Stücke lagen zur Bearbeitung im Original vor.

Für die älteren Funde gibt es keine näheren Hinweise zur Fundlage.[135] Von den bei den Ausgrabungen von 1973–1977 zutage gekommenen Münzen ist lediglich die Herkunft aus den einzelnen Ausgrabungszonen bekannt.[136] Die Zuweisung zu den einzelnen Sektoren ist aber wenig aussagekräftig, zumal genaue Angaben über die Fundsituation – von der stratigraphischen Lage ganz zu schweigen – fehlen. So darf man etwa der Konzentration von Münzen im Burghof (Sektor Z) keine allzu grosse Bedeutung zumessen,[137] ist an einem Fundplatz wie der Frohburg doch mit wiederholten Erdumwälzungen, Planierungen u.ä. zu rechnen.[138]

Sechs der 26 Fundmünzen (Nr. 1–6) sind Aes-Nominale des 2. Jh. Bekanntlich konnten diese Prägungen der mittleren Kaiserzeit lange zirkulieren und lassen daher unabhängig von der Beurteilung des nichtnumismatischen Fundmaterials nicht auf den Beginn eines Siedlungsplatzes schliessen.[139]

Die Hauptmasse des Materials, die Antoniniane Nr. 7–19, fällt in die Periode von Gallienus bis Tetricus, d.h. in die Zeit der gallischen Gegenkaiser. Hinzu kommt ein Antoninian des Probus (Nr. 20). Auf die Bedeutung der Häufigkeit der Antoniniane im Geldumlauf seit Gallienus und den Zusammenhang mit den gleichzeitigen geschichtlichen und politischen Ereignissen habe ich bereits an anderer Stelle hingewiesen.[140]

Leider gibt es aus dem nordwestschweizerischen Jura bis heute nur wenig ausreichend publizierte Höhensiedlungen, deren Münzreihen mit dem Material der Frohburg verglichen werden können.[141] Zur Zeit kommen für eine Gegenüberstellung nur die Fundmünzen des Grossen Chastels und des Wittnauer Horns in Frage.[142] Für die Funde vom Wittnauer Horn sind wir vorderhand noch immer auf Bersus Publikation von 1945 angewiesen.[143]

---

129 Für Anregungen, Hinweise und Diskussionen im Zusammenhang mit der Bearbeitung der Fundmünzen von der Frohburg danke ich meinen Kollegen H. Brem, A. Geiser und M. Peter sowie A. Frey.
130 Die Spalte Publikation unterscheidet zwischen unpublizierten und in der Literatur bereits erwähnten Münzen (mit entsprechendem Verweis).
131 Meisterhans 1890, 92 mit Anm. 438; Arx 1909, 26; Vögtli 1975, 28. 434.
132 JsolG 13, 1940, 209 Nr. 1–8; 215f. Nr. 1–8 (dieselbe Liste bei Vögtli 1975, 28; 434 sind die Münzen nochmals aufgeführt); JbSGUF 31, 1939, 100f.; US 3, 1939, 31f. Zu den Ausgrabungen vgl. oben S. 11.
133 Die Münzen dieser Ausgrabungen sind bisher unpubliziert, sie wurden nur ganz summarisch erwähnt: «Aus der Römerzeit wurden vor allem Keramikfragmente, aber auch einige Münzen geborgen.» (Müller 1978, 123) und «...Münzen und vereinzelte Geräte bezeugen die Anwesenheit einer gallorömischen Bevölkerung zwischen der Mitte des 3. und der 2. Hälfte des 4. Jahrhunderts n.Chr....» (Meyer 1977, 5).
134 Der hier abgebildete Abzug wurde nach dem bestehenden Photonegativ im Verhältnis 1:1 hergestellt. Das Negativ selbst ist leider ohne Massstab.
135 Nur Meisterhans 1890, 92 zu unserer Nr. 1: «Frohburg. (Am Fuss der Burg)». Ähnlich auch Arx 1909, 126 und Vögtli 1975, 28. 434.
136 Dasselbe gilt auch für die nichtnumismatischen Funde. Vgl. oben S. 13. Die Fundsektoren der einzelnen Münzen (Plan der Ausgrabungszonen oben S. 12 Abb. 3) sind im Katalog aufgeführt.
137 Eine entsprechende Häufung im Burghof fällt im übrigen für sämtliche Fundgattungen aller Perioden auf. Vgl. dazu oben S. 17f. 19. 45.
138 Vgl. auch oben S. 9.
139 Vgl. dazu meinen Beitrag in: Matt 1987, 88 mit Anm. 116.
140 S. Frey-Kupper, Die Fundmünzen, in: Matt 1987, 88f. Zur geldgeschichtlichen Bedeutung der Antoniniane von Gallienus bis Tetricus vgl. besonders folgende Arbeiten: Ziegler 1983 (mit zahlreichen bibliographischen Angaben, bes. zu Schatzfunden); J. Lafaurie, L'empire gaulois, apport de la numismatique, in: ANRW II. 2, Berlin–New York 1975, 853–1012, Taf. 1–7, bes. 883–1004; J. Lallemand-M. Thirion, Le trésor de Saint-Mard I, Étude sur le monnayage de Victorin et des Tétricus, Wetteren 1970; J.-P. Callu, La politique monétaire des empereurs romains de 238 à 311, Paris 1969, 214–287; Elmer 1941. Grundlegend für historische Zusammenhänge: Drinkwater 1987 (189–214 zu numismatischen Fragen; zur Geldentwertung bes. 206–214) und König 1981.
141 Zum Problem der unzulänglichen Publikationslage kommt noch jenes der Fundmenge, bzw. das Fehlen oder die Mangelhaftigkeit der archäologischen Untersuchungen hinzu. So tauchen in den bei Martin-Kilcher 1980, 125–130 und Matt 1987, 108f. aufgeführten Höhensiedlungen im Laufener Becken, bzw. Nordwestschweizer Jura die Münzen nur in geringen Mengen, als Einzelfunde oder überhaupt nicht auf.
142 Es gilt m.E. zunächst, Ähnliches mit Ähnlichem, d.h. Höhensiedlungen mit Höhensiedlungen aus demselben geographischen Raum zu vergleichen, bevor andersstrukturierte oder geographisch, wirtschaftlich, historisch etc. weniger naheliegende Komplexe in Betracht zu ziehen sind.
143 Für die Münzliste vgl. Bersu 1945, 94–102 Nr. 1–110. Im Zusammenhang mit neueren archäologischen Untersuchungen auf dem Wittnauer Horn durch das ur- und frühge-

Der geographisch näher liegende, aber kleinere Fundmünzenkomplex vom Grossen Chastel wurde erst kürzlich vollständig vorgelegt.[144]

Im Vergleich zu den beiden genannten Münzreihen fällt auf, dass im Material der Frohburg nur gerade zwei Münzen gallischer Gegenkaiser vorliegen (Nr. 17 und 18 der Tetrici, beides nicht barbarisierte Prägungen).[145] Die kleine Anzahl von Münzen gallischer Usurpatoren und das Fehlen lokaler Imitationen lassen angesichts der geringen Fundmünzenmenge der Frohburg keine abschliessende Beurteilung zu. Prägungen des gallischen Sonderreiches[146] hat es in der unmittelbaren Umgebung der Frohburg sicher gegeben, doch gestaltet sich ihr Nachweis problematisch.[147]

Im Unterschied zur Münzreihe des Grossen Chastels enthält unser Fundmünzenkomplex sechs Prägungen aus der ersten Hälfte des 4. Jh. (Nr. 21–26). Ob allerdings der Frohburgfelsen vom letzten Drittel des 3. Jh. bis ins 4. Jh. durchgehend belegt war, lässt sich allein aufgrund unserer verhältnismässig kleinen Münzreihe nicht beurteilen.[148]

Nr. 26, die jüngste Fundmünze der Frohburg, wird um 341–348 datiert.[149] Die Zwei-Victorien-Prägung mit der Rückseitenlegende VICTORIAEDDAVGGQNN ist auch auf dem Wittnauer Horn vertreten. Den sechs Exemplaren[150] dieses Typs folgt dort als Schlussmünze eine Prägung des Constans von 348–350.[151]

Das Ende der Münzreihe vom Wittnauer Horn fällt somit in die Mitte des 4. Jh., in eine Zeit unruhiger politischer Verhältnisse und kriegerischer Auseinandersetzungen in der Folge der Usurpation des Westreiches durch Magnentius.[152] Die Fundmünzenreihe der Frohburg bricht früher ab als jene des Wittnauer Horns. Eine Belegung des Frohburgfelsens nach 350 lässt sich anhand der Fundmünzen und ihrer Menge weder beweisen noch ausschliessen.[153]

Die zeitliche Streuung der Fundmünzen der Frohburg zeigt zwei bedeutende Schwerpunkte: das letzte Drittel des 3. Jh. und die erste Hälfte des 4. Jh. Gerade die Zeitabschnitte von 260–274 und 330–348, denen die Mehrzahl der Stücke angehört, waren Perioden ausserordentlich intensiver Prägetätigkeit.[154] Die Häufung der Münzen aus diesen Perioden darf man einerseits als Hinweis auf eine

---

schichtliche Seminar der Universität Basel und im Hinblick auf eine Aufarbeitung der Altfunde erstellte M. Peter unter Einbeziehung der Neufunde eine neue, den heutigen Anforderungen wissenschaftlicher Forschung entsprechende Münzliste. Das Bild der Münzreihe wird durch die neuen Funde indessen nicht grundlegend verändert. Dafür, dass ich die neue Aufstellung für meine Arbeit mit den Frohburg-Münzen benutzen durfte, möchte ich M. Peter herzlich danken.

144 Vgl. S. Frey-Kupper, Die Fundmünzen, in: Matt 1987, 87–101.

145 Zur Emission und Art der Prägung unserer Münze Nr. 17: Ziegler 1983, 42–45 (mit weiteren bibliographischen Angaben). Zu Nr. 18: Ziegler 1983, 56. Bei diesem Münztyp handelt es sich nach Elmer 1941, 76 um eine Prägung, die möglicherweise anlässlich des gemeinsamen Konsulatantritts der beiden Tetrici am 1. Jan. 274 ausgegeben wurde. Für chronologische Fragen um Tetricus Vater und Sohn: König 1981, 158–181. Mit Ziegler 1983, 94 halte ich die von König erarbeitete Chronologie der Regierungsdaten der Tetrici für die verlässlichste. Nach König 1981, 161 begann Tetricus I seine Herrschaft im Frühjahr 271. Tetricus II wurde 272 zum Caesar ernannt (König 1981, 166. 174; für das traditionelle Datum 273 neuerdings wieder Drinkwater 1987, 186f.). Die Abdankung der Tetrici muss wohl im Spätsommer 274 stattgefunden haben (König 1981, 163). Diese Jahre müssen als Eckdaten für die zeitliche Eingrenzung und Dauer der Münzprägung von Tetricus Vater und Sohn gelten. Danach richten sich denn auch die chronologischen Angaben in unserem Katalog.

146 Für die Herrschaft der Kaiser Postumus bis Tetricus wird hier der Einfachheit halber der traditionelle Begriff «gallisches Sonderreich» verwendet. Zur Klärung dieses und ähnlicher Begriffe und für die (kontroverse) Einschätzung der historischen und politischen Situation: König 1981, 182–188; Drinkwater 1987, 239–256.

147 Sicher auszumachen und der Fundstelle zuzuweisen ist lediglich der Antoninian des Postumus 120/1/1 (Trimbach, Hennenbüelweg Nr. 23); vgl. unten S. 75 Nr. 8. Die in der Literatur mehrfach erwähnte Münze des Victorinus stammt zwar aus Trimbach, Friedhof, erwies sich jedoch als hybrider Denar des 2. Jh. n.Chr.; vgl. unten S. 75 Nr. 6 (120/13/1). Eine weitere Münze des Postumus und vier Tetricus-Prägungen wurden in Trimbach gefunden, doch ist die genaue Herkunft nicht bekannt; vgl. unten S. 76 Nr. 13 (120/0/5–120/0/9). Auf die Fundmünzen aus Olten kann hier nicht eingegangen werden, da diese und die zugehörige Dokumentation noch nicht vollständig aufgearbeitet sind; vgl. unten S. 67 Anm. 208.

148 Wegen der Langlebigkeit der Formen kann das Problem der Siedlungskontinuität auch mit Hilfe der Keramik nicht gelöst werden. Vgl. dazu unten S. 68.

149 Für die Gründe der zeitlichen Einordnung des Typs: P. Bastien, Le monnayage de l'atelier de Lyon, de la mort de Constantin à la mort de Julien (337–363), Wetteren 1985, 44–47 (für Lyon); zur Datierung auch: G. Depeyrot, Le numéraire gaulois du IVe siècle, aspects quantitatifs, BAR S 127/I, Oxford 1982, 86f. (für Trier), 89f. (für Lyon), 93f. (für Arles). Die von J.P.C. Kent in RIC VII vorgeschlagene Datierung von 347–348 lässt die Prägung etwas spät einsetzen und engt die Ausgabedauer stark ein. Vgl. RIC VIII 34f. (zum Typ), 151f. (Trier), 180f. (Lyon), 208f. (Arles), 253–255 (Rom), 322 (Aquileia), 362f. (Siscia), 411 (Thessaloniki).

150 Bersu 1945, 101f. Nr. 102–104, 108–110. Bersus Zuweisung der letzten drei Stücke zum Typ gloria exercitus erwies sich bei der Neubestimmung durch M. Peter als falsch.

151 Bersu 1945, 101 Nr. 101.

152 Zur Politik, Wirtschafts- und Geldgeschichte des Magnentius ausführlich P. Bastien, Le monnayage de Magnence (350–353), Wetteren 1983².

153 Die jüngste Fundmünze der Frohburg (Nr. 26) von 341–348 ist nur leicht abgegriffen, was allerdings über ihre Laufzeit nichts aussagt.

154 Vgl. dazu und zu den Gründen (für die Periode von 260–274): J.-P. Callu, La politique monétaire des empereurs romains de 238 à 311, Paris 1969, 214–287. Für die Periode von 330–348: G. Depeyrot a.O. (vgl. Anm. 149) 75f. 188–190. Zusammenfassend auch ders., Le Bas-Empire romain, économie et numismatique, Paris 1987, 48. Zum methodischen Problem und den Möglichkeiten und Grenzen von Schätzungen des Prägevolumens einzelner Perioden römischer Münzprägung und zum Forschungsstand: R. Reece Coin Finds and Coin Production, in: Colloque, Rythmes de la production monétaire, 10–12 janvier 1986, Monnaie de Paris, Document de travail I (unpubliziert), 208–213 (ebd. 208 zu G. Depeyrots Arbeiten über die spätantike römische Münzprägung). Wird erscheinen in: G. Depeyrot – T. Hackens (Hrsg.), Rythmes de la production monétaire, de l'antiquité à nos jours, actes du colloque international organisé à Paris du 10 au 12 janvier 1986, Numismatica Lovaniensia 7, Louvain-la-Neuve [1987].

Belegung der Frohburg betrachten, anderseits hängt die Münzmenge eines Fundplatzes nicht nur von den ortsgebundenen Gegebenheiten oder der Art und Qualität der archäologischen Untersuchung ab, sondern auch von verschiedenen Faktoren der Geldpolitik.[155]

In bezug auf den Geldumlauf liessen sich weitere Fragen und Ueberlegungen anstellen. Je nach Funktion der Siedlung ist mit einer anderen Art des Geldverkehrs zu rechnen. Anzunehmen ist, dass das vorhandene Geld einer neu aufgesuchten Höhe zunächst ausschliesslich aus den von den Bewohnern mitgebrachten Geldbeuteln stammt. Wie intensiv in der Folge der Geldaustausch mit der Umgebung stattfindet, hängt jeweils sicher von vielen Faktoren, wie etwa der geographischen, politischen, sozialen oder wirtschaftlichen Situation, ab.[156] Es ist durchaus denkbar, dass sich in einzelnen abgeschlossenen Höhensiedlungen eine Art «mikrokosmischer» Geldumlauf einstellte. Andere Modelle sind ebenfalls möglich, doch dürfte das Muster, nach dem Münzen hinzukommen, umlaufen und verloren werden, von Fall zu Fall verschieden sein.

Für die Frohburg können die aufgeworfenen Fragen allein schon der geringen Fundmünzenmenge wegen nicht beantwortet werden. Zudem gibt es bis heute, wie bereits angetönt, nicht genügend sorgfältig ausgegrabene und publizierte Jurahöhensiedlungen, die erlauben, unserem Fundmünzenkomplex andere Münzreihen gegenüberzustellen. Damit fehlen uns vorderhand auch die Voraussetzungen zu beurteilen, wie weit die politischen Umwälzungen zur Zeit des gallischen Sonderreiches und in der Folge der Usurpation der Kaiserwürde durch Magnentius die wirtschaftliche und geldgeschichtliche Situation der nordwestschweizerischen Höhensiedlungen beeinflussten.

Katalog der Fundmünzen

Vorbemerkung:

Die Angaben im Katalog richten sich nach den von der Schweizerischen Arbeitsgemeinschaft für Fundmünzen (SAF) festgelegten Kriterien und Normen. Für die Datenerfassung wurde die EDV-Applikation NAVSICAA verwendet. Alle Fundmünzen sind in M 1:1 abgebildet.

Die in der Spalte «Erhaltung» aufgeführten Werte für A (Abgegriffenheit) und K (Korrosion) für Vorderseite (Vs.) und Rückseite (Rs.) sind von der SAF wie folgt definiert:

Abgegriffenheit:
  A 0 unbestimmt[157]
  A 1 nicht bis kaum abgegriffen
  A 2 leicht abgegriffen
  A 3 abgegriffen
  A 4 stark abgegriffen
  A 5 sehr stark abgegriffen bis plan

Korrosion:
  K 0 unbestimmt
  K 1 nicht bis kaum korrodiert
  K 2 leicht korrodiert
  K 3 korrodiert
  K 4 stark korrodiert
  K 5 sehr stark korrodiert bis zerfressen

---

155 Für weitere methodische Gedanken zur Beurteilung von Fundmünzen aus Siedlungen: H.-Ch. Noeske, Bemerkungen zur Problematik der Siedlungsfunde, in: SFMA 1, Berlin 1979, 157–165. Dieser Autor zählt zu den ortsgebundenen Faktoren die geographische Lage des Fundplatzes und der Münzstätten, den Charakter und die Funktion der Siedlung, die Zeit der Gründung und Auflassung des Platzes, sowie die Art und Anzahl der Bevölkerung. Diesen stellt er als nicht ortsgebundene Elemente folgende gegenüber: Kaiserliche Geldpolitik (bestimmend für Feingehalt, Gewicht und Stükkelung der Münzen), Prägevolumen und Umlaufgesetze (158f. 163 Abb. 1).

156 In der Wirtschafts- und Geldgeschichte des Frohburgfelsens kann etwa die geographische Nähe zum Passübergang am Erlimoos eine gewisse Rolle gespielt haben. Vgl. unten S. 68.

157 Wo die Abgegriffenheit mit 0 (unbestimmt) bezeichnet wurde, kann dies zwei Gründe haben. Die Stücke Nr. 10 und 19 sind zu stark korrodiert, als dass der Grad der Zirkulationsspuren bestimmt werden könnte. Im Falle der Münzen Nr. 11 und 18 scheint die Flauheit des Münzrückseitenbildes eher auf Abnützung des Stempels als des Stückes zurückzuführen zu sein.

Kat.-Nr.	Prägeherr	Prägeort	Datierung (n. Chr.)	Nominal Metall	Vorderseite
1	Traianus	Rom	103–111	As Æ	[IMPCAESNERV]AETRAIANOAVGGERDACPM TRPCOSVPP; Büste des Traianus n. r. mit Lorbeerkranz, l. Schulter drapiert
2	Hadrianus	Rom	134–138	Sesterz Æ	[HADRI]ANVS AVGCOS[IIIPP]; Kopf des Hadrianus n. r. mit Lorbeerkranz
3	Antoninus Pius	Rom	153–154	Sesterz Æ	[ANT]ONINV[SA]VG PIVSPPTRPXVII; Kopf des Antoninus Pius n. r. mit Lorbeerkranz
4	Antoninus Pius für Faustina I	Rom	nach 141	Sesterz Æ	DIVA FAVSTINA; drapierte Büste der Faustina I n. r.
5	Marcus Aurelius	Rom	163–164	As Æ	MANTONINVSAV[GPM]; Kopf des Marcus Aurelius n. r. (ohne Lorbeerkranz?)

Rückseite	Gewicht in g	Stempelrichtung	Dm. in mm min./max.	Erhaltung A: Vs/Rs	K: Vs/Rs	Inv.-Nr. Ausgrabungssektor	Literatur Publikation
SPQROPTIMOPRINCIPI; Abundantia n.l., in r. Hand Ähren, in l. Hand Cornucopia, l. zu Füssen Modius, r. Prora; S C	9,76	180°	27,0/28,1	2/3	2/2	120/14/5171 Altfund	RIC II 280 Nr. 492 Arx 1909, 126; Meisterhans 1890, 92 Anm. 438
Diana n.l., in r. Hand Pfeil, in l. Hand Bogen; S C	21,66	180°	30,3/31,7	3/3	3/3	120/14/5172 Z 12/1	RIC II 439 Nr. 777 unpubliziert
[LIBERT]AS COSIIII; Libertas n.l., in r. Hand Pileus, in l. Hand langes Szepter; S C	20,58	180°	30,5/33,3	4/3	4/4	120/14/5173 Altfund	RIC III 140 Nr. 917 JsolG 13, 1940, 209 Nr. 1; 215 Nr. 1; JbSGUF 31, 1939, 100
AETER N[ITAS]; Aeternitas n.l., in r. Hand Phoenix, mit l. Hand das Gewand hebend; S C	26,45	360°	32,1/33,1	3/3	1/1	120/14/5174 Z 8/4	RIC III 162 Nr. 1105 var. (Phoenix ohne Globus) unpubliziert
(Legende unkenntlich); Victoria n.l. eilend, in r. Hand Kranz, in l. Hand Palmzweig; S C	7,05	180°	24,0/24,9	3/4	3/3	120/14/5175 Altfund	RIC III 282 Nr. 882 (ohne Lorbeerkranz); oder 283 Nr. 884 (mit Lorbeerkranz)? JsolG 13, 1940, 209 Nr. 2; 215 Nr. 2; JbSGUF 31, 1939, 100

Kat.-Nr.	Prägeherr	Prägeort	Datierung (n.Chr.)	Nominal Metall	Vorderseite
6	Marcus Aurelius	Rom	170–171	Dupondius Æ	IMPMANTONIN[VS] AVGTRPX[XV]; Kopf des Marcus Aurelius n.r. mit Strahlenkranz
7	Gallienus	Rom	260–268	Antoninian AR	GALLIENVSAVG; Kopf des Gallienus n.r. mit Strahlenkranz
8	Gallienus	Rom	260–268	Antoninian AR	[GALLI]ENVSAVG; Kopf des Gallienus n.r. mit Strahlenkranz
9	Gallienus	Rom	260–268	Antoninian AR	[G]ALLIENVSAVG; Kopf des Gallienus n.r. mit Strahlenkranz
10	Gallienus	Rom oder Mailand	260–268	Antoninian AR	GAL[LIENVS]AVG; Kopf des Gallienus n.r. mit Strahlenkranz

Rückseite	Gewicht in g	Stempel-richtung	Dm. in mm min./max.	Erhaltung A:Vs/Rs	K:Vs/Rs	Inv.-Nr. Ausgrabungs-sektor	Literatur Publikation
PRIMI/DECEN/N[AL]ES/COSIII/SC; in Eichenblätter-kranz	14,35	180°	23,0/26,9	3/3	1/2	120/14/5176 F 11/3	RIC III 293 Nr. 1008 unpubliziert
APOLLINICON[S]AVG; Kentaur n. l., in r. Hand Globus, in l. Hand Trophäe; N	2,46	15°	18,0/21,3	2/2	3/3	120/14/5177 Altfund	RIC V,I 145 Nr. 164 JsolG 13, 1940, 209 Nr. 3; 215 Nr. 3; JbSGUF 31, 1939, 100
DIAN[AECON]SAV[G]; Hirsch n. r.; X	1,80	30°	17,1/19,1	2/2	2/1	120/14/5178 Z 8/5	RIC V,I 146 Nr. 179 unpubliziert
[LIBEROP]CONSAVG; Panther n. l.; B	2,71	180°	18,2/19,9	1/1	1/1	120/14/5179 Z 11/4	RIC V,I 151 Nr. 230 unpubliziert
[AETERNIT]ASAVG; Sol n. l., r. Hand erhoben, in l. Hand Globus; Γ oder T	1,63	180°	16,1/17,2	0/0	4/3	120/14/5180 Altfund	RIC V,I 144 Nr. 160 (Rom) oder 171 Nr. 466 (Mailand) JsolG 13, 1940, 209 Nr. 4; 215 Nr. 4; JbSGUF 31, 1939, 100 In den zitierten Publika-tionen wies E. Häfliger die Münze fälschlicher-weise dem Typ *oriens aug* zu. Dass damit aber sicher unser Stück ge-meint ist, zeigt E. Häfli-gers Beschriftung des ehe-maligen Münzkartons: «Froburg, Gallienus 260–268 n.Chr., Münch pag. 203,48». E. Häfliger schloss wohl wegen der Sol-Darstellung auf den Typ *oriens aug*.

Kat.-Nr.	Prägeherr	Prägeort	Datierung (n.Chr.)	Nominal Metall	Vorderseite
11	Gallienus	Siscia	260–268	Antoninian AR	GALLIENVSAVG; Kopf des Gallienus n.r. mit Strahlenkranz
12	Gallienus für Salonina	Rom	260–268	Antoninian AR	SALON[INAAVG]; drapierte Büste der Salonina n.r. mit Diadem; auf Mondsichel
13	Gallienus für Salonina	Rom	260–268	Antoninian AR	SALONINAAVG; drapierte Büste der Salonina n.r. mit Diadem; auf Mondsichel
14	Claudius Gothicus	Rom	268–270	Antoninian AR	IMPCCLAVDIVSAVG; Panzerbüste des Claudius Gothicus n.r. mit Strahlenkranz
15	Claudius Gothicus	Cyzicus	268–270	Antoninian AR	[I]MPCLAVDIVSPFAVG; drapierte Büste des Claudius Gothicus n.r. mit Strahlenkranz

Rückseite	Gewicht in g	Stempel-richtung	Dm. in mm min./max.	Erhaltung A:Vs/Rs	K:Vs/Rs	Inv.-Nr. Ausgrabungs-sektor	Literatur Publikation
SAL[VS] AVG; Salus n.l., mit r. Hand von Altar sich erheben-de Schlange fütternd, in l. Hand schräges Szepter; * | P	2,18	180°	19,5/20,7	2/0	2/2	120/14/5181 Z 5/1	RIC V,I 182 Nr. 581 unpubliziert
FECVN[DITASAVG]; Fecun-ditas n.l., r. Hand ausgestreckt, in l. Hand Cornucopia, l. zu Füssen Kind; | Δ	1,88	15°	16,3/17,6	2/2	1/1	120/14/5182 Z 13/1	RIC V,I 192 Nr. 5 unpubliziert
[IVN]OCONSERVAT; Iuno n.l., in r. Hand Patera, in l. Hand langes Szepter, l. zu Füssen Pfau; | N	2,21	195°	17,7/19,2	2/2	1/1	120/14/5183 Z 4/3	RIC V,I 193 Nr. 11 unpubliziert
GENIVSEXERCI; Genius n.l., in r. Hand Patera, in l. Hand Cornucopia;	2,85	180°	20,5/21,5	2/2	2/2	120/14/5184 Z 8/5	RIC V,I 215 Nr. 48 unpubliziert
FORTVN AREDVX; Fortuna n.l., in r. Hand Ruder auf Globus, in l. Hand Cornucopia;	3,17	360°	20,5/21,6	1/1	2/2	120/14/5185 Z 8/4	RIC V,I 231 Nr. 234 unpubliziert

Kat.-Nr.	Prägeherr	Prägeort	Datierung (n.Chr.)	Nominal Metall	Vorderseite
16	Quintillus	Mailand	270	Antoninian ᴁR	[IMP]QVINTILLVSAVG; drapierte Büste des Quintillus n.r. mit Strahlenkranz
17	Tetricus I	Köln	271–274	Antoninian ᴁR	[IM]P[C]TETRICVSPFAVG; drapierte Büste des Tetricus I n.r. mit Strahlenkranz
18	Tetricus I für Tetricus II	Trier	272–274	Antoninian ᴁR	CP[IV]ESVT[ETRIC]VSCA[E]S; drapierte Panzerbüste des Tetricus II n.l. mit Strahlenkranz
19	?	?	nach 260	Antoninian ᴁR	(Spuren der Legende); Büste oder Kopf des Kaisers n.r. mit Strahlenkranz
20	Probus	Ticinum	276–282	Antoninian ᴁR	VIRTVSPROBIAVG; Panzerbüste des Probus n.l. mit Helm und Strahlenkranz, in r. Hand Speer, in l. Hand Schild
21	Constantinus I und Licinius I für Constantinus II	Arles	322–323	Follis Æ	CONSTANTINVSIVNNOBC; Kopf des Constantinus II n.r. mit Lorbeerkranz

Rückseite	Gewicht in g	Stempel-richtung	Dm. in mm min./max.	Erhaltung A:Vs/Rs	K:Vs/Rs	Inv.-Nr. Ausgrabungs-sektor	Literatur Publikation
CONCOEXER; Concordia n.l., in r. Hand Standarte, in l. Hand Cornucopia; ⊥ T	2,10	330°	15,8/19,2	1/1	2/1	120/14/5186 Z 4/4	RIC V,1 243 Nr. 45 unpubliziert
[C]OM E [S AV]G; Victoria n.l., in r. Hand Kranz, in l. Hand Palmzweig	1,86	360°	16,2/17,3	2/2	2/2	120/14/5187 Z 8/5	RIC V,2 407 Nr. 56; Elmer 83 Nr. 770. 774 Taf. 11,13; HHC IV 112 Nr. 4f. Taf. 29 unpubliziert
SPE S [AVGG]; Spes n.l., in r. Hand Blüte, mit l. Hand das Gewand raffend	1,37	210°	15,8/16,8	2/0	1/1	120/14/5188 Z 11/4	RIC V,2 424 Nr. 270 var.; Elmer 85 Nr. 793 Taf. 11,24 unpubliziert
(Legende unkenntlich); unkenntlich	2,16	?	18,4/22,8	0/0	4/5	120/14/5189 F 26/1	unpubliziert
SECVR ITPERP; Securitas n.l., r. Hand zum Kopf erhoben, mit l. Arm auf Säule gestützt, Beine gekreuzt; ⊥ I VIXXI	3,51	165°	22,0/24,5	1/2	1/1	120/14/5190 Z 8/5	RIC V,2 73 Nr. 526 Taf. 3,8 unpubliziert
CAESARVMNOSTRORVM; um VOT/ · /X; in Lorbeerkranz; ⊥ Q*AR	?	?	?	1/1	1/1	120/14/5191 K 9/2	RIC VII 261 Nr. 255 unpubliziert; verschollen

Kat.-Nr.	Prägeherr	Prägeort	Datierung (n.Chr.)	Nominal Metall	Vorderseite
22	Constantinus I	Trier	332–333	Follis Æ	CONSTAN TINOPOLIS; Büste der Constantinopolis n.l. mit Mantel, Helm und Lorbeerkranz; über der Schulter Speerende
23	Constantinus I für Constantinus II	Lyon	336 oder 337	Follis Æ	[C]ON[STAN]TINVSIVNNO[BC]; Panzerbüste des Constantinus II n.r. mit Lorbeerkranz
24	Constantinus I für Constantius II	Lyon	336 oder 337	Follis Æ	FLIVLCONSTANTIVSNOBC; Panzerbüste des Constantius II n.r. mit Lorbeerkranz
25	Constans	Siscia	337–340	Aes 4 Æ	CONSTAN SPFAVG; drapierte Panzerbüste des Constans n.r. mit Rosettendiadem
26	Constans	Trier	341–348	Aes 4 Æ	[CO]NSTAN SPFAVG; drapierte Panzerbüste des Constans n.r. mit Rosettendiadem

Rückseite	Gewicht in g	Stempel-richtung	Dm. in mm min./max.	Erhaltung A: Vs/Rs	K: Vs/Rs	Inv.-Nr. Ausgrabungs-sektor	Literatur Publikation
Victoria n.l., in r. Hand Speer, mit l. Hand Schild haltend, r. Fuss auf Prora; TR·S	2,37	180°	16,1/17,7	1/1	1/1	120/14/5192 Z 8/5	RIC VII 217 Nr. 543 unpubliziert
[GLOR IAEXE]RC ITVS; zwei sich gegenüberstehende Solda-ten, beide Speer und Schild haltend, zwischen ihnen eine Standarte; [?]PLG	1,51	180°	14,5/14,9	1/1	1/1	120/14/5193 Altfund	RIC VII 141 Nr. 276 Typ. Als Varianten kom-men in Frage: RIC VII 141 Nr. 276. 281 (336 n.Chr.); 142 Nr. 286 (337 n.Chr.) JsolG 13, 1940, 209 Nr. 9 (richtig: 8); 216 Nr. 8; JbSGUF 31, 1939, 100
GLOR IA[EXERC IT]VS; zwei sich gegenüberstehende Solda-ten, beide Speer und Schild haltend, zwischen ihnen eine Standarte; [?]SLG	1,55	180°	14,0/15,3	1/2	1/1	120/14/5194 Altfund	RIC VII 141 Nr. 277 Typ. Als Varianten kom-men in Frage: RIC VII 141 Nr. 277. 282 (336 n.Chr.); 142 Nr. 287 (337 n.Chr.) JsolG 13, 1940, 209 Nr. 7; 216 Nr. 7: das Stück ist hier als «Fl. Julius Constantinus II 323–337. Rev.: Gloria Exercitus» aufgeführt. Dass es sich hier um ei-nen Druckfehler handelt, beweist E. Häfligers No-tiz auf dem alten Münz-karton: «7. Fl. Jul. Con-stantius, Froburg»; JbSGUF 31, 100.
GLOR IAEXERC ITVS; zwei sich gegenüberstehende Solda-ten, beide Speer und Schild haltend, zwischen ihnen eine Standarte mit Christogramm; BSIS☉	1,52	180°	15,5/16,2	1/1	1/1	120/14/5195 Altfund	RIC VIII 355 Nr. 99 JsolG 13, 1940, 209 Nr. 6; 216 Nr. 6; JbSGUF 31, 1939, 100
VICTOR[IA]EDDAVGGQNN; zwei sich gegenüberstehende Victorien, beide Kranz und Palmzweig haltend; * TRS	1,57	180°	15,1/16,8	2/1	2/1	120/14/5196 Altfund	RIC VIII 151 Nr. 188 JsolG 13, 1940, 209 Nr. 5; 215 Nr. 5; JbSGUF 31, 1939, 100

Metall (Taf. 57; Abb. 18)

Eiserne Schiebeschlüssel wie die Nr. 886 wurden wahrscheinlich bei Truhen- und kleinen Türschlössern verwendet[158].

Das Fragment eines ornamentverzierten Thekenbeschlages (Nr. 885) besteht aus Buntmetall. Im einzigen erhaltenen Nietlappen steckt noch der Rest eines Eisennietes. Nach Berger erlebten derartige Thekenbeschläge mit Durchbruchverzierung während der 2. H. des 2. Jh. und der 1. H. des 3. Jh. in unseren Provinzen eine erstaunliche Blüte[159].

Glas (Taf. 57)

Ein gutes Dutzend kleiner Glasfragmente konnte geborgen werden. Näher bestimmbar ist die entfärbte Randscherbe (Nr. 887), die zu einem Schälchen der Form Isings 87 passt[160]. Mindestens zwei weitere Fragmente aus naturfarbenem Glas gehörten (Nrn. 891, 895) zu Vierkantflaschen, während die Randscherbe (Nr. 890) zu einer Flasche oder einem Balsamarium mit umgelegtem Röhrchenrand ergänzt werden kann. Die Bodenscherbe aus entfärbtem Glas (Nr. 892) scheint zu einer Schüssel oder einem Teller in Anlehnung an eine TS-Form zu passen[161]. Weiter kommen ein Randfragment eines feinen Schälchens mit einem verdickten Horizontalrand (Nr. 889), drei näher nicht definierbare Rand- und Bodenstücke aus naturgrünem Glas (Nrn. 888, 893–894) sowie ein kleines tropfenförmiges Perlchen und zwei Würfelchen aus dunkelblauem, schwach durchsichtigem Glas vor (beide nicht abgebildet)[162].

Geschirrkeramik (Taf. 58–67; Abb. 18)

Die Keramik darf trotz recht kleinteiliger Fragmentierung im Vergleich mit derjenigen aus anderen Höhensiedlungen des Juras, z.B. vom Wittnauer Horn oder vom Grossen Chastel bei Lostorf, als überdurchschnittlich gut bezeichnet werden. Sie stammt mehrheitlich aus einheimischer, wenn nicht sogar aus lokaler Produktion. Deshalb werden für die Vergleiche nach Möglichkeit Materialien aus der näheren Umgebung, v. a. aus dem nördlichen Juragebiet, herangezogen.

Terra Sigillata und lokale Produktion TS-ähnlicher Formen (Taf. 58–60)

Das älteste Stück unseres Komplexes ist ein Tässchen der Form Drag. 35 mit Barbotinedekor auf dem Rand (Nr. 896). Es dürfte sich in diesem einzigen Fall noch um südgallische Qualität handeln[163]. Die Nrn. 897–898 gehören zu Schalen der Form Curle 23 und stammen aus mittel- oder ostgallischer Fabrikation[164]. Drei Wandscherben wohl von Bechern (Nrn. 900–902) weisen Glasschliffdekor auf. Derjenige von Nr. 900, der mit einem Riffelband kombiniert wurde, lässt sich zwar gut mit den Dekors auf Schälchen aus Laufen BE-Müschhag und aus Rheinfelden AG-Görbelhof vergleichen, die ostgallische Tonqualität unseres Stückes erlaubt jedoch eine Datierung ins 2.–3. Jh.[165]. Die beiden anderen Wandfragmente mit einem deutlich gröberen Glasschliffdekor und einem hellbraunen Überzug dürften eine lokale Imitation des erstgenannten darstellen.

Terra Sigillata Form	Anzahl	Datierung
Tasse Drag. 35	1	1. Jh.
Schalen Curle 23	2	2.H. 2. Jh.
Becher mit Glasschliffdekor	1	2.–3. Jh.
Becher mit Barbotinedekor (Niederbieber 24c?)	1	2.–3. Jh.
Teller Chenet 302/Drag. 32?	1	2.H. 2.–3. Jh.
Schüssel Chenet 320	6	4. Jh.
Teller Chenet 307	1	4. Jh.
Becher Chenet?	1	4. Jh.
Chenet 325	1	4. Jh.
Lokale Produktion		
Schüssel Drag. 37/Chenet 320	16	2.H. 3.–4. Jh.
Reibschüssel Chenet 331?	2	2.H. 3.–4. Jh.
Schüssel Drag. 38	2	2.H. 3.–4. Jh.
Alzey 14?	1	2.H. 3.–4. Jh.
Becher mit Glasschliffdekor	2	2.H. 3.–4. Jh.
Total TS und TS-ähnliche Formen aus lokaler Produktion	38	

Das kleine Randstück (Nr. 899) stammt vermutlich von einem Teller der Form Drag. 32 oder Chenet 302, so dass eine Datierung von der Mitte des 2. bis ins 4. Jh. möglich wäre. Rund ein Dutzend Rand- und Wandscher-

---

158 Vgl. dazu Hochuli et al. 1986, 174–176 (Beitrag von V. Schaltenbrand) mit weiterführender Literatur zum Problem Schloss und Schlüssel.
159 Berger 1983, 13–41. Mit weiterführender Literatur zu den Themen der Verwendung, Werkstattfragen, Datierung usw.
160 Isings 1957, 104. Hochuli et al. 1986, Taf. 39, 8–9.
161 Hochuli et al. 1986, Taf. 39, 10. Berger 1960, 24, Taf. 3, 32.
162 Inv.-Nrn. 120/14/4438–4440.
163 Sekundär verbrannt, nach S. Martin-Kilcher wahrscheinlich flavisch, mündliche Angabe.

164 Ettlinger 1971, 5 datiert sie in die beiden letzten Drittel des 2. Jh. Parallelen: Wittnau AG-Horn: unpubliziert, Inv.-Nr. 929 H 2417/18, FM Rheinfelden.
165 Laufen BE-Müschhag: Martin 1980, 18–20, Taf. 15, 10. Rheinfelden AG-Görbelhof: Ettlinger 1963, Taf. 3, 11.
166 Schachbrettmuster Nr. 2, 3 oder 189 und Eierstab etwa Nr. 141 nach Chenet 1941. Vergleichsbeispiele: Windisch AG-Friedhofserweiterung: Meyer-Freuler 1974, 18, Taf. 1, 1–7. Hüttwilen TG-Stutheien: Roth-Rubi 1986, 43, Taf. 39, 751–752. Trimbach SO-Friedhof: JbSGUF 5, 1912, 177–179, Abb. 40, etwas kompliziertere Muster, daher vielleicht etwas jünger.

ben können der Schüsselform Chenet 320 zugewiesen werden (Nrn. 903–910). Die Wandfragmente sind mit Rädchendekor, nämlich einfachen Schachbrett- und Eierstabmustern, verziert, die Nr. 910 mit zusätzlichen Dreieckkerben. Die Ränder bestehen aus mannigfaltig geformten Rundstablippen. Bezüglich ihrer Tonqualität scheint es sich um echte Argonnenware aus der 1. H. des 4. Jh. zu handeln[166]. Die beiden feinen Scherben mit Barbotinedekor, wohl Blattranken (Nrn. 911–912), bestehen aus guter Sigillataqualität. Sie dürften zu einem Becher Niederbieber 24c gehören. Die Randscherbe eines Tellers Chenet 307 besitzen wir in der Nr. 913, die wohl ebenfalls als echte Argonnensigillata angesprochen werden darf[167]. Die Wandscherbe einer Schüssel Chenet 325 (Nr. 914) könnte problemlos später Rheinzaberner Ware zugerechnet werden[168]. Da ihr aber die Tonqualität unserer lokalen Produktion zum Verwechseln nahesteht, dürfte es sich eher um ein besonders gut gelungenes oder zufällig gut erhaltenes Stück aus lokaler Produktion handeln[169]. Daneben haben wir etwa 16 Randstücke von Gefässen ähnlich der Form Chenet 320, die aber merklich andere Tonqualität und Dekors aufweisen als die echte Argonnensigillata (Nrn. 917–927): Die Qualität schwankt zwischen einem mehlig weichen und einem sehr hart gebrannten, feinen, fleischockerfarbenen Ton[170]. Die Überzüge sind immer sehr dünn, z.T. stark abgerieben und von rot- bis dunkelbrauner, matter Farbe. Anstelle des Rädchendekors umziehen Riffelbänder den Gefässkörper (Nrn. 917–918). Bei der Nr. 919 erkennen wir in der üblicherweise meist unverzierten Randzone einen groben Glasschliffdekor. Diese ganze Keramikgruppe, die momentan noch nicht näher definiert werden kann, muss aus lokaler Produktion stammen. Analog zu ähnlicher Keramik von Lostorf SO-Gross Chastel, von Windisch AG-Friedhoferweiterung und von Wittnau AG-Horn scheint eine Datierung zwischen dem 2. Drittel des 3. Jh. und der 1. H. des 4. Jh. durchaus gerechtfertigt[171]. Die beiden Kragenschüsseln (Nr. 915–916), die ihr Vorbild, die Form Drag. 38, deutlich erkennen lassen, müssen ebenfalls lokaler Produktion zugerechnet werden. Der Ton entspricht den übrigen heimischen Stücken, der Überzug jedoch präsentiert sich in roten, braunen und schwarzen, schwach glänzenden Farbnuancen. Aus derselben Töpferei stammt wohl auch die konische Tasse (Nr. 928), die offensichtlich eine Alzey 14-Form nachahmt[172].

Becher (Taf. 60)

Unter Berücksichtigung der verschiedenen Tonqualitäten, Überzüge und Dekorarten lassen sich um die 33 Becher nachweisen.

Form	Anzahl
Niederbieber 33	mindestens 12
Niederbieber 32	mindestens 9
Niederbieber 38?	2
RS unbestimmter Form	12
WS mit diversen Dekors	29
BS	22

Becher der Form Niederbieber 33 kommen in mindestens 12 Exemplaren vor (Nrn. 929–944). Bei 8 Stücken handelt es sich um fleischockertonige Fragmente mit roten bis braunen, z.T. stark erodierten Überzügen. Das Wandstück (Nr. 935) mit einem doppelten Kerbband über der Schulter und kreisrunden Bauchdellen dürfte zur Bodenscherbe (Nr. 959) gehören. Diese Scherben lassen sich zu einem Becher der Form Niederbieber 33c ergänzen. Er ist aus beigem Ton und einer metallgrauen, geschmauchten oder überglätteten Oberfläche versehen[173]. Zu derartigen Bechern dürfen wir ebenfalls die drei Scherben (Nrn. 929, 941, 943) zählen, die hellbraunen bis beigen Ton und dunkelgraue bis schwarze Überzüge besitzen. Auch diese qualitativ besseren Scherben müssen nicht unbedingt von Importstücken aus dem Rheinland stammen. Nach Vergleichsstücken von Lostorf SO-Gross Chastel, Wittnau AG-Horn und Cornol JU-Mont Terri waren sie im 3., wahrscheinlich auch 4. Jh. noch in Gebrauch[174].

Die relativ dickwandigen Becher der Form Niederbieber 32, die mit mindestens neun Stücken vertreten sind, bestehen alle aus fleischockerfarbenem Ton und einem hellroten bis hellbraunen Überzug (Nrn. 945–951). Sie besitzen einen Wulstrand und einen ausgeprägten Schulterknick. Zwei Randscherben (Nrn. 945–946) zeigen einen Kerbbanddekor, der auf den Niederbiebertyp 32c schliessen lässt. Bei diesen Stücken dürfte es sich ebenfalls um lokale Produktion handeln. Sie lassen sich jedenfalls gut vergleichen mit Bechern von Lostorf SO-Gross Chastel und Wittnau AG-Horn[175]. Die beiden dünnwandigen Becherfragmente (Nrn. 952–953) passen am besten zur

---

167 Vgl. Rheinfelden AG-Görbelhof: Ettlinger 1963, 178–179, Taf. 3, 13, Typ des 4. Jh.
168 Persönliche Aussage von H. Bernhard, Speyer.
169 Vgl. dazu: Windisch AG-Friedhoferweiterung: Meyer-Freuler 1975, 19, Taf. 1, 16–17, wohl Weiterentwicklung der Form Niederbieber 19 des 4. Jh. Hüttwilen TG-Stutheien: Roth-Rubi 1986, 148, Taf. 39, 754–756, dort Argonnensigillata aufgrund des Tons und Überzuges.
170 Die Farbnuancen wurden nach den Tabellen bei Ettlinger-Steiger 1971 definiert.
171 Lostorf SO-Gross Chastel: Matt 1987, 80–81, Nrn. 114–120, Glanztonkeramik der Form Drag. 37 und Variantan. Windisch AG-Friedhoferweiterung: Meyer-Freuler 1975, 21–23, Nrn. 33–34 und Nrn. 47–49, TS-ähnliche und sog. «weiche» Keramik. Wittnau AG-Horn: Bersu 1945, Abb. 130, 37–40, etwa von der Mitte des 3. bis zur Mitte des 4. Jh. durch umfangreiche Münzreihe gut gestützt.
172 Dazu Meyer-Freuler 1975, 20, Taf. 1, 22.
173 Dazu Martin 1980, 21, Taf. 18, 6–7. Nach Ettlinger 1949 Technik «C».
174 Lostorf SO-Gross Chastel: Matt 1987, 81, Nrn. 129–133. Wittnau AG-Horn: unpubliziert, Inv.-Nrn. 936 und 2644. Cornol JU-Mont Terri: Müller et al. 1988, Nrn. 341–343.

Form Niederbieber 38. Ein ähnliches Stück fand sich auch auf dem Wittnauer Horn[176]. Die zahlreichen Wand- und Bodenscherben stammen wahrscheinlich nicht alle von Bechern. Sie lassen sich jedoch an Bechern am ehesten beobachten. Fünf hellbraun überzogene Wandscherben zeigen Reste von langovalen oder runden Falten (Nrn. 937–939), die gut zu Bechern der Formen Niederbieber 32 und 33 passen. Falls die beiden Dellenarten sogar vom gleichen Gefäss stammen, dürfte es sich nach Martin um eine jüngere Dekorationsart handeln, die noch auf Bechern aus Körpergräbern des 4. Jh. zu beobachten ist[177]. Barbotine- und Glasschliffverzierung in TS-Qualität sind bereits oben vorgestellt worden. Ein Stück weist ein grob geschliffenes Zweigleinmuster auf (Nr. 955). Zwei weitere Scherben zeigen einen halbkreisförmigen Stempeldekor (Nr. 954) ähnlich den Bechern von Avenches mit sog. décor oculé[178]. Die Bodenscherben gehören zu flachen (Nrn. 961–964), innen hochgezogenen Böden (Nrn. 957–960, 963) und zu Böden mit deutlich abgesetzten Standringen (Nrn. 956–957). Ihre Überzüge zeigen alle möglichen Schattierungen zwischen rot, braun und schwarz. Der Ton selbst ist überwiegend fleischockerfarben. Die Nrn. 962 und 964 besitzen als Graffiti gekreuzte Linien.

Reibschüsseln (Taf. 61–62)

Mindestens 25 Reibschüsseln liegen vor. Davon müssen aufgrund von Tonqualität und Überzug zwei (Nrn. 965–966) als lokale Produktion der Form Chenet 331 betrachtet werden, während der Rest aus sog. «rätischen» Formen besteht. Diese Gruppe besteht aus demselben Ton. Die teils sehr dünnen Überzüge, zutreffender Überfärbungen genannt, liegen zwischen rot und braun.

Form	Anzahl	Datierung
Chenet 331	2	2.H. 3.–4. Jh.
«Rätische» Form	mindestens 23	2.–3. Jh.
WS/BS	89	

Kragenbemalung in Form radialer Streifen kommt nicht vor. Bei den meisten wurde die grobe Quarzierung erst unterhalb der typischen Innenkehle angebracht. Die Kragenränder weisen alle denkbaren Profile auf: Sowohl dicke, beinahe horizontale (z.B. Nrn. 968, 977, 979), wie auch dünne, stark nach unten umgebogene Kragen (Nr. 974). Ebenso lassen sich flachbodige Reibschüsseln (Nrn. 982–983) neben Exemplaren mit einem mehr oder weniger ausgeprägten Standring unterscheiden (Nrn. 980–981). Gute Vergleichsstücke lieferten Fundorte des 3. und 4. Jh. wie Windisch AG-Friedhoferweiterung, die Villa von Rheinfelden AG-Görbelhof sowie die beiden Höhensiedlungen Wittnau AG-Horn und Lostorf SO-Gross Chastel[179].

Krüge und Henkeltöpfe (Taf. 65)

Insgesamt besitzen wir Fragmente von ca. 25 Krügen/Flaschen und 5 Honigtöpfen. Es überrascht auch nicht, dass uns v. a. die widerstandsfähigen, ausnahmslos zweistabigen Henkel überliefert sind. Praktisch alle Krugfragmente bestehen wieder aus dem uns schon bestens vertrauten fleischockerfarbenen Ton. Ihre Überzüge sind je nach Erhaltungszustand noch als rote bis braune Relikte zu erkennen. Wir dürfen alle erhaltenen Randfragmente den Krügen mit Wulsträndern, sog. «rätischen» Rändern, zurechnen, die nach Roth-Rubi scheinbar untereinander ein weites Spektrum der Gestaltung zulassen[180]. Sie legen eine Datierung ins 3. Jh. nahe. Während die Randfragmente Nr. 1060 mit zusätzlichem Halsring und Nrn. 1064–1065 eher einfache Wulstränder darstellen, weisen die Nrn. 1062, 1066 und 1068 unterschnittene Randlippen, die Nr. 1061 eine zusätzliche Innenkehle, die Nr. 1063 einen gerillten Randsaum und Nr. 1067, die einzige grautonige Scherbe, einen gerillten Wulstrand auf.

Gefässtyp	Anzahl
Hals- und Mündungsfragmente mit Überzug	8
Grautonige ohne Überzug	1
Henkelfragmente	22
WS	3

Vergleichbare Krug-Randformen kennen wir auch von Avenches VD, Hüttwilen TG-Stutheien, Laufen BE-Müschhag, von Lostorf SO-Gross Chastel und Wittnau AG-Horn. Krüge mit einem Randwulst (Nr. 1069) fanden sich in Bern BE-Enge[181]. Die Honigtöpfe lassen sich nur anhand ihrer charakteristischen Henkelform identifizieren. Die für sie typische helle, braune Färbung des Tones konnte nur bei zweien festgestellt werden. Es ist wahrscheinlich, dass einige der Töpfchenränder (Taf. 67,

---

175 Matt 1987, Nrn. 134–138. Die typologisch ältere Form mit Karniesrand fehlt auf dem Grossen Chastel und der Frohburg. Wittnau AG-Horn: Bersu 1945, Abb. 130, 43–46.
176 Bersu 1945, Abb. 130, 50, dort ins 3. Jh. datiert.
177 Martin 1980, 21.
178 Känel 1974, 18, z.B. pl. 28, 12; 29, 8.
179 Form Chenet 331: Windisch AG-Friedhoferweiterung: Meyer-Freuler 1975, Taf. 1, 26. «Rätische» Form: Meyer-Freuler 1975, Taf. 6, 149–175. Rheinfelden AG-Görbelhof: Ettlinger 1963, Taf. 6, 14–18. Wittnau AG-Horn: Bersu 1945, Abb. 130, 6–11. Lostorf SO-Gross Chastel: Matt 1987, 82–83, Nrn. 179–193.
180 Roth-Rubi 1979, 36–40, Taf. 7–9 und 1986, 33.
181 Avenches VD: Wulstränder siehe Anm. 26. Hüttwilen TG-Stutheien: Roth-Rubi 1986, Taf. 11, 217, 221–224; Taf. 13, 268, 271. Laufen BE-Müschhag: Martin 1980, Taf. 46, 8, 10. Lostorf SO-Gross Chastel: Matt 1987, Nrn. 157–159, 170. Wittnau AG-Horn: unpubliziert, Inv.-Nrn. H 2405, 2533. Krüge mit Randwulst: Bern BE-Enge: Ettlinger 1979, Taf. 34.

Nrn. 1093–1110) zu diesen gezählt werden müssen. Wir werden später nochmals darauf zurückkommen (Kap. Verschiedene Töpfe/Töpfchen).

Einfache Teller und Schüsseln (Taf. 62–64)

Insgesamt liegen Scherben von mindestens 31 rottonigen Tellern und 55 Schüsseln vor.

Form	Anzahl
Rottonige Teller	31
Schüsseln mit gerillter Randleiste	12
Rauhwandige Schüsseln mit Horizontalrand	25
Schüsseln mit eingewülstetem Rand	18

Die rottonigen *Teller* (Nrn. 984–998) ohne Standring lassen drei Randtypen erkennen:
1. einfache, spitzgerundete, schwach einziehende Ränder (Nrn. 984–988);
2. etwas stärker einziehende, innen durch eine Rille oder Kehle abgesetzte Ränder (Nrn. 989–996);
3. kolbenartig verdickte, nach innen schwach abgekantete Ränder (Nrn. 997–998).

Die erste Gruppe besteht sowohl aus grob- wie auch aus feingemagertem Ton von rotbrauner bis grauer (verbrannt?) Farbe. Einige Stücke scheinen handgeformt und lediglich in der Randzone überdreht worden zu sein (Nrn. 984–986), während die feinen, fleischockerfarbenen Teller wohl einst einen Überzug erhalten hatten (Nrn. 987–988). Ihre Mündungsdurchmesser liegen zwischen 18 und 20 Zentimetern.

Die Vertreter der zweiten Form bestehen vorwiegend aus fleischockerfarbenem, fein gemagertem Ton und ihre Überzüge, soweit nachweisbar, sind hell- bis rotbraun, z.T. noch schwach glänzend. Die qualitativ besseren Teller erinnern stark an die Form Niederbieber 40. Ihre Mündungsdurchmesser variieren zwischen 17 und 22 Zentimetern.

Die dritte Gruppe, ebenfalls aus fleischockerfarbenem Ton mit hell- bis rotbraunem Überzug, weist mit 23 bis 28 Zentimetern den grössten Durchmesser auf.

Diese Teller bilden sehr häufige und langlebige Formen. Sie sind in den Inventaren aus der Umgebung weit verbreitet[182].

Bemalung, die sich nur auf die Innenseite oder Randzone beschränkt, konnte nicht festgestellt werden. Die jüngeren Formen sind nach S. Martin-Kilcher im allgemeinen etwas grösser als die älteren. Danach müsste unsere dritte Gruppe gegenüber den beiden anderen eindeutig jünger zu datieren sein.

Die *Schüsseln* mit gerillter Randleiste lassen sich in einfach und doppelt gerillte Varianten gliedern: Die letztgenannte Variante (Nrn. 999–1004) scheint allgemein feiner gearbeitet zu sein. Bei wenigen Stücken ist noch der charakteristische Wandknick vorhanden, der während des späten 3. und früheren 4. Jh. üblich war[183]. Mit Ausnahme der Nr. 1010, die aus einem seifigen, graubeigen Ton handgefertigt und danach im Bereich des Randes überdreht worden ist, sind alle übrigen Stücke aus fleischockerfarbenem Ton, scheibengedreht und hell- bis rotbraun überfärbt worden. Vergleichsfunde lassen sich wiederum aus den Höhensiedlungen Wittnau AG-Horn, Lostorf SO-Gross Chastel, aus der Villa von Rheinfelden AG-Görbelhof sowie aus Kaiseraugst AG und Windisch AG-Friedhoferweiterung aufführen[184].

Die beiden folgenden Keramikgruppen umfassen Schalen und Schüsseln, die aufgrund ihrer groben Machart zweifellos in der nächsten Umgebung hergestellt worden sind. Sie wurden handgeformt und häufig an der Randzone auf der Scheibe überdreht. Charakteristisch ist der graue bis braune Ton, der sich seifig anfühlt. Der Gefässkörper dürfte halbkugelig oder z.T. auch konisch mit flachem Boden zu rekonstruieren sein. Scherben dieser Art, vor allem dieser Tonqualität, sind mittlerweile aus mehreren Fundstellen des nordwestschweizerischen Juras bekannt.

Wir besitzen gut zwei Dutzend Schüsseln mit gerilltem Horizontalrand (Nrn. 1011–1026). Gute Parallelen kennen wir von Lostorf SO-Gross Chastel und von Cornol JU-Mont Terri. Ähnliche Schüsseln kommen auch in den Villen von Rheinfelden AG-Görbelhof und Laufen BE-Müschhag vor[185]. Dadurch lässt sich eine Datierung ins ausgehende 3. und 4. Jh. rechtfertigen.

Die zweite Gruppe (Nrn. 1027–1035) umfasst Schüsseln mit deutlich umgebogenen, innen unterschnittenen Wulsträndern. Sie gleichen bezüglich der Gesamtform zwar der zweiten Gruppe der rottonigen Teller, unterscheiden sich aber von dieser klar in ihrer Tonqualität und Machart. Der noch knapp erhaltene Bodenansatz bei Nr. 1030 lässt auf ein flachbodiges Gefäss schliessen.

Wenige Scherben, die aus derselben Tonqualität bestehen und ebenfalls handgefertigt sind (Nrn. 1036–1039), weisen andere Randformen auf: Neben mehr oder minder stark eingebogenen Rändern liegt auch eine geschweifte Schüssel vor, deren Oberfläche weiss überfärbt worden ist. Diese Überfärbungen sowie der einheitlich graue Ton der Schüsseln und der noch zu besprechenden Kochtöpfe weisen eher auf eine einheimische Herkunft hin.

---

182 Nur eine kleine Auswahl: Wittnau AG-Horn: Bersu 1945, Abb. 130, 1–4. Windisch AG-Friedhoferweiterung: Meyer-Freuler 1975, 24, Taf. 3, 85–89; Taf. 4, 90–98. Kaiseraugst AG-Im Liner: Bender 1986, Taf. 2, 38–40; Taf. 3, 41–46. Lostorf SO-Gross Chastel: Matt 1987, 83, Nrn. 194–210. Laufen BE-Müschhag: Martin 1980, 27. Unsere dritte Gruppe gehört nach S. Martin-Kilchers persönlicher Aussage ins 4. Jh.

183 Martin 1980, 30.

184 Wittnau AG-Horn: Bersu 1945, Abb. 130, 23–24, 26. Lostorf SO-Gross Chastel: Matt 1987, Nrn. 211–213. Rheinfelden AG-Görbelhof: Ettlinger 1963, Taf. 5, 9–15. Windisch AG-Friedhoferweiterung: Meyer-Freuler 1975, Taf. 3, 76–79. Kaiseraugst-Im Liner: Bender 1986 40, Taf. 5, 64–70.

185 Lostorf SO-Chastel: Matt 1987, Nrn. 216–229. Cornol JU-Mont Terri: Müller et al. 1988, Nrn. 297, 325–326, 330, 455. Günsberg SO-Balm: unpubliziert, Inv.-Nrn. 6/2-499/118–119, KASO. Laufen BE-Müschhag: Martin 1980, Taf. 40, 3, 10. Rheinfelden AG-Görbelhof: Ettlinger 1963, Taf. 6, 9.

Kochtöpfe (Taf. 64–65)

Wir besitzen Randscherben von etwa 30 Kochtöpfen.

Es lassen sich zwei Randformen unterscheiden. Beiden gemeinsam ist jedoch der graue bis braune, seifige Ton sowie die Herstellungsweise. Sie sind handgeformt und im Randbereich auf der Scheibe überdreht worden. Nach den überlieferten Wandscherben waren alle ohne jeglichen Dekor.

Form	Anzahl
Kochtöpfe mit Wulstrand	mindestens 16
Kochtöpfe mit ausgebogenem Rand	mindestens 14

Die Kochtöpfe der ersten Gruppe zeichnen sich durch einen unterschiedlich markant ausgebildeten Wulstrand aus (Nrn. 1040–1048). Dieser Wulst ist durch Ausziehen und Umlegen des Randes entstanden. Die Kochtöpfe mit Wulstrand stammen eindeutig aus einer lokalen Produktion der Nordwestschweiz. Sie kommen auf Wittnau AG-Horn, Cornol JU-Mont Terri und in der Villa Laufen BE-Müschhag nicht vor, gelangten aber in geringer Zahl zur Villa Rheinfelden AG-Görbelhof, nach Günsberg SO-Balm und in die Höhle Oberdorf SO-Herrenkeller. Auf dem nahe gelegenen Refugium Lostorf SO-Gross Chastel waren sie dagegen recht beliebt[186].

Diese Töpfe stammen zweifellos von derselben Töpferei wie die Schüsseln mit eingewülstetem Rand (Nrn. 1027–1035). Der Beginn und das Auslaufen der Produktion dieser Ware können nicht präzise fixiert werden, aber das Vorkommen im 3. Jh. darf aufgrund obiger Vergleichsfunde als gesichert gelten.

Die zweite Gruppe zeichnet sich durch Kochtöpfe mit ausgelegtem Rand aus (Nrn. 1049–1058). Diese bestehen, wie bereits erwähnt, aus derselben Tonqualität wie die erstgenannte Gruppe. Die einen Ränder sind etwas verdickt (Nrn. 1050–1052), während die anderen eher schwach ausgezogen wurden (Nrn. 1055–1056). Ausnahmen stellen die Nrn. 1057–1058 dar: Der Randsaum des einen Topfes ist nach aussen schwach gekehlt, der andere besitzt eine Innenkehle. Die Boden- und Wandscherben (Nr. 1059) dürften zu einem Kochtopf gehört haben, vielleicht sogar zu Nr. 1049. Die Kochtöpfe waren offenbar flachbodig. Im Gegensatz zur ersten Gruppe erreichten die Töpfe dieser Gruppe ein grösseres Verbreitungsgebiet. Sie treten z. B. in der Villa Laufen BE-Müschhag, in den Höhensiedlungen Wittnau AG-Horn und Lostorf SO-Gross Chastel oder in Windisch AG-Friedhoferweiterung auf[187].

Lavez und Lavezimitationen (Taf. 66)

Form	Anzahl
Lavezgefässe	mindestens 2
Lavezimitationen	8

Lavez findet sich im Jura und Mittelland relativ selten, dann aber hauptsächlich in Villen. Von den Höhenstationen Wittnauer Horn und Gross Chastel sind bislang keine Lavezfunde bekannt. Von der Frohburg stammen mindestens zwei Bodenfragmente, die von W. Meyer für spätrömisch angesehen wurden (Nrn. 1074–1075). Diese dürften zu becherförmigen Kochgefässen gehört haben[188]. Dagegen erfassen wir Scherben von wenigstens acht Gefässen, die Lavezformen imitieren, in unserem Falle zylindrische und konische Becher (Nrn. 1076–1085)[189]. An unseren Stücken lassen sich zwei Herstellungsverfahren ableiten: Die einen wurden auf der Scheibe gedreht und besassen wenigstens ursprünglich eine polierte Oberfläche (Nrn. 1076–1081). Sie tragen den typischen Rillendekor. Die andere Gruppe, aus dem uns bekannten, seifig anzufühlenden Ton, wurde handgeformt und danach auf der Scheibe partiell überdreht. Diese Becher tragen Horizontal- und Wellenkammstrichzier, wie sie z. B. aus der Villa Laufen BE-Müschhag, dort aber nur auf Kochtöpfen vorkommt. Wir halten deshalb eine Datierung unserer Lavezimitationen ins 3. bis 4. Jh. für angebracht[190].

Verschiedene Töpfe/Töpfchen (Taf. 67)

Töpfe mit Kehlrand sind uns in Form von Randscherben in mindestens zehn Exemplaren überliefert (Nrn. 1093–1100). Sie besitzen alle eine mehr oder minder markante Randkehle auf der Gefässinnenseite. Der Ton ist verschiedenartig: Die Nrn. 1093–1097 bestehen aus orangem, hellbraunem oder fleischockerfarbenem,

---

186 Rheinfelden AG-Görbelhof: Ettlinger 1963, Taf. 7, 2. Günsberg SO-Balm: unpubliziert, Inv.-Nrn. 6/2-499/111, KASO. Oberdorf SO-Herrenkeller: JbSGUF 7, 1914, 143–148, Abb. 49. Lostorf SO-Gross Chastel: Matt 1987, Nrn. 239–247.
187 Laufen BE-Müschhag: Martin 1980, 40, Taf. 39, 1–2, ähnlich unserer Nr. 1057. Lostorf SO-Gross Chastel: Matt 1987, Nrn. 248–256. Windisch AG-Friedhoferweiterung: Meyer-Freuler 1975, Taf. 5, 124–125.
188 Meyer 1977, 112–113, Gruppe 1.
Von den spätrömischen Burgi am Rhein sind mehrere Fragmente von Lavezkochgeschirr bekannt (Brandspuren). Lavez gilt allgemein als sehr feuer- und hitzeresistent: z. B. Wallbach AG-Stelli: JbSGUF 46, 1957, 138–140, Abb. 59, 11–14.
189 Beispiele möglicher *Lavezvorbilder*: Hüttwilen TG-Stutheien: Roth-Rubi 1986, Taf. 31, 610–625.
Lavezimitationen: Basel BS-Totentanz 7: Helmig 1985, 282–285, Abb. 32, 4.
190 Martin 1980, 45, Taf. 39, 9–11.
191 Wittnau AG-Horn: Bersu 1945, Abb. 130, 33–34. Lostorf SO-Gross Chastel: Matt 1987, Nrn. 265–269.

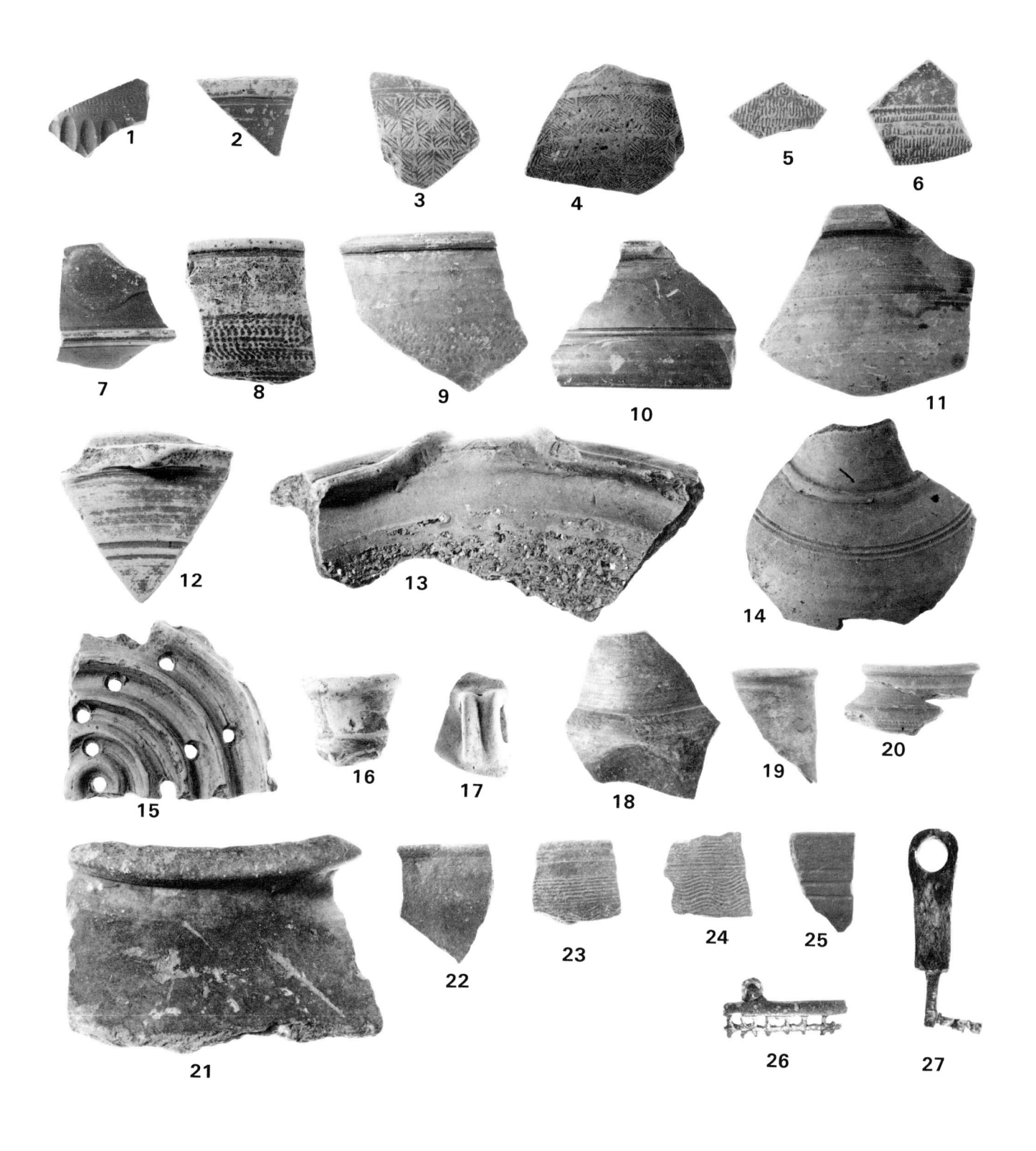

Abb. 18: Trimbach SO-Frohburg. Römische Epoche (Auswahl): 1–25 Keramik (Kat.-Nrn. 900, 903, Inv.-Nr. 4460, Kat.-Nrn. 907, 908, 910, 914, 918, 917, 915, 1000, 965, 967, 1069, 1119, 1060, 1072, 935, 929, 945, 1086, 1021, 1083, 1085, 1076), 26 Buntmetall (Kat.-Nr. 885), 27 Eisen (Kat.-Nr. 886). Massstab 1:2.

z.T. mehligem Ton. An einigen Stücken lassen sich noch Spuren eines dünnen, hellbraunen Überzuges (Überfärbung) feststellen. Die Töpfe besassen wohl Randdurchmesser zwischen zehn und elf Zentimetern. Es ist nicht auszuschliessen, dass einige der oben (Kap. Krüge und Henkeltöpfe) bereits erwähnten Henkelfragmente zu diesen Randstücken gehören. Dann müsste wenigstens ein Teil dieser Exemplare von sogenannten Honigtöpfen stammen, wie wir sie von Wittnau AG-Horn und Lostorf SO-Gross Chastel kennen, wodurch eine Datierung ins spätere 3. Jh. gegeben wäre[191]. Die Nr. 1098 und vor allem Nr. 1100 mit einem Randprofil ähnlich dem Typ Alzey 27 sind aus braunem, mit groben Quarzkörnern versetztem Ton. Sie sind am Rande etwas geschwärzt, was auf die Verwendung als Kochtöpfe hinweisen dürfte. Sie besitzen gute Parallelen aus den Villen Rheinfelden AG-Görbelhof und Laufen BE-Müschhag sowie aus Windisch AG-Friedhoferweiterung[192]. Die Nr. 1099, aus grauem, seifig anzufühlendem Ton, scheint im Randbereich auf der Scheibe überdreht zu sein. Entsprechend den oben vorgestellten Kochtöpfen dürfte auch dieses Fragment aus derselben einheimischen Töpferei kommen.

Gut zehn Randscherben gehören zu den Töpfen mit einem ungleich stark gerillten Horizontalrand. Die Töpfchen (Nrn. 1101–1105) aus orangerotem bis fleischockerfarbenem Ton weisen noch Reste von hellbraunen Überzügen (Überfärbung) auf. Das Töpfchen mit einem Horizontalrand, aber einer Rille am Randsaum (Nr. 1107) besteht aus demselben Ton. Spuren einer Überfärbung oder eines Überzuges können jedoch nicht mehr festgestellt werden. Die Randscherbe eines weiteren Töpfchens zeigt lediglich einen unprofilierten Horizontalrand (Nr. 1110), besitzt aber einen braunen Überzug. Obwohl sich für die erwähnten Fragmente keine direkten Parallelen aufführen lassen, scheint eine Datierung in den Umkreis des 3. bis 4. Jh. aufgrund ihrer Machart und Tonqualität gerechtfertigt.

Form	Anzahl
Töpfe mit Kehlrand	10
Töpfe mit Horizontalrand	10

Eine zweite Gefässgruppe zeichnet sich durch ihren grauen Ton aus. Alle Töpfe sind handgemacht und am Rand auf der Scheibe überdreht worden (Nrn. 1106, 1108–1109, 1111). Die drei mit einem gerillten Rand (Nrn. 1108–1109) stehen Töpfen aus der Villa Laufen BE-Müschhag und von Cornol JU-Mont Terri nahe[193].

Varia (Taf. 66–67)

Bemerkenswert ist die Randscherbe eines Doliums (Nr. 1086). Sie hebt sich durch ihre Dickwandigkeit und

Form	Anzahl
Dolien	1
Deckel	2
Flaschen	3
Tonnen	2
Siebgefässe	1

Mündungsweite deutlich von den Kochtöpfen ab (Nrn. 1040–1048). Der Ton und der ausgelegte Wulstrand entsprechen jenen aber völlig. Die Datierung ist dementsprechend gesichert, dies besonders auch durch gute Parallelen von Lostorf SO-Gross Chastel und von Rheinfelden AG-Görbelhof[194]. Mehrere Randstücke lassen sich zu mindestens zwei Deckeln zusammenfügen (Nrn. 1087). Ihr Ton ist beige-hellbraun und weich. An einzelnen Fragmenten befanden sich noch Spuren eines braunroten Überzuges. Das eine Exemplar trägt einen feingeritzten Liniendekor. Die Topfauflage wurde bei beiden Deckeln gekehlt, während das Gesamtprofil wohl leicht geschweift zu ergänzen ist. Ein ähnlicher Deckel liegt im Material vom Wittnauer Horn[195]. Ein Einzelstück (Nr. 1088) weist einen kegelartig einziehenden Rand auf. Es besteht aus hellgrauem, mehligem Ton. Der Randsaum ist schwach verdickt und aussen mit feinen Drehrillen verziert. Das einzige Gegenstück, ebenfalls ein Unikum, findet sich im Görbelhofinventar[196]. Damit ist ein wertvoller Hinweis für die Datierung gegeben.

Die zwei Fragmente von Töpfen oder Flaschen besitzen schmale umlaufende Wulstleisten am ausgelegten Rand (Nr. 1089) oder im Randumbruch (Nr. 1090). Obwohl keine entsprechenden Parallelen aus anderen Fundorten vorliegen, dürften diese beiden Stücke aufgrund ihrer Tonqualität als römisch gelten.

Von zwei verschiedenen Tonnen stammen wohl die Randscherben (Nrn. 1091–1092). Ihre einziehenden Ränder sind kolbenartig verdickt, der Ton wiederum fleischockerfarben und die Oberfläche hellbraun überzogen. Ähnliche Gefässe fanden sich in der Villa Hüttwilen TG-Stutheien[197].

Es liegt auch eine Bodenscherbe eines Siebgefässes vor (Nr. 1119), das vermutlich damals zur Käseherstellung gebraucht wurde. Ein vergleichbares Stück kennen wir von Wittnau AG-Horn[198].

---

192 Rheinfelden AG-Görbelhof: Ettlinger 1963, Taf. 7, 26. Laufen BE-Müschhag: Martin 1980, Taf. 34, 6. Windisch AG-Friedhoferweiterung: Meyer-Freuler 1975, Taf. 5, 127–132. Die Datierung ins ausgehende 3. Jh. oder später scheint heute gesichert.

193 Laufen BE-Müschhag: Martin 1980, 38, Taf. 35, 1. Ihre frühkaiserzeitliche Datierung dürfte wohl bei unserem Stück kaum zutreffen, denn seine Tonqualität entspricht den rauhwandigen Schüsseln und Kochtöpfen. Cornol JU-Mont Terri: Müller et al. 1988, Nr. 248, dort jedoch oranger Ton mit Resten eines Überzuges.

194 Lostorf SO-Gross Chastel: Matt 1987, Nr. 247. Rheinfelden AG-Görbelhof: Ettlinger 1963, Taf. 7, 2. Oensingen SO-Lehnfluh, Südhalde: bisher unpubliziert, Inv.-Nr. 103/15/165, HMO.

195 Bersu 1945, Abb. 130, 54.

196 Ettlinger 1963, 182, Taf. 7, 1

197 Roth-Rubi 1986, 11, Taf. 16, 345–351.

198 Berger und Brogli 1980, 24–25, Abb. 24, 5.

Bodenscherben (Taf. 67)

Es liegen rund 79 Bodenscherben vor, wovon nur eine kleine Auswahl abgebildet wurde. Drei Fragmente dürften von Flaschen herrühren. Die Nr. 1114 mit einem orangeroten bis dunkelbraunen, glänzenden Überzug besitzt einen schwach angehobenen Boden, während die Nr. 1115 flachbodig und nur partiell poliert war, was weitere 64 Wandscherben bezeugen, die sicher vom gleichen Gefäss stammen. Die Bodenscherbe Nr. 1112 zeigt einen deutlich abgesetzten Standring einer Tonne oder Flasche, deren Oberfläche grau glänzt. Dies kam durch Schmauchung oder Polierung zustande.

Form	Anzahl
Flaschen/Tonnen	3
Schüsseln	10
Unbestimmte Gefässform: tongrundig	28
mit braunem Überzug	38

Zu den Schüsseln zählen wir neun feinkeramische Bodenfragmente mit einem hellbraunen bis ins Rote hinein variierendem Überzug (z.B. Nrn. 1113, 1117). Die Bodenfläche ist meist flach, aber vereinzelt auch mit einem Standring versehen. Daneben liegt ein flachbodiges Gefässfragment aus grauem, seifigem Ton vor (Nr. 1118), das wahrscheinlich zu einem Kochtopf oder einer Schüssel mit Wulst- oder Horizontalrand gehört. Die Mehrheit der Bodenscherben konnten aber keinem bestimmten Gefässtyp zugewiesen werden: Um die vierzig Fragmente weisen mindestens Reste eines braunen Überzuges auf (z.B. Nr. 1116). Die feineren Stücke könnten zweifellos von Bechern herrühren. Beinahe weitere dreissig Scherben sind tongrundig und gehören zu flachbodigen Gefässen, vielleicht Töpfen.

Baukeramik (Taf. 67)

Wir wissen von 138 Ziegelfragmenten, drei Hohl- und 135 Leistenziegeln, die im Innenhof der mittelalterlichen Frohburg konzentriert lagen (Zone Z).

Besondere Erwähnung verdient ein Ziegelfragment mit dem Stempel der 11. Legion Claudia Pia Fidelis. Seine Herstellung während des ausgehenden 1. Jhs. ist durch den Stempel zwar gesichert. Es dürfte aber trotzdem erst viel später, vielleicht als Abbruch-Baumaterial hierher gelangt sein, da zeitgleiche Keramik mit Ausnahme des Tässchens (Nr. 896) gänzlich fehlt[199].

Aufgrund dieser Ziegelstücke muss mit einem massiven Bau gerechnet werden, der wenigstens Steinfundamente aufwies. Dies scheint auch der oben (S. 13ff.) erwähnte Befund zu bestätigen. Über das Aufgehende schweigen sich die archäologischen Quellen aus. Zu diesem Gebäude gehörte wahrscheinlich auch der uns überlieferte Schlüssel (Nr. 886).

Pfeifenton

Im Historischen Museum in Olten werden fünf Fragmente von Pfeifentonstatuetten unter dem Material von Lostorf SO-Gross Chastel aufbewahrt, als deren Provenienz nach den Ausführungen von C. Matt und den röntgenspektrometrischen Untersuchungen von W.B. Stern eher die Frohburg in Frage kommt[200]. Zwei Stücke gehören zu einer im Korbstuhl sitzenden Muttergottheit und zeigen den Kopf des Säuglings und den rechten Fuss der Göttin. Zwei weitere lassen den Bauch und das Gesäss einer Venus erkennen. Das fünfte Fragment besteht aus einem undefinierbaren Plättchen ohne erkennbare originale Oberfläche. Wir sehen keinen triftigen Grund, die gut begründeten Argumente Matts anzuzweifeln, und begnügen uns mit seinen Ausführungen.

Datierung

Münzen (S. 44–57)

Obwohl die Münzreihe nur aus 26 Fundmünzen besteht, darf sie als sicherstes Mittel zur Datierung unserer Fundstelle bezeichnet werden. Im Vergleich mit den Refugien Gross Chastel und dem Wittnauer Horn hätte eigentlich eine grössere Münzmenge erwartet werden dürfen. Dennoch scheint die vorliegende Reihe die Hauptbegehungs- und Besiedlungszeit des Frohburgfelsens klar wiederzugeben.

Die Münzreihe beginnt mit sechs Altmünzen aus dem 2. Jahrhundert: 1 Traianus, 1 Hadrianus, 2 Antonini Pii, 2 Marci Aurelii. Die folgenden 14 Münzen, die vorwiegend im letzten Drittel des 3. Jh., d.h. in der Zeit der Alamanneneinfälle, geprägt wurden (7 Gallieni, 2 Claudii Gothici, 1 Quintillus, 2 Tetrici I+II, 1 Probus, 1 genauer nicht bestimmbar) bezeichnen die Hauptbesiedlungszeit des Frohburggeländes.

Den Abschluss der Reihe bilden 6 Münzen (4 Constantini I, 2 Constantes), die zusammen mit der Argonnensigillata eine eindeutige Besiedelung noch während der ersten Hälfte des 4. Jh. belegen[201].

Metallfunde (S. 58)

Die beiden Metallfunde lassen keine genauere Datierung zu: Während der Schlüssel (Nr. 886) sich einer präzisen Datierung ganz entzieht, lässt sich der Theken-

---

[199] Vgl. dazu die Verbreitungskarte der gestempelten Ziegel der 11. Legion im Aargau: Hartmann und Weber 1985, 28–29.
[200] Matt 1987, 102, Abb. 29; 30.

[201] Dieselbe prozentuale Zusammensetzung zeigt auch die Münzreihe von Wittnau AG-Horn: 80 Münzen des 3. Jh. und bloss 30 Münzen des 4. Jh.

beschlag mit Ornamentdekor (Nr. 885) näherungsweise dem 2.–3. Jh. zuordnen.

Glas (S. 58)

Die Glasfragmente sind nicht näher bestimmbar, so dass sie zur Datierung des Fundplatzes nicht beigezogen werden können.

Geschirrkeramik (S. 58–65)

Die Gebrauchskeramik macht einen sehr einheitlichen Eindruck. Sie liegt in zwei Tonqualitäten vor: Die eine besteht, wie oben schon des öfteren erwähnt, aus dem fleischockerfarbenen, feinen, manchmal sehr harten, nicht selten aber auch mehlig weichen Ton. Die Oberfläche dieser scheibengedrehten Gefässe ist mehrheitlich mit einem dünnen, roten bis braunen Überzug, zutreffender als Überfärbung bezeichnet, versehen.

Die anderen Gefässe, vorwiegend Kochtöpfe und Schüsseln, wurden aus einem teils feineren, vorwiegend aber gröberen, sich seifig anfühlenden, grauen Ton handgeformt und in der Randzone auf der Scheibe nachgedreht. Diese Gruppe muss aus einer lokalen Töpferei stammen, während jene mindestens als regional bezeichnet werden kann, da sie offenbar eine etwas weitere Verbreitung aufweist.

Ebenfalls charakteristisch für unsere Siedlung ist die relativ hohe Anzahl von Bechern der Typen 32 und 33 sowie der sog. «rätischen» Reibschüsseln. Die Keramik lässt sich gegen das 2. Jh. nur schlecht abgrenzen. Analog zu identischen Gefässformen aus anderen spätrömischen Fundstellen war sie sicher im letzten Drittel des 3. und während des 4. Jh. in Gebrauch. Im Gegensatz zum Refugium Lostorf SO-Gross Chastel kann sowohl mittels der Argonnensigillata wie auch mit dem länger laufenden Münzspektrum ein Weiterleben bis nach der Mitte des 4. Jh. belegt werden.

Deutung der Fundstelle

Im Verlauf der oben ermittelten Belegungszeit zwischen dem letzten Drittel des 3. Jh. und der Mitte des 4. Jh. bieten sich folgende historisch fassbare Ereignisse an, welche die umliegende Bevölkerung veranlassen konnten, Selbstschutzmassnahmen zu ergreifen und an geschützten Orten wie auf dem Frohburgfelsen «Fluchtburgen» einzurichten:

Der Zusammenbruch des Limes um 259/60 und die damit verbundenen Plünderzüge der Alamannen stellten für die betroffene Bevölkerung gewiss eine schwere Belastung dar. Sie musste ausserdem für die Versorgung der gallorömischen Truppen aufkommen, die in der Gegend stationiert waren oder gegen die eindringenden Feinde vorbeizogen.

Daneben hatte die Proklamation des gallischen Sonderreiches mit der Residenzstadt Köln (ab 271 Trier) die Unruhen wohl noch zusätzlich geschürt. Denn an seiner Ostgrenze, deren Verlauf im Einzelnen nicht klar ist, dürfte es auch zu Kriegshandlungen gekommen sein, die vielleicht sogar zu einer vorübergehenden Einbeziehung des nordwestschweizerischen Gebietes führten. Um 258 von Postumus gegründet, wurde das Sonderreich erst wieder 274 von Tetricus an Aurelian zurückgegeben[202]. Danach konnten Maximian und Constantius Chlorus die Alamannen in verschiedenen Schlachten, unter anderen um 286 am Mittelrhein (Alamannen und Burgunder) und um 298 in der Gegend von Vindonissa schlagen.

Auf diese unruhigen Zeiten verweisen ebenfalls die vielen zwischen 250 und 280 vergrabenen Münzdepots aus der Nordwestschweiz und aus dem Mittelland, die bisher geborgen werden konnten[203]. Erst Probus, dann Diokletian, der durch die Schaffung mobiler Grenztruppen (Comitatenses), die je nach Bedarf schnell und gezielt eingesetzt werden konnten sowie Konstantin der Grosse, der die begonnenen Reformen weiter ausbaute, vermochten die Rheingrenze vorübergehend wieder zu sichern[204]. Im frühen 4. Jh. entstanden neue befestigte Zentren entlang der Grenze, wie z.B. das Kastell Kaiseraugst. Man fühlte sich zweifellos wieder etwas sicherer.

Nach 350 brach jedoch eine neue Katastrophe über das Grenzgebiet am Ober- und Hochrhein herein, nachdem in Gallien Magnentius den Kaiserthron usurpiert hatte. Er zog nämlich einen grossen Teil seiner Truppen aus Gallien gegen den rechtmässigen Kaiser Constantius II in Konstantinopel ab. Dies machten sich die Germanen zunutze und fielen längs der ganzen Rheingrenze ins Reich ein, plünderten zahlreiche Kastelle und besiegten schliesslich die römischen Truppen. Sie liessen sich sogar für kurze Zeit auf linksrheinischem Gebiet nieder[205]. Dabei gingen verschiedene Gutshöfe in Flammen auf, darunter wohl auch Rheinfelden AG-Görbelhof. Einige Höhensiedlungen wurden vermutlich in dieser Zeit ebenfalls aufgelassen, wie z.B. Wittnau AG-Horn, Schaan FL-Krüppel und wohl auch die Siedlung auf dem Frohburgfelsen. Nachdem der Usurpator Magnentius 353 Selbstmord begangen hatte, eroberten Constantius II und Julian in den Schlachten bei Strassburg und Mursia (Pannonien) sowie durch dreimaliges Überschreiten des Rheines 357–359 die Grenzgebiete wieder zurück[206]. Valentinian (365–375) reorganisierte die Grenztruppen erneut und befestigte die Rheingrenze auf der ganzen Länge durch Verstärkung der bestehenden Kastelle sowie durch die Errichtung von Wachttürmen (Burgi). Aber auch das Hinterland liess er durch wichtige Fluss- und Strassen-

---

202 Römer 1986: 97.
203 Vgl. Martin 1977, 38, Abb. 23.
204 Heuss 1976, 442–443.

205 Martin 1977, 41, Abb. 24.
206 Heuss 1976, 460.

forts sichern[207]. Im Aaretal kennen wir die Kastelle von Altenburg, Solothurn und Olten[208].

Neben der Deutung als Refugium in Notzeiten ist, zumal Militaria völlig fehlen, die Begehung des Frohburgfelsens im Zusammenhang mit dem Passverkehr über das Erlimoos auch nicht völlig auszuschliessen[209].

Wir könnten uns ebenso eine kleine Siedlung vorstellen, die entweder dauernd bestand, oder – wie ein «Maiensäss» einer, womöglich mehrerer Villen im Tal – nur saisonal aufgesucht wurde, um die fetten Wiesen und die Wälder auf dem nahen Hochplateau zu bewirtschaften. Aufgrund der Scherben eines Käsesiebes (Nr. 1119) möchte man dabei am ehesten an Milchwirtschaft denken. Danach wäre der natürlich geschützten Lage lediglich eine sekundäre Bedeutung zuzumessen. Ob die Siedler auch Bohnerz zu Eisen verarbeiteten, lässt sich heute nicht mehr mit Sicherheit nachweisen[210]. Es wurde zwar eine grosse Menge an Schlacken gefunden, diese scheinen aber von der mittelalterlichen Eisenschmelze herzurühren (Abb. 3, Nr. 5).

Bereits im 1. Jahrhundert bestand im heutigen Trimbacher Bann (beim Friedhof) ein römischer Gutshof, der bis ins fortgeschrittene 4. Jh. betrieben wurde. Einzelne Münz- und Keramikstreufunde aus dem Tale sowie von den umliegenden Höhen und entlang des Erlimoos bezeugen eine rege Begehung[211]. Es führte sicher von Olten her eine Nebenroute der Mittellandstrasse, die Aventicum mit Vindonissa verband, über Trimbach und Wisen ins Baselbiet, um dann auf dem kürzesten Wege Augusta Rauricorum zu erreichen. Siedlungen an oder in der nächsten Nähe dieser Verkehrswege waren natürlich durch Eindringlinge am meisten gefährdet. Dennoch konnte der Gutshof von Trimbach bis ins 4. Jh. existieren, während die Villen von Winznau SO-bei der Kirche und Olten SO-Im Grund schon im 3. Jh. aufgegeben wurden.

Im Frühmittelalter siedelte im Trimbacher Raum wieder eine grössere Dorfgemeinschaft. Davon zeugen mehrere Gräber. Der Erlimoosübergang scheint nach Grabfunden in Wisen weiterhin benutzt worden zu sein, so dass man in diesem Raum praktisch von einer Siedlungskontinuität bis ins Frühmittelalter sprechen darf.

Der aktuelle archäologische Forschungsstand und die vorliegende Materialbasis reichen noch nicht aus, um die Ereignisse der spätrömischen Zeit im nordwestschweizerischen Jura nur einigermassen in den Griff zu bekommen. Mehr Klarheit dürften nur neue, nach den modernsten technischen Methoden ausgegrabene Siedlungsplätze verschaffen. Daneben müssten aber ebenso die grossen Fundmaterialien aus Altgrabungen, welchen in den verstaubten Museumskellern kaum Beachtung geschenkt wird, aufgearbeitet werden.

Prozentualer Vergleich der Gebrauchskeramik der Höhensiedlungen Gross Chastel und Frohburg

Die Zusammensetzung der beiden miteinander verglichenen Höhensiedlungen zeigt bloss geringe Unterschiede: Nach Matt, der die Gebrauchskeramik von Lostorf SO-Gross Chastel mit derjenigen der Villen von Hüttwilen TG-Stutheien, Seeb ZH, Bennwil BL und Laufen BE-Müschhag verglichen hat, liegt ein typischer Höhensiedlungsbestand vor. Die fast doppelte Menge an Krügen erklärt er mit dem fehlenden Wasser auf den Höhensiedlungen[212]. Die anderen, weitaus geringeren Differenzen seien eher als regionale Gewohnheiten zu betrachten. Der Lavezstein, der hauptsächlich aus Siedlungen der Ostschweiz vorliegt, war besonders während des 4. Jh. beliebt, deshalb nur auf der Frohburg vorhanden.

Wir möchten hier lediglich zusammenfassend festhalten, dass die prozentualen Anteile der Gebrauchskeramik vom Grossen Chastel und der Frohburg eine verblüffend ähnliche Zusammensetzung aufweisen. Jede weitere Interpretation scheint u.E. beim momentanen Publikationsstand über die spätrömischen «Höhensiedlungen» der Nordwestschweiz jedoch noch verfrüht.

---

207 Staehelin 1948, 294–295 nach Ammianus Marcellinus 28, 2, 1.
208 Berger und Brogli 1980, 26: Das Wittnauer Horn wurde damals vielleicht durch eine Anlage auf dem Kirchhügel von Frick entlastet. Eine ähnliche Situation ist im Fürstentum Liechtenstein zu beobachten, wo die Höhensiedlung Schaan-Krüppel durch das Kastell Schaan abgelöst wurde.
Aufgrund der bisherigen archäologischen Untersuchungen in den Kastellen von Olten und Solothurn darf die häufig zitierte valentinianische Datierung keinesfalls als gesichert gelten. Diese basiert lediglich auf ihren glockenförmigen Grundrissen, die vom Kastell Altrip hergeleitet werden: Matt 1987, 110. Das Fundinventar im Historischen Museum Olten, das wir in Windeseile durchsehen konnten, spricht eher für eine frühere Datierung des Kastells ins ausgehende 3. Jh. Die Fundmünzen werden zur Zeit von S. Frey-Kupper systematisch aufgearbeitet.
209 Vgl. dazu Müller 1978, 123, der das geringe Fundgut aus dem 1.–2. Jh. mit dem Passverkehr in Verbindung brachte, das spätrömische jedoch im Hinblick auf die sichere Lage als Refugium deutete.
210 Eisenverhüttung auf dem Grossen Chastel und dem Wittnauer Horn, Matt 1987, 107.
211 Vgl. dazu S. 74: Die römischen und frühmittelalterlichen Fundstellen im Trimbacher Raum.
212 Es darf u.E. für die römische Zeit mit Wasserauffangvorrichtungen wie Zisternen gerechnet werden, obwohl keine diesbezüglichen Befunde freigelegt werden konnten.

Formen	Frohburg	Gross Chastel[213]
Krüge	10%	13%
Flaschen	2%	2%
Honigtöpfe	3%	3%
Teller und Schüsseln	43%	42%
Töpfe	9%	7%
Reibschüsseln	12%	12%
Kochtöpfe	15%	19%
Deckel	1%	–
Lavez	1%	–
Übriges	4%	3%
Total	100% (n = 199)	100% (n = 106)
Datierung	3. Viertel 3. Jh. bis nach 350	3. Viertel 3. Jh.

Die römische Besiedlung des Frohburgfelsens

Die Besiedlung des Frohburgfelsens in römischer Zeit hinterliess uns eine beachtliche Fundmasse, wie über 2500 Fundnummern zeigen. Die mageren Baustrukturen (S. 13–15) und die Baukeramik (S. 64) berechtigen zur Annahme, dass hier ein massives Bauwerk gestanden hatte, dessen Funktion wir wohl nie erfahren werden.

Die 26 erhaltenen Münzen datieren hauptsächlich ins letzte Drittel des 3. Jh. Daneben liegen ebenfalls je ein halbes Dutzend Prägungen aus dem 2. und der ersten Hälfte des 4. Jhs. vor. Die Schlussmünze ist ein Aes 4 des Constans, geprägt zwischen 341 und 348 (S. 45–57).

Die Geschirrkeramik, die im Vergleich mit anderen Jurahöhensiedlungen trotz relativ kleinteiliger Fragmentierung einen guten Erhaltungszustand aufweist, stammt aus dem 3. und 4. Jh. Weil sie zum grossen Teil aus regional oder lokal hergestellter Gebrauchskeramik besteht, ist sie nur vereinzelt präziser datierbar. Einige grobkeramische Formen lassen sich ausschliesslich in Höhensiedlungen des nordwestschweizerischen Juras nachweisen (S. 58–65).

Die Terra Sigillata ist untervertreten. Lediglich ein Tässchen kann ins 1. Jh. datiert werden, während die Mehrheit Formen des 2.–3. Jh. darstellt. Sie enthält ebenso rädchenverzierte Sigillata aus den Argonnen wie deren verschiedene Imitationen. Diese können aber nur schwer auseinandergehalten werden.

Daneben besitzen wir einen ornamentverzierten Thekenbeschlag aus dem 2.–3. Jh. und einen eisernen Schiebeschlüssel (S. 58) sowie mehrere Glasfragmente (S. 58), die sich einer präzisen Datierung entziehen. Jegliche Militaria fehlen.

Zur Zeit der Alamanneneinfälle (3. Drittel des 3. Jh. und um die Mitte des 4. Jh.) und des galloromischen Sonderreiches (258–274) diente der auf natürliche Weise geschützte Frohburgfelsen zweifellos einigen Siedlern als Refugium. Sein Einzugsgebiet dürfte aber nicht über die Villen von Trimbach und Wisen hinaus gereicht haben.

Aufgrund des grossen Fundniederschlages ist auch eine längerdauernde feste Besiedlung nicht ganz auszuschliessen. Ob sie in Verbindung mit dem Passverkehr über das Erlimoos, oder mit einem, vielleicht nur saisonalen Aufenthalt zwecks Bewirtschaftung der naheliegenden Höhenzüge zu sehen ist, muss offen bleiben. Nach der Auflassung der spätrömischen Siedlung auf dem Frohburgfelsen, nach der Jahrhundertmitte des 4. Jhs., dauerte es rund 500 Jahre, bis die Frohburger dort ihre Stammburg errichteten, während im Tal praktisch ein kontinuierliches Weiterleben von der Spätantike bis ins Frühmittelalter nachgewiesen werden kann (Abb. 20).

---

213 Die Werte von Lostorf SO-Gross Chastel aus Matt 1987, 106, Abb. 32.

7. Angaben zum Fundmaterial im Überblick

Materialverteilung auf die nachgewiesenen Epochen

Neolithikum	15,7%
Mittelbronzezeit	10,8%
Frühe Spätbronzezeit	2,2%
Mittlere bis späte Spätbronzezeit	59,7%
Hallstattzeit	1,7%
Spätlatènezeit	0,1%
Spätrömische Zeit	9,8%

Die Zusammensetzung des Fundmaterials

Neolithikum	*746*	*100%*
Silices	651	87,3%
Steinartefakte	33	4,4%
Horgener Kultur		
Töpfe	45	6 %
Schnurkeramik		
Schnurbecher	6	0,8%
Töpfe	11	1,5%
Mittelbronzezeit: BzB-BzC	*514*	*100%*
Töpfe	125	24,3%
Schalen/Schüsseln	33	6,4%
Henkelgefässe	92	17,9%
Flächendeckender Dekor	208	40,5%
WS von Töpfen, Schalen und Schüsseln	56	10,9%
Frühe Spätbronzezeit: BzD-HaA1	*107*	*100%*
Trichter- und Zylinderhalsgefässe	19	17,7%
Schrägrandgefässe	26	24,3%
Knickwandschalen	14	13,1%
WS mit typischem Dekor	35	32,7%
WS unsicherer Zuweisung	13	12,2%
Mittlere und späte Spätbronzezeit: HaA2-B2	*2 839*	*100%*
Konische Schalen	595	20,9%
Gerundete Schalen	210	7,4%
Konische oder gerundete Schalen	26	1,0%
Schulterbecher	325	11,4%
Bikonische Gefässe	5	0,2%
Feinkeramische Schrägrandschüsseln	10	0,4%
Grobkeramische Schrägrandtöpfe/Schüsseln	300	10,6%
WS von Schrägrandtöpfen/Schüsseln	387	13,5%
Trichterrandgefässe	44	1,6%
Kugelbecher	17	0,6%
WS mit Riefendekor	48	1,7%
Henkelgefässe	45	1,6%
Bodenscherben	732	25,7%
Varia: Webgewichte, Tonspulen, Spinnwirtel usw.	83	2,9%
Mondhörner	2	0,1%
Metall	10	0,4%

Hallstattzeit: HaC	*83*	*100%*
S-förmig geschweifte Schalen	15	18,2%
Andere Schalen und Schüsseln	7	8,4%
Kragenrandgefässe	1	1,2%
Kegelhalsgefässe	3	3,6%
Töpfe	49	59,0%
Varia	5	6,0%
Sapropelitarmringfragmente	3	3,6%
Spätlatènezeit: LTD	*2*	
Spätrömische Zeit: 3.-4. Jh.	*464*	*100%*
Terra sigilata und aus lokaler Produktion	39	8,4%
Feine Becher	33	7,1%
Reibschüsseln	25	5,4%
Teller	31	6,7%
Schüsseln	55	11,9%
Kochtöpfe	30	6,6%
Töpfe	20	4,2%
Henkelgefässe	30	6,6%
Dolien	1	0,2%
Deckel	2	0,4%
Lavezimitationen	8	1,7%
Varia	6	1,3%
Pfeifentonfragmente	3?	0,6%
Glas	13	2,8%
Lavez	2	0,4%
Metall	2	0,4%
Münzen	26	5,7%
Baukeramik	138	29,6%
Total auswertbare Funde	4753	11,5%
Nicht bestimmbare prähistorische Keramik	34 590	83,3%
Nicht bestimmbare römische Keramik	2 174	5,2%
Gesamtes Fundmaterial	41 517	100%

8. Exkurs

Die prähistorischen Fundstellen im Trimbacher Raum (Abb. 19)

Paläolithikum

Trimbach

1. *Beim Baselbieter (120/9)*[214]:
   Silices

   Vögtli 1975, 12–13. 432; JsolG 42, 1969, 167; JbSGUF 38, 1947, 26.

Neolithikum

Trimbach

2. *Chrottengasse,* heute *Hochgasse (120/7):*
   ca. 150 m unterhalb der engsten Stelle: Steinbeile, Silexartefakte, Herdplätze

   Vögtli 1975, 22. 25. 432. JbSGUF 56, 1971, 180; JsolG 35, 1965, 269. 33, 1960, 229; JbSGUF 4, 1911, 66–67; ASA 1910, 86.

3. *Frohburg (120/14):*
   Höhensiedlung
   Horgener und Schnurkeramik, Silex- und Felsgesteinartefakte

   Müller 1978, 123; Meyer 1975, 147; Schweizer 1946, 138–139.

4. *Gämpfi (120/20), Dickenbännli-Nordabhang:*
   Silices

   (Vgl. Olten-Dickenbännli); Vögtli 1975, 18; JsolG 46, 1973, 166–167. 4, 1931, 191; JbSGUF 23, 1931, 32–33. 22, 1930, 115. 4, 1911, 66–68. 3, 1910, 5. 2, 1909, 8

5. *Gassacker (120/34):*
   Silices

   Vögtli 1975, 22.

6. *Hegiberg (120/16):*
   Höhensiedlung?
   Steinbeil, Scherben (Horgen?)

   Vögtli 1975, 22; JsolG 15, 1942, 182; JbSGUF 33, 1942, 44.

7. *Holzacker (120/17):*
   Silices

   Dokumentation KASO.

8. *Nesselgraben (120/33):*
   Silices (evt. paläolithisch)

   Dokumentation KASO.

9. *Stierenflue (120/31):*
   Silices

   Dokumentation KASO.

10. *Trimbacher Brücke (120/5):*
    Grube mit Kleinfunden (evtl. bronzezeitlich)

    Vögtli 1975, 36. 433; ASA 1913, 348; JbSGUF 34, 1913, 143.

Hauenstein/Ifenthal (Auswahl)

11. *Buechberg* (westlich des Erlimoos):
    Höhensiedlung?, Silexartefakte

    Vögtli 1975, 22; Schweizer 1946, 139; JsolG 10, 1937, 227; JbSGUF 28, 1936, 31.

Olten (Auswahl)

12. *Dickenbännli:*
    Höhensiedlung, Wallanlage Silex- und Steinartefakte

    Vögtli 1975, 15. 432; Schweizer 1946, 139; JsolG 4, 1931, 191; JbSGUF 23, 1931, 32.

Winznau (Auswahl)

13. *Stellichopf/Mahrenkopf:*
    Keramik, Silices

    Vögtli 1975, 22; Schweizer 1946, 139. 1937, 44; JbSGUF 28, 1936, 36.

---

214 Fundstellen aus dem Raum Trimbach mit Inv.-Nr. der KASO: (120/....).

Bronzezeit

Trimbach

14. *Biskuitfabrik Wernli (120/4)*: Bronzenadel der Mittelbronzezeit

Vögtli 1975, 24. 432; Osterwalder 1971, Taf. 23, 8; Fey 1956, 171, 36. 197.

15. *Chrottengasse (120/7)*, heute Hochgasse: Talsiedlung der Früh-, Mittel- und Spätbronzezeit, Keramik

Vögtli 1975, 432; Osterwalder 1971, 83, Taf. 53–54; Fey 1956, 163, 6. 195–196; JbSGUF 56, 1971, 180. 11, 1918, 146–147. 5, 1912, 215–22. 4, 1911, 65; ASA 1910, 86.

16. *Frohburg (120/14)*: Höhensiedlung von der frühen Mittel- bis ausgehenden Spätbronzezeit
Keramik, Bronzene Pfeil- und Lanzenspitze, Nadeln.

Müller 1978, 123; Meyer 1975, 147. 1974, 105; Vögtli 1975, 432. Fey 1956, 187, 80–81; Schweizer 1946, 139.

17. *Dickenbännli-Nordfuss (120/8)*: Bronzebeil, Typ Neyruz

Vögtli 1975, 20. 24. 432. Fey 1956 161, 3, Taf. 1, 3; Arx 1909, 34; ASA 1908, 269; JbSGUF 1, 1908, 66.

18. *Kirchfeldstrasse (120/18)* Neubau Hägeli: Mittelbronzezeitliche Talsiedlung, Grube mit Keramik Herdstellen

Vögtli 1975, 36. 433; Fey 1956, 195, 108; JbSGUF 5, 1912, 217; ASA 1910, 86.

19. *Mühlemattschulhaus (120/23)*: Mittelbronzezeitliche Talsiedlung, Gruben, Keramik, Herdstellen

Vögtli 1975, 36. 433; Fey 1956, 195, 107; JbSGUF 5, 1912, 217. 4, 1911, 65.

20. *Rinthel (120/21)*: Talsiedlung der Mittelbronzezeit Keramik, Baustrukturen

Vögtli 1975, 24–25, 432; Osterwalder 1971, 83, Taf. 52; JsolG 29, 1956, 162–163, 195; JbSGUF 45, 1956, 35–37. 6, 1913, 76. 2, 1909, 77–79; Tatarinoff 1910; ASA 1909, 272–273.

Olten (Auswahl)

21. *Dünnernkorrektion*, unterhalb Färberei Türler: Dolchklinge, mittelbronzezeitlich

Fey 1956, 171, 35; JbSGUF 27, 1935, 34.

Wisen (Auswahl)

22. *Moosfeld*: Freilandsiedlung der Mittelbronzezeit Keramik, Bronzenadel

Unz 1981, 48–51; Osterwalder 1971, 88, Taf. 49–50.

Hallstattzeit

Trimbach

23. *Aare (120/15)*: Hallstattgrab (?)

Vögtli 1975, 25. 432; ASA 1910, 86; JbSGUF 2, 1909, 84–85.

24. *Frohburg (120/14)*: Kleine Siedlung
Wenig Keramik, Sapropelitarmringfragmente

Dokumentation KASO.

25. *Gämpfiflue (120/20)* (Olten-Dickenbännli): Wenig Hallstattkeramik

Vögtli 1975, 25; HMO Olten.

26. *Neubau R. Studer (120/26)*: Silices, Keramik

Dokumentation KASO.

Latènezeit

Trimbach

27. *Frohburg (120/14)*: Werkstück einer Nauheimerfibel

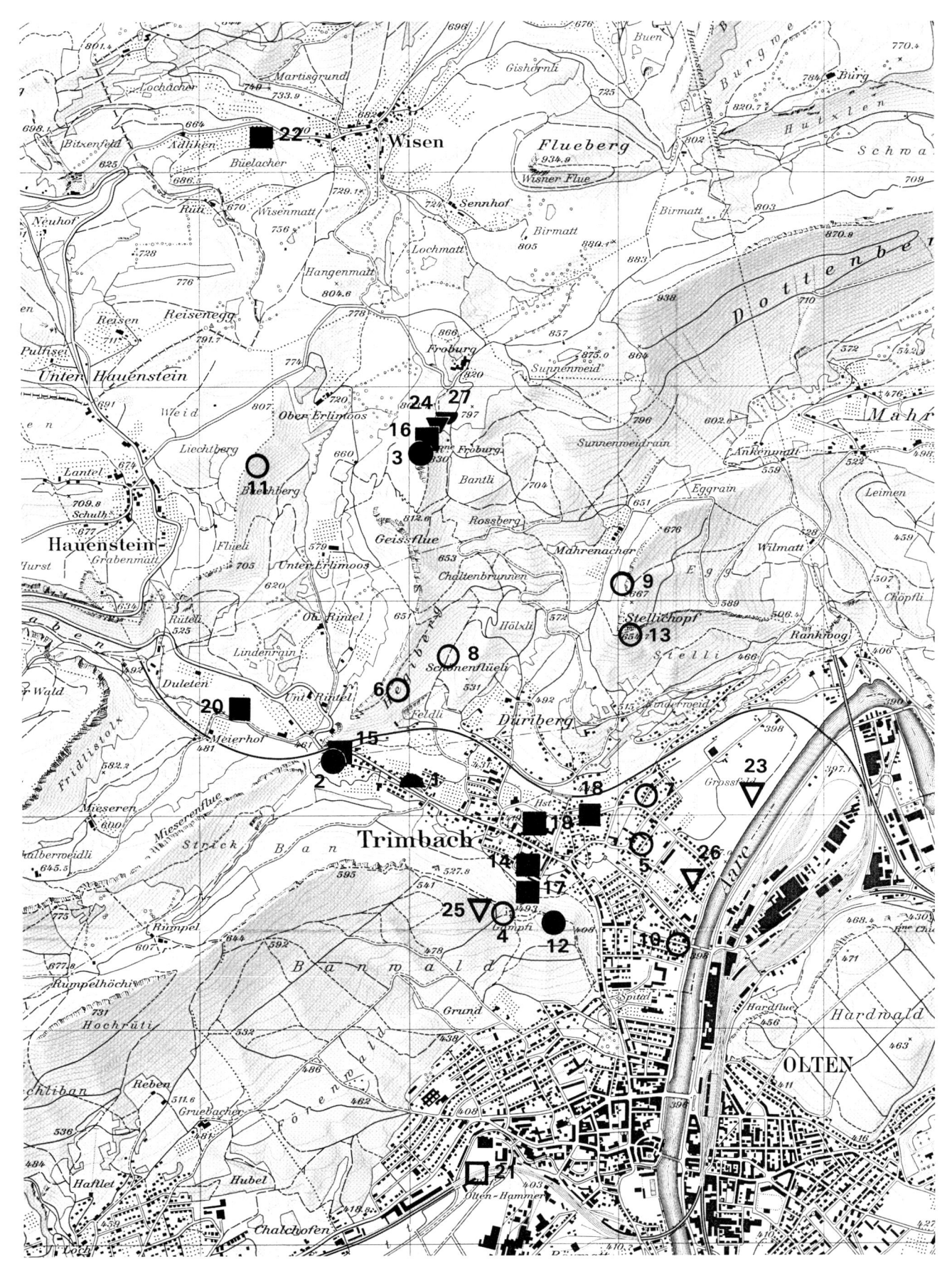

Abb. 19: Trimbach SO-Frohburg. Die prähistorischen Fundstellen im Trimbacher Raum. Ausschnitt der Landeskarte 1088, 1:25 000; reproduziert mit Bewilligung des Bundesamtes für Landestopographie vom 3. 10. 1988.

⏷ Paläolithikum   ▼ Hallstattzeit
● Neolithikum   ⏷ Latènezeit
■ Bronzezeit   Gefüllte Signatur: Fundstelle genau bekannt/offene Signatur: Fundstelle nicht genau bekannt.

Die römischen und frühmittelalterlichen Fundstellen im Trimbacher Raum (Abb. 20).

Römische Zeit

In der folgenden Zusammenstellung wird für die Fundmünzen eine Kurzbestimmung angegeben. Fehlt sie, sind die entsprechenden Münzfunde heute nur noch in der Literatur belegt. Die Originale müssen nach eingehenden Erkundigungen und Nachforschungen in den Münzsammlungen von Olten (Historisches Museum), Solothurn (Museum Blumenstein), Basel (Historisches Museum) und Liestal (Kantonsmuseum) als verschollen gelten. (Münzbestimmungen von S. Frey-Kupper)

Trimbach

1. *Am Schönenflüeli (120/22)*
   Münze, gefunden 1946:
   Augustus (120/22/1)
   Nîmes, As, ca. 20–10 v.Chr.
   RIC I² 51 Nr. 155.
   Æ 9,76 g   135°   25,0/25,9 mm   A 2/2   K 1/1
   Rechteckiger Gegenstempel
   Für den Gegenstempel vgl. z.B.: J.-B. Giard, Le trésor de
   Port-Haliguen, contribution à l'étude du monnayage
   d'Auguste, RN 9, 1967, 136 Nr. 57 Taf. 14; Nr. 65
   Taf. 15.

   Vögtli 1975, 27. 433–434; US 11, 1947, 23–26; JsolG 20, 1947, 207; Oltener Tagblatt vom 20.4.1946.

2. *Bantli (120/3), Bödeli*
   Keramik, evtl. vom Frohburgfelsen?

   Matt 1987, 113, Nr. 26; Vögtli 1975, 27–28, 433; JbSGUF 15, 1923, 104.

3. *Chrottengasse, heute Hochgasse (120/7)*
   Keramik des 2.–3. Jh. n.Chr.

   Vögtli 1975, 433; JbSGUF 5, 1912, 217; 4, 1911, 113.

   Münze, gefunden 1895:
   Nerva (120/7/12)
   Rom, As, 96 oder 97 n.Chr.
   RIC II 227 Nr. 64 oder 229 Nr. 86.
   Æ 7,86 g   180°   25,3/27,5 mm   A 3/4   K 3/3

   Vögtli 1975, 433; Arx 1909, 123 Nr. A6.

4. *Chutzenflue?/Bannwald (120/2)*
   Münze, gefunden 1906:
   Gallienus (120/2/1)
   Rom oder Mailand, Antoninian, 260–268 n.Chr.
   RIC V,1 151 Nr. 236 (Rom) oder 174 Nr. 492 (Mailand).
   AR 2,89 g   180°   18,5/19,8 mm   A 2/2   K 1/1

   Vögtli 1975, 433; Arx 1909, 123 Nr. A8.

5. *Erlimoospass*
   Münzen, gefunden 1846:
   Augustus (Basel, Hist. Mus.; Inv. Nr. 1988.105)
   Rom, As, 15 v.Chr.
   wohl RIC I² 70 Nr. 386.
   Æ 8,32 g   180°   23,8/25,6 mm   A 0/0   K 4/4

   Vögtli 1975, 28. 433–434; Basler Zeitschrift für Geschichte und Altertumskunde 9, 1910, 351; Meisterhans 1890, 92 Anm. 434. Die bei Matt 1987, 113 Nr. 30 genannten Münzen des Augustus, Hadrianus und Gordianus stammen nicht vom Erlimoos, sondern aus Egerkingen. Die Erwähnung dieser Prägungen beruht auf einem Irrtum: Meisterhans 1890, 92 Anm. 434 (zum Erlimoos) wurde mit Anm. 432 (zu Egerkingen) verwechselt.

   Tiberius (oder später) für Augustus (Basel, Hist. Mus.: Inv. Nr. 1988.104)
   Lokale gallische Münzstätte, As, 22/23–30 n.Chr. oder später.
   RIC I² 99 Nr. 81 Typ. Für eine ähnliche Lokalprägung vgl. J.-B. Giard, Le pèlerinage gallo-romain de Condé-sur-Aisne et ses monnaies, RN 10, 1968, 111 Nr. 1164 Taf. 10.
   Æ 6,58 g   180°   24,2/26,3 mm   A 0/0   K 4/4

   Lit.: Wie oben.

Die Angaben zu den beiden Münzen verdanken wir B. Schärli, Historisches Museum Basel; die Bestimmungen stammen von M. Weder.

Münze des Alexander Severus, gefunden 1749.
Verbleib unbekannt.

Von Arx 1909, 126.

6. *Friedhof (120/13)*

Villa: Keramik des 1.–4. Jh. n.Chr., Ziegel, Backsteinplatten, Eisengeräte, Mosaikboden, Münzen des Augustus, Hadrianus, Gallienus, Gallienus für Salonina, Claudius Gothicus, Postumus, Victorinus, Tetricus, Probus, Constantinus I, Constantinus II, Valentinianus I und Gratianus.
Diesem Komplex können heute nur noch folgende Prägungen sicher zugewiesen werden (für die Fundmünzen vom Friedhof vgl. auch unten zu Nr. 13):

Matt 1987, 114 Nr. 25; Vögtli 1975, 26–36. 432–434; JsolG 25, 1952, 221; 22, 1949, 168; JbSGUF 8, 1915, 71; 7, 1914, 105–106; 5, 1912, 177–180. 212–216; 3, 1910, 137; 2, 1909, 122 Arx 1909, 123; Solothurner Tagblatt Nr. 91 vom 20.4.1911.

Münze, gefunden 1908:
Commodus (?) für Marcus Aurelius (120/13/1)
Münzstätte unbestimmt, Denar, 180 n.Chr. oder danach.
Hybride Prägung.
Vs: RIC III 397 Nr. 264 Typ; Rs: nicht näher bestimmbare stehende weibliche Figur.
Æ, subaerat 2,44 g 180° 19,8/18,1 mm A 2/2 K 2/2

Vögtli 1975, 434; Arx 1909, 123 Nr. A13 (jeweils Victorinus zugewiesen). Der Irrtum geht auf von Arx zurück, der – wie die Beschriftung des alten Münzkartons zeigt – die Vorderseitenlegende der noch unrestaurierten Münze falsch las und ergänzte («…VVSMAXV[IC]TORINVS» statt [D]IVVSMANTONINVSPIVS). Bei Vögtli ist die vermeintliche Victorinus-Münze zweimal zitiert.

Münze, gefunden 1904:
Claudius Gothicus (120/13/2)
Rom, Antoninian, 268–270 n.Chr.
RIC V,1 219 Nr. 110.
Æ 3,15 g 150° 16,8/18,6 mm A 2/2 K 2/2

Vögtli 1975, 433; Arx 1909, 123 Nr. A7.

Münze, gefunden 1914:
Claudius Gothicus (120/13/3)
Mailand, Antoninian, 268–270 n.Chr.
RIC V,1 224 Nr. 168.
Æ 3,83 g 360° 17,2/18,1 mm A 0/2 K 3/3

Vögtli 1975, 434; JbSGUF 7, 1914, 105–106.

7. *Frohburg (120/14)*

Refugium-Siedlung: Keramik, Glas, Ziegel, Eisenschlüssel und Münzen, spärliche Baureste.

Matt 1987, 114 Nr. 31; Müller 1978, 123; Vögtli 1975, 433.

8. *Hennenbüelweg Nr. 23, Haus Neuhaus (120/1)*

Münze, gefunden 1947:
Postumus (120/1/1)
Köln, Antoninian, 261 n.Chr.
RIC V,2 341 Nr. 54; Elmer 41 Nr. 129; zur Titulatur und Chronologie des Postumus: König 1981, 57–66.
Æ 3,17 g 15° 21,1/22,8 mm A 2/2 K 2/2

Vögtli 1975, 27. 433–434; JbSGUF 39, 1948, 73; JsolG 21, 1948, 152; JbHMO 1946, 9, 11.

9. *Cheibenloch (120/10)*

Münzen: Flavier, Marcus Aurelius, Caracalla, Gallienus, Aurelianus, Probus.
Verbleib unbekannt.

Vögtli 1975, 28. 433–434; Arx 1909, 126; Meisterhans 1890, 57 Anm. 217. 98 Anm. 444a.

10. *«Im Felde», Grossfeld? (120/25)*

Münze des Augustus, gefunden 1860.
Verbleib unbekannt.

Vögtli 1975, 27. 433–434; Arx 1909, 128; Meisterhans 1890, 98 Anm. 468.

11. *Marenacher (120/19)*

Münze des Traianus, gefunden 1920 oder früher.
Verbleib unbekannt.

Vögtli 1975, 27. 433–434; JbSGUF 12, 1919/20, 116.

12. *Vorderer Düriberg (120/11)*

Münze des Vespasianus.
Verbleib unbekannt.

Unpubliziert.
Dokumentation KASO.

13. *Fundstelle nicht näher bekannt (120/0)*
Die folgenden Münzen stammen zwar aus Trimbach, doch ist ihre Fundstelle nicht genauer lokalisierbar. Die Beschriftung des Fundgutes deutet darauf hin, dass zumindest ein Teil im Gebiet des Friedhofes zum Vorschein kam. Zudem wurden in der Literatur (vgl. oben zu Nr. 6) Münzfunde aus dem Friedhof gemeldet; doch wird weder die genaue Anzahl, noch eine detaillierte Beschreibung gegeben. Das dokumentarische Material erlaubt uns nicht, die unten aufgeführten Stücke mit den in der Literatur erwähnten Münzen des Hadrianus, Postumus, Tetricus, Gallienus, Gallienus für Salonina, Probus und Constantinus I (vgl. oben Nr. 6) gleichzusetzen.

Traianus (120/0/1)
Münzstätte unbestimmt, Dupondius, 98–117 n.Chr.
Æ 10,67 g 180° 26,5/27,9 mm A 0/4 K 3/3

Hadrianus (120/0/2)
Rom, Dupondius oder As, 134–138 n. Chr.
RIC II 442 Nr. 801.
Æ 12,06 g 210° 24,5/26,4 mm A 3/3 K 2/2

Gallienus (120/0/3)
Rom oder Mailand, Antoninian, 260–268 n.Chr.
RIC V,1 154 Nr. 270 (Rom) oder 175 Nr. 508a (Mailand).
Æ 1,54 g 165° 14,8/17,9 mm A 0/0 K 4/3
ausgebrochen

Gallienus für Salonina (120/0/4)
Rom, Antoninian, 260–268 n.Chr.
RIC V,1 192 Nr. 5.
Æ 1,66 g 180° 17,3/19,2 mm A 0/2 K 3/3
ausgebrochen

Postumus (120/0/5)
Köln, Antoninian, 268 n.Chr.
RIC V,2 360 Nr. 287; Elmer 53 Nr. 568; zur Titulatur
und Chronologie des Postumus: König 1981, 57–66.
Æ 2,55 g 360° 18,2/19,9 mm A 2/2 K 3/2

Tetricus I (120/0/6)
Köln, Antoninian, 271–274 n.Chr.
RIC V,2 411 Nr. 141; Elmer 82 Nr. 765.768; zur Titulatur
und Chronologie des Tetricus: König 1981, 158–181.
Æ 2,42 g 180° 15,9/16,8 mm A 2/2 K 2/2

Tetricus I (120/0/7)
Trier, Antoninian, 271–274 n.Chr.
RIC V,2 408 Nr. 88 oder Nr. 90; Elmer 84 Nr. 786 oder Nr. 787.
Æ 2,01 g 195° 15,6/16,7 mm A 2/2 K 2/2

Tetricus I (?) (120/0/8)
Köln oder Trier, Antoninian, 271–274 n.Chr.
Typ *salus aug* oder *salus augg*.
Æ 1,22 g 360° 15,5/16,8 mm A 0/0 K 4/4

Tetricus I für Tetricus II (120/0/9)
Köln, Antoninian, 272–274 n.Chr.
RIC V,2 422 Nr. 248; Elmer –; zum Typ: Ziegler 1983, 42–45.
Æ 2,18 g 180° 15,0/15,8 mm A 2/2 K 2/2

Aurelianus (120/0/10)
Münzstätte unbestimmt, Antoninian, 270–275 n.Chr.
Typ *concordia militum*.
Æ 2,25 g 360° 19,7/21,3 mm A 0/0 K 3/4

Probus (120/0/11)
Ticinum, Antoninian, 276–282 n.Chr.
RIC V,2 71 Nr. 499.
Æ 3,94 g 360° 22,7/25,7 mm A 2/2 K 2/2

Diocletianus (120/0/12)
Lyon, Antoninian, 284–294 n.Chr.
RIC V,2 224 Nr. 35.
Æ 3,82 g 180° 19,8/21,0 mm A 3/3 K 2/2

Constantinus I (120/0/13)
Trier, Follis, 317–318 n.Chr.
RIC VII 176 Nr. 162.
Æ 3,17 g 345° 18,8/19,3 mm A 2/2 K 2/2

Constantinus I (120/0/14)
Münzstätte unbestimmt, Follis, 313–318 n.Chr.
Typ *soli invicto comiti*.
Æ 2,24 g 360° 20,3/21,8 mm A 0/0 K 3/3

Constantinus I (120/0/15)
Trier, Follis, 321 n.Chr.
RIC VII 190 Nr. 303.
Æ 2,73 g 360° 19,1/20,4 mm A 1/1 K 2/2

Constantinus I (120/0/16)
Arles, Follis, 330–331 n.Chr.
RIC VII 271 Nr. 345.
Æ 2,37 g 165° 17,8/18,7 mm A 2/2 K 2/2
Doppelschlag

Constantinus I oder Nachfolger (120/0/17)
Münzstätte unbestimmt, nach 330 n.Chr.
Irreguläre Prägung (Imitation)? Typ *urbs Roma*.
Æ 1,35 g 360°? 14,3/15,2 mm A 0/0 K 4/3

Olten (Auswahl)

14. *Altstadt*
Vicus/Kastell, Gräber.

Matt 1987, 113 Nr. 22.

15. *Im Grund*
Villa: Keramik des 1.–3. Jh. n.Chr., Münzen, späte Pistillus-Terrakotten.

Matt 1987, 113 Nr. 24; JsolG 32, 1959, 234–235; 30, 1957, 263; US 21, 1957, 36–46; JbSGUF 45, 1956, 58f.

Münze des Antoninus Pius
Fundjahr und Verbleib unbekannt.

US 21, 1957, 46.

Münzen, gefunden 1955:
Maximinus I (104/59/1)
Rom, Sesterz, 236–238 n.Chr.
RIC IV,II 146 Nr. 78.
Æ 13,58 g 360° 25,5/27,9 mm A 3/3 K 3/3

US 21, 1957, 46, JsolG 29, 1956, 304.

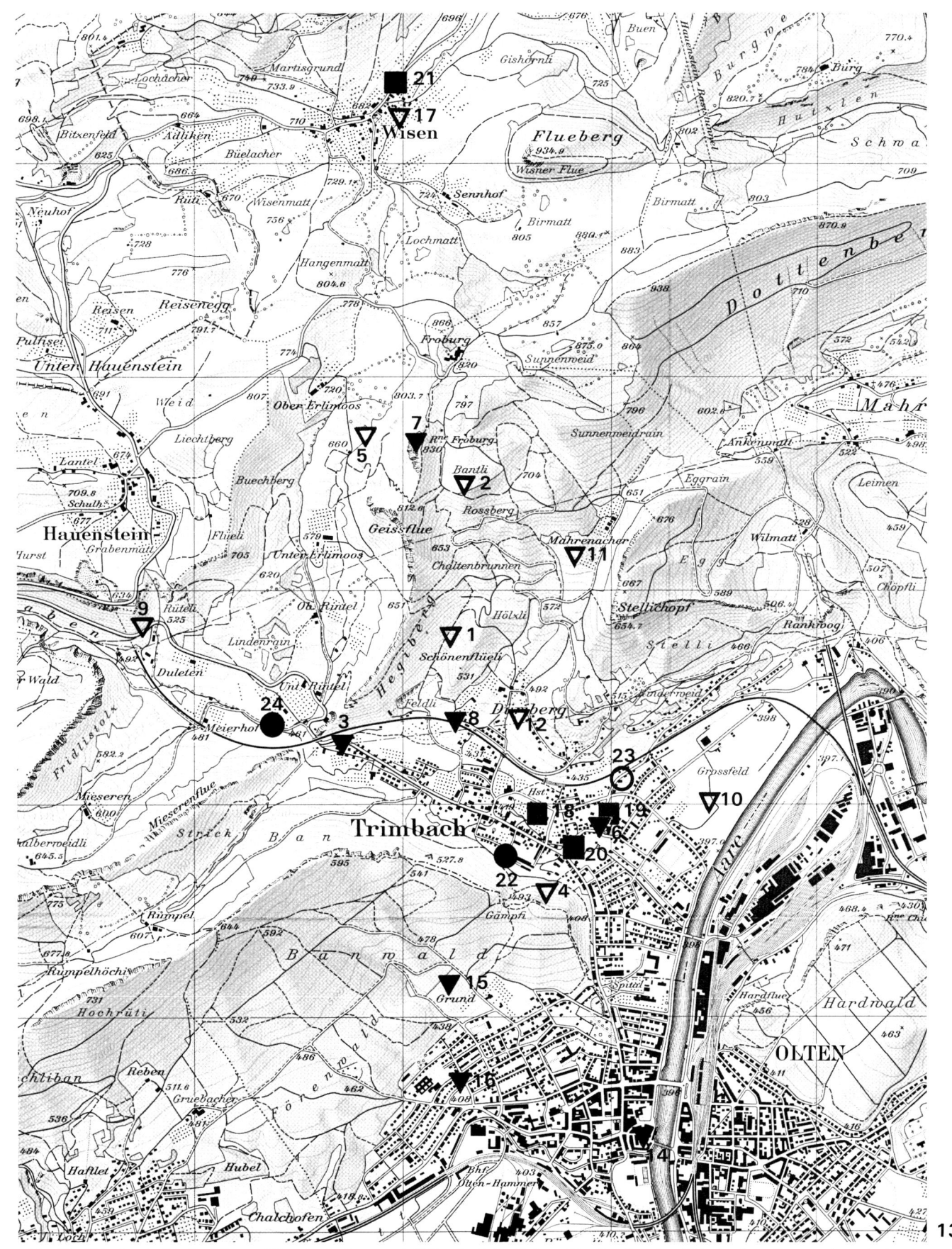

Abb. 20: Trimbach SO-Frohburg. Die römischen und frühmittelalterlichen Fundstellen im Trimbacher Raum. Ausschnitt der Landeskarte 1088, 1:25 000; reproduziert mit Bewilligung des Bundesamtes für Landestopographie vom 3. 10. 1988.
▼ Römische Zeit
■ Frühmittelalter
● Undatiert
Gefüllte Signatur: Fundstelle genau bekannt/offene Signatur: Fundstelle nicht genau bekannt.

77

Gordianus III (104/59/2)
Antiochia, Antoninian, 242–244 n.Chr.
RIC IV,III 37 Nr. 212.
Æ 3,89 g   135°   20,6/22,7 mm   A 2/2   K 2/2

Lit.Wie oben S. 76.

16. *Im Feigel, Föhrenweg, Römermatte*
Villa: Mauern, Keramik, Ziegel, Eisennägel.

JsolG 49, 1976, 158–159; JbSGUF 1972/1973, 329 Taf. 54.

Wisen (Auswahl)

17. *Ohne nähere Fundortangabe*
Streufunde von Münzen, Keramik und Nägeln.

Vögtli 1975, 28. Heierli 1905, 86; Meisterhans 1890, 57 Anm. 219.

Münze, gefunden 1771:
Antoninus Pius
Verbleib unbekannt.

Wie oben und Arx 1909, 128.

Münze, gefunden 1911:
Claudius Gothicus (128/0/301)
Rom, Antoninian, 268–270 n.Chr.
RIC V,I 214 Nr. 36.
Æ 2,59 g   180°   18,9/19,3 mm   A 0/0   K 2/2

Oltener Tagblatt Nr. 244 vom 20.10.1911.

Frühmittelalter

Trimbach

18. *Brüelmattschulhaus (120/32):*
Gräber

Heierli 1905, 84.

19. *Kirche/Friedhof (120/13):*
29 Gräber mit Beigaben wie Spatha, Skramasax, eiserne Lanzenspitze, Messer, Glasperlen in Silberröllchen gefasst, Halskette, Gürtelschnallen, Armringe, Beinkamm.

Vögtli 1975, 31–36. 433; JsolG 8, 1935, 282–283; JbSGUF 26, 1934, 82. 9, 1916, 114. 6, 1913, 143–144. 5, 1912, 212–216. 4, 1911, 203–204; Tatarinoff 1911; JbSGUF 3, 1910, 5–6, 137. 2, 1909, 145.

20. *Wirtschaft zur Kapelle (120/6), Käppelimatte:*
Grab mit Beigaben.

Vögtli 1975, 36. 433; JbSGUF 19, 1927, 119. 18, 1926, 121.

Wisen (Auswahl)

21. *Büntenacherrain:*

Dokumentation KASO.

Undatiert

Trimbach

22. *Breitenweg 14 (120/28) Haus Mathys:*
Sodbrunnen

Dokumentation KASO.

23. *Mahrerweg (120/30):*
Kalkbrennofen

JsolG 8, 1935, 287.

24. *Schwärzi-Matten (120/24), Neubau Derungs:*
Wasserleitung

JbSGUF 51, 1964, 120; JsolG 36, 1963, 252.

Zusammenfassung

In der vorliegenden Arbeit erfolgt eine Auswertung des vormittelalterlichen Fundgutes, welches bisher auf dem Areal der Frohburg entdeckt wurde. Die Ruine der mittelalterlichen Frohburg befindet sich auf einer felsigen Kuppe des Kettenjuras, drei Kilometer nördlich von Olten. Die ausgezeichnete Schutzlage, das fruchtbare Hinterland und der westlich vorbeiziehende Erlimoos-Pass zogen seit dem Neolithikum immer wieder Siedler an.

Die verschiedenen Besiedlungsphasen finden ihren Ausdruck in einem reichen Fundmaterial mit über 40 000 Objekten. Es besteht vorwiegend aus Keramikscherben und stammt zum grössten Teil aus den von W. Meyer in den Jahren 1973–1977 durchgeführten Grabungen.

Die Auswertung des Materials basiert bei den vorrömischen Epochen vor allem auf der Erfassung von rund 5000 Rand-, verzierten Wand- und Bodenscherben. Ihre kleinteilige Fragmentierung lässt nur in wenigen Ausnahmefällen eine Rekonstruktion der gesamten Gefässform zu. Die Zuweisung und Datierung der Funde erfolgt mangels stratigraphischer Absicherung durch den typologischen Vergleich mit ähnlichen Inventaren aus Siedlungen des Jura und Mittellandes. Für die bronzezeitlichen Fundobjekte kann der absolutchronologische Rahmen durch Inventare aus dendrochronologisch datierten Seeufersiedlungen abgesteckt werden.

Die Datierung der spätrömischen Funde wird hauptsächlich durch die Münzreihe gestützt, da die Keramik zum grossen Teil aus regional oder lokal hergestellter Gebrauchskeramik besteht, die sich nur vereinzelt präziser bestimmen lässt.

Die Auswertungen haben gezeigt, dass das Fundmaterial folgenden Epochen zugewiesen werden kann:

Neolithikum:
Horgener und Schnurkeramische Kultur (16%).

Bronzezeit:
Mittelbronzezeit: BzB-BzC (11%),
Spätbronzezeit: BzD-HaB2 n. Müller-Karpe HaB3 (62%).

Eisenzeit:
Hallstattzeit: HaC (2%),
Spätlatènezeit: LTD (nur zwei Fundstücke!).

Römische Zeit:
Letztes Drittel 3. Jh.–Mitte 4. Jh. n.Chr. (9%).

Wie aus obiger Aufstellung hervorgeht, stammt der überwiegende Teil der Fundobjekte aus der Spätbronzezeit. Auch wenn die frühe Phase (BzD-HaA1) im Fundgut nur schwach repräsentiert ist, deutet doch manches darauf hin, dass das Areal der Frohburg zumindest in der Spätbronzezeit kontinuierlich besiedelt gewesen ist.

Résumé

Le présent travail traite du matériel archéologique antémoyenâgeux découvert dans le château fort de Frohburg. La ruine médiévale de Frohburg se trouve sur une éminence rocheuse du Jura plissé, à trois km au nord d'Olten. L'excellente situation bien protégée, l'arrière-pays fertile de ce site et le col d'Erlimoos le jouxtant par l'ouest, y ont attiré des hommes dès le Néolithique.

Les différentes phases d'occupation se reflètent dans un riche matériel comportant plus de 40 000 objects. Celui-ci se compose surtout de tessons et provient en majeure partie des fouilles de W. Meyer, de 1973 à 1977.

L'élaboration du matériel pré-romain est basée sur l'enregistrement de quelque 5000 fragments de bords, de parois décorées et de fonds. La forte fragmentation ne permet de reconstituer la forme complète des récipients que dans quelques cas exceptionnels. L'attribution chronologique des objects se base, en l'absence de paramètres stratigraphiques suffisants, sur la comparaison typologique avec des inventaires semblables du Jura et du Plateau. Pour les objets de l'Age du Bronze, le cadre chronologique absolu est donné par les stations littorales datées par la dendrochronologie.

La datation des objets du Bas-Empire est principalement basée sur les séries numismatiques, la céramique étant surtout commune et d'origine locale, rarement déterminable avec précision.

Le matériel a pu être attribué aux époques suivantes:

Néolithique:
Horgen et Céramique cordée (16%).

Bronze:
Bronze moyen: BzB-BzC (11%),
Bronze final: BzD-HaB2 selon Müller-Karpe HaB3 (62%).

Ages du Fer:
Hallstatt: HaC (2%),
Latène final: LTD (seulement 2 objets!).

Epoque romaine:
2e tiers du 3e–milieu du 4e s.ap. J.-C. (9%).

Cette liste montre une claire dominance du matériel du Bronze final. Même si la phase précoce BzD-HaA1 n'est que faiblement représentée, de multiples indices montrent que l'occupation devait être continue au moins pendant le Bronze final.

(Traduction Ph. Morel)

Riassunto

Il presente studio propone una valutazione dei reperti premedievali rinvenuti finora nell'area della Frohburg. Le rovine della Frohburg medievale sono situate su un promontorio roccioso della catena del Giura, tre chilometri a nord di Olten. Fin dal Neolitico, la sicurezza del sito, abbinata alla fertilità del retroterra e al vicino valico dell'Erlimoos, a ovest, fu un elemento d'attrazione per la gente dell'epoca.

Le varie fasi d'insediamento si riflettono negli oltre 40000 oggetti rinvenuti sul sito. Si tratta soprattutto di cocci provenienti in prevalenza dagli scavi di W. Meyer del 1973–77.

Per le epoche preromane, lo studio si basa in particolare su circa 5000 cocci di bordi, pareti decorate e fondi di recipienti. I frammenti molto piccoli consentono solo eccezionalmente di ricomporre l'intero recipiente. In assenza di una chiara stratigrafia, la classifica e la datazione dei pezzi avvengono in base al raffronto tipologico con oggetti simili derivanti da insediamenti del Giura e dell'Altipiano. Per i reperti dell'Età del bronzo, la cronologia può essere stabilita mediante i reperti di insediamenti lacustri datati secondo il sistema dendrocronologico.

La datazione degli oggetti tardoromani si fonda precipuamente su una serie di monete. La ceramica, costituita in prevalenza da oggetti d'uso comune prodotti a livello regionale o locale, è raramente databile con precisione.

Lo studio ha permesso di attribuire i reperti alle epoche seguenti:

Neolitico:
Cultura di Horgen e della ceramica cordata (16%)

Età del bronzo:
Media Età del bronzo: BzB-BzC (11%),
Tarda Età del bronzo: BzD-HaB2 secondo Müller-Karpe HaB3 (62%).

Età dell ferro:
Civiltà di Halstatt: HaC (2%),
Terzo periodo di La Tène: LTD (soltanto due reperti!).

Epoca romana:
Ultimo terzo del 3° s.–metà del 4° s. d.C. (9%).

La tabella mostra che la maggior parte dei reperti proviene dalla tarda Età del bronzo. Sebbene la prima fase (BzD-HaA1) sia scarsamente rappresentata fra i reperti, è lecito supporre che l'area della Frohburg sia stata continuamente abitata durante la tarda Età del bronzo.

(Traduzione S. Sulzer/A. Stoll-Marci)

Anhang

Literatur

Abels, B. U. (1978) Vorbericht zu einer Grabung im hallstattzeitlichen Grabhügel in Prächting, Ldkr. Lichtenfels, Oberfranken. Archäologisches Korrespondenzblatt 8, 203–207.

Aimé, G. et Jacquier, F. (1985) La Grotte de Chancia (Jura). Bulletin de la Société Préhistorique Française, tome 82/5, 143–150.

Arnold, B. (1983) Les 24 maisons d'Auvernier-Nord (Bronze final). JbSGUF 66, 87–104.

Arx von, M. (1909) Die Vorgeschichte der Stadt Olten. Mitteilungen des Historischen Vereins des Kantons Solothurn, Heft 4.

Aujourd'hui d', R. (1981) Bohrer vom Typus «Dickenbännlispitzen». Archäologie der Schweiz 4, 2, 42–47.

Becker, B., Billamboz, A., Egger, H., Gassmann, P., Orcel, A., Orcel, C. und Ruoff, U. (1985) Dendrochronologie in der Ur- und Frühgeschichte. Die absolute Datierung von Pfahlbausiedlungen nördlich der Alpen im Jahrringkalender Mitteleuropas. Antiqua 11. Basel.

Bender, H. (1986) Kaiseraugst-Im Liner 1964/1968: Wasserleitung und Kellergebäude. Forschungen in Augst 8. Augst.

Berger, L. (1960) Römische Gläser aus Vindonissa. Veröffentlichungen der Gesellschaft Pro Vindonissa, Band 4. Basel.

Berger, L. (1983) Die Thekenbeschläge des Gemellianus von Aquae Helveticae und verwandte Beschläge. Handel und Handwerk im römischen Baden. Hrsg. Museumskommission Baden, 13–42.

Berger, L. und Brogli, W. (1980) Wittnauer Horn und Umgebung. Arch. Führer der Schweiz 12, Basel.

Berger, L. und Müller F. (1981) Sondierungen auf der Gersteflue bei Waldenburg BL 1968 und 1974. Baselbieter Heimatbuch 14, 9–91.

Bersu, G. (1945) Das Wittnauer Horn. Monographien zur Ur- und Frühgeschichte der Schweiz 4. Basel.

Biel, J. (1987) Vorgeschichtliche Höhensiedlungen in Südwürttemberg-Hohenzollern. Forschungen und Berichte zur Vor- und Frühgeschichte in Baden-Württemberg 24. Stuttgart.

Boisaubert, J. L., Bouyer, M. (1983) RN1-Archéologie/N1-Archéologie, Rapports de Fouilles/Grabungsberichte 1979–1982, 14–24. Fribourg/Freiburg.

Bonnet, C. (1974) Un nouvel aperçu sur la station d'altitude de Hohlandsberg, Wintzenheim (Haut-Rhin). Cahiers Alsaciens d'Archéologie, d'Art et d'Histoire, 33–50.

Borello, M. A. (1986) Cortaillod-Est, un village du Bronze final 2. La céramique. Archéologie neuchâteloise 2. Saint-Blaise.

Brogli, W. (1980) Die bronzezeitliche Fundstelle «Uf Wigg» bei Zeiningen AG. Vom Jura zum Schwarzwald. Blätter für Heimatkunde und Heimatschutz, Neue Folge, 15–47. JbSGUF 63, 77–91.

Chenet, G. (1941) La céramique gallo-romaine d'Argonne du IV-ième siècle et la terre sigillée décorée à la molette. Mâcon.

Chronologie (1986). Antiqua 15. Basel.

Dehn, R. (1967) Eine Siedlungsgrube aus der Urnenfelderkultur bei Efringen-Kirchen, Ldkr. Lörrach. Badische Fundberichte 23, 47–67.

Dehn, R. (1972) Die Urnenfelderkultur in Nordwürttemberg. Forschungen und Berichte zur Vor- und Frühgeschichte in Baden-Württemberg 1. Stuttgart.

Drack, W. (1947) Der Bönistein ob Zeiningen, eine spätbronzezeitliche und späthallstattzeitliche Höhensiedlung des Juras. Beiträge zur Kulturgeschichte. Festschrift R. Bosch zu seinem 60. Geburtstag, 99–116. Aarau.

Drack, W. (1951) Die Hallstattsiedlung auf dem Schafrain bei Muhen. Argovia 63, 163–181.

Drack, W. (1959) Materialhefte zur Ur- und Frühgeschichte der Schweiz. Heft 2: Kanton Bern, 2. Teil. Basel.

Drack, W. (1970) Zum bronzenen Ringschmuck der Hallstattzeit aus dem schweizerischen Mittelland und Jura. JbSGUF 55, 23–87.

Drack, W. (1974) Die späte Hallstattzeit im Mittelland und Jura. UFAS 4, 19–34. Basel.

Drack, W. (1980) Die spätrömische Grenzwehr am Hochrhein. Arch. Führer der Schweiz 13. Zürich.

Drack, W., Schlaginhaufen, O. (1948) Die prähistorischen Funde vom Burgfelsen Alt-Thierstein im Fricktal. 1. Teil: Die spätbronzezeitlichen archäologischen Überreste. Argovia, 60, 7–37.

Drinkwater, J. F. (1987) The Gallic Empire, Separatisme and Continuity in the North-Western Provinces of the Roman Empire A.D. 260–274. Historia, Einzelhefte, Heft 52. Stuttgart.

Eberschweiler, B., Riethmann, P. und Ruoff, U. (1987) Greifensee-Böschen ZH: Ein spätbronzezeitliches Dorf. Ein Vorbericht. JbSGUF 80, 77–100.

Elmer, G. (1941) Die Münzprägung der gallischen Kaiser in Köln, Trier und Mailand. Bonner Jahrbücher 146, 1–106, Taf. 1–12.

Ettlinger, E. (1949) Die Keramik der Augster Thermen, Ausgrabungen 1937-38. Monographien zur Ur- und Frühgeschichte der Schweiz, Band 5. Basel.

Ettlinger, E. und Bögli, H. (1963) Eine gallorömische Villa rustica bei Rheinfelden, Argovia 75, 1–72.

Ettlinger, E. und Roth-Rubi, K. (1979) Helvetische Reliefsigillaten und die Rolle der Werkstatt Bern-Enge. Acta Bernensia 8. Bern.

Ettlinger, E. und Steiger, R. (1971) Formen und Farbe römischer Keramik. Augst.

Fey, M. (1956) Die solothurnischen Funde aus der Bronzezeit. Jahrbuch für Solothurnische Geschichte 29, 159–212.

Fischer, F. (1971) Die frühbronzezeitliche Ansiedlung in der Bleiche bei Arbon TG. Schriften zur Ur- und Frühgeschichte der Schweiz 17. Basel.

Freuler, C. (1969) Die bronzezeitliche Keramik vom Wartenberg/BL. Ungedruckte Lizentiatsarbeit der Universität Basel.

Frey, M., Horand, J. und Pümpin, F. (1974) Der Burgenrain bei Sissach. Baselbieter Heimatblätter 4, 385–403.

Furger, A. R., Hartmann, F. (1983) Vor 5000 Jahren... So lebten unsere Vorfahren in der Jungsteinzeit. Bern.

Furger A. R., Orcel, A., Stöckli, W. E. und Suter, P. J. (1977) Vorbericht. Die neolithischen Ufersiedlungen von Twann, Band 1. Bern.

Furger-Gunti, A. (1977) Zur Herstellungstechnik der Nauheimerfibeln. Festschrift für Elisabeth Schmid, 73–84. Basel.

Furger-Gunti, A. (1979) Die Ausgrabungen im Basler Münster I. Die spätkeltische und augusteische Zeit (1. Jh. v. Chr.). Solothurn.

Furger-Gunti, A. und Berger, L. (1980) Katalog und Tafeln der Funde aus der spätkeltischen Siedlung Basel-Gasfabrik. Basler Beiträge zur Ur- und Frühgeschichte, Band 7. Basel.

Gallay, A. und Voruz, J. L. (1978) Un habitat du Bronze moyen à Rances/Champ-Vully. Archäologie der Schweiz 1, 2, 58–61.

Gallay, G. (1971) Das Ende der Frühbronzezeit im Schweizer Mittelland. JbSGUF 56, 115–138.

Gassler, A. (1982) Spätbronzezeitliche Keramik vom Wittnauer Horn. Archäologisches Korrespondenzblatt 12, 1, 55–67.

Gassler, A. (1984) Spätbronzezeitliche Keramik vom Wittnauer Horn. Tafeln zum Manuskript. Basel. (bisher unpubliziert).

Gersbach, E. (1968/69) Urgeschichte des Hochrheins (Funde und Fundstellen in den Landkreisen Säckingen und Waldshut). Badische Fundberichte 11.

Gersbach, E. (1974) Ältermittelbronzezeitliche Siedlungskeramik von Esslingen am Neckar. Fundberichte aus Baden-Württemberg 1, 226–250. Stuttgart.

Gerster, A. (1926) Siedlung aus der späten Bronzezeit auf dem Roc de Courroux im Berner Jura. Jahrbuch des Bernischen Historischen Museums in Bern 6, 37–46.

Gessner, V. (1946) Die geometrische Ornamentik des spätbronzezeitlichen Pfahlbaukreises der Schweiz. Varese.

Gessner, V. (1948) Das hallstattzeitliche Wagengrab bei Beromünster (Kt. Luzern). JbSGUF 39, 112–122.

Goldschmid, H. O. (1965) Die Geologie des Faltenjura zwischen Olten und Unterem Hauenstein. Dissertation, Basel. Tätigkeitsbericht der Naturforschenden Gesellschaft Baselland 24, 85–86, Taf. 1. Liestal.

Gonzenbach von, V. (1947) Ausgrabungen auf Cresta bei Cazis (Grb.). Urschweiz, 3, 36–39.

Gross, E., Brombacher, C., Dick, M., Diggelmann, K., Hardmeyer, B., Jagher, R., Ritzmann, C., Ruckstuhl, B., Ruoff, U., Schibler, J., Vaughan, P.C. und Wyprächtiger, K. (1987) Zürich «Mozartstrasse» Neolithische und bronzezeitliche Ufersiedlungen, Band 1. Berichte der Zürcher Denkmalpflege 4. Zürich.

Gross, E. (1986) Vinelz-Ländti. Grabung 1979. Die neolithischen und spätbronzezeitlichen Ufersiedlungen. Bern.

Grüninger, I. (1965) Magerung und Technik zweier prähistorischer Stationen im Schweizer Tafeljura. Ungedruckte Dissertation. Basel.

Haefeli, A. (1940) Bericht über die Grabungen 1938/40 auf der Froburg (ungedruckt).

Hardmeyer, B. (1983) Eschenz, Insel Werd. Die schnurkeramische Siedlungsschicht. Zürcher Studien zur Archäologie 1. Zürich.

Hardmeyer, B. und Ruoff, U. (1983) Die Tauchgrabungen in Zürich-«Bad Wollishofen». JbSGUF 66, 17–39.

Hartmann, M. (1983) Das römische Legionslager von Vindonissa. Arch. Führer der Schweiz 18. Brugg.

Hartmann, M. und Weber, H. (1985) Die Römer im Aargau. Aarau.

Hatt, J.J. (1961) Une nouvelle chronologie de l'âge du Bronze. Bulletin de la Société Préhistorique Française 58, fasc. 3–4, 184–195.

Heierli, J. (1905) Die archäologische Karte des Kantons Solothurn. Solothurn.

Helmig, G. (1985) Spätrömische Gräber am Totentanz. Grabungsbericht Totentanz 7. Basler Zeitschrift für Geschichte und Altertumskunde 85, 282–285.

Heuss, A. (1976) Römische Geschichte, 4. Auflage. Braunschweig.

Hochuli-Gysel, A., Siegfried-Weiss, A., Ruoff, E. und Schaltenbrand, V. (1986) Chur in römischer Zeit. Band 1: Ausgrabungen Areal Dosch. Antiqua 12. Basel.

Holstein, D. (1986) Die bronzezeitlichen Funde aus Basel. Basler Zeitschrift für Geschichte und Altertumskunde 2, 199–205.

Holstein, D., Müller, F. (1984) Mittelbronzezeitliche Keramik von der Siedlungsstelle Zeglingen-Neubrunn BL. Archäologie und Museum 001, 5–13. Liestal.

Hoppe, M. (1982) Neue Siedlungsfunde der Bronze- und Eisenzeit aus dem Taubergrund. Badische Fundberichte 7, 73–207.

Huber, A. (1960) Die Resultate der archäologischen Sondierungen 1957 und 1959 in der hallstättischen Siedlung «Schürz», Gemeinde Niederlenz. Lenzburger Neujahrsblätter, 91–98. JbSGUF 50, 69–71, Abb. 21. Archäologischer Fundbericht.

Hundt, H. J. (1962) Älterbronzezeitliche Siedlungskeramik aus Malching, Lkr. Griesbach. Bayrische Vorgeschichtsblätter 27, 33–61.

Hundt, H. J. (1957) Keramik aus dem Ende der frühen Bronzezeit von Heubach (Ldkr. Schwäbisch Gmünd) und Ehrenstein (Ldkr. Ulm). Fundberichte aus Schwaben 14, 27–50.

Isings, C. (1957) Roman Glass from Dated Finds. Archeologica Traiectina 2. Groningen and Djakarta.

Itten, M. (1970) Die Horgener Kultur. Monographien zur Ur- und Frühgeschichte der Schweiz. Basel.

Jahn, V. (1909) Die römischen Dachziegel von Windisch. ASA N.F. 11, 111–129.

Kaenel, G. (1974) Aventicum I: Céramiques gallo-romaines décorées. Cahiers d'Archéologie Romande 1. Lausanne.

Känel, G. (1976) La fouille du «Garage Martin – 1973». Cahiers d'Archéologie Romande 8. Lausanne.

Kimmig, W. (1966) Weiningen und Harthausen. Ein Beitrag zu hochbronzezeitlichen Bestattungssitten im nordschweizerisch-südwestdeutschen Raum. Helvetia Antiqua. Festschrift für E. Vogt. Zürich.

Kimmig, W. (1966a) Der Kirchberg bei Reusten. Eine Höhensiedlung aus vorgeschichtlicher Zeit. Stuttgart.

Kimmig, W. (1983) Die Heuneburg an der oberen Donau. 2. völlig neu überarbeitete Auflage. Führer zu den archäologischen Denkmälern in Baden-Württemberg 1. Stuttgart.

Klug, J. (1985) Sapropelitfunde aus der befestigten hallstattzeitlichen Höhensiedlung von Ihringen, Kreis Breisgau-Hochschwarzwald. Archäologische Nachrichten aus Baden, Heft 34, 16–21.

König, I. (1981) Die gallischen Usurpatoren von Postumus bis Tetricus. Vestigia 31. München.

Laur R. (1951) Laur-Belart: Lehrgrabung auf dem Kestenberg. Urschweiz, 15, 33–52.

Laur, R. (1952) Lehrgrabung auf dem Kestenberg II. Urschweiz 16, 75–96.

Laur, R. (1955) Lehrgrabung auf dem Kestenberg III. Urschweiz 19, 1–32.

Lichardus-Itten, M. (1971) Die frühe und mittlere Bronzezeit im alpinen Raum. UFAS 3, 41–54. Basel.

Lüdin, C. (1966/67) Roc de Courroux. JbSGUF 53, 101–104.

Lüdin, C. (1972/73) Roc de Courroux. JbSGUF 57, 229–236.

Lüdin, C. (1976) Roc de Courroux. JbSGUF 59, 233–237.

Lüdin, C. (1978) Roc de Courroux. JbSGUF 61, 179–180.

Lüscher, G. (1983) Die hallstattzeitlichen Grabfunde aus dem Kanton Solothurn. Ein Katalog. Mit Beiträgen von H.J. Hundt und B. Kaufmann. Archäologie des Kantons Solothurn 3, 35–118.

Lüscher, G. (1986) Allschwil-Vogelgärten. Eine hallstattzeitliche Talsiedlung. Archäologie und Museum 007. Liestal.

Lüscher, G. (1987) Pfeffingen BL-Schalberg. Archäologische Mitteilungen. Archäologie der Schweiz 1, 26–27.

Lüscher, G. und Müller, F. (1982) Zwei spätbronzezeitliche Gräber aus Muttenz, Baselland. Das Markgräflerland 11, 42–49.

Mäglin, T. (1986) Spätkeltische Funde von der Augustinergasse in Basel. Materialhefte zur Archäologie in Basel, Heft 6. Basel.

Maier, F.B. (1986) Die urnenfelderzeitlichen Brandgräber von Möhlin-Niederriburg AG. Grabungsbericht. JbSGUF 69, 105–119.

Markert, D. (1981) Bericht über die archäozoologischen Untersuchungen der Tierreste von der Frohburg. Archäologie des Kantons Solothurn 2, 39–63.

Martin, M. (1963) Eine Siedlung der frühen Urnenfelderzeit in Lausen/BL. US 4, 72–79. JbSGUF 50, 67–70.

Martin, M. (1977) Römische Schatzfunde aus Augst und Kaiseraugst. Augster Museumshefte 2., Augst.

Martin-Kilcher, S. (1980) Die Funde aus dem römischen Gutshof von Laufen-Müschhag. Ein Beitrag zur Siedlungsgeschichte des nordwestschweizerischen Jura. Bern.

Mathieu, G. et Mathieu, M. (1983) Nouvelles découvertes de l'âge du Bronze dans le secteur de Meyenheim-Ensisheim (Haut-Rhin). Revue Archéologique de l'Est et du Centre-Est, tome 34, fasc. 1–2, 41–54.

Matt, C.P. (1981) Die römische Station Gross Chastel im Solothurner Jura. Ein Vorbericht. Archäologie der Schweiz 4, 2, 75–81.

Matt, C.P. (1987) Der Grosse Chastel bei Bad Lostorf, ein spätrömisches Refugium im Solothurner Jura. Archäologie des Kantons Solothurn 5, Sedit 14167–155.

Mattingly, H. and Carson, R.A.G. (1923ff.) Coins of the Roman Empire in the British Museum (BMC), London. (6 Bände).

Mattingly, H. und Sydenham, E. A. (1923ff.) The Roman Imperial Coinage (RIC), London. (9 Bände).

Meisterhans, K. (1890) Älteste Geschichte des Kantons Solothurn bis zum Jahre 687. Festschrift des Solothurnischen Vereins. Solothurn.

Merz, W. (1910) Die Burgen des Sisgaus, 2, 87–106. Aarau.

Meyer, W. (1973) Frohburg SO. Provisorischer Bericht über die erste Grabungsetappe vom Sommer 1973. Nachrichten des Schweizerischen Burgenvereins 6, 49–55.

Meyer, W. (1974) Frohburg SO. Provisorischer Bericht über die zweite Grabungsetappe vom Sommer 1974. Nachrichten des Schweizerischen Burgenvereins 6, 97–108.

Meyer, W. (1975) Frohburg SO. Provisorischer Bericht über die dritte Arbeitsetappe vom Sommer 1975. Nachrichtenblatt des Schweizerischen Burgenvereins 5/6, 141–155.

Meyer, W. (1976) Frohburg SO. Provisorischer Bericht über die vierte Arbeitsetappe vom Sommer 1976. Nachrichtenblatt des Schweizerischen Burgenvereins 6, 41–50.

Meyer, W. (1977) Frohburg SO. Vorläufiger Bericht über die Forschungen 1973–1977. Nachrichten des Schweizerischen Burgenvereins 6, 105–119.

Meyer, W. (1983) Die Burgruine Frohburg bei Trimbach. Archäologie der Schweiz: gestern – heute – morgen, 75 Jahre SGUF, Kanton Solothurn, 17–23.

Meyer-Freuler, C. (1975) Römische Keramik des 3. und 4. Jahrhunderts aus dem Gebiet der Friedhoferweiterung von 1968–1970. JbGPV, 17–47. Brugg.

Müller, E. (1978) Vorläufiger Bericht über die ur- und frühgeschichtlichen Funde der Grabung Trimbach-Frohburg. Nachrichten des Schweizerischen Burgenvereins 1, 122–123.

Müller, F., Erb, S., Morel, P., Schwarz, P.-A. und Windler, R. (1988) Mont Terri 1984 und 1985 – Ein Grabungsbericht. JbSGUF 71, 7–70.

Olten, Stadt und Land am Jura. Div. Autoren (1983), besonders 21–46. Olten und Freiburg.

Osterwalder, C. (1971) Die mittlere Bronzezeit im Schweizerischen Mittelland und Jura. Monographien zur Ur- und Frühgeschichte 19. Basel.

Osterwalder, C. (1971a) Die mittlere Bronzezeit im Mittelland und Jura. UFAS 3, 27–40. Basel.

Pétrequin, P. (1982) Die jüngere Bronzezeit im französischen Jura. Archäologisches Korrespondenzblatt 12, 167–178.

Pétrequin, P., Vuaillat, D., Urlacher, J.P. (1969) Habitat et sépultures de l'âge du Bronze à Dampierre-sur-Le-Doubs (Doubs). Gallia Préhistoire 12, 1, 1–35.

Primas, M. (1971) Der Beginn der Spätbronzezeit im Mittelland und Jura. UFAS 3, 55–70. Basel.

Primas, M. (1982) Neue Untersuchungen urnenfelderzeitlicher Siedlungsfunde in der Nordostschweiz. Archäologisches Korrespondenzblatt 12, 47–54.

Primas, M. und Ruoff, U. (1981) Die urnenfelderzeitliche Inselsiedlung «Grosser Hafner» im Zürichsee (Schweiz), Tauchgrabung 1978–1979. Germania 59, 1, 31–50.

Rageth, J. (1986) Die wichtigsten Resultate der Ausgrabungen in der bronzezeitlichen Siedlung auf dem Padnal bei Savognin (Oberhalbstein GR). JbSGUF 69, 63–104.

Ramseyer, D. (1983) Châtillon-sur-Glâne (FR), un habitat de hauteur du Hallstatt final. Synthèse de huit années de fouilles (1974–1981). JbSGUF 66, 161–188.

Reber, W. (1970) Verkehrsgeographie und Geschichte der Pässe im östlichen Jura. Forschungen zur Geschichte und Landeskunde des Kantons Baselland 11, 96–97; Karte Seite 99. Liestal.

Robertson, A. S. (1962ff.) Roman Imperial Coins in the Hunter Coin Cabinet (HHC), University of Glasgow, Oxford (5 Bde.).

Rochna, O. (1962) Hallstattzeitlicher Lignit- und Gagatschmuck. Zur Verbreitung, Zeitstellung und Herkunft. Fundbericht aus Schwaben, Neue Folge 16, 44–83.

Rochna, O. (1984) Urgeschichtlicher Schmuck aus Tonschiefer, Gagat und Lignit. Helvetia Archaeologica 57/60, 15, 93–96.

Römer (1986) Die Römer in Baden-Württemberg. Hrsg. P. Filtzinger, D. Planck und B. Cämmerer. 3. Auflage. Stuttgart und Aalen.

Roth-Rubi, K. (1979) Untersuchungen an den Krügen von Avenches. Augst/Kaiseraugst.

Roth-Rubi, K. (1986) Die Villa von Stutheien/Hüttwilen TG, ein Gutshof der mittleren Kaiserzeit. Antiqua 14. Basel.

Rudin-Lalonde, K. (1985) Pratteln BL – Meierhofweg: Eine Fundstelle der Mittelbronze- und der Spätlatènezeit. Archäologie der Schweiz 8, 2, 58–61.

Ruoff, U. (1971) Die Phase der entwickelten und ausgehenden Spätbronzezeit im Mittelland und Jura. UFAS 3, 71–86. Basel.

Ruoff, U. (1974) Zur Frage der Kontinuität zwischen Bronze- und Eisenzeit in der Schweiz. Bern.

Ruoff, U. (1974a) Die frühe und entwickelte Hallstattzeit. UFAS 4, 5–18. Basel.

Ruoff, U. (1987) Die frühbronzezeitliche Ufersiedlung in Meilen-Schellen, Kanton Zürich. Tauchausgrabung 1985. JbSGUF 70, 51–64.

Rychner, V. (1979) L'âge du Bronze final à Auvernier. Cahiers d'Archéologie Romande 16, 1979. Lausanne.

Schaltenbrand, V. (1984) Eine neue mittelbronzezeitliche Station bei Aesch BL. Archäologie und Museum 001, 25–31. Liestal.

Schmitt, G. (1966) Une fosse de l'âge du Bronze Final à Achenheim-Oberschäffolsheim. Cahiers Alsaciens d'Archéologie, d'Art et d'Histoire 10, 35–42.

Schwab, H. (1981) RN 12 et archéologie. Exploration archéologique sur la RN 12 dans le canton de Fribourg. N12 und Archäologie. Archäologische Untersuchungen auf der N12 im Kanton Freiburg. Freiburg.

Schweizer, T. (1946) Die Wehranlagen aus der Steinzeit von Olten und Umgebung. Jahrbuch für Solothurnische Geschichte 19, 138–145.

Seewald, C. (1958) Die urnenfelderzeitliche Besiedlung der ehemaligen Rheininsel von Säckingen und Umgebung. Badische Fundberichte 21, 93–127.

Sievers, S. (1984) Die Kleinfunde der Heuneburg. Die Funde aus den Grabungen 1950–1979. Heuneburgstudien 5. Römischgermanische Forschungen 42. Mainz.

Sitterding, M. (1974/75) Die bronzezeitliche Höhensiedlung von Waldi bei Toos (Bericht über die Ausgrabungen 1971–1972). JbSGUF 58, 19–39.

Sitterding, M. (1984) Bemerkungen zur spätbronzezeitlichen Keramik am Beispiel von Zug-Sumpf. Helvetia Archaeologica 57/60, 15, 67–76.

Speck, J. (1954) Die Ausgrabungen in der spätbronzezeitlichen Ufersiedlung Zug «Sumpf». Das Pfahlbauproblem. Monographie zur Ur-und Frühgeschichte der Schweiz, 275–334.

Stadelmann, J. (1981) Der runde Berg bei Urach 4. Funde der vorgeschichtlichen Perioden aus den Plangrabungen 1967–1974. Heidelberger Akademie der Wissenschaften. Dissertation mit Diskussion der Funde. Heidelberg.

Staehelin, F. (1948) Die Schweiz in römischer Zeit, 3. Auflage. Basel.

Strahm, C. (1971) Die Gliederung der schnurkeramischen Kultur in der Schweiz. Acta Bernensia 6. Bern.

Suter, P.J. (1984) Zürich-Bauschanze, Grabung 1983. JbSGUF 67, 7–20.

Tatarinoff, E. (1910) Eine prähistorische Ansiedlung im Rinthel (Gemeinde Trimbach, Kanton Solothurn). ASA, Neue Folge 12, 2, 85–102.

Tauber, J. (1977) Beinschnitzer auf der Frohburg SO. Ein Beitrag zur Geschichte eines Handwerks im Mittelalter. Festschrift Elisabeth Schmid, 214–225. Basel.

Tauber, J. (1980) Herd und Ofen im Mittelalter. Schweizerische Beiträge zur Kulturgeschichte und Archäologie des Mittelalters 7, 235–268. Olten.

Unz, C. (1973) Die spätbronzezeitliche Keramik in Südwestdeutschland, in der Schweiz und in Ostfrankreich. Prähistorische Zeitschrift 48, 1–124.

Unz, C. (1981) Mittelbronzezeitliche Siedlungsfunde von Wisen. Archäologie der Schweiz 4, 2, 48–51.

Unz, C. (1982) Das spätbronzezeitliche Frauengrab von Binningen BL. Archäologie der Schweiz 5, 4, 194–201.

Vital, J. et Voruz, J. L. (1984) L'habitat protohistorique de Bavois-en-Raillon (VD). Cahiers d'Archéologie Romande 28. Lausanne.

Vögtli, B. (1975) Trimbach, ein Passdorf, unsere Gemeinde, meine Heimat. Olten.

Vonbank, E. (1966) Frühbronzezeitliche Siedlungsfunde im Vorarlberger Rheintal. Helvetia Antiqua. Festschrift für E. Vogt, 55–58. Zürich.

Weiss, J. und Frey, P. (1980) Bronzezeitliche Siedlungsspuren in Möriken. Archäologie der Schweiz 3, 1, 8–11.

Winiger, J. (1981) Das Neolithikum der Schweiz. Eine Vorlesungsreihe zum Forschungsstand 1981. Basel.

Winiger, J. und Hasenfratz, A. (1985) Ufersiedlungen am Bodensee. Archäologische Untersuchungen im Kanton Thurgau 1981–1983. Antiqua 10. Basel.

Wyss, R. (1971) Siedlungswesen und Verkehrswesen. UFAS 3, 103–122. Basel.

Wyss, R. (1972) Bronzezeitliches Töpferhandwerk aus dem Schweizer Landesmuseum 31, Bern.

Ziegler, R. (1983) Der Schatzfund von Brauweiler. Untersuchungen zur Münzprägung und zum Geldumlauf im gallischen Sonderreich. Beihefte der Bonner Jahrbücher 42, Köln.

Zürcher, A. (1977) Spuren einer mittelbronzezeitlichen Siedlung bei Pfäffikon ZH. Festschrift für W. Drack, 32–43. Zürich.

Zürn, H. (1987) Hallstattzeitliche Grabfunde in Württemberg und Hohenzollern. Forschungen und Berichte zur Vor- und Frühgeschichte in Baden-Württemberg 25/1.2. Stuttgart.

Zumstein, H. (1966) L'âge du Bronze dans le Département du Haut-Rhin. Bonn.

Abbildungsnachweise

Abb. 1, 3, 4, 5, 6, 7, 8: Grabungsdokumentation 1973–1977 (Abb. 5, 7, 8: KASO umgezeichnet, Abb. 3: P. Gutzwiller umgezeichnet)
Abb. 2: LK der Schweiz, Blatt 1088 (Hauenstein)
Abb. 9, 13, 15, 18: KASO, Foto J. Stauffer
Abb. 10, 11, 12, 14: KASO
Abb. 16: P. Gutzwiller, von KASO umgezeichnet
Abb. 19, 20: LK der Schweiz, Blatt 1088, Eintragungen KASO
Münzen (S. 48–57): J. Stauffer

Abkürzungen

AMABL	Amt für Museen und Archäologie Baselland, Liestal	Kap.	Kapitel
ANRW	Aufstieg und Niedergang der römischen Welt, New York-Berlin 1972ff.	KASO	Kantonsarchäologie Solothurn
		LTZ	Latènezeit
ASA	Anzeiger für Schweizerische Altertumskunde	M	Massstab
		MBZ	Mittelbronzezeit (BzB-BzC)
Badfundber	Badische Fundberichte	MSBZ	Mittlere Spätbronzezeit (HaA2-HaB1)
BAR	British Archaeological Reports	m. ü. M.	Meter über Meer
Bdm.	Boden- oder Bauchdurchmesser	Obfl.	Oberfläche
BHM	Historisches Museum Bern	Rdm.	Randdurchmesser
BJb	Bonner Jahrbücher	RIC	The Roman Imperial Coinage 1923ff.
BMC	Coins of the Roman Empire in the British Museum, London 1923ff.	RN	Revue Numismatique
		RS	Randscherbe(n)
BS	Bodenscherbe(n)	RZ	Römische Zeit
ca.	zirka	SBZ	Spätbronzezeit (BzD-HaB2/nach Müller-Karpe HaB3)
d. h.	das heisst		
FBZ	Frühbronzezeit (BzA)	SFMA	Studien zu Fundmünzen der Antike, Berlin 1979ff.
FM	Fricktalermuseum, Rheinfelden		
FSBZ	Frühe Spätbronzezeit (BzD-HaA1)	SSBZ	Späte Spätbronzezeit (HaB2/nach Müller-Karpe HaB3)
HaZ	Hallstattzeit (HaC-HaD)		
HHC	Roman Imperial Coins in the Hunter Coin Cabinet, University of Glasgow, Oxford 1962ff.	Taf.	Tafel(n)
		u. E.	unseres Erachtens
		UFAS	Ur- und frühgeschichtliche Archäologie der Schweiz
HMO	Historisches Museum Olten		
Inv.-Nr(n).	Inventarnummer(n)	US	Ur-Schweiz
JbHMO	Jahresberichte des Historischen Museums Olten	WS	Wandscherbe(n)
		Wst.	Wandstärke
		z. B.	zum Beispiel
JsolG	Jahrbuch für Solothurnische Geschichte	z. T.	zum Teil

Katalog und Tafeln

Die Inventarnummern richten sich nach dem System der Kantonsarchäologie des Kantons Solothurn. Dort werden auch die Funde aufbewahrt.

1120 Fundobjekte, d.h. gut $1/5$ des gesamten bestimmbaren Materials, sind im Katalog aufgeführt und auf den Tafeln im Massstab 1:2 abgebildet: die prähistorischen Funde mit einem leeren, die römischen mit einem ausgefüllten Profil. Nicht abgebildete Fundobjekte werden im Text mit der vollständigen Inv.-Nr. zitiert. Die Stücke sind, soweit dies möglich war, in chronologischer Reihenfolge geordnet. Sie werden stichwortartig mit folgenden Angaben beschrieben: Rand-/Wand-/Bodenscherbe, Form, Dekor. Tonfarbe, Magerung, Oberflächenbehandlung. Rand-/Bauch-/Bodendurchmesser. Wandstärke. Inv.-Nr. Fundzone (Funde aus Altgrabungen und alte Lesefunde sind mit einem «A» gekennzeichnet).

Die Gesamtmenge und der prozentuale Anteil jeder Gefässform kann den Aufstellungen S. 69–70 entnommen werden.

Tafel 1: Horgener Kultur

Töpfe
1. RS eines steilwandigen Topfes, gegen oben hin leicht einziehend, mit Lochzier. Ton rot-braun, grob gemagert, harter Brand, Obfl. verstrichen. Rdm. 18 cm. Wst. 7–13 mm. Inv.Nr. 120/14/1. F4/3.
2. RS eines steilwandigen, oben etwas einziehenden Topfes, breite Horizontalrille. Ton orange-rot, grob gemagert, harter Brand, Obfl. verstrichen. Wst. 7–13 mm. Inv.Nr. 120/14/2. V3/2.
3. RS eines steilwandigen Topfes mit Horizontalrille. Ton rot-braun, grob gemagert, Obfl. verstrichen. Rdm. 24 cm. Wst. 11–18 mm. Inv.Nr. 120/14/3. F4/3.
4. RS eines oben schwach einziehenden Topfes mit Horizontalrillenzier. Ton grau, grob gemagert, Obfl. braun, verstrichen. Wst. 12–15 mm. Inv.Nr. 120/14/4. P14/1.
5. RS eines steilwandigen Topfes mit Horizontalrillenzier. Ton beige-braun, grob gemagert, Obfl. verstrichen. Wst. 8–14 mm. Inv.Nr. 120/14/5. P14/3.
6. RS mit mind. zwei breiten Horizontalrillen, untere mit Loch. Ton rot-braun, grob gemagert, Obfl. verstrichen. Wst. ca. 13 mm. Inv.Nr. 120/14/6. F11/1.
7. 3 WS eines steilwandigen, gegen oben hin einziehenden Topfes mit breiter Horizontalrille. Ton rot-braun, sehr grob gemagert, Obfl. innen rissig, aussen verstrichen (Fingerbahnen). Bdm. 20 cm. Wst. 16–21 mm. Inv.Nr. 120/14/7. Z8/5.
8. RS eines oben stark einziehenden Topfes. Ton innen grau, aussen rot-braun, grob gemagert, guter Brand, Obfl. verstrichen. Wst. 6–9 mm. Inv.Nr. 120/14/8. Z13/2.
9. 2 RS eines steilwandigen Topfes. Ton beige-braun, grob gemagert, Obfl. verstrichen. Rdm. 24 cm. Wst. 11–18 mm. Inv.Nr. 120/14/9. Z10/2.
10. RS eines steilwandigen Topfes, gegen oben leicht ausladend, mit Horizontalrillenzier. Ton orange-braun, grob gemagert, Obfl. verstrichen. Rdm. 18 cm. Wst. 8–12 mm. Inv.Nr. 120/14/10. F4/2.
11. RS eines Topfes. Kerbe am Rand(?). Ton grau-braun, grob gemagert, Obfl. verstrichen. Wst. 9–13 mm. Inv.Nr. 120/14/12. Z10/1.

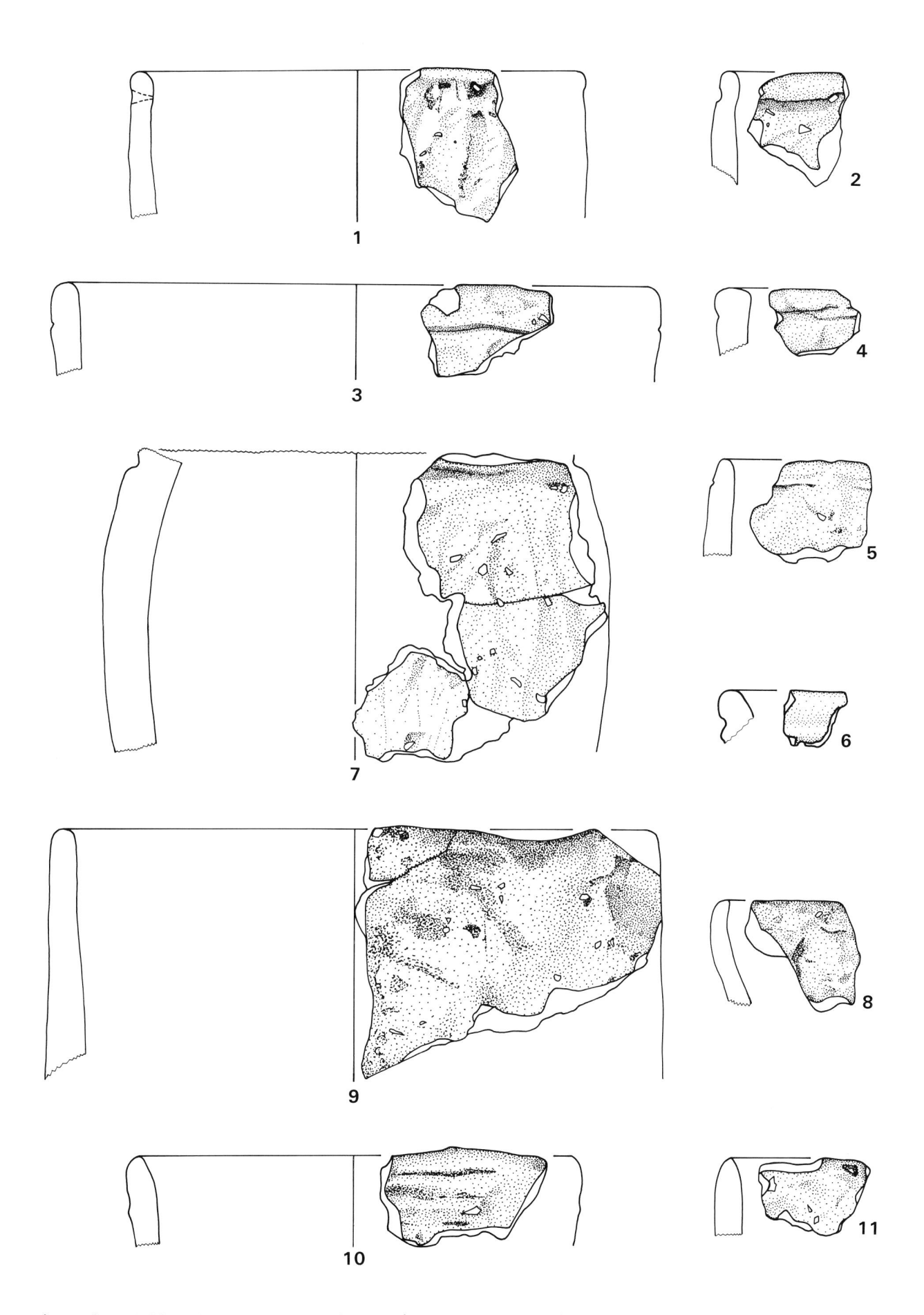

Taf. 1 Trimbach SO-Frohburg. Horgener Kultur: Töpfe. Massstab 1:2.

87

Tafel 2: Horgener Kultur

Töpfe (Fortsetzung)

12 2 RS eines steilwandigen, oben leicht geschweiften Topfes. Ton rot-braun, grob gemagert, Obfl. verstrichen, Rdm. ca. 18 cm. Wst. 8–11 mm. Inv.Nr. 120/14/11 und 16. F4/2.

13 RS eines steilwandigen Topfes. Ton rot-braun, Obfl. verstrichen. Wst. 10–12 mm. Inv.Nr. 120/14/14. F4/2.

14 WS. Ton innen grau, aussen rot-braun, grob gemagert, Obfl. innen rissig, aussen verstrichen. Wst. 15–17 mm. Inv.Nr. 120/14/19. A.

15 BS, «Elephantenfuss». Ton im Kern grau, grob gemagert, Obfl. rot-braun, verstrichen. Wst. 20–30 mm. Inv.Nr. 120/14/28. A.

16 BS eines Topfes mit eingezogener Wandung. Ton grau, aussen orange-rot, grob gemagert, Obfl. verstrichen. Bdm. 20 cm. Wst. 12–26 mm. Inv.Nr. 120/14/29. F4/Ss.

17 3 BS eines steilwandigen Topfes. Ton rot-braun, grob gemagert, Obfl. verstrichen. Bdm. 20 cm. Wst. 13–21 mm. Inv.Nr. 120/14/30. F4/3.

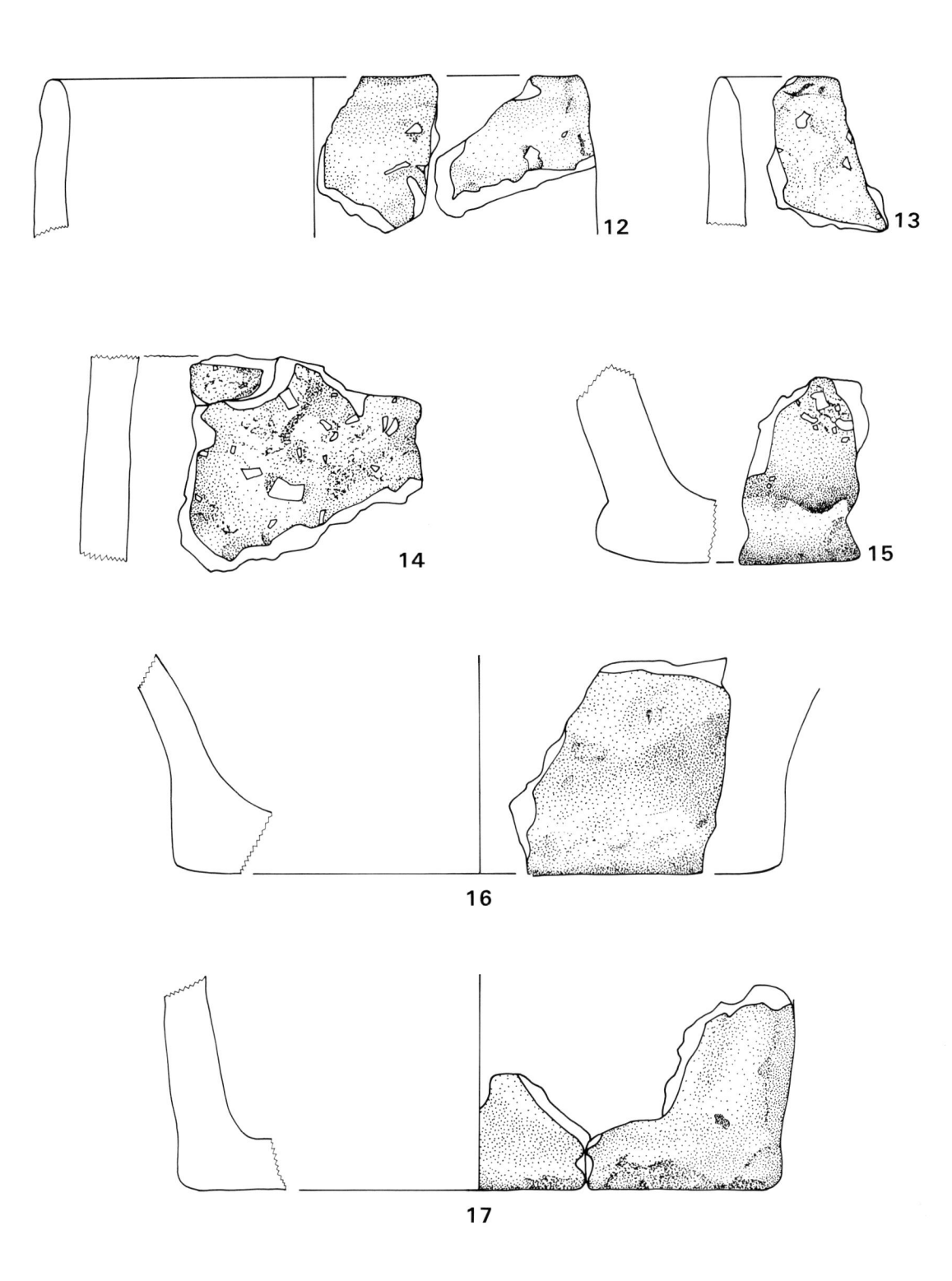

Taf. 2 Trimbach SO-Frohburg. Horgener Kultur: Töpfe.
Massstab 1:2.

Tafel 3: Schnurkeramische Kultur

Töpfe

18 RS eines Topfes mit ausladendem Rand, tiefe Einstiche auf dem Randsaum und beidseitig einer Horizontalleiste. Ton grau-braun, grob gemagert, Obfl. verstrichen-geglättet. Rdm. 29 cm. Wst. 12–20 mm. Inv.Nr. 120/14/48. F4/2.

19 RS eines Topfes mit ausladendem Rand, Fingertupfen auf dem Randsaum, flache, hochsitzende Fingertupfenleiste. Ton im Kern grau, grob gemagert, Obfl. orange-braun, verstrichen. Rdm. 22 cm. Wst. 6–16 mm. Inv.Nr. 120/14/49. Z10/2.

20 RS eines Topfes mit ausladendem Rand, flache eine Wellenleiste am Rand. Ton grau, aussen orange-braun, grob gemagert, Obfl. verstrichen. Rdm. ca. 18 cm. Wst. 11–17 mm. Inv.Nr. 120/14/50. F4/2.

21 RS eines Topfes mit ausladendem Rand, Fingertupfen am Randsaum, eine Wellenleiste am Rand. Ton grau, aussen orange-braun, grob gemagert, Obfl. verstrichen. Rdm. ca. 22 cm. Wst. 7–14 mm. Inv.Nr. 120/14/51. F4/2.

22 RS eines Topfes mit ausladendem Rand, Einstiche am Randsaum, aussen Schrägkerben, Leiste mit Einstichen. Ton im Kern grau, grob gemagert, Obfl. beige-orange, verstrichen. Wst. 11–15 mm. Inv.Nr. 120/14/52. F4/2.

23 RS eines Topfes mit ausladendem Rand, horizontal abgestrichen, Fingertupfen am Randsaum, flache Wellenleiste am Rand. Ton grau, grob gemagert, Obfl. verstrichen. Wst. 10–12 mm. Inv.Nr. 120/14/53. Z10/1.

24 WS eines Topfes mit ausladendem Rand, flache Wellenleiste. Ton grau, aussen bräunlich, grob gemagert (u.a. mit Biotit), Obfl. verstrichen. Wst. 7–15 mm. Inv.Nr. 120/14/54. V15/2.

Schnurbecher

25 RS eines Bechers mit ausladendem Rand, Doppelschnurreihen. Ton grau, grob gemagert, Obfl. aussen rot-braun, geglättet(?). Rdm. 15 cm. Wst. 5–8 mm. Inv.Nr. 120/14/59. Z10/2.

26 RS eines Bechers mit ausladendem Rand, Doppelschnurreihen. Ton grau-braun, rel. fein gemagert, gut gebrannt, Obfl. geglättet. Rdm. 16 cm. Wst. 8–9 mm. Inv.Nr. 120/14/60. Z8/5.

27 WS eines Bechers mit ausladendem Rand, Schnurreihen am Rand, Einstichreihe auf der Schulter. Ton im Kern grau, rel. fein gemagert, Obfl. rot-braun, geglättet. Wst. 7–9 mm. Inv.Nr. 120/14/61. Z8/5.

28 WS, horizontale und vertikale Schnurreihen. Ton grau, rel. fein gemagert, Obfl. verstrichen-geglättet. Wst. 4–6 mm. Inv.Nr. 120/14/62. F8/2.

29 WS, Schnurdekor. Ton grau, aussen rot-braun, rel. fein gemagert, Obfl. verstrichen. Wst. 5–8 mm. Inv.Nr. 120/14/63. F14/3.

30 WS, Rillen- und Einstichdekor. Ton grau, grob gemagert, Obfl. verstrichen-geglättet. Wst. 8–11 mm. Inv.Nr. 120/14/64. F8/4.

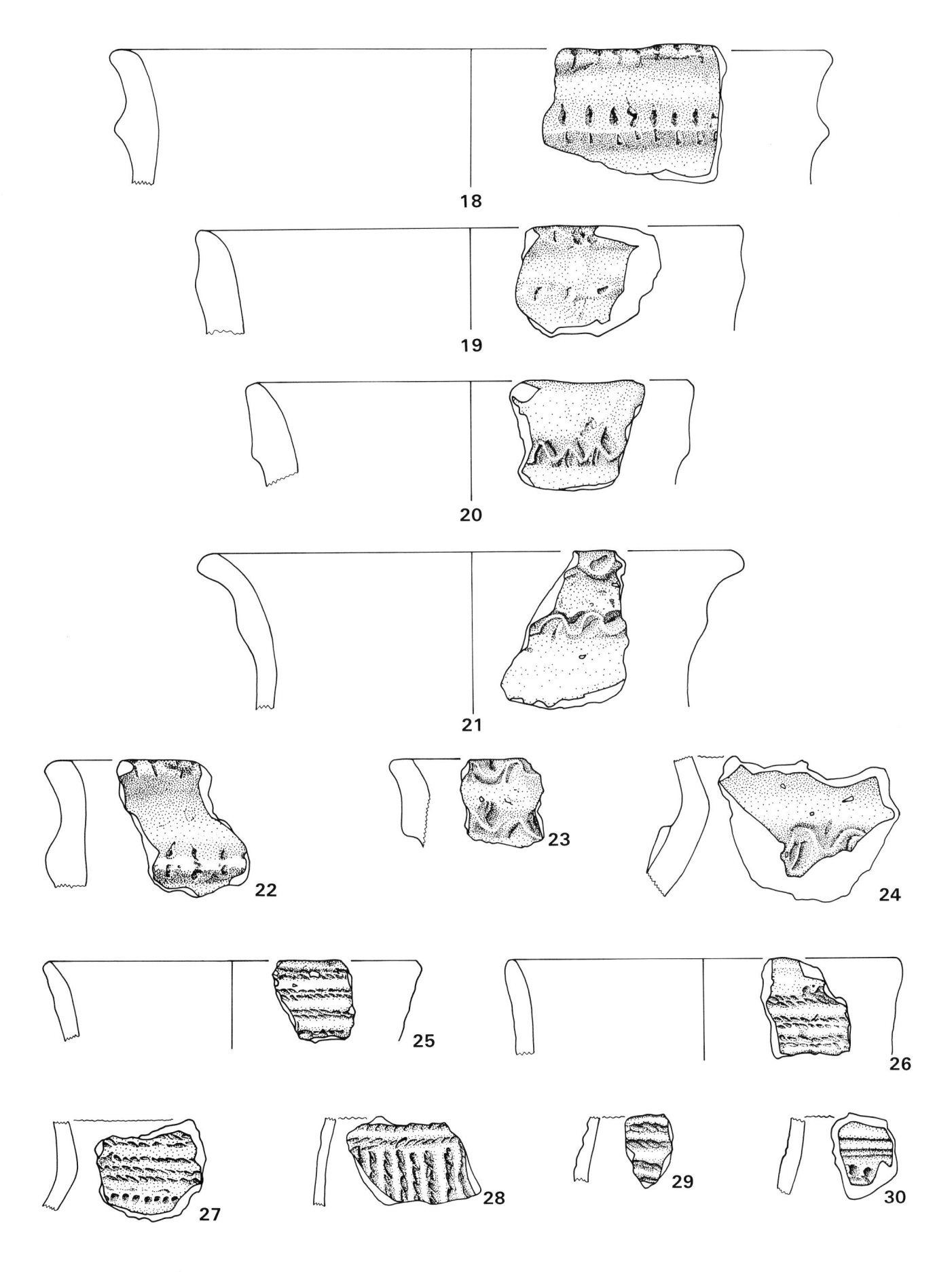

Taf. 3 Trimbach SO-Frohburg. Schnurkeramische Kultur: 18–24 Töpfe, 25–30 Becher. Massstab 1:2.

Tafel 4: Neolithikum

Steinartefakte

31 Lochaxtfragment aus Serpentin, Obfl. fein poliert, Pickspuren an der Schneide (sekundäre Verwendung). Inv.Nr. 120/14/65. F4/3.
32 Steinbeilfragment aus grünlichem Gabbro, beinahe runder Querschnitt. Schneide poliert, Körper gepickt. Inv.Nr. 120/14/66. F8/1.
33 Steinbeilklinge aus Allalin-Gabbro (Herkunft: Zermatt/Saas-Fee), gerundet-rechteckiger Querschnitt, Obfl. poliert. Inv.Nr. 120/14/68. A.
34 Meissel, rundnackig aus vulkanischem Gestein, rechteckiger Querschnitt, Schneide poliert, übrige Teile gepickt. Inv.Nr. 120/14/71. F13/1.
35 Langovaler, grauer Sandstein, poliert mit Ritzdekor. Inv.Nr. 120/14/72. F28/1.
36 Glätte- oder Polierstein mit rechteckigem Querschnitt aus feinkörnigem, grünlichem Sandstein, poliert. Inv.Nr. 120/14/73. A.
37 Retoucheur(?) aus einem feinen, gelblichen Sedimentgestein mit Verwitterungsrinde, Ritzzeichen(?). Inv.Nr. 120/14/74. F28/1.
38 Netzsenker aus grauem Sandstein, beidseitig gepickte Kerben. Inv.Nr. 120/14/75. P19/3.
39 Fragment aus rotem Sandstein mit einer planen und einer gewölbten Seite, Rille. Inv.Nr. 120/14/77. P9/1.
40 Sandsteindiskus, bräunlich-grau. Inv.Nr. 120/14/81. F22/2.
41 Klopfstein aus Quarzit, beidseitig verwendet. Inv.Nr. 120/14/92. F28/1.

Silices

42 Pfeilspitze, langdreieckig mit gerader Basis, beidseitig flächenretuschiert, weisslich. Inv.Nr. 120/14/97. A.
43 Pfeilspitze, triangulär mit eingezogener Basis, beidseitig flächenretuschiert, gräulich. Inv.Nr. 120/14/98. E3/1.
44 Pfeilspitze, triangulär mit eingezogener Basis, beidseitig flächenretuschiert, rötlich-grau gebändert. Inv.Nr. 120/14/99. A.
45 Pfeilspitze, triangulär, gestielt(?), gelb-braun. Inv.Nr. 120/14/100. P12/1.
46 Pfeilspitze, rhombisch, beidseitig retuschiert, gelb-braun. Inv.Nr. 120/14/101. Z11/5.
47 Bohrer vom Typ Dickenbännli, weisslich. Inv.Nr. 120/14/102. A.
48 Bohrer vom Typ Dickenbännli, grau-weiss. Inv.Nr. 120/14/103. A.
49 Handspitze, gelblich-grau gebändert, Rindenrest. Inv.Nr. 120/14/107. Z13/2.
50 Winkelschaber auf typisch neolithischer Klinge, grau. Inv.Nr. 120/14/109. A.
51 Klingenschaberfragment, weisslich-grau. Inv.Nr. 120/14/115. Z10/2.

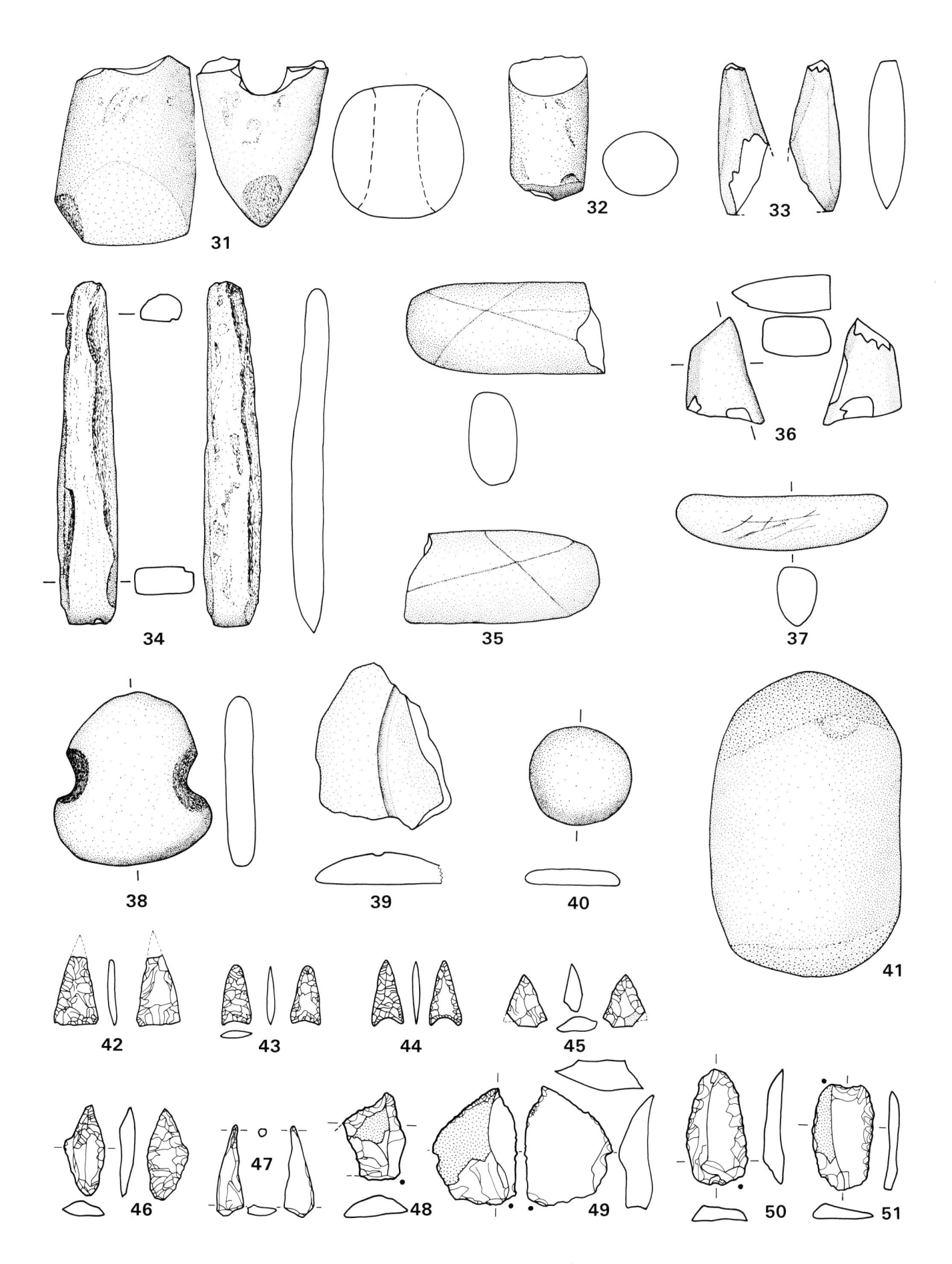

Taf. 4 Trimbach SO-Frohburg. Neolithikum: 31–41 Steinartefakte, 42–51 Silexgeräte. Massstab 1:2.

Tafel 5: Mittelbronzezeit

Töpfe

52 RS eines steilrandigen Topfes mit leicht gerundetem Randabschluss, hochsitzende Fingertupfenleiste. Ton grau, grob gemagert, Obfl. verstrichen-geglättet. Rdm. 24 cm. Wst. 4–9 mm. Inv.Nr. 120/14/671. Z8/5.

53 RS eines Topfes mit flach abgestrichener Randlippe, randständige Tupfenleiste. Ton grau-schwarz, grob gemagert, Obfl. geglättet, Zone unterhalb Leiste poliert. Wst. 7–13 mm. Inv.Nr. 120/14/674. K4/3.

54 RS eines Topfes mit leicht ausladendem Rand und flach abgestrichener Lippe, hochsitzende Fingertupfenleiste. Ton grau-schwarz, aussen teilweise braun, grob gemagert, Obfl. verstrichen-geglättet. Rdm. 28 cm. Wst. 6–9 mm. Inv.Nr. 120/14/673. Z8/5.

55 RS eines Topfes mit leicht gerundetem Randabschluss, hochsitzende Fingertupfenleiste. Ton grau, grob gemagert, Obfl. verstrichen-geglättet. Wst. 4–9 mm. Inv.Nr. 120/14/672. Z8/5.

56 RS eines Topfes mit ausladendem Rand, randständige Tupfenleiste. Ton im Kern grau, aussen bräunlich, grob gemagert, Obfl. geglättet-poliert. Wst. 5–11 mm. Inv.Nr. 120/14/675. A.

57 RS eines Topfes mit horizontal abgestrichenem Rand, randständige, flache Tupfenleiste. Ton grau, aussen orange-braun verwittert, grob gemagert, Obfl. geglättet. Wst. 7–10 mm. Inv.Nr. 120/14/677. F8/2.

58 RS eines Topfes mit gerundetem Randsaum, Fingertupfen an der Lippe. Ton im Kern grau, grob gemagert, Obfl. bräunlich, innen geglättet, aussen verstrichen. Wst. 6–8 mm. Inv.Nr. 120/14/678. F4/2.

59 RS eines Topfes mit ausladendem, horizontal abgestrichenem Rand, Fingertupfen am Randsaum. Ton grau-schwarz, aussen bräunlich, grob gemagert, Obfl. verstrichen-geglättet. Wst. 6–13 mm. Inv.Nr. 120/14/681. Z1/1.

60 RS eines Topfes mit ausladendem, horizontal abgestrichenem Rand, Fingertupfen am Saum. Ton grau, grob gemagert, Obfl. verstrichen-geglättet. Wst. 5–12 mm. Inv.Nr. 120/14/682. Z1/1.

61 RS eines Topfes mit ausladendem Rand und horizontal abgestrichener Lippe, Fingertupfen am Randsaum. Ton grauschwarz, grob gemagert, Obfl. verstrichen-geglättet. Wst. 8–11 mm. Inv.Nr. 120/14/680. Z8/5.

62 RS eines Topfes mit stark ausbiegendem, flach abgestrichenem Rand, feine Fingertupfen am Randsaum. Ton grauschwarz, aussen beige-braun, Obfl. verstrichen-geglättet. Wst. 5–8 mm. Inv.Nr. 120/14/684. V9/3.

63 RS eines Topfes mit ausladendem, horizontal abgestrichenem Rand, Fingertupfen am Randsaum. Ton grau-schwarz, aussen bräunlich, grob gemagert, Obfl. verstrichen-geglättet. Wst. 6–11 mm. Inv.Nr. 120/14/683. P12/3.

64 RS eines Topfes mit ausbiegendem Rand, Randsaum nach innen gerundet, Tupfenleiste auf der Schulter. Ton grauschwarz, grob gemagert, Obfl. Halszone und Innenseite geglättet, unterhalb der Leiste mit Schlicker beworfen. Rdm. 16 cm. Wst. 4–10 mm. Inv.Nr. 120/14/694. Z8/5.

65 RS eines Topfes mit leicht ausbiegendem Rand und kolbenartig verdicktem Randabschluss, flache Tupfenleiste auf der Schulter. Ton grau, grob gemagert, Obfl. verstrichen, unterhalb der Leiste geschlickt. Rdm. 24 cm. Wst. 4–7 mm. Inv.Nr. 120/14/695. K19/1.

66 RS eines Topfes mit geradem Steilrand, Fingertupfen auf dem Randsaum, Tupfenleiste am Rand. Ton im Kern grau, innen beige-braun, aussen grau-braun, grob gemagert, Obfl. verstrichen. Rdm. 25 cm. Wst. 6–10 mm. Inv.Nr. 120/14/696. Z12/1.

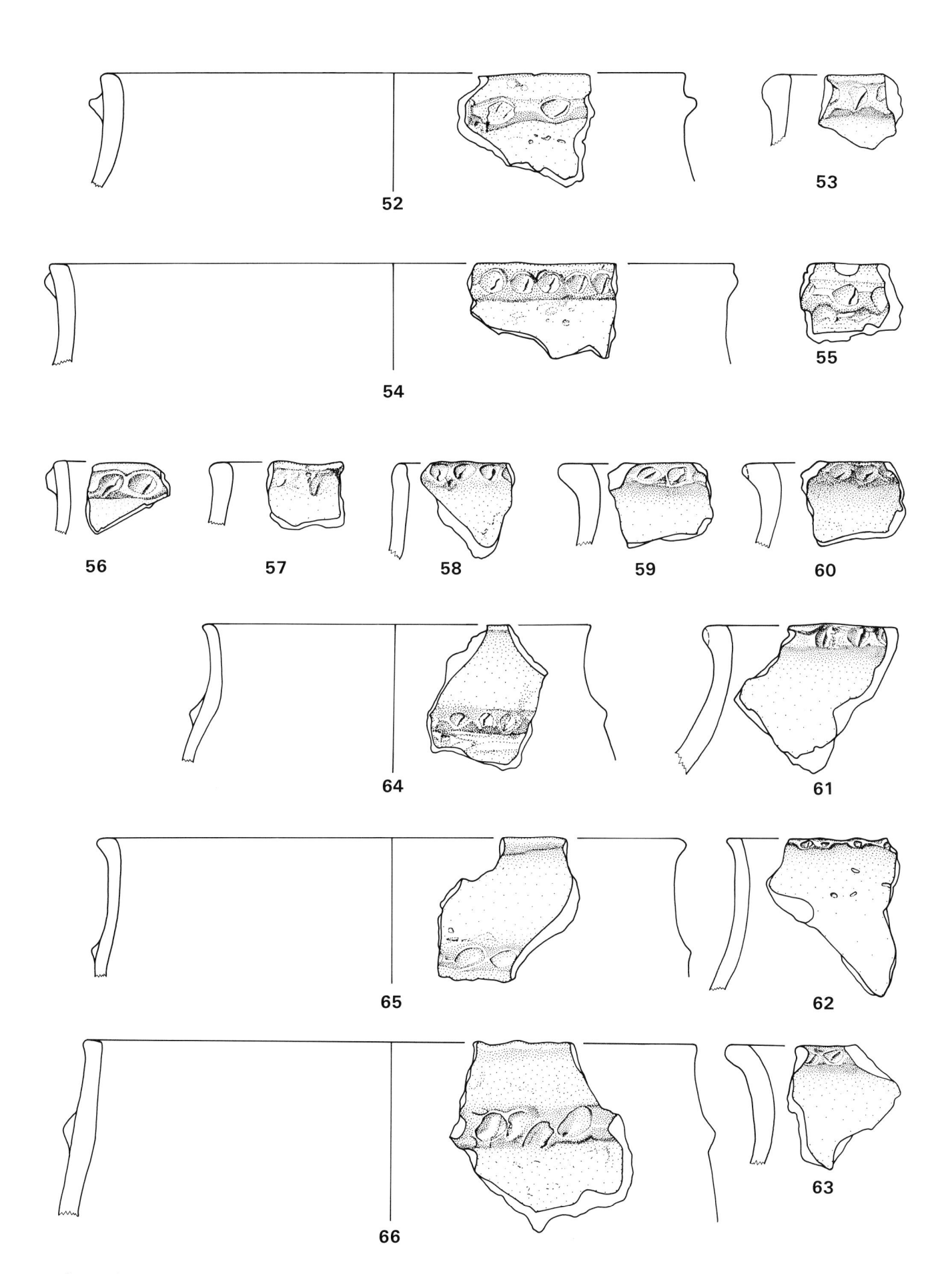

Taf. 5 Trimbach SO-Frohburg. Mittelbronzezeit: Töpfe.
Massstab 1:2.

Tafel 6: Mittelbronzezeit

Töpfe (Fortsetzung)

67 RS eines Topfes mit Steilrand, horizontal abgestrichene Lippe, flache Tupfenleiste auf der Schulter. Ton im Kern grau, Obfl. bräunlich verstrichen-geglättet. Rdm. 20 cm. Wst. 4–9 mm. Inv.Nr. 120/14/697. P19/2.

68 RS eines Topfes mit Steilrand, horizontal abgestrichene Lippe, seichte Fingertupfen am Randsaum und Tupfenleiste auf der Schulter. Ton grau, aussen bräunlich verwittert, grob gemagert, Obfl. verstrichen-geglättet. Wst. 6–11 mm. Inv.Nr. 120/14/698. A.

69 RS eines Topfes mit geradem Steilrand, Abschluss gerundet, «Buckelleiste» am Rand. Ton grau, aussen braun, grob gemagert, Obfl. verstrichen-geglättet, über der Leiste poliert. Rdm. 19 cm. Wst. 4–8 mm. Inv.Nr. 120/14/699. Z8/5.

70 RS eines Topfes mit schwach ausbiegendem Steilrand, gerundete Lippe. Ton grau, grob gemagert, Obfl. verstrichen-geglättet. Wst. 5–11 mm. Inv.Nr. 120/14/762. K19/1.

71 RS eines Topfes mit Steilrand, Lippe gerundet. Ton grau, rel. fein gemagert, Obfl. geglättet. Rdm. 14 cm. Wst. 6–8 mm. Inv.Nr. 120/14/717. G3/1.

72 RS eines Topfes mit ausbiegendem Rand, gerundete Lippe, am Rand feine Fingertupfen. Ton grau-schwarz, grob gemagert, Obfl. verstrichen. Wst. 6–8 mm. Inv.Nr. 120/14/718. A.

73 RS eines Topfes mit ausbiegendem Steilrand, Abschluss gerundet. Ton beige-braun, fein gemagert, Obfl. verstrichen. Rdm. 12 cm. Wst. 4–6 mm. Inv.Nr. 120/14/700. F4/3.

74 RS eines Topfes mit schwach ausbiegendem Steilrand, Lippe leicht abgestrichen. Ton grau, fein gemagert, Obfl. geglättet-poliert. Rdm. 14 cm. Wst. 4–5 mm. Inv.Nr. 120/14/728. K22/4.

75–84 Diverse Randformen von Töpfen, Lippen gerundet oder horizontal abgestrichen. Ton grau, grob gemagert, Obfl. verstrichen-geglättet. Inv.Nrn. 120/14/707; 706; 708; 709; 710; 711; 712; 713; 714; 715. F23/1; F11/1; F28/1; G5/2; K7/2; K8/1; K9/3; K13/1; K18/2; K19/1.

85 RS eines Topfes mit ausbiegendem rand, Lippe schwach gerundet. Ton grau, grob gemagert, Obfl. verstrichen-geglättet. Rdm. 17 cm. Wst. 7–10 mm. Inv.Nr. 120/14/764. Z8/5.

86 RS eines Topfes mit ausbiegendem Rand, Lippe gerundet. Ton grau-schwarz, grob gemagert, Obfl. innen bis zum Rand geglättet, aussen mit braunem Schlick beworfen. Rdm. 28 cm. Wst. 7–11 mm. Inv.Nr. 120/14/765. Z8/5.

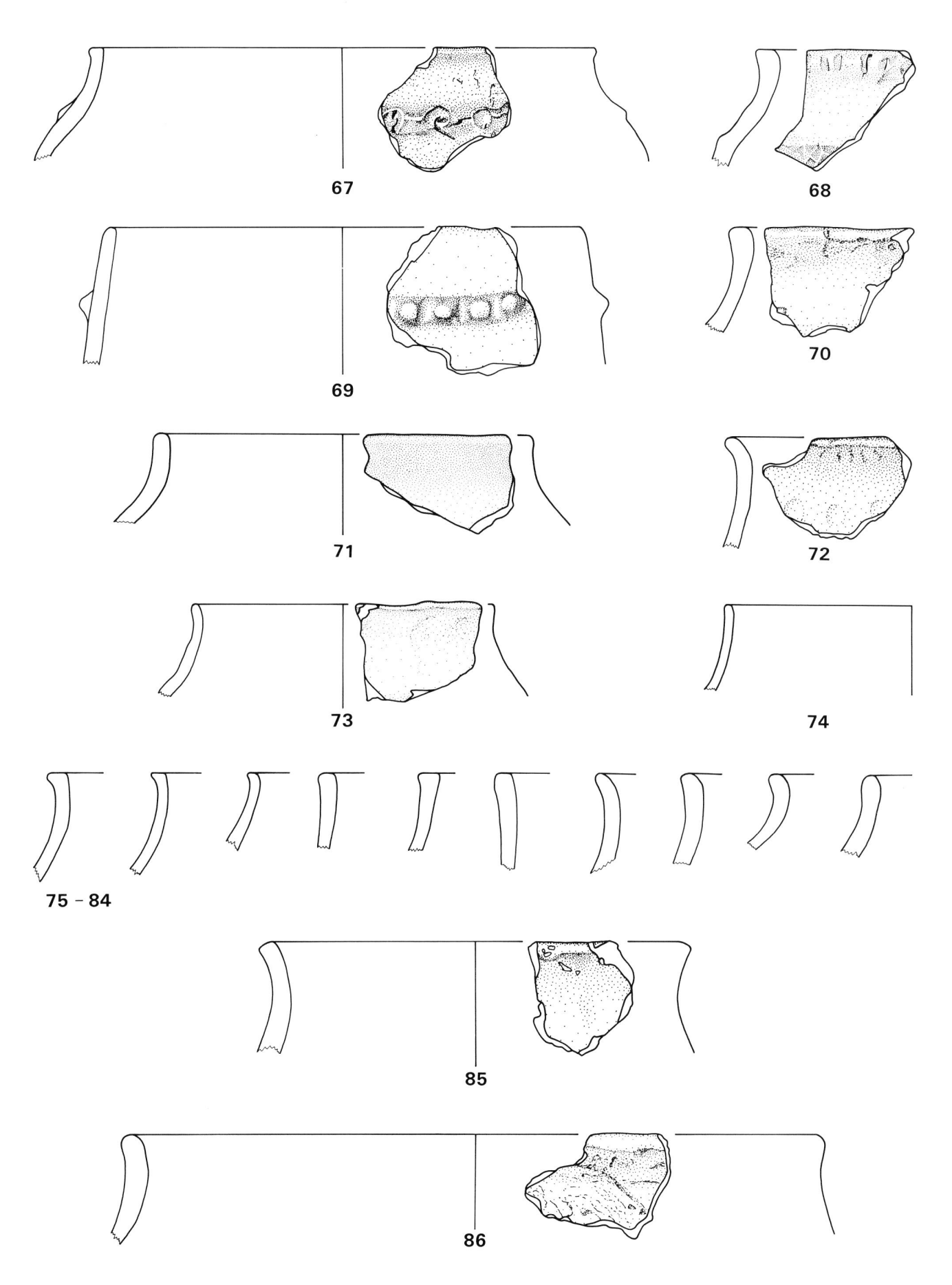

Taf. 6 Trimbach SO-Frohburg. Mittelbronzezeit: Töpfe.
Massstab 1:2.

Tafel 7: Mittelbronzezeit

Töpfe (Fortsetzung)

87 RS eines Topfes mit ausbiegendem Rand, verdickte, leicht gerundet abgestrichene Lippe. Ton beige-bräunlich, grob gemagert, Obfl. verstrichen, aussen Schlicker bis zum Rand. Rdm. 22 cm. Wst. 8–17 mm. Inv.Nr. 120/14/766. V9/4.

88 RS eines Topfes mit ausbiegendem Steilrand, horizontal abgestrichen. Ton grau, grob gemagert, Obfl. innen bis zum Rand geglättet, aussen mit braunem Schlicker beworfen. Rdm. 26 cm. Wst. 11–17 mm. Inv.Nr. 120/14/769. Z1/6.

89 RS eines Topfes mit ausbiegendem Steilrand, verdickter gerundeter Randabschluss. Ton grau, grob gemagert, aussen bräunlich, Obfl. verstrichen-geglättet. Rdm. 26 cm. Wst. 8–13 mm. Inv.Nr. 120/14/705. V9/3.

90 RS eines Topfes mit ausbiegendem Steilrand, Lippe horizontal abgestrichen. Ton rot-braun, grob gemagert, Obfl. innen bis zum Rand geglättet, aussen mit braunem Schlicker beworfen. Rdm. ca. 40 cm. Wst. 11–20 mm. Inv.Nr. 120/14/768. Z1/6.

91 RS eines Topfes mit stark ausbiegendem Rand, gerundet abgestrichene Lippe. Ton grau, grob gemagert, Obfl. innen bis zum Rand geglättet, aussen mit braunem Schlicker beworfen. Rdm. 28 cm. Wst. 12–15 mm. Inv.Nr. 120/14/767. Z11/5.

92 RS eines Topfes mit Steilrand, horizontal abgestrichener Randsaum. Ton rot-braun, grob gemagert, Obfl. innen bis zum Rand geglättet, aussen mit braunem Schlicker beworfen. Rdm. 24 cm. Wst. 11–15 mm. Inv.Nr. 120/14/770. Z1/6.

93 2 zusammenpassende RS eines Topfes mit Steilrand, verdickte, gerundet abgestrichene Lippe. Ton im Kern grau, grob gemagert, Obfl. grau-bräunlich, innen verstrichen, aussen bis zum Randabschluss mit bräunlichem Schlicker beworfen. Rdm. 34 cm. Wst. 10–18 mm. Inv.Nr. 120/14/771. Z1/1; Z1/6.

94 2 RS eines Topfes mit Steilrand, verdickter Randabschluss, horizontal abgestrichen. Ton grau, grob gemagert, Obfl. innen bis zum Randsaum geglättet, aussen mit braunem Schlicker beworfen. Rdm. 32 cm. Wst. 12–19 mm. Inv.Nr. 120/14/778; 779. Z1/1; Z1/1.

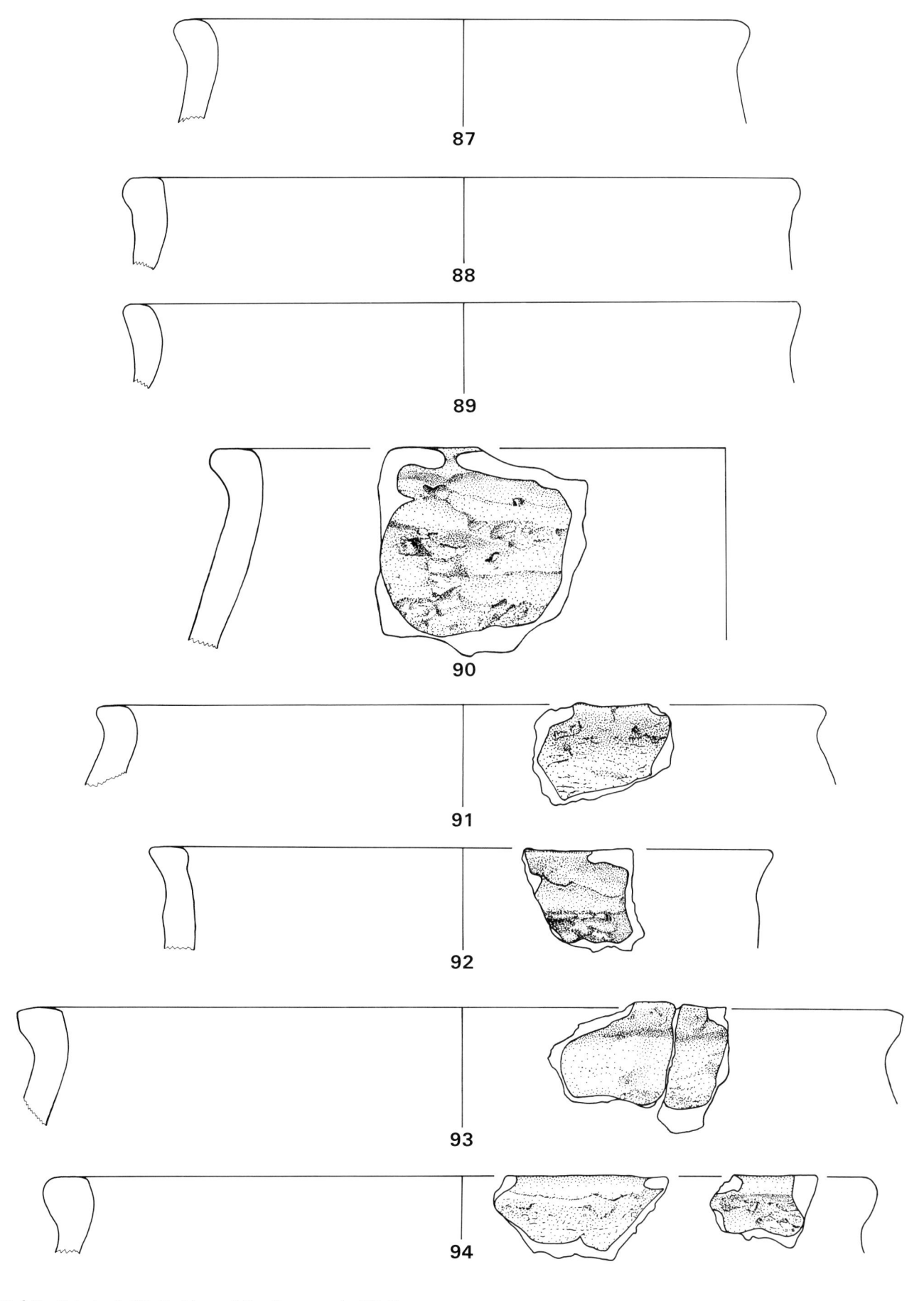

Taf. 7 Trimbach SO-Frohburg. Mittelbronzezeit: Töpfe.
Massstab 1:2.

Tafel 8: Mittelbronzezeit

Töpfe

95 2 RS und WS eines Topfes mit ausbiegendem Steilrand, kolbenartig verdickter Randabschluss, horizontal gerundet abgestrichen, Randlappen, Tupfenleiste auf der Schulter. Ton grau, grob gemagert, Obfl. innen bis zum Randsaum verstrichen-geglättet, aussen mit beigem Schlicker beworfen. Rdm. 38 cm. Wst. 7–27 mm. Inv.Nr. 120/14/776. Z8/5.

96 RS eines Topfes mit Steilrand, verdickte, horizontal abgestrichene Randlippe, Randlappen. Ton grau, grob gemagert, Obfl. innen bis zum Randsaum verstrichen, aussen mit braunem Schlicker beworfen. Rdm. 32 cm. Wst. 9–22 mm. Inv.Nr. 120/14/777. Z8/5.

97 2 RS eines Topfes mit Steilrand, Abschluss verdickt und horizontal abgestrichen, Randlappen. Ton im Kern graubraun, grob gemagert, Obfl. innen bis zum Randsaum verstrichen-geglättet, aussen mit braunem Schlicker beworfen. Rdm. 32 cm. Wst. 11–24 mm. Inv.Nr. 120/14/780. Z1/1; Z1/6.

98 RS eines Topfes mit Steilrand, verdickter Randabschluss, Randlappe. Ton im Kern grau, grob gemagert, Obfl. innen rot-braun geglättet, aussen verstrichen. Rdm. ca. 18 cm. Wst. 9–22 mm. Inv.Nr. 120/14/782. P12/3.

99 RS eines Topfes, verdickter, horizontal gerundet abgestrichen, Randlappen. Ton grau, grob gemagert, Obfl. innen rot-braun geglättet, ausen verstrichen. Wst. 15–24 mm. Inv.Nr. 120/14/781. Z13/2.

Schüsseln

100 RS einer Schüssel mit ausladendem Rand, verdickte, horizontal abgestrichene Lippe, Fingertupfen am Randsaum. Tupfenleiste. Ton im Kern grau, grob gemagert, Obfl. bräunlich-grau geglättet, unter der Leiste Schlickbelag. Rdm. 22 cm. Wst. 6–10 mm. Inv.Nr. 120/14/796. K19/2.

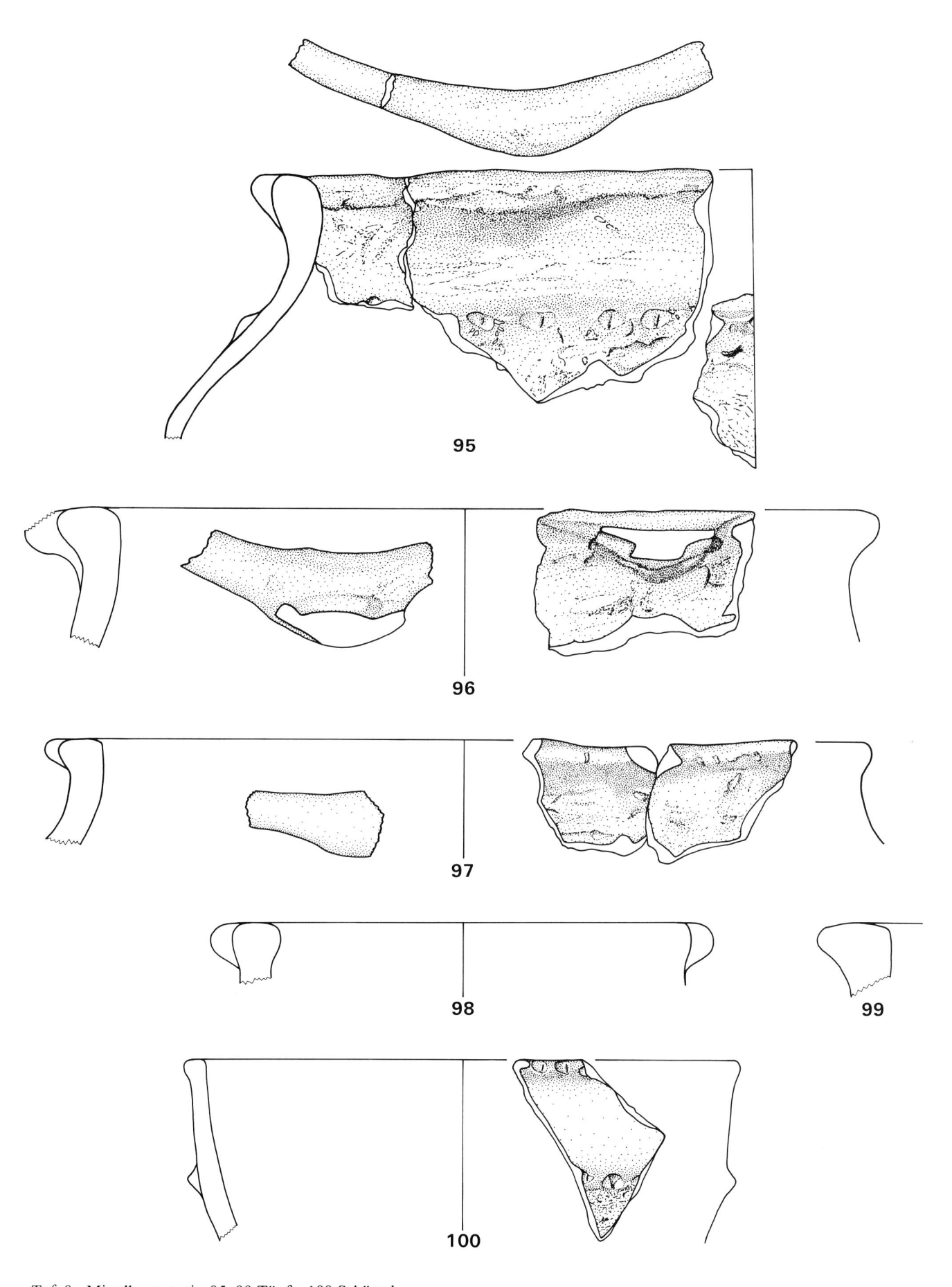

Taf. 8 Mittelbronzezeit: 95–99 Töpfe, 100 Schüssel.
Massstab 1:2.

Tafel 9: Mittelbronzezeit

Schüsseln-Schalen (Fortsetzung)
101 2 zusammenpassende RS einer Schüssel, Randsaum verdickt und horizontal abgestrichen. Ton bräunlich-grau, grob gemagert, Obfl. innen bis zum Rand verstrichen, aussen mit Schlickbewurf. Rdm. 23 cm. Wst. 7–16 mm. Inv.Nr. 120/14/797. Z1/6.
102 RS einer Schüssel, verdickte, horizontal abgestrichene Lippe. Ton beige-braun, grob gemagert, Obfl. verstrichen. Wst. 7–13 mm. Inv.Nr. 120/14/798. Z10/2.
103 11 RS und 23 WS (z.T. zusammenpassend) einer gewölbten Schüssel mit horizontal abgestrichenem Randabschluss, zwei breite Horizontalkannelüren direkt unter dem Rand. Ton grau, grob gemagert, Obfl. aussen bräunlich, geglättet. Rdm. 48 cm. Wst. 5–16 mm. Inv.Nr. 120/14/799. P19/4.
104 RS einer gewölbten Schale, schwach abgestrichene Lippe. Ton im Kern grau, grob gemagert, innen grau-braun, verstrichen, aussen brauner Schlickbewurf. Rdm. 26 cm. Wst. 8–11 mm. Inv.Nr. 120/14/800. Z8/5.
105 RS einer gewölbten Schale mit horizontal abgestrichener Lippe. Ton grau, grob gemagert, Obfl. innen bis zum Rand verstrichen-geglättet, aussen mit Schlickbewurf. Rdm. ca. 20 cm. Wst. 8–13 mm. Inv.Nr. 120/14/801. V17/1.
106 RS einer gewölbten, oben einziehender Schale mit abgestrichener Lippe. Ton grau, grob gemagert, Obfl. innen geglättet, aussen mit braunem Schlickbewurf. Rdm. 24 cm, Wst. 5–9 mm. Inv.Nr. 120/14/803. F8/2.

Töpfe oder Schüsseln
107 WS mit vertikalen Fingerbahnen. Ton grau, grob gemagert, innen geglättet, aussen mit braunem Schlickbewurf. Inv.Nr. 120/14/813. Z1/6.
108 WS mit V-förmig zusammenlaufenden Fingerbahnen. Ton grau, grob gemagert, Obfl. innen geglättet, aussen mit braunem Schlicker beworfen. Inv.Nr. 120/14/823. Z1/6.
109 WS mit regellos verstrichenem Schlicker. Inv.Nr. 120/14/825. Z1/1.

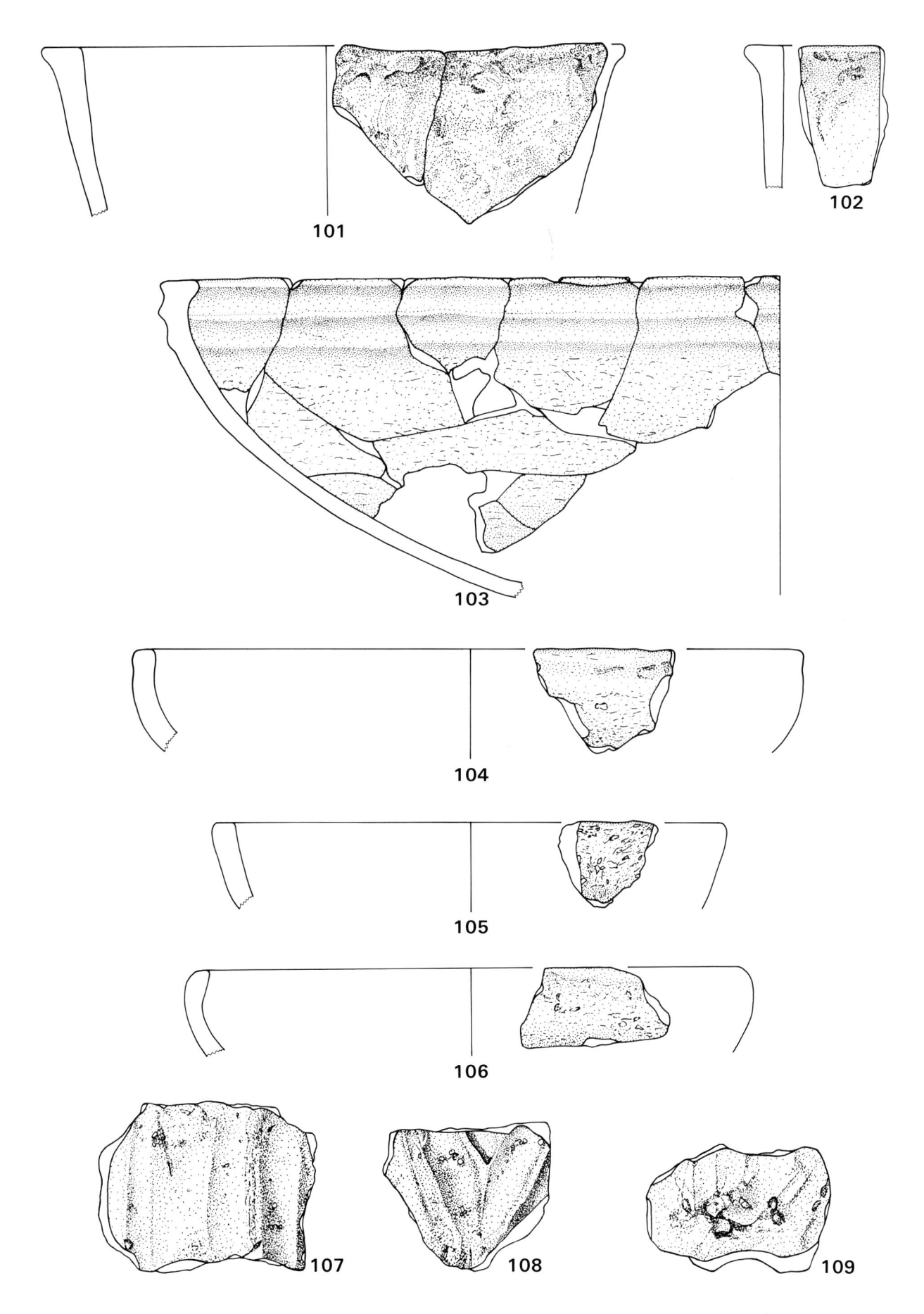

Taf. 9 Trimbach SO-Frohburg. Mittelbronzezeit: 101–106 Schüsseln und Schalen, 107–109 WS von Töpfen oder Schüsseln. Massstab 1:2.

Tafel 10: Mittelbronzezeit

Töpfe oder Schüsseln (Fortsetzung)

110 BS eines Gefässes mit schwach einziehendem Unterteil. Ton im Kern grau, grob gemagert, Obfl. innen verstrichen, aussen mit Schlickbewurf. Bdm. 16 cm. Wst. 9–16 mm. Inv.Nr. 120/14/827. Z1/6.

111 BS. Ton grau, grob gemagert, Obfl. innen verstrichen, aussen rötlicher Schlicker mit schrägen Fingerbahnen. Wst. 8–19 mm. Inv.Nr. 120/14/828. Z8/5.

112 BS. Ton grau, grob gemagert, Obfl. innen verstrichen, aussen Schlickbewurf. Wst. 10–14 mm. Inv.Nr. 120/14/829a. Z1/6.

113 2 zusammenpassende RS eines Topfes mit sehr unregelmässig gestaltetem Randprofil. Ton rot-braun, grob gemagert, Obfl. verstrichen. Rdm. 14 cm. Wst. 8–14 mm. Inv.Nr. 120/14/830. Z1/6.

114 3 WS mit unverzierter Horizontalleiste auf dem Gefässbauch. Ton grau, grob gemagert, Obfl. verstrichen-geglättet. Bdm. 16 cm. Wst. 4–10 mm. Inv.Nr. 120/14/831; 832. Z10/1; Z10/1.

115 WS mit unverzierter Leiste. Ton grau, grob gemagert, Obfl. innen verstrichen, aussen geglättet. Bdm. 12 cm. Wst. 5–10 mm. Inv.Nr. 120/14/833. Z1/6.

116 4 WS (je zwei zusammenpassend) eines Topfes, Fingertupfenleiste auf der Schulter mit Knubben. Ton grau, grob gemagert, Obfl. innen verstrichen, Halszone geglättet, unter der Leiste Schlickbewurf. Wst. 7–12 mm. Inv.Nr. 120/14/838; 839. Z1/1; Z1/1.

117 WS eines Topfes mit Tupfenleiste auf der Schulter. Ton grau, grob gemagert, Obfl. innen verstrichen, Halszone geglättet, unterhalb der Leiste brauner Schlickbewurf. Wst. 5–12 mm. Inv.Nr. 120/14/840. P14/3.

118 WS eines Topfes mit Tupfenleiste auf der Schulter. Ton grau, grob gemagert, Obfl. innen verstrichen, Halszone geglättet, unterhalb der Leiste beige-brauner Schlickbewurf. Wst. 5–13 mm. Inv.Nr. 120/14/841. F23/1.

119 WS eines Topfes mit Kerbleiste, durch Knubben unterbrochen. Ton im Kern grau, grob gemagert, Obfl. braun-rot, verstrichen. Wst. 5–11 mm. Inv.Nr. 120/14/843. Z8/5.

120 2 zusammenpassende WS eines Topfes mit Tupfenleiste. Ton grau, grob gemagert, Obfl. verstrichen, Halszone geglättet. Wst. 5–11 mm. Inv.Nr. 120/14/847. K19/1.

121 WS eines Topfes mit Tupfenleiste auf der Schulter. Ton grau, grob gemagert, Obfl. innen verstrichen, Halszone geglättet, unterhalb der Leiste Schlickbewurf. Wst. 5–11 mm. Inv.Nr. 120/14/850. Z1/1.

122 WS eines Topfes mit Tupfenleiste. Ton grau, grob gemagert, Obfl. verstrichen-geglättet, unterhalb der Leiste Schlickbewurf. Wst. 6–11 mm. Inv.Nr. 120/14/853. Z1/6.

123 WS eines Topfes mit ausbiegendem Rand und Tupfenleiste. Ton im Kern grau, grob gemagert, Obfl. verstrichen. Wst. 5–11 mm. Inv.Nr. 120/14/845. K19/1.

124 WS eines Topfes mit Tupfenleiste. Ton rot-braun, grob gemagert, Obfl. verstrichen-geglättet, unterhalb der Leiste Schlickbewurf. Wst. 6–16 mm. Inv.Nr. 120/14/846. P19/2.

125 WS eines Topfes mit flacher Tupfenleiste. Ton grau, grob gemagert, Obfl. geglättet. Wst. 6–8 mm. Inv.Nr. 120/14/851. Z10/1.

126 WS eines Topfes mit flacher Tupfenleiste auf der Schulter. Ton grau, grob gemagert, Obfl. geglättet, Unterhalb der Leiste Schlickbewurf. Wst. 7–13 mm. Inv.Nr. 120/14/849. Z8/5.

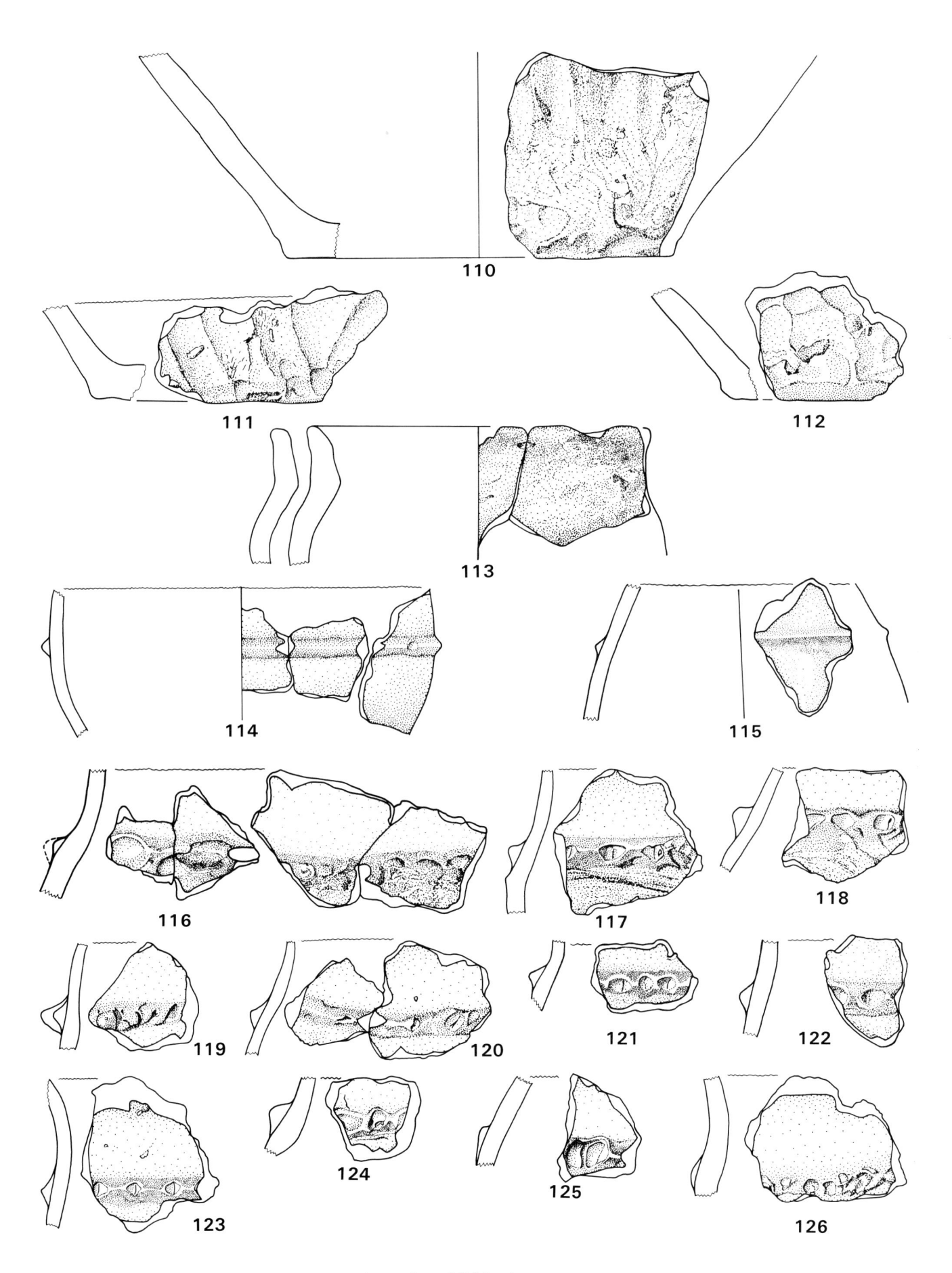

Taf. 10 Trimbach SO-Frohburg. Mittelbronzezeit: Töpfe und Schüsseln.
Massstab 1:2.

Tafel 11: Mittelbronzezeit

Töpfe oder Schüsseln (Fortsetzung)

127 WS eines Topfes mit Tupfenleiste und grossen Knubben. Ton grau, grob gemagert, Obfl. verstrichen, Halszone geglättet. Wst. 5–13 mm. Inv.Nr. 120/14/844. K19/1.

128 WS eines Topfes mit Nagelkerbenleiste. Ton grau, grob gemagert, Obfl. verstrichen-geglättet. Wst. 9–14 mm. Inv.Nr. 120/14/852. F22/2.

129 WS mit breiter, flacher Tupfenleiste. Ton grau, grob gemagert, Obfl. verstrichen-geglättet, unterhalb Leiste Schlickbewurf. Wst. 5–11 mm. Inv.Nr. 120/14/854. Z4/4.

130 WS mit flacher Tupfenleiste. Ton grau, grob gemagert, Obfl. innen und über Leiste verstrichen-geglättet, darunter bräunlicher Schlicker. Wst. 5–10 mm. Inv.Nr. 120/14/855. K19/1.

131 WS mit flacher Tupfenleiste. Ton grau, grob gemagert, Obfl. innen verstrichen, über Leiste geglättet, darunter Schlicker. Wst. 5–9 mm. Inv.Nr. 120/14/857. K19/1.

Knickkalottenschalen

132 WS mit flacher Tupfenleiste auf dem Wandknick. Ton grau, grob gemagert, Obfl. verstrichen. Wst. 4–10 mm. Inv.Nr. 120/14/858. F13/2.

133 WS einer Knickkalottenschale mit Tupfenleiste. Ton beige-grau, grob gemagert, Obfl. innen und über Leiste geglättet, darunter verstrichen. Wst. 4–13 mm. Inv.Nr. 120/14/859. V9/4.

134 WS einer Knickkalottenschale mit Tupfenzier. Ton grau, grob gemagert, Obfl. geglättet. Wst. 6–10 mm. Inv.Nr. 120/14/860. F8/2.

135–138 Diverse WS mit Wandknick. Ton grau, grob gemagert, Obfl. verstrichen-geglättet. Inv.Nr. 120/14/898; 901; 902; 900. Z8/5; Z10/Pf.; F11/1; V9/3.

139 WS einer Knickkalottenschale, Knubbe auf Wandknick. Ton grau, grob gemagert, Obfl. bräunlich verstrichen-geglättet. Bdm. 15 cm. Wst. 5–12 mm. Inv.Nr. 120/14/896. K22/3.

140 WS mit Knubbenpärchen auf Wandknick. Ton grau, fein gemagert, Obfl. geglättet. Wst. 5–9 mm. Inv.Nr. 120/14/903. F28/1.

141 WS mit Doppelknubbe auf Wandknick, darunter Vertikalrillenzier. Ton rot-braun, grob gemagert, Obfl. geglättet. Bdm. ca. 12 cm. Wst. 4–9 mm. Inv.Nr. 120/14/906. K19/2.

142 WS einer Knickkalottenschale mit Knubbe auf Tupfenleiste. Ton grau, grob gemagert, Obfl. innen und über Leiste geglättet, darunter Schlicker. Bdm. ca. 14 cm. Wst. 4–6 mm. Inv.Nr. 120/14/897. Z10/1.

143 RS eines Knickkalottenschälchens, gerundete Lippe. Ton grau-schwarz, fein gemagert, sandig, Obfl. innen und aussen (Unterteil) verstrichen, Halszone geglättet-poliert. Rdm. 9 cm. Wst. 4–6 mm. Inv.Nr. 120/14/921. K19/1.

144–145 WS von zwei Knickkalottenschalen. Orientierung etwas unsicher! Ton grau, rel. fein gemagert, Obfl. geglättet-poliert. Inv.Nr. 120/14/922; 923. P19/4; K22/4.

146 WS einer Knickkalottenschale mit Knubbe auf Wandknick, darunter Schrägstrichdekor. Ton beige, fein gemagert, Obfl. bräunlich, geglättet. Bdm. 16 cm. Wst. 4–10 mm. Inv.Nr. 120/14/904.

147 RS einer Knickkalottenschüssel(?) mit Knubbe. Ton im Kern grau, fein gemagert, Obfl. verstrichen-geglättet, rotbraun. Rdm. 21 cm. Wst. 4–16 mm. Inv.Nr. 120/14/907. Z14/1.

148 WS mit Knubbe auf Wandknick und echtem Kerbschnittdekor. Ton grau, fein gemagert, Obfl. geglättet-poliert. Bdm. 12 cm. Wst. 4–10 mm. Inv.Nr. 120/14/911. V9/3.

149 WS mit echter Kerbschnittzier. Ton im Kern grau, fein gemagert, Obfl. bräunlich, geglättet. Wst. 5–8 mm. Inv.Nr. 120/14/913. V13/2.

150 WS mit Kerbschnittdekor. Ton im Kern grau, fein gemagert, Obfl. geglättet. Wst. 3–5 mm. Inv.Nr. 120/14/912. Z8/5.

151 WS mit Stempelkerbschnitt- und Schuppenmuster. Ton grau, fein gemagert, Obfl. geglättet. Wst. 4–6 mm. Inv.Nr. 120/14/914. Z11/5.

152 WS einer Knickkalottenschale. Ton grau-schwarz, fein gemagert, Obfl. geglättet-poliert. Bdm. 12 cm. Wst. 4–6 mm. Inv.Nr. 120/14/924. K4/3.

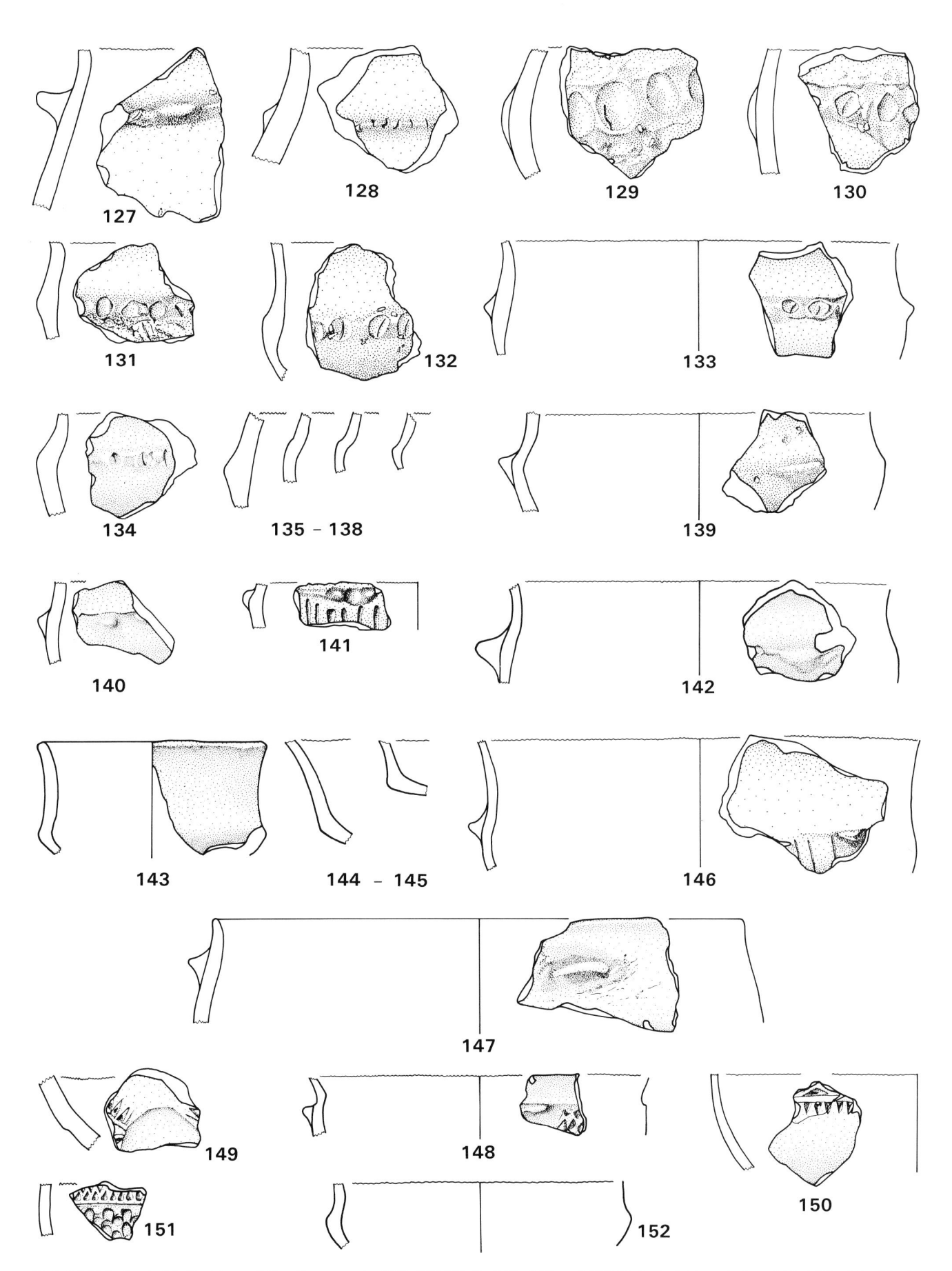

Taf. 11 Trimbach SO-Frohburg. Mittelbronzezeit: 127–131 Töpfe, 132–148 und 152 Knickkalottenschalen, 148–150 echter Kerbschnitt, 151 Stempelkerbschnitt.
Massstab 1:2.

Tafel 12: Mittelbronzezeit

Knickkalottenschalen (Fortsetzung)

153 RS einer Knickkalottenschale, Lippe aussen schwach abgestrichen, Schrägstrichdekor über Bauch. Ton grau, fein gemagert, Obfl. innen und Halszone geglättet, Bauch verstrichen. Rdm. 9 cm. Wst. 4–6 mm. Inv.Nr. 120/14/915. Z9/Zstg.

154 4 WS einer Knickkalottenschale, geritzte Zickzacklinie unter Wandknick. Ton grau, fein gemagert, Obfl. innen verstrichen, Bauchzone geglättet, Randzone poliert. Wst. 5–8 mm. Inv.Nr. 120/14/916; 917; 918. K7/1.

155 RS einer Knickkalottenschale mit zwei schmalen Riefen auf der Randzone. Ton im Kern grau, fein gemagert, Obfl. innen verstrichen, aussen geglättet. Bdm. ca. 18 cm. Wst. 4–6 mm. Inv.Nr. 120/14/920. Z10/1.

156 WS mit fein geritztem, mit Schrägstrichen gefülltem Dreieckmuster. Ton grau-schwarz, rel. fein gemagert, Obfl. innen verstrichen, aussen geglättet. Wst. 4–6 mm. Inv.Nr. 120/14/928. Z10/1.

157 WS mit einem durch Linie abgegrenzten Kerbreihenfeld (Gefülltes Dreieck oder Wellenband?). Ton grau, fein gemagert, Obfl. geglättet. Wst. 7–8 mm. Inv.Nr. 120/14/933. K12/2.

Töpfchen

158 RS eines Töpfchens mit schwachem Schulterabsatz und ausbiegendem Rand, gerundete Lippe. Ton beige-grau, grob gemagert, Obfl. bräunlich, stark verwittert. Rdm. 13 cm. Wst. 3–7 mm. Inv.Nr. 120/14/936. F11/3.

159 RS eines Töpfchens mit ausbiegendem Rand, Lippe gerundet, Fingertupfenreihen auf der Schulter (flächendeckend?). Ton grau, grob gemagert, Obfl. innen grau, aussen bräunlich, verstrichen-geglättet. Rdm. 10 cm. Wst. 4–8 mm. Inv.Nr. 120/14/938. F15/2.

160 RS eines Töpfchens mit verdicktem, gegen oben schwach ausbiegendem Steilrand, Lippe gerundet. Ton im Kern grau, fein gemagert, Obfl. stark verwittert, vierfaches Rillenband am Hals. Rdm. 6 cm. Wst. 4–6 mm. Inv.Nr. 120/14/937. Z8/5.

Flächendeckende Dekors

161 WS mit Doppelhalbkreisstempelchen. Ton grau, grob gemagert, Obfl. verstrichen-geglättet. Wst. 5–7 mm. Inv.Nr. 120/14/940. K7/1.

162 WS mit «Kommadekor». Ton im Kern grau, fein gemagert, Obfl. innen geglättet, aussen rotbraun verwittert. West. 6–8 mm. Inv.Nr. 120/14/941. F8/2.

163 WS mit Punktdekor. Ton grau, fein gemagert, Obfl. geglättet, aussen beige-orange verwittert. Wst. 3–6 mm. Inv.Nr. 120/14/942. F8/2.

164 WS mit Punktdekor. Ton rot-braun, rel. fein gemagert, Obfl. verstrichen-geglättet. Wst. 5–7 mm. Inv.Nr. 120/14/943. V4/2.

165 2 zusammenpassende WS mit Punktdekor. Ton grau, grob gemagert, Obfl. innen verstrichen, aussen geglättet. Wst. 5–9 mm. Inv.Nr. 120/14/944. F8/2.

166 WS mit Punktdekor. Ton grau, grob gemagert, Obfl. geglättet. Wst. 4–5 mm. Inv.Nr. 120/14/948. Z1/6.

167 WS mit flauen Dreiecken. Ton grau, rel. fein gemagert, Obfl. innen verstrichen, aussen geglättet. Wst. 5–7 mm. Inv.Nr. 120/14/950. F8/2.

168 WS mit halbmondförmigen Eindruckreihen, flächendeckend(?). Ton im Kern grau, grob gemagert, Obfl. verstrichen, aussen rot-braun. Wst. 4–6 mm. Inv.Nr. 120/14/953. F4/2.

169 WS mit tiefen dreieckigen und flachen Schrägkerben. Ton grau, fein gemagert, Obfl. geglättet. Wst. 6–7 mm. Inv.Nr. 120/14/954. A.

170 WS mit tiefen S-förmigen Grübchenreihen. Ton grau, grob gemagert, Obfl. verstrichen-geglättet, aussen beige-rot-braun. Wst. 5–7 mm. Inv.Nr. 120/14/956. F4/2.

171 WS mit Kerbchen. Ton grau, rel. fein gemagert, Obfl. verstrichen, aussen beige. Wst 5–7 mm. Inv.Nr. 120/14/957. K20/2.

172 WS mit ovalen Eindrücken. Ton grau, grob gemagert, Obfl. aussen bräunlich, verstrichen. Wst. 5–7 mm. Inv.Nr. 120/14/958. K8/1.

173 WS mit halbmondförmigen Einstichreihen. Ton grau, fein gemagert, Obfl. geglättet. Wst. 4–6 mm. Inv.Nr. 120/14/959. F8/2.

174 WS mit Dreieckkerben. Ton grau, rel. fein gemagert, Obfl. geglättet. Wst. 5–7 mm. Inv.Nr. 120/14/960. Z11/5.

175 WS mit Nagelkerbreihen. Ton grau, fein gemagert, Obfl. geglättet. Wst. 5–7 mm. Inv.Nr. 120/14/963. Z8/5.

176 WS mit Kornstichreihen. Ton grau, grob gemagert, Obfl. verstrichen-geglättet, aussen bräunlich. Wst. 5–7 mm. Inv.Nr. 120/14/968. Z10/1.

177 WS mit Nagelkerbenreihen. Ton grau, fein gemagert, Obfl. geglättet, aussen bräunlich. Wst. 5–6 mm. Inv.Nr. 120/14/962. Z10/1.

178 WS mit Kornstichreihen. Ton grau, fein gemagert, Obfl. rot-braun, verstrichen-geglättet. Wst. 5–7 mm. Inv.Nr. 120/14/966. Z1/6.

179 2 BS und WS mit Kerbendekor. Ton grau, fein gemagert, Obfl. geglättet. Bdm. 5 cm. Wst. 4–8 mm. Inv.Nr. 120/14/961. Z8/5.

180 WS mit Fingernagelkerben. Ton grau, fein gemagert, Obfl. verstrichen-geglättet, aussen grau-bräunlich. Wst. 5–8 mm. Inv.Nr. 120/14/955. Z10/1.

181 WS mit Nagelkerben in vertikalen Reihen. Ton im Kern grau, fein gemagert, Obfl. bräunlich, verstrichen-geglättet. Wst. 6–7 mm. Inv.Nr. 120/14/974. Z10/2.

182 WS mit Nagelkerbreihen. Ton grau, fein gemagert, Obfl. geglättet. Wst. 5–6 mm. Inv.Nr. 120/14/975. Z9/1.

183 BS mit vertikalen Nagelkerbreihen. Ton im Kern grau, fein gemagert, Obfl. bräunlich, verstrichen-geglättet. Bdm. 10 cm. Wst. 6–7 mm. Inv.Nr. 120/14/973. Z1/1.

184 WS mit schrägen Nagelkerbreihen. Ton im Kern grau, rel. fein gemagert, Obfl. orange-braun, geglättet. Wst. 5–7 mm. Inv.Nr. 120/14/977. P19/4.

185 WS mit Zweigmuster (Nagelkerben). Ton grau, rel. fein gemagert, Obfl. innen rötlich-braun, verstrichen-geglättet. Wst. 5–7 mm. Inv.Nr. 120/14/976. V2/4.

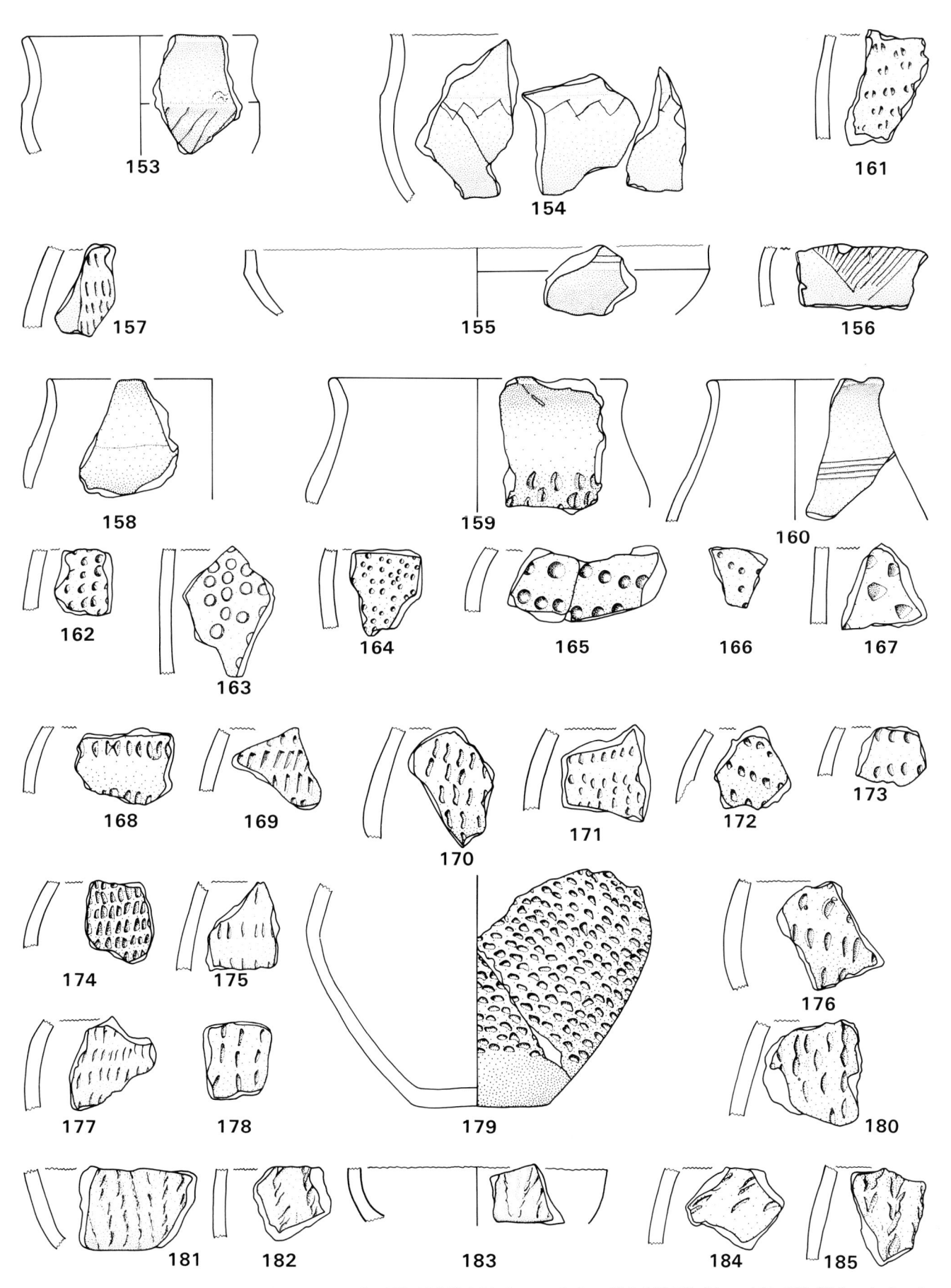

Taf. 12 Trimbach SO-Frohburg. Mittelbronzezeit: 153–155 Knickkalottenschalen, 156–160 Töpfchen, 161–185 flächendeckende Dekors.
Massstab 1:2.

Tafel 13: Mittelbronzezeit

Flächendeckende Dekors (Fortsetzung)

186 WS mit tiefen Fingertupfen mit Nagelabdruck. Ton grau, fein gemagert, Obfl. geglättet. Wst. 6–9 mm. Inv.Nr. 120/14/1001. Z6/1.
187 WS mit Fingertupfen mit Nagelabdruck. Ton grau, fein gemagert, Obfl. aussen orange-braun, verstrichen. Wst. 5–12 mm. Inv.Nr. 120/14/1003. K19/1.
188 WS mit Fingertupfenreihen mit Nagelabdruck. Ton grau, rel. fein gemagert, Obfl. aussen orange-braun, verstrichen. Wst. 6–11 mm. Inv.Nr. 120/14/1002. Z8/5.
189 WS mit flachen Fingertupfen, z.T. mit Nagelabdruck. Ton grau, rel. fein gemagert, Obfl. aussen bräunlich, verstrichen. Wst. 5–9 mm. Inv.Nr. 120/14/1018. P11/2.
190 WS mit Warzen. Ton grau, grob gemagert, Obfl. verstrichen. Wst. 6–12 mm. Inv.Nr. 120/14/1024. Z8/5.
191 WS mit Warzen. Ton grau, rel. fein gemagert, Obfl. bräunlich, verstrichen-geglättet. Wst. 5–8 mm. Inv.Nr. 120/14/1023. V13/2.
192 BS mit Fingertupfen mit Nagelabdruck. Ton im Kern grau, grob gemagert, Obfl. aussen orange-braun, verstrichen-geglättet. Bdm. 14 cm. Wst. 5–8 mm. Inv.Nr. 120/14/1016. Z1/6.
193 BS mit Fingertupfen mit Nagelabdruck. Ton grau, grob gemagert, Obfl. verstrichen-geglättet. Wst. 4–9 mm. Inv.Nr. 120/14/1017. K19/1.
194 WS mit vertikalen Furchen aus aneinandergereihten Nagelkerben. Ton im Kern grau, innen bräunlich, Obfl. verstrichen. Wst. 5–9 mm. Inv.Nr. 120/14/1032. K19/2.
195 WS mit einer flachen, unverzierten Horizontalleiste, darunter schräge Furchen. Ton rot-braun, rel. fein gemagert, Obfl. innen verstrichen, aussen geglättet. Wst. 4–7 mm. Inv.Nr. 120/14/1033. K2/1.
196 WS mit einer flachen, unverzierten Horizontalleiste, darunter Vertikalfurchen mit einseitigen Kornstichen, «Zweigmuster». Ton grau, grob gemagert, Obfl. aussen bräunlich, über der Leiste geglättet. Wst. 8–11 mm. Inv.Nr. 120/14/1034. Z8/5.
197 WS mit Zweigmuster. Ton grau, rel. fein gemagert, Obfl. verstrichen-geglättet. Wst. 5–9 mm. Inv.Nr. 120/14/1035. Z8/5.
198 WS mit Furchenmuster. Ton rot-braun, fein gemagert, Obfl. verstrichen. Wst. 5–7 mm. Inv.Nr. 120/14/1038. Z1/6.
199 BS mit Furchen- oder Zweigmuster. Ton grau, fein gemagert, Obfl. verstrichen. Wst. 5–11 mm. Inv.Nr. 120/14/1036. Z6/1.
200 WS mit Furchenzier. Ton grau, fein gemagert, Obfl. beige-grau, verstrichen. Wst. 4–7 mm. Inv.Nr. 120/14/1037. Z1/6.
201 WS mit Zweigmuster, Ton im Kern grau, fein gemagert, Obfl. orange-braun, verstrichen. Wst. 4–8 mm. Inv.Nr. 120/14/1044. Z1/6.
202 WS mit Zweigmuster. Ton grau, fein gemagert, Obfl. geglättet. Wst. 5–7 mm. Inv.Nr. 120/14/1043. Z8/5.
203 WS mit Zweigmuster. Ton grau, fein gemagert, Obfl. aussen bräunlich, verstrichen-geglättet. Wst. 6–9 mm. Inv.Nr. 120/14/1042. G1/2.
204 2 BS mit schrägem Zweigmuster. Ton im Kern grau, rel. fein gemagert, Obfl. orange, verstrichen. Wst. 4–7 mm. Inv.Nr. 120/14/1045; 1046. Z1/6.
205 2 zusammenpassende WS mit Zweigmuster. Ton grau, fein gemagert, Obfl. aussen beige, verstrichen-geglättet. Wst. 6–11 mm. Inv.Nr. 120/14/1047. Z8/5.
206 WS mit Vertikalkerben, darunter vertikale Ritzlinien. Ton grau, fein gemagert, Obfl. verstrichen, über Dekor geglättet. Wst. 6–7 mm. Inv.Nr. 120/14/1123. Z8/5.
207 WS mit zusammenlaufenden, feingeritzten Linien. Ton grau, fein gemagert, Obfl. geglättet. Wst. 3–5 mm. Inv.Nr. 120/14/1081. Z1/6.
208 WS mit vertikalen Ritzlinien. Ton grau, fein gemagert, Obfl. geglättet. Wst. 5–8 mm. Inv.Nr. 120/14/1090. K19/1.
209 3 WS eines Gefässes mit einem markanten Schulterabsatz, darunter vertikale Ritzlinien. Ton grau, fein gemagert, Obfl. verstrichen-geglättet. Wst. 4–6 mm. Inv.Nr. 120/14/1088; 1089. P19/1; P19/2.
210 WS mit flacher, unverzierter Horizontalleiste, darunter Schrägstriche. Ton grau-schwarz, fein gemagert, Obfl. geglättet. Wst. 5–8 mm. Inv.Nr. 120/14/1124. P13/2.
211 WS mit tiefen, regellosen Rillen, teils sich überschneidend. Ton grau, grob gemagert, Obfl. rot-braun, verstrichen-geglättet. Wst. 4–7 mm. Inv.Nr. 120/14/1136. Z10/1.
212 WS mit tiefen, regellosen Rillen, teils sich überschneidend. Ton grau, grob gemagert, Obfl. rot-braun, verstrichen-geglättet. Wst. 4–7 mm. Inv.Nr. 120/14/1137. Z1/6.
213 WS mit tiefen, regellosen Rillen, teils sich überschneidend. Ton grau, grob gemagert, Obfl. rot-braun, verstrichen-geglättet. Wst. 4–7 mm. Inv.Nr. 120/14/1138. Z1/6.
214 BS mit zusammenlaufenden Ritzlinien. Ton grau, fein gemagert, Obfl. aussen orange-braun, geglättet. Bdm. ca. 9 cm. Wst. 6–8 mm. Inv.Nr. 120/14/1126. Z1/1.
215 WS mit feinen regellosen Ritzlinien. Ton im Kern grau, fein gemagert, Obfl. bräunlich, geglättet. Wst. 5–7 mm. Inv.Nr. 120/14/1140. F8/2.
216 2 zusammenpassende WS mit Horizontal- und Vertikalrillen. Ton grau, fein gemagert, Obfl. geglättet. Wst. 5–7 mm. Inv.Nr. 120/14/1146. Z8/5.
217 BS mit zusammenlaufenden Ritzlinien. Ton grau, fein gemagert, Obfl. geglättet. Wst. 2–9 mm. Inv.Nr. 120/14/1148. Z10/2.
218 WS mit feinen zusammenlaufenden Ritzlinien. Ton grau, fein gemagert, Obfl. aussen bräunlich, geglättet. Wst. 6–7 mm. Inv.Nr. 120/14/1125. Z1/6.
219 WS mit Horizontalrillenband. Ton grau, fein gemagert, Obfl. verstrichen-geglättet. Wst. 4–6 mm. Inv.Nr. 120/14/2419. F11/2.

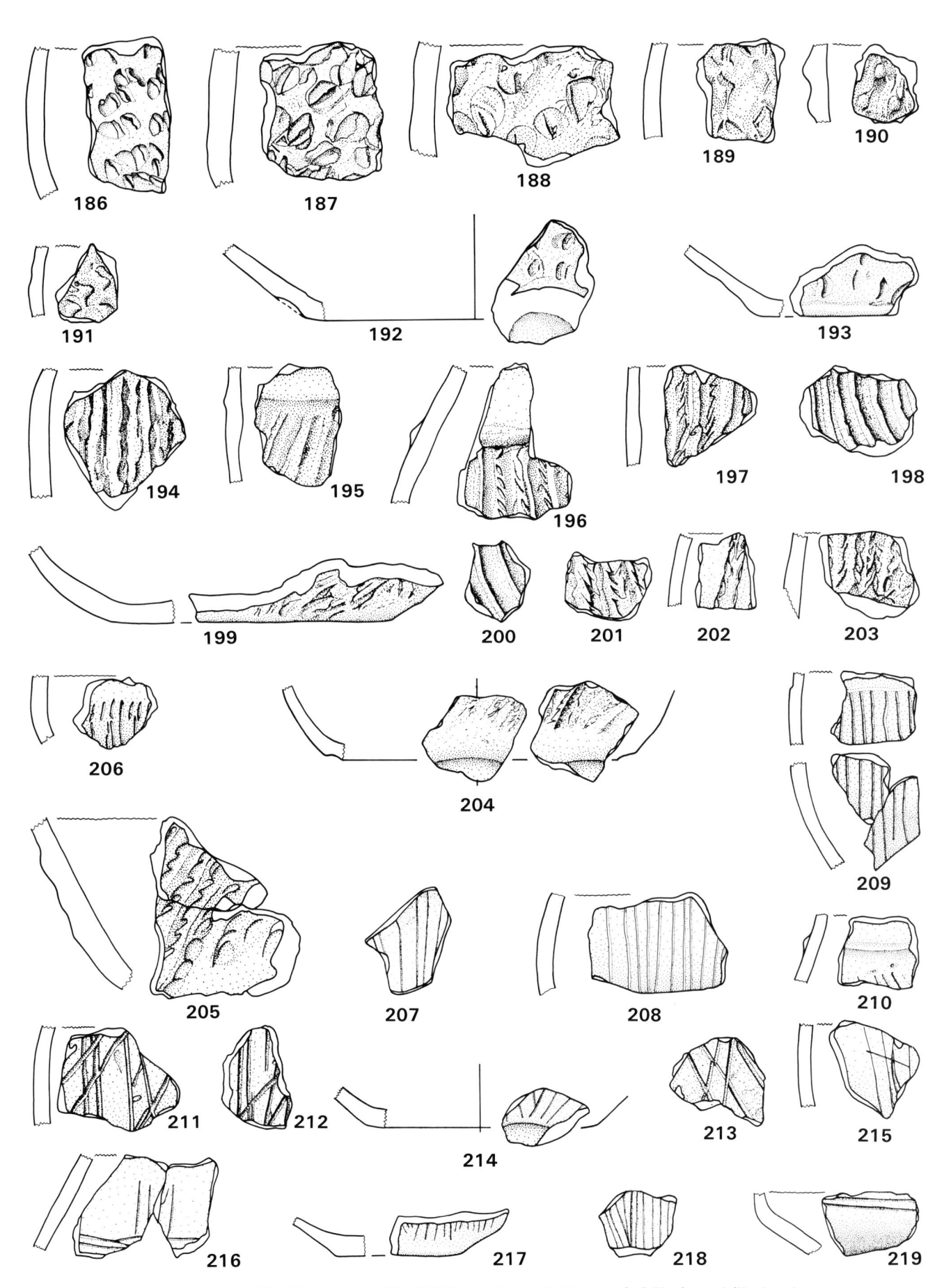

Taf. 13 Trimbach SO-Frohburg. Mittelbronzezeit: 186–218 flächendeckende Dekors, 219 Horizontalrillenband. Massstab 1:2.

Tafel 14: Mittelbronzezeit

Henkelgefässe

220 WS eines Henkelgefässes mit Fingertupfenzier im Schulterbereich. Ton im Kern grau, grob gemagert, Obfl. rot-braun, verstrichen. Bdm. 13 cm. Wst. 6–12 mm. Inv.Nr. 120/14/1151. A.

221 RS eines Henkelgefässes mit schwach ausladendem Rand, Ösenhenkel. Ton grau, rel. fein gemagert, Obfl. bräunlich, verstrichen-geglättet. Rdm. 16 cm. Wst. 4–9 mm. Inv.Nr. 120/14/1153. Z8/5.

222 RS eines Henkelgefässes mit leicht ausbiegendem Rand und wandständigem Bandhenkel. Ton im Kern grau, grob gemagert, Obfl. hellbraun, verstrichen-geglättet. Rdm. 15 cm. Wst. 3–15 mm. Inv.Nr. 120/14/1154. F4/2.

223 RS eines Henkelgefässes mit ausbiegendem Rand und randständigem X-Henkel. Ton innen rötlich-beige, aussen rotbraun, grob gemagert, Obfl. verstrichen-geglättet. Rdm. 16 cm. Wst. 5–12 mm. Inv.Nr. 120/14/1156. K1/1.

224 RS eines Henkelgefässes mit ausbiegendem Rand und randständigem Bandhenkel. Ton grau, aussen bräunlich, grob gemagert, Obfl. innen und Henkeloberfl. geglättet, aussen grauer Schlickbewurf. Rdm. 18 cm. Wst. 4–12 mm. Inv.Nr. 120/14/1157. Z1/1.

225 RS eines Henkelgefässes mit ausbiegendem Rand und Wandknick, randständiger Bandhenkel, Tupfenleiste auf Wandknick. Ton im Kern grau, grob gemagert, Obfl. braun-rot-grau, verstrichen. Rdm. 20 cm. Wst. 6–10 mm. Inv.Nr. 120/14/1158. Z8/5.

226 WS eines Henkelgefässes mit ausbiegendem Rand und wandständigem Bandhenkel. Ton grau, rel. fein gemagert, Obfl. bräunlich, geglättet. Wst. 4–8 mm. Inv.Nr. 120/14/1152. Z10/1.

227 RS eines Henkelgefässes mit schwach ausbiegendem Rand und randständigem Bandhenkel. Ton grau, fein gemagert, Obfl. aussen bräunlich, geglättet. Wst. 4–10 mm. Inv.Nr. 120/14/1155. F11/2.

228 RS eines Henkelgefässes, Tasse?, mit randständigem Bandhenkel. Ton grau, grob gemagert, Obfl. verstrichen. Wst. 6–14 mm. Inv.Nr. 120/14/1210. A.

229 WS mit X-Henkel. Ton grau, rel. fein gemagert, Obfl. geglättet. Wst. 5–18 mm. Inv.Nr. 120/14/1168. F23/1.

230 WS eines Henkelgefässes mit Stabhenkel. Ton im Kern grau, fein gemagert, Obfl. braun-grau, geglättet. Wst. 6–12 mm. Inv.Nr. 120/14/1220. K19/2.

231 WS eines Henkelgefässes mit Bandhenkel. Ton grau, rel. fein gemagert, Obfl. aussen rötlich-braun, geglättet. Wst. 3–10 mm. Inv.Nr. 120/14/1238. F11/2.

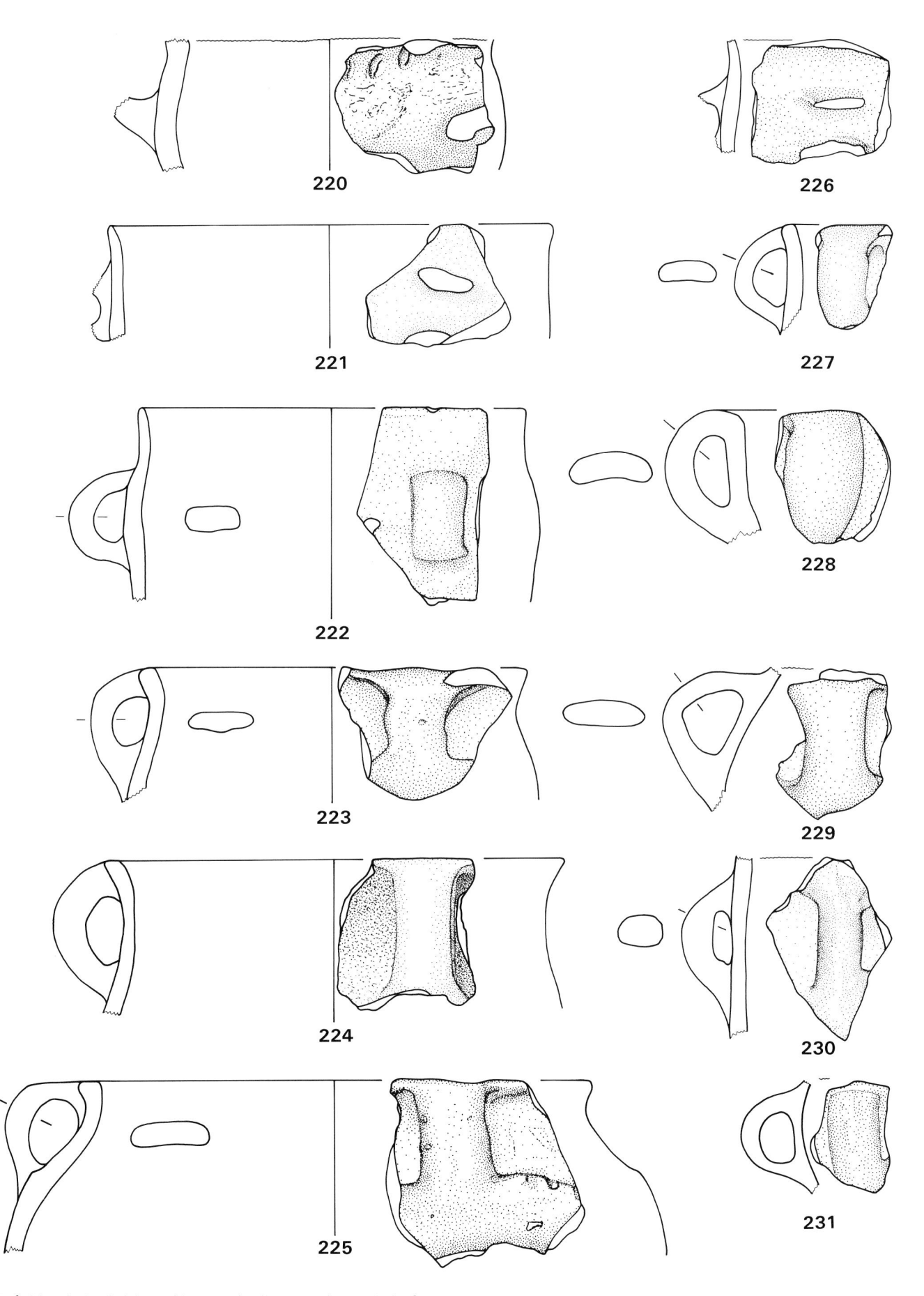

Taf. 14 Trimbach SO-Frohburg. Mittelbronzezeit: Henkelgefässe.
Massstab 1:2.

Tafel 15: Mittelbronzezeit

Henkelgefässe (Fortsetzung)

232 WS eines Henkelgefässes mit Bandhenkel, dreieckige und tropfenförmige Eindrücke unterhalb des Henkels. Ton grau, fein gemagert, Obfl. geglättet. Wst. 4–12 mm. Inv.Nr. 120/14/1166. Z10/1.

233 WS eines Henkelgefässes mit Bandhenkel, Schrägkerben unterhalb des Henkels. Ton im Kern grau, grob gemagert (einzelne Bohnerzkörner), Obfl. rotbraun, verstrichen. Wst. 6–13 mm. Inv.Nr. 120/14/1160. K9/2.

234 WS eines Henkelgefässes mit Bandhenkel, regellose Rillen. Ton grau, fein gemagert, Obfl. geglättet. Wst. 6–13 mm. Inv.Nr. 120/14/1165. F11/3.

235 WS eines Henkelgefässes mit wandständigem, zweirippigem Bandhenkel. Ton grau, rel. fein gemagert, Obfl. aussen rötlich-grau, geglättet. Wst. 4–8 mm. Inv.Nr. 120/14/1239. Z8/5.

236 WS eines Henkelgefässes mit breitem, vierrippigem Bandhenkel. Ton grau, rel. fein gemagert, Obfl. geglättet. Wst. 5–14 mm. Inv.Nr. 120/14/1242. F28/1.

237 Bandhenkelfragment. Ton im Kern grau, fein gemagert, Obfl. beige-bräunlich, verstrichen. Wst. 12–16 mm. Inv.Nr. 120/14/1236. Z1/6.

238 WS eines Henkelgefässes mit Stabhenkel. Ton grau-braun, rel. fein gemagert, Obfl. verstrichen-geglättet. Wst. 8–13 mm. Inv.Nr. 120/14/1221. F8/2.

239 WS eines Henkelgefässes mit wandständigem Bandhenkel, unterhalb Wandknick flächendeckende Nagelkerbendekor. Ton grau, aussen rotbraun, fein gemagert, Obfl. innen geglättet, aussen verwittert. Bdm. 18 cm. Wst. 6–14 mm. Inv.Nr. 120/14/1159. Z10/1.

240 2 WS eines Henkelgefässes mit flach geritzter, doppelter Zickzackzier. Ton grau, aussen bräunlich, rel. fein gemagert, Obfl. verstrichen-geglättet. Bdm. ca. 26 cm. Wst. 6–14 mm. Inv.Nr. 120/14/1161; 1162. Z10/1.

241 WS einer Amphore, mit Ösenhenkel. Ton im Kern grau, rel. fein gemagert, Obfl. braun-grau, geglättet. Wst. 5–14 mm. Inv.Nr. 120/14/1240. Z10/2.

242 RS und zwei Henkelfragmente eines Gefässes mit ausladendem Rand, randständiger Stabhenkel. Ton im Kern grau, fein gemagert (Limburgitkörner, Augit), Obfl. bräunlich, geglättet. Rdm. 22 cm. Wst. 8–19 mm. Inv.Nr. 120/14/1243. Z1/6.

243 WS eines Gefässes mit doppelt durchbohrter Horizontalknubbe. Ton grau, grob gemagert, Obfl. aussen rötlich, verstrichen. Bdm. ca. 16 cm. Wst. 3–16 mm. Inv.Nr. 120/14/1246. Z8/5.

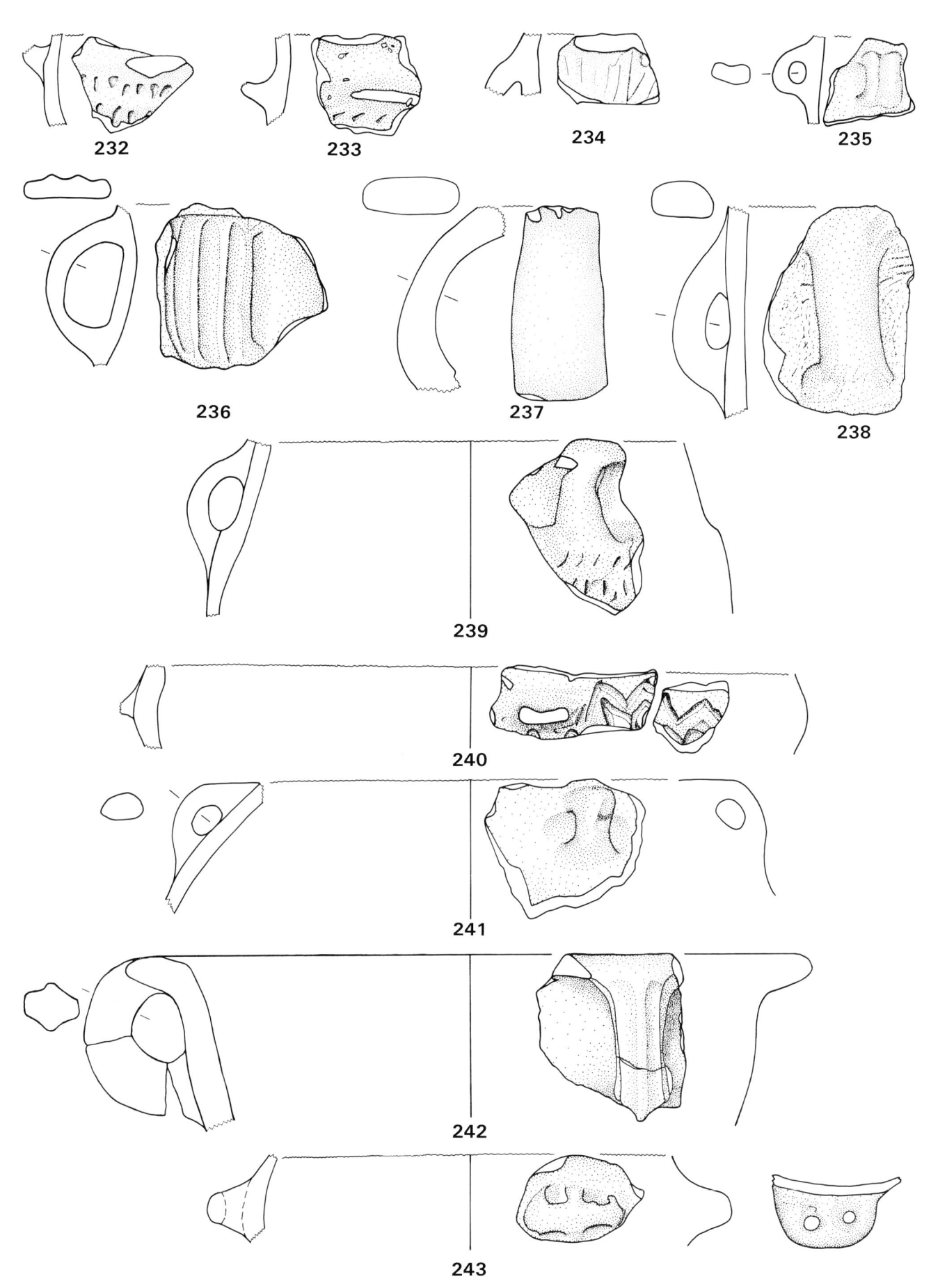

Taf. 15 Trimbach SO-Frohburg. Mittelbronzezeit: 232–242 Henkelgefässe, 243 Knubbengefäss. Massstab 1:2.

Tafel 16: Frühe Spätbronzezeit

Zylinder- und Trichterhalsgefässe (grobkeramisch)

244 RS eines Zylinderhalsgefässes mit nach innen schwach abgestrichenem Rand. Ton im Kern grau, grob gemagert, Obfl. rötlich, innen verstrichen-geglättet, aussen Schlickbewurf. Rdm. ca. 22 cm. Wst. 7–14 mm. Inv.Nr. 120/14/1248. Z1/6.

245 RS eines Zylinderhalsgefässes mit stark ausgelegtem Rand. Ton rot-braun, rel. fein gemagert, Obfl. innen verstrichen, aussen Schlickbewurf. Rdm. ca. 23 cm. Wst. 7–14 mm. Inv.Nr. 120/14/1249. K13/4.

246 RS eines Trichterhalsgefässes mit ausgelegtem, horizontal abgestrichenem Rand. Ton im Kern grau, fein gemagert, Obfl. hellbraun, geglättet. Rdm. ca. 30 cm. Wst. 7–10 mm. Inv.Nr. 120/14/1250. F15/1.

247 RS eines Zylinderhalsgefässes mit nach innen schwach abgestrichenem Rand. Ton im Kern grau, grob gemagert, Obfl. aussen rotbraun, geglättet. Rdm. 24 cm. Wst. 6–9 mm. Inv.Nr. 120/14/1251. A.

248 RS eines Topfes mit Steilwand, (Zylinderhalsgefäss?), mit horizontal abgestrichenem Schrägrand. Ton grau, grob gemagert, Obfl. aussen rotbraun, verstrichen. Rdm. 34 cm. Wst. 11–15 mm. Inv.Nr. 120/14/1254. F4/2.

249 2 RS eines Topfes mit Steilwand, (Zylinderhalsgefäss?), nach aussen abgestrichener Schrägrand, Fingertupfen auf dem Randsaum. Ton im Kern grau, grob gemagert, Obfl. bräunlich, verstrichen, aussen Schlickbahnen. Rdm. 23 cm. Wst. 5–12 mm. Inv.Nr. 120/14/1255. Z11/5.

250 RS eines Trichterhalsgefässes mit horizontal abgestrichenem Rand, tiefe Kerben am Randsaum und Eindrücke im Halsumbruch. Ton im Kern grau, grob gemagert, Obfl. beige, verstrichen. Wst. 8–10 mm. Inv.Nr. 120/14/1257. Z1/5.

251 RS eines Trichterhalsgefässes mit horizontal abgestrichenem Rand, Fingertupfen mit Nagelabdruck am Randsaum. Ton im Kern grau, grob gemagert, Obfl. verstrichen-geglättet. Wst. 6–8 mm. Inv.Nr. 120/14/258. Z1/1.

252 RS eines Trichterhalsgefässes mit horizontal abgestrichenem Rand, Fingertupfen mit Nagelabdruck am Randsaum. Ton grau, grob gemagert, Obfl. innen geglättet, aussen verstrichen. Wst. 6–8 mm. Inv.Nr. 120/14/1258a. Z1/1.

253 RS eines «randlosen» Zylinderhalsgefässes. Ton grauschwarz, rel. fein gemagert, Obfl. verstrichen-geglättet. Rdm. 19 cm. Wst. 3–7 mm. Inv.Nr. 120/14/1260. P12/3.

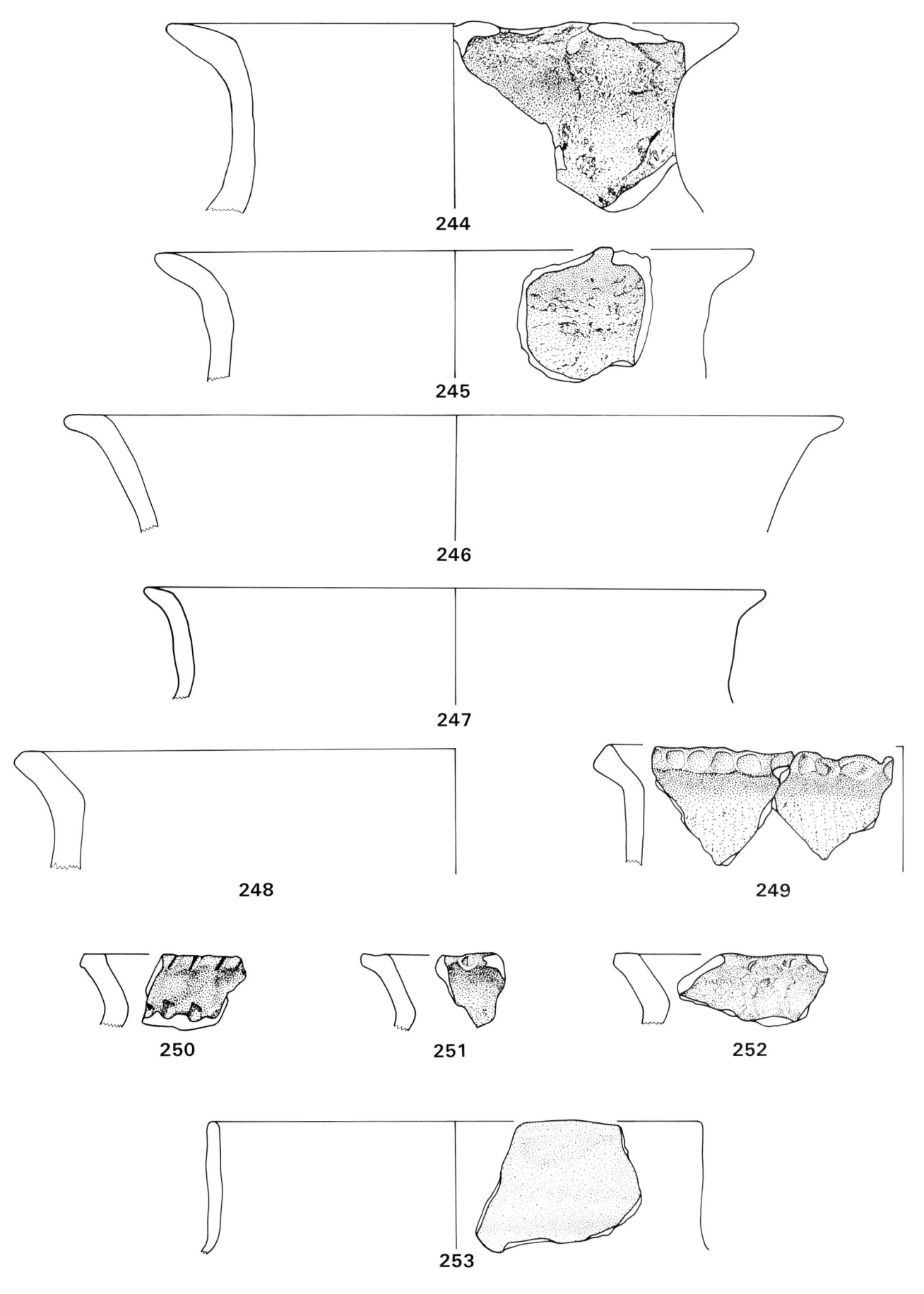

Taf. 16 Trimbach SO-Frohburg. Frühe Spätbronzezeit: Zylinder- und Trichterhalsgefässe. Massstab 1:2.

Tafel 17: Frühe Spätbronzezeit

Schrägrandgefässe

254 RS eines Schrägrandgefässes mit gerundeter Lippe, runde Eindrücke im Randumbruch. Ton im Kern grau, grob gemagert, Obfl. rotbraun, verstrichen. Rdm. 28 cm. Wst. 11–14 mm. Inv.Nr. 120/14/1262. S6/3.

255 RS eines Schrägrandgefässes mit scharfem Randknick und gerundeter Lippe, Fingertupfen am Randsaum und im -umbruch. Ton grau, grob gemagert, Obfl. aussen rotbraun, verstrichen-geglättet. Rdm. 23 cm. Wst. 7–17 mm. Inv.Nr. 120/14/1263. Z1/6.

256 RS eines Schrägrandgefässes mit gerundeter Lippe, Fingertupfen am Randsaum. Ton rotbraun, grob gemagert, Obfl. verstrichen. Rdm. 26 cm. Wst. 7–12 mm. Inv.Nr. 120/14/1264. Z1/6.

257 RS eines Schrägrandgefässes mit gerundeter Lippe, Fingertupfen mit Nagelkerben am Randsaum. Ton im Kern grau, grob gemagert, Obfl. aussen beige, verstrichen. Rdm. 28 cm. Wst. 8–12 mm. Inv.Nr. 120/14/1265. Z1/6.

258 RS eines Schrägrandgefässes mit nach aussen abgestrichener Lippe, Fingertupfen am Randsaum. Ton im Kern grau, grob gemagert, Obfl. rötlich-braun, verstrichen. Rdm. 26 cm. Wst. 8–12 mm. Inv.Nr. 120/14/1266. Z1/6.

259 RS eines Schrägrandgefässes mit Steilwand, gerundete Lippe, Fingertupfen am Randsaum und im Randumbruch. Ton grau, grob gemagert, Obfl. aussen beige, verstrichen. Rdm. 21 cm. Wst. 7–9 mm. Inv.Nr. 120/14/1267. K9/2.

260 RS eines Schrägrandgefässes, Kerben am Randsaum und flache Fingertupfen im Bereich des Randumbruches. Ton grau, grob gemagert, Obfl. rot-braun, verstrichen. Rdm. 29 cm. Wst. 6–11 mm. Inv.Nr. 120/14/1269. P19/2.

261 RS eines Schrägrandgefässes, Kerben am Randsaum. Ton im Kern rot-grau, grob gemagert, Obfl. aussen braun-beige, innen rot-braun, verstrichen. Rdm. 27 cm. Wst. 7–12 mm. Inv.Nr. 120/14/1270. Z1/6.

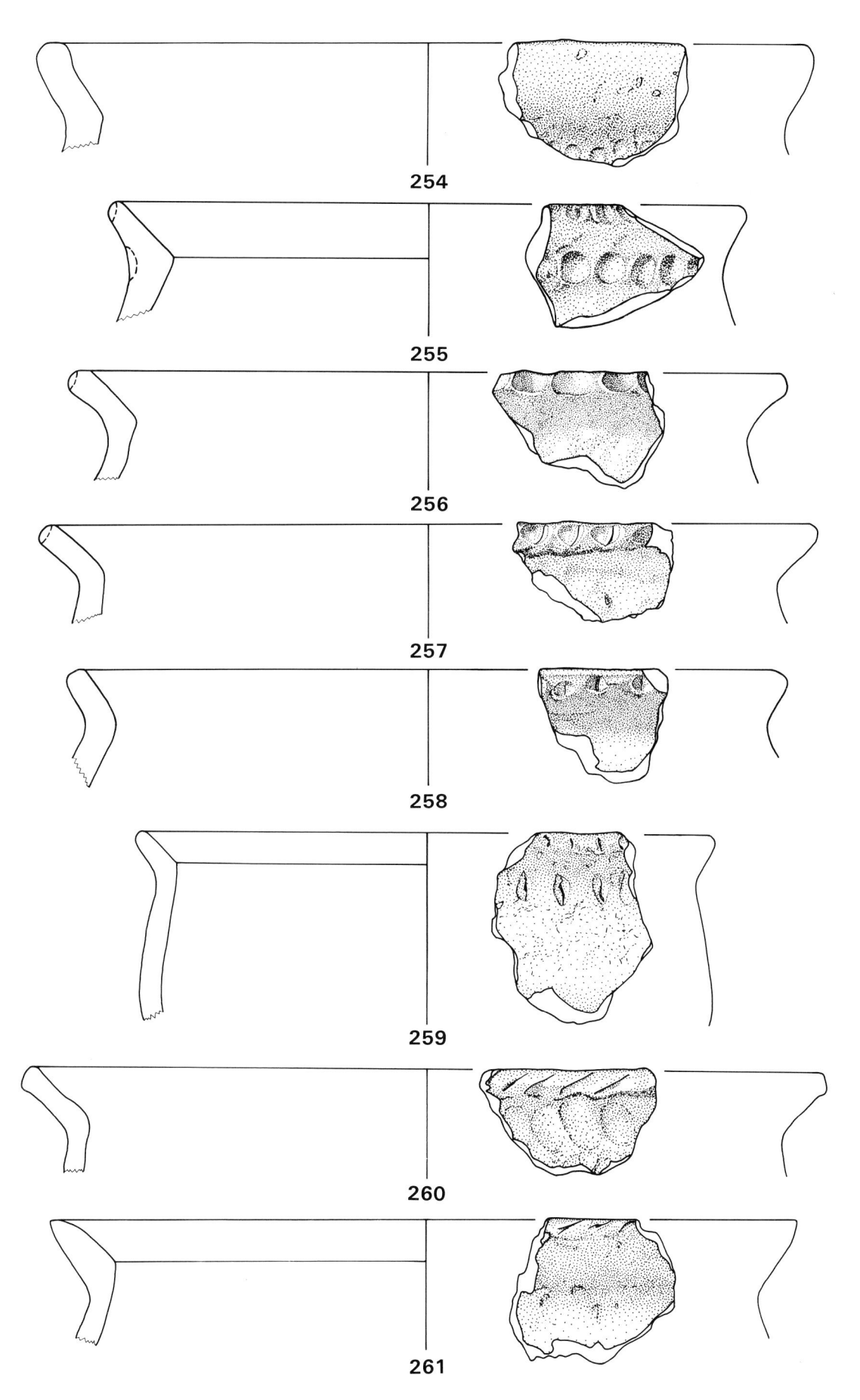

Taf. 17 Trimbach SO-Frohburg. Frühe Spätbronzezeit: Schrägrandgefässe.
Massstab 1:2.

Tafel 18: Frühe Spätbronzezeit

Schrägrandgefässe (Fortsetzung)
262 RS eines Schrägrandgefässes mit schwach nach innen abgestrichenem Rand, tiefe Kerben am Randsaum und lange Schrägkerben im Umbruchbereich. Ton im Kern grau, grob gemagert, Obfl. rot-braun, verstrichen-geglättet. Wst. 5–8 mm. Inv.Nr. 120/14/1268. Z8/5.
263 RS eines Schrägrandgefässes mit flach abgestrichenem Rand, Kerben an der Lippe und Fingertupfen mit Nagelabdruck im Randumbruch. Ton im Kern grau, grob gemagert, Obfl. aussen bräunlich beige, verstrichen. Rdm. 28 cm. Wst. 8–13 mm. Inv.Nr. 120/14/1271. Z1/6.
264 RS eines Schrägrandgefässes mit gerundeter Lippe, Kerben am Randsaum. Ton im Kern grau, grob gemagert, Obfl. aussen bräunlich, verstrichen. Rdm. 24 cm. Wst. 9–14 mm. Inv.Nr. 120/14/1272. Z1/6.
265 RS eines Schrägrandgefässes mit nach ausen abgestrichener Lippe, tiefe Kerben am Randsaum. Ton im Kern grau, grob gemagert, Obfl. innen und äusserer Rand verstrichen, Schulter mit rot-braunem Schlickbewurf. Rdm. 16 cm. Wst. 5–9 mm. Inv.Nr. 120/14/1273. F8/2.
266 WS eines Schrägrandgefässes mit Steilwand, Fingertupfen auf der Schulter. Ton im Kern grau, grob gemagert, Obfl. innen braun, aussen rot-braun, verstrichen. Wst. 13–20 mm. Inv.Nr. 120/14/1274. G4/1.
267 WS mit hoher Tupfenleiste. Ton braun, grob gemagert (Bohnerzkörnchen), Obfl. oberhalb der Leiste geglättet, darunter mit Schlickbewurf, innen verstrichen. Wst. 9–11 mm. Inv.Nr. 120/14/3672. V15/2.
268 RS eines Schrägrandgefässes mit gerundeter Lippe. Ton grau, fein gemagert, Obfl. geglättet-poliert. Rdm. 23 cm. Wst. 6–11 mm. Inv.Nr. 120/14/1284. Z4/4.
269 RS eines Schrägrandgefässes mit schwach nach innen abgestrichenem Rand. Ton im Kern grau, grob gemagert, Obfl. aussen braun, geglättet. Rdm. 22 cm. Wst. 9–11 mm. Inv.Nr. 120/14/1285. F8/2.
270 RS eines Schrägrandgefässes mit sehr schwach nach innen abgestrichenem Rand. Ton im Kern grau, grob gemagert, Obfl. rötlich-braun, verstrichen. Rdm. ca. 22 cm. Wst. 8–10 mm. Inv.Nr. 120/14/1286. Z8/5.

Schüssel/Schale
271 RS einer konischen Schale oder Schüssel mit verdicktem, horizontal und nach innen abgestrichenem Rand, schräge Fingerbahnen auf der Aussenwand. Ton im Kern grau, grob gemagert, Obfl. bräunlich, aussen verstrichen, innen geglättet. Rdm. 29 cm. Wst. 8–14 mm. Inv.Nr. 120/14/1289. A.

Zylinder- und Trichterhalsgefässe (feinkeramisch)
272 RS eines Zylinderhalsgefässes mit horizontal abgestrichenem Rand, Rillenband auf der Schulter. Ton im Kern grau, rel. fein gemagert, Obfl. braun-beige, geglättet. Rdm. 15 cm. Wst. 6–10 mm. Inv.Nr. 120/14/1294. V18/1.

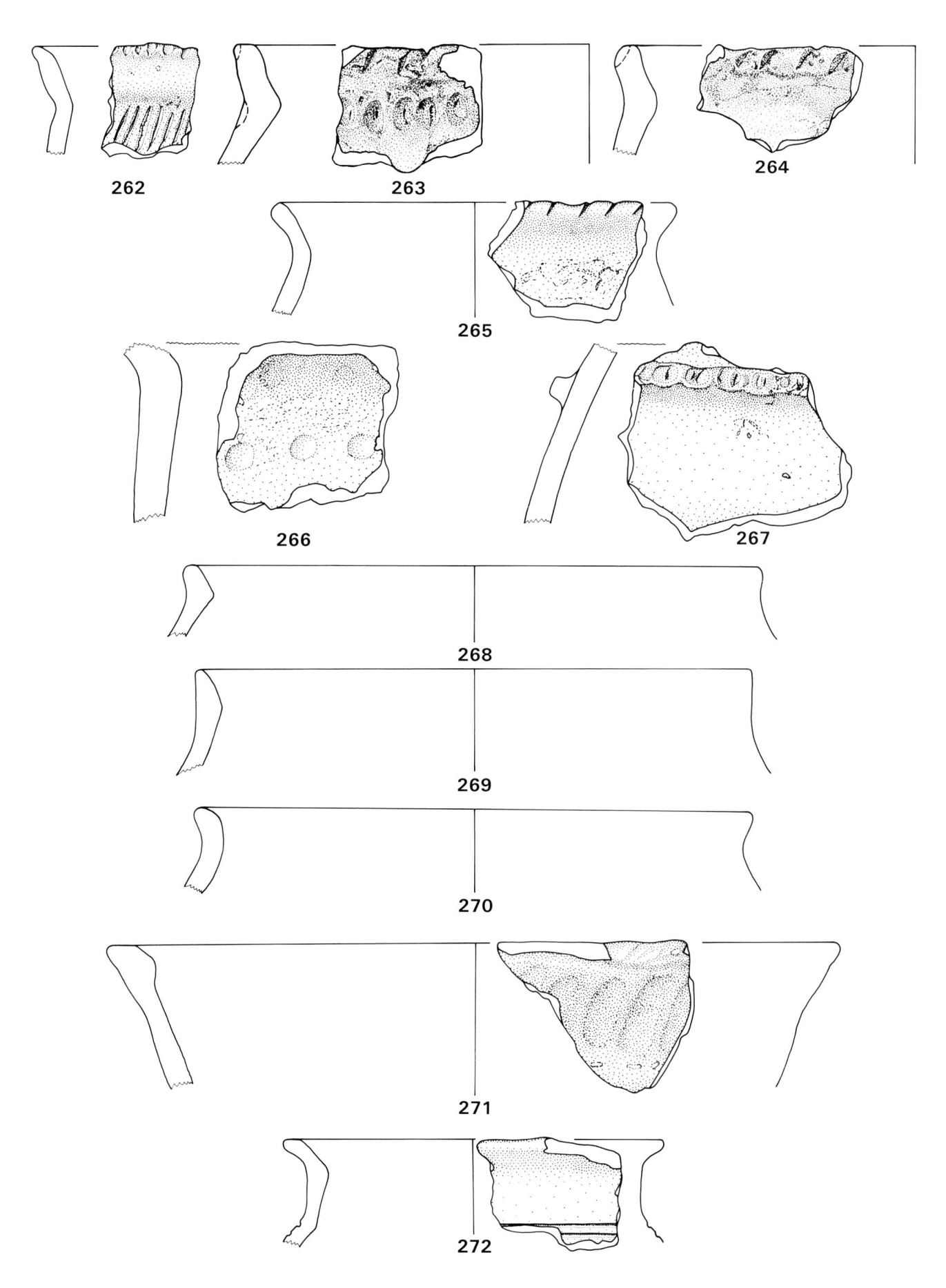

Taf. 18 Trimbach SO-Frohburg. Frühe Spätbronzezeit: 262–270 Schrägrandgefässe, 271 Schüssel, 272 Zylinderhalsgefäss. Massstab 1:2.

Tafel 19: Frühe Spätbronzezeit

Zylinder- und Trichterhalsgefässe (feinkeramisch), (Fortsetzung)

273-274 RS und WS eines Trichterhalsgefässes mit nach innen schwach abgestrichenem Rand, feines Kerbmuster über der Schulter. Ton im Kern grau, fein gemagert, Obfl. rotbraun, poliert. Rdm. 15 cm. Wst. 4-7 mm. Inv.Nr. 120/14/1295; 1296. V8/3.

275 RS eines steilwandigen Gefässes, (Zylinderhals- oder Schrägrandgefäss?), mit horizontal abgestrichenem Schrägrand, Kerben auf der Gefässwand (flächendeckend?). Ton im Kern grau, fein gemagert, Obfl. braun, innen poliert, aussen verstrichen. Rdm. 18 cm. Wst. 4-7 mm. Inv.Nr. 120/14/1297. Z1/6.

276 RS eines steilwandigen Gefässes, (Zylinderhals- oder Schrägrandgefäss?), mit horizontal abgestrichenem Schrägrand, Nagelkerben auf der Gefässwand (flächendeckend?). Ton grau, rel. fein gemagert, Obfl. geglättet. Rdm. ca. 18 cm. Wst. 5-9 mm. Inv.Nr. 120/14/1298. Z4/4.

277 WS eines Trichterhalsgefässes oder Zylinderhalsgefässes (Orientierung der Scherbe etwas unsicher), mit Ösenhenkelchen am Hals, feingeritzte horizontal gefüllte Dreiecke und Horizontalrillenband am Hals, Riefe im Halsumbruch. Ton grau, fein gemagert, Obfl. geglättet-poliert. Rdm. innen 16 cm. Wst. 5-10 mm. Inv.Nr. 120/14/1299. Z1/6.

Buckelgefässe

278 WS eines Buckelgefässes mit aus der Gefässwand herausgearbeitetem, doppelt umrieftem Buckel. Ton braun, rel. fein gemagert, Obfl. innen verstrichen, aussen geglättet. Bdm. ca. 30 cm. Wst. 6-11 mm. Inv.Nr. 120/14/1300. Z1/6.

279 WS mit einfach umrieftem Buckel und unverzierter Horizontalleiste. Ton grau, grob gemagert, Obfl. geglättet. Wst. 6-7 mm. Inv.Nr. 120/14/1301. Z1/6.

280 2 WS eines Buckelgefässes, Buckel abgeplatzt, lange, hängende und gefüllte Dreiecke. Ton grau, fein gemagert, Obfl. aussen bräunlich-grau, verwittert. Wst. 4-7 mm. Inv.Nr. 120/14/1302. F4/Ss.

Lange Dreiecke

281 WS mit feingeritzten, langen Dreiecken. Ton grau, fein gemagert, Obfl. innen verstrichen, aussen geglättet. Wst. 5-8 mm. Inv.Nr. 120/14/1305. F8/2.

282 WS mit feingeritzten Dreiecken. Ton grau, fein gemagert, Obfl. innen verstrichen, aussen geglättet. Wst. 5-8 mm. Inv.Nr. 120/14/1306. F8/2.

283 WS mit feingeritzten Dreiecken. Ton grau, fein gemagert, Obfl. innen rotbraun, verstrichen, aussen geglättet. Wst. 2-5 mm. Inv.Nr. 120/14/1308. Z11/5.

284 WS mit Dreieckmuster. Ton grau, fein gemagert, Obfl. innen verstrichen, aussen geglättet. Wst. 4-5 mm. Inv.Nr. 120/14/1307. V4/2.

285 WS eines Gefässes mit geschweifter Wand und Dreieckmuster über dem Bauch. Ton grau, fein gemagert, Obfl. innen geglättet, aussen poliert. Bdm. ca. 16 cm. Wst. 2-6 mm. Inv.Nr. 120/14/1303. Z11/5.

286 WS eines Gefässes mit Schulterabsatz, daran hängende Dreiecke. Ton im Kern grau, fein gemagert, Obfl. braun, aussen geglättet. Wst. 3-6 mm. Inv.Nr. 120/14/1304. Z11/5.

287 WS eines kugeligen Gefässes mit einem Leitermuster und daran hängendem, dreifach geritztem Zickzackmotiv. Ton grau, fein gemagert, Obfl. innen rötlich, verstrichen, aussen geglättet-poliert. Bdm. 19 cm. Wst. 4-8 mm. Inv.Nr. 120/14/1309. P12/4.

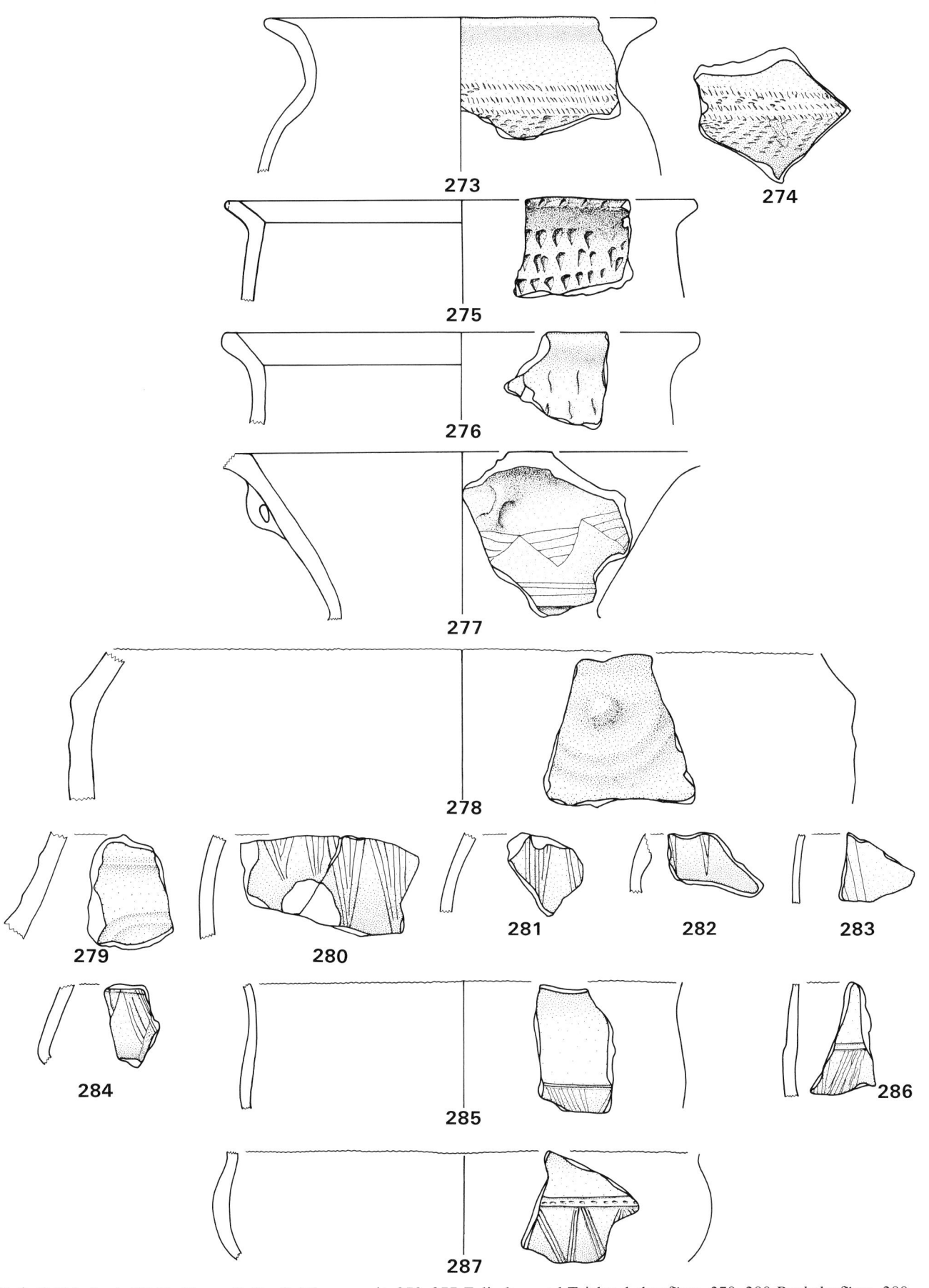

Taf. 19 Trimbach SO-Frohburg. Frühe Spätbronzezeit: 273–277 Zylinder- und Trichterhalsgefässe, 278–280 Buckelgefässe, 280–286 lange Dreiecke, 287 Leiterband mit Zickzack.
Massstab 1:2.

Tafel 20: Frühe Spätbronzezeit

Leichtgeriefte und kannelierte Ware

288 WS eines Gefässes mit Schulterabsatz, feine Vertikalriefen über dem Bauch. Ton grau, fein gemagert, Obfl. geglättet, aussen z.T. abgeplatzt. Bdm. ca. 18 cm. Wst. 3–6 mm. Inv.Nr. 120/14/1310. P12/3.
289 WS mit feinen Horizontal und Vertikalriefen. Ton grau, fein gemagert, Obfl. innen verstrichen, aussen schwarz, geglättet-poliert. Bdm. 12 cm. Wst. 3–5 mm. Inv.Nr. 120/14/1319. Z10/1.
290 WS mit feinen Horizontal- und Vertikalriefen. Ton im Kern grau, fein gemagert, Obfl. braun, innen verstrichen, aussen geglättet-poliert. Bdm. 18 cm. Wst. 5–6 mm. Inv.Nr. 120/14/1318. V9/2.
291 WS mit feinen Schrägriefen. Ton grau, fein gemagert, Obfl. aussen rötlich, geglättet. Wst. 7–9 mm. Inv.Nr. 120/14/1311. F8/2.
292 WS eines bauchigen Gefässes mit feinen Vertikalriefen über der Bauchpartie. Ton grau, rel. fein gemagert, Obfl. innen verstrichen, aussen geglättet. Wst. 5–9 mm. Inv.Nr. 120/14/1320. Z11/5.
293 WS mit Horizontalrillen und feinen Vertikalriefen. Ton grau, fein gemagert, Obfl. geglättet. Wst. 6–8 mm. Inv.Nr. 120/14/1323. Z1/1.
294 WS mit Vertikalriefen. Ton grau, fein gemagert, Obfl. bräunlich, geglättet. Wst. 4–7 mm. Inv.Nr. 120/14/1324. Z10/Pf.
295 WS mit feinen, breiten Vertikalkannelüren. Ton grau, fein gemagert, Obfl. innen bräunlich, geglättet. Wst. 6–8 mm. Inv.Nr. 120/14/1325. P19/2.
296 WS mit Vertikalkannelüren. Ton grau, grob gemagert, Obfl. aussen bräunlich, geglättet. Bdm. ca. 20 cm. Wst. 6–8 mm. Inv.Nr. 120/14/2481. V13/2.
297 WS mit feinen schrägen Riefen. Ton grau, fein gemagert, Obfl. geglättet. Bdm. ca. 26 cm. Wst. 5–9 mm. Inv.Nr. 120/14/1327. A.

Töpfchen

298 WS eines Knickwandgefässes mit zwei feinen Horizontalriefen auf der Schulter. Ton grau, fein gemagert, Obfl. braungrau, geglättet. Wst. 4–8 mm. Inv.Nr. 120/14/1332. F8/2.
299 WS eines Töpfchens mit Horizontalrillen und Stempelkerben. Ton im Kern grau, fein gemagert, Obfl. grau-schwarz-rotbraun, geglättet. Bdm. ca. 14 cm. Wst. 3–6 mm. Inv.Nr. 120/14/1328. Z10/1.
300 WS mit Stempelkerbenreihen. Ton im Kern grau, fein gemagert, Obfl. rot-braun, geglättet. Wst. 6–8 mm. Inv.Nr. 120/14/1331. G2/3.

Knickwandschalen

301 WS einer Knickwandschale mit Zickzackdekor auf dem Gefässunterteil. Ton im Kern grau, fein gemagert, Obfl. innen bräunlich, geglättet. Bdm. 19 cm. Wst. 4–8 mm. Inv.Nr. 120/14/1333. Z8/5.
302 RS einer Knickwandschale. Ton im Kern grau, fein gemagert, Obfl. braun-grau, geglättet. Rdm. 18 cm. Wst. 4–8 mm. Inv.Nr. 120/14/1334. F8/2.
303 WS einer Knickwandschale mit Riefenband unter dem Randumbruch und unterhalb des Knicks auf dem Bauch. Ton grau, fein gemagert, Obfl. innen rotbraun, geglättet. Rdm. ca. 20 cm. Wst. 5–7 mm. Inv.Nr. 120/14/1335. K20/2.

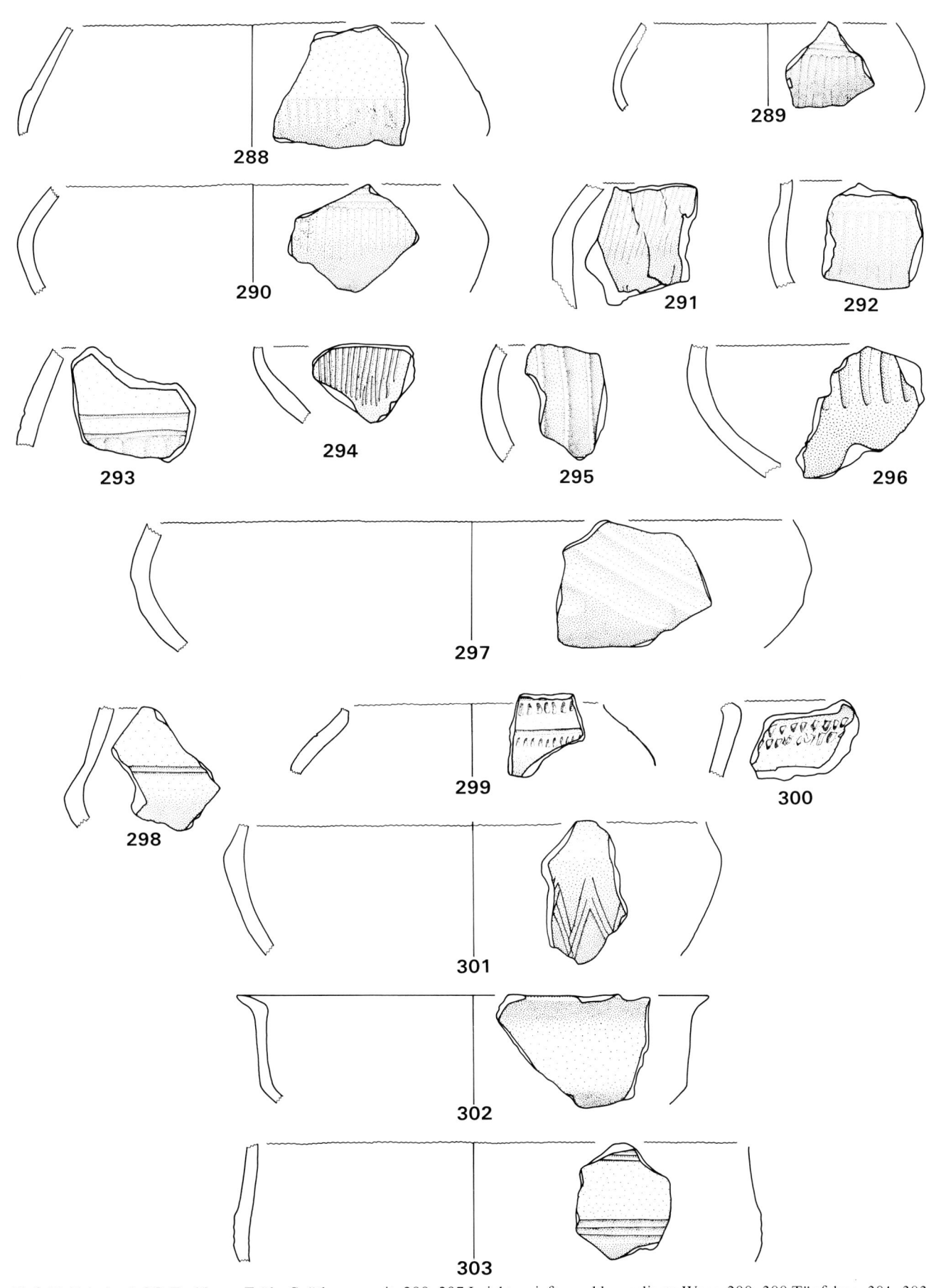

Taf. 20 Trimbach SO-Frohburg. Frühe Spätbronzezeit: 288–297 Leichtgeriefte und kannelierte Ware, 298–300 Töpfchen, 301–303 Knickwandschalen.
Massstab 1:2.

Tafel 21: Spätbronzezeit

Knickwandschalen (Fortsetzung)

304 WS einer Knickwandschale mit zwei Riefen auf dem Wandknick. Ton grau, fein gemagert, Obfl. geglättet. Rdm. ca. 18 cm. Wst. 4–7 mm. Inv.Nr. 120/14/1337. G4/1.

305 WS einer Knickwandschale mit zwei Riefen auf dem Wandknick. Ton im Kern grau, fein gemagert, Obfl. geglättet. Rdm. ca. 24 cm. Wst. 4–7 mm. Inv.Nr. 120/14/1336. Z11/4.

306 WS einer Knickwandschale mit Kerben auf dem Wandknick. Ton rot-braun, fein gemagert, Obfl. geglättet. Wst. 2–7 mm. Inv.Nr. 120/14/1338. K22/4.

307 RS einer Knickwandschale mit horizontal abgestrichenem Rand. Ton grau, fein gemagert, Obfl. geglättet. Rdm. 24 cm. Wst. 4–6 mm. Inv.Nr. 120/14/1339. Z8/5.

308 RS einer konischen Schale mit schwachem Wandknick, Randlippe nach aussen abgestrichen. Ton im Kern grau, fein gemagert, Obfl. braun, innen geglättet, aussen verstrichen. Rdm. 28 cm. Wst. 6–8 mm. Inv.Nr. 120/14/1340. Z8/5.

309 4 zusammenpassende RS einer konischen Schale mit schwachem Wandknick, Fingertupfen aussen unter dem Rand. Ton grau, fein gemagert, Obfl. innen geglättet, aussen verstrichen. Rdm. 24 cm. Wst. 4–7 mm. Inv.Nr. 120/14/1341. Z1/6.

310 RS einer konischen Schale mit schwachem Wandknick. Ton grau, fein gemagert, Obfl. innen bräunlich, geglättet, aussen verstrichen. Rdm. 24 cm. Wst. 4–6 mm. Inv.Nr. 120/14/1342. F8/2.

311 RS einer konischen Schale mit schwachem Wandknick. Ton grau, fein gemagert, Obfl. innen geglättet, aussen verstrichen. Wst. 5–10 mm. Inv.Nr. 120/14/1345. P12/2.

312 RS einer konischen Schale mit schwachem Wandknick, horizontal abgestrichener Rand. Ton grau, rel. fein gemagert, Obfl. innen geglättet, aussen verstrichen. Rdm. ca. 16 cm. Wst. 6–10 mm. Inv.Nr. 120/14/1344. Z1/6.

313 RS einer konischen Schale mit schwachem Wandknick. Ton grau, fein gemagert, Obfl. geglättet. Wst. 5–7 mm. Inv.Nr. 120/14/1343. Z11/5.

Konische Schalen mit einer durch eine prägnante Stufe abgesetzten Randfläche

314 RS und WS einer konischen Schale mit prägnanter Stufe, horizontal abgestrichener Rand mit zwei Riefen, grosse schräg schraffierte Dreiecke auf der Wand, Kammstrich. Loch. Ton im Kern grau, fein gemagert, Obfl. aussen verstrichen, innen geglättet. Rdm. 35 cm. Wst. 5–9 mm. Inv.Nr. 120/14/1346; 1347. Z8/4; Z8/5.

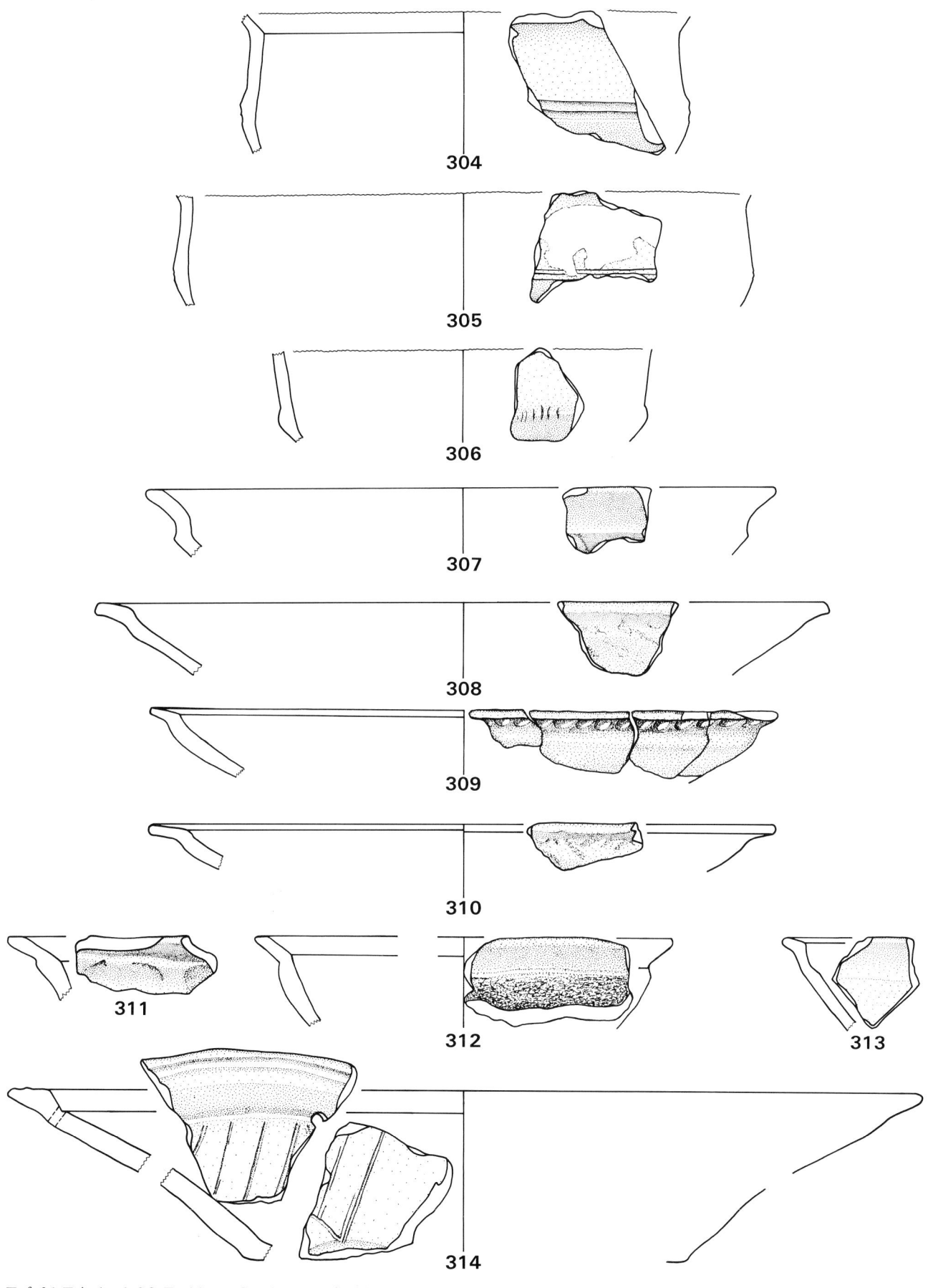

Taf. 21 Trimbach SO-Frohburg. Spätbronzezeit: 304–313 Verschiedene Varianten der Knickwandschale, 314 Konische Schale mit prägnanter Stufe.
Massstab 1:2.

Tafel 22: Spätbronzezeit

Konische Schalen mit einer durch eine prägnante Stufe abgesetzte Randfläche (Fortsetzung)

315 RS einer konischen Schale mit prägnanter Stufe, ausgelegter und horizontal abgestrichener Rand. Ton grau, fein gemagert, Obfl. aussen verstrichen, innen geglättet. Rdm. 16 cm. Wst. 4–6 mm. Inv.Nr. 120/14/1393. V13/2.

316 RS einer konischen Schale mit prägnanter Stufe, ausgelegter, horizontal abgestrichener Rand. Ton grau, fein gemagert, Obfl. aussen verstrichen, innen geglättet. Rdm. 17 cm. Wst. 4–8 mm. Inv.Nr. 120/14/1394. Z11/5.

317 WS einer konischen Schale mit prägnanter Stufe, horizontal abgestrichener Rand, Zickzacklinie auf Facette und hängende, schräg schraffierte Dreiecke auf der Wand. Ton grau, fein gemagert, Obfl. aussen verstrichen, innen geglättet. Rdm. ca. 20 cm. Wst. 5–8 mm. Inv.Nr. 120/14/1351. Z6/1.

318 RS einer konischen Schale mit prägnanter Stufe, ausgelegter nach aussen und horizontal abgestrichener Rand. Ton grau, fein gemagert, Obfl. aussen verstrichen, innen geglättet. Rdm. 17 cm. Wst. 4–5 mm. Inv.Nr. 120/14/1398. P9/1.

319 RS einer konischen Schale mit prägnanter Stufe, ausgelegter nach aussen und horizontal abgestrichener Rand. Ton grau, fein gemagert, Obfl. aussen verstrichen, innen geglättet. Rdm. 21 cm. Wst. 4–8 mm. Inv.Nr. 120/14/1391. Z11/4.

320 RS einer konischen Schale mit prägnanter Stufe, ausgelegter horizontal abgestrichener Rand, tief geritzte Zickzacklinie auf Facette. Ton grau, fein gemagert, Obfl. aussen verstrichen, innen geglättet. Rdm. 21 cm. Wst. 4–7 mm. Inv.Nr. 120/14/1350. Z3/2.

321 RS einer konischen Schale mit prägnanter Stufe, ausgelegter nach aussen abgestrichener und horizontal gekehlter Rand, Zickzacklinie auf Facette. Ton grau, fein gemagert, Obfl. aussen verstrichen, innen geglättet. Rdm. 20 cm. Wst. 4–6 mm. Inv.Nr. 120/14/1367. P13.

322 RS einer konischen Schale mit prägnanter Stufe, ausgelegter nach aussen und horizontal abgestrichener Rand, stehende, schräg schraffierte Dreiecke auf der Facette, hängende auf der Wand. Ton grau, fein gemagert, Obfl. aussen verstrichen, innen geglättet. Rdm. 23 cm. Wst. 4–6 mm. Inv.Nr. 120/14/1352. A.

323 RS einer konischen Schale mit prägnanter Stufe, einfacher, nach innen abgestrichener Rand. Ton grau, fein gemagert, Obfl. aussen verstrichen, innen geglättet. Rdm. 23 cm. Wst. 3–7 mm. Inv.Nr. 120/14/1396. Z9/5.

324 RS einer konischen Schale mit prägnanter Stufe, ausgelegter, nach innen abgestrichener Rand. Zickzacklinie auf Facette. Ton grau, fein gemagert, Obfl. aussen verstrichen, innen geglättet. Rdm. 19 cm. Wst. 3–6 mm. Inv.Nr. 120/14/1360. K7/1.

325 RS einer konischen Schale mit prägnanter Stufe, horizontal und nach innen abgestrichener Rand, je eine tief geritzte Zickzacklinie auf jeder Facette. Ton grau, fein gemagert, Obfl. geglättet. Wst. 4–10 mm. Inv.Nr. 120/14/1355. F8/2.

326 2 zusammenpassende RS einer konischen Schale mit prägnanter Stufe, ausgelegter horizontal und nach innen abgestrichener Rand, Zickzacklinie und Fischgrätemuster auf 2. Facette. Ton grau, fein gemagert, Obfl. aussen verstrichen, innen poliert. Rdm. 25 cm. Wst. 5–8 mm. Inv.Nr. 120/14/1365. Z8/5.

327 RS einer konischen Schale mit prägnanter Stufe, schwach ausgelegter, horizontal und nach innen abgestrichener Rand, schräg schraffierte Dreiecke(?) auf der Wand. Ton grau, fein gemagert, Obfl. aussen verstrichen, innen schwarz poliert. Wst. 5–8 mm. Inv.Nr. 120/14/366. Z1/6.

328 RS einer konischen Schale mit prägnanter Stufe, schwach ausgelegter, horizontal und nach innen abgestrichener Rand, hängende, schräg schraffierte Dreiecke auf der Wand. Ton braun-grau, fein gemagert, Obfl. aussen verstrichen, innen geglättet. Wst. 4–9 mm. Inv.Nr. 120/14/1548. Z1/4.

329 RS einer konischen Schale mit prägnanter Stufe, ausgelegter, horizontal und nach innen abgestrichener Rand, je eine Zickzacklinie auf jeder Facette. Ton grau, fein gemagert, Obfl. bräunlich-grau, aussen verstrichen, innen geglättet. Wst. 3–9 mm. Inv.Nr. 120/14/1363. Z4/4.

330 RS und WS einer konischen Schale mit prägnanter Stufe, schwach ausgelegter, horizontal abgestrichener und nach innen gekehlter Rand, je eine Zickzacklinie auf jeder Facette und hängende, schräg schraffierte Dreiecke auf der Wand. Ton grau, fein gemagert, Obfl. aussen verstrichen, innen bräunlich-grau geglättet. Rdm. 24 cm. Wst. 4–8 mm. Inv.Nr. 120/14/1361. F8/2.

331 RS einer konischen Schale mit prägnanter Stufe, schwach ausgelegter horizontal abgestrichener und gekehlter Rand, zwei tiefgeritzte Zickzacklinien auf 2. Facette und Schrägstrichmuster auf der Wand. Ton grau, fein gemagert, Obfl. geglättet. Rdm. 21 cm. Wst. 5–12 mm. Inv.Nr. 120/14/1356. V13/2.

332 RS einer konischen Schale mit prägnanter Stufe, ausgelegter horizontal abgestrichener und nach innen gekehlter Rand, je eine Zickzacklinie auf jeder Facette und Schrägstriche auf der Wand. Ton grau, fein gemagert, Obfl. geglättet. Wst. 5–8 mm. Inv.Nr. 120/14/1359. K19/2.

333 RS einer konischen Schale mit prägnanter Stufe, schwach ausgelegter, horizontal abgestrichener und nach innen gekehlter Rand, je eine Zickzacklinie auf jeder Facette und hängende, schräg schraffierte Dreiecke auf der Wand. Ton grau, rel. fein gemagert, Obfl. aussen verstrichen, innen geglättet. Rdm. 27 cm. Wst. 4–9 mm. Inv.Nr. 120/14/1362. Z9/2.

334 RS einer konischen Schale mit prägnanter Stufe, schwach ausgelegter, horizontal abgestrichener und nach innen gekehlter Rand. Doppelzickzacklinie auf 2. Facette. Ton grau, fein gemagert, Obfl. aussen verstrichen, innen geglättet. Rdm. 20 cm. Wst. 4–8 mm. Inv.Nr. 120/14/1357. Z6/1.

335 RS einer konischen Schale mit prägnanter Stufe, horizontal abgestrichener und nach innen gekehlter Rand. Doppelzickzacklinie auf 2. Facette. Ton grau, fein gemagert, Obfl. aussen verstrichen, innen geglättet. Wst. 5–8 mm. Inv.Nr. 120/14/1354. Z1/6.

336 RS einer konischen Schale mit prägnanter Stufe, einfacher horizontal abgestrichener und nach innen gekehlter Rand, je eine Zickzacklinie auf der 2. Facette und über der Stufe. Ton beige-grau, fein gemagert, Obfl. aussen verstrichen, innen geglättet. Rdm. 18 cm. Wst. 4–6 mm. Inv.Nr. 120/14/1353. A.

337 RS einer konischen Schale mit prägnanter Stufe, ausgelegter nach innen schwach abgestrichener Rand, Zickzacklinie auf Facette. Ton grau, fein gemagert, Obfl. aussen verstrichen, innen geglättet. Rdm. 15 cm. Wst. 4–6 mm. Inv.Nr. 120/14/1371. A.

338 RS einer konischen Schale mit prägnanter Stufe, schwach ausgelegter, nach innen abgestrichener Rand, je eine Zickzacklinie auf der Facette und über der Stufe. Ton grau, fein gemagert, Obfl. geglättet. Wst. 4–6 mm. Inv.Nr. 120/14/1373. Z1/6.

339 RS einer konischen Schale mit prägnanter Stufe, ausgelegter, nach innen abgestrichener Rand, je eine Zickzacklinie auf Facette und über der Stufe, diese unterbrochen. Ton grau, fein gemagert, Obfl. aussen verstrichen, innen geglättet. Rdm. 32 cm. Wst. 5–7 mm. Inv.Nr. 120/14/1358. Z4/4.

340 RS einer konischen Schale mit prägnanter Stufe, ausgelegte, nach innen gewölbte Randfacette mit doppelter Zickzacklinie. Ton grau, fein gemagert, Obfl. geglättet. Wst. 4–8 mm. Inv.Nr. 120/14/1372. K13/3.

341 RS einer konischen Schale mit prägnanter Stufe, einfacher nach innen abgestrichener Rand, Doppelzickzacklinie auf Facette. Ton grau, fein gemagert, Obfl. aussen verstrichen, innen geglättet. Wst. 4–7 mm. Inv.Nr. 120/14/1369. Z1/4.

342 RS einer konischen Schale mit prägnanter Stufe, schwach ausgelegter, zweimal nach innen abgestrichener Rand, je eine Zickzacklinie auf beiden Facetten. Ton grau, fein gemagert, Obfl. Reste weisser Inkrustation. Inv.Nr. 120/14/1552. F8/2.

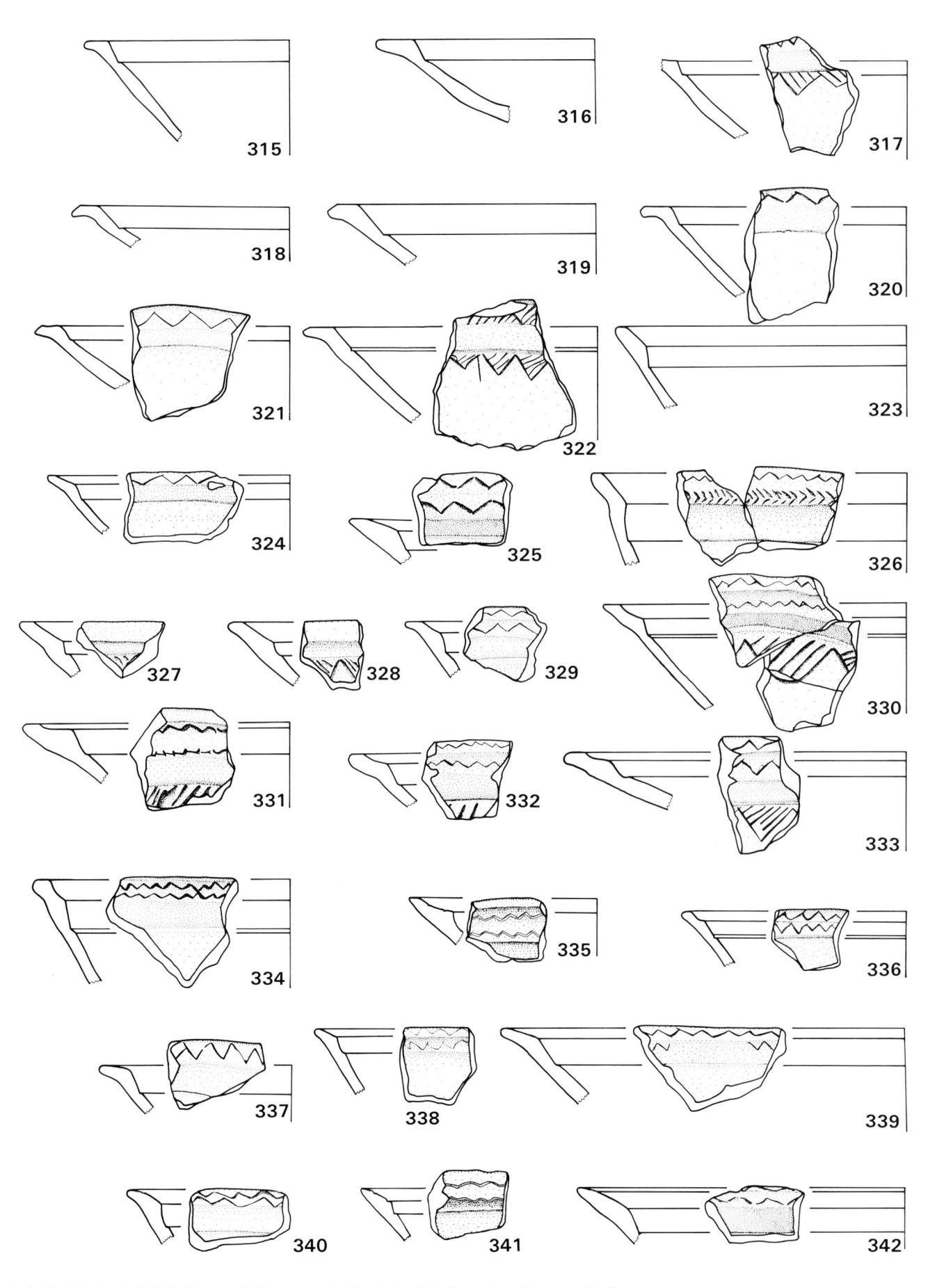

Taf. 22 Trimbach SO-Frohburg. Spätbronzezeit: Konische Schalen mit prägnanter Stufe. Massstab 1:2.

Tafel 23: Spätbronzezeit

Konische Schalen mit einer durch eine prägnante Stufe abgesetzten Randfläche (Fortsetzung)

343 RS einer konischen Schale mit prägnanter Stufe, ausgelegter, nach innen zweimal abgestrichener Rand, je eine Zickzacklinie auf beiden Facetten und über der Stufe. Ton grau, fein gemagert, Obfl. aussen verstrichen, innen geglättet. Rdm. 27 cm. Wst. 4-7 mm. Inv.Nr. 120/14/1370. Z8/5.

344 RS einer konischen Schale mit prägnanter Stufe, einfacher, nach innen abgestrichener und gekehlter Rand, je eine Zickzacklinie auf beiden Facetten und auf der Wand. Wst. 5-8 mm. Inv.Nr. 120/14/1368. Z8/5.

345 RS einer konischen Schale mit prägnanter Stufe, schwach ausgelegter, horizontal und nach innen abgestrichener Rand, Zickzacklinie auf 2. Facette. Ton im Kern grau, fein gemagert, Obfl. rot-braun, geglättet. Rdm. 22 cm. Wst. 4-6 mm. Inv.Nr. 120/14/1364. P11/2.

346 RS einer konischen Schale mit prägnanter Stufe, ausgelegter, nach innen abgestrichener Rand, flache Doppelriefe auf Facette. Ton grau, fein gemagert, Obfl. geglättet. Rdm. 24 cm. Wst. 6-9 mm. Inv.Nr. 120/14/1384. Z8/5.

Konische Schalen mit Kammstrichdekor auf der Wand

347 RS einer konischen Schale mit einfachem, horizontal abgestrichenem Rand, Zickzacklinie auf Facette, Kammstrichgirlanden auf der Wand. Ton grau, fein gemagert, Obfl. aussen bräunlich verstrichen, innen geglättet. Wst. 4-7 mm. Inv.Nr. 120/14/1410. Z11/4.

348 RS einer konischen Schale mit ausgelegtem, horizontal und nach innen abgestrichenem Rand, Kammstrichgirlanden auf der Wand. Ton beige-grau, fein gemagert, Obfl. bräunlich, aussen verstrichen, innen geglättet. Wst. 5-8 mm. Inv.Nr. 120/14/1412. K9/2.

349 3 RS und 3 WS einer konischen Schale mit ausgelegtem, horizontal abgestrichenem Rand, stehende schräg schraffiert Dreiecke auf Facette und Kammstrichgirlanden auf der Wand. Ton grau, fein gemagert, Obfl. aussen verstrichen, innen geglättet. Rdm. 34 cm. Wst. 5-8 mm. Inv.Nr. 120/14/1411. Z11/5.

350 2 zusammenpassende RS einer konischen Schale mit schwach ausgelegtem, horizontal abgestrichenem und nach innen gekehltem Rand, Zickzacklinie auf 2. Facette und Kammstrichmuster auf der Wand. Ton grau, fein gemagert, Obfl. aussen verstrichen, innen geglättet. Wst. 4-7 mm. Inv.Nr. 120/14/1414. Z9/5.

351 3 RS und 2 WS einer konischen Schale mit schwach ausgelegtem, horizontal und nach innen gekehltem Rand, je eine Zickzacklinie auf beiden Facetten und ein Kammstrich- und Sparrenmuster auf der Wand, Lochpaar. Ton grau, fein gemagert, Obfl. aussen geglättet, innen poliert. Rdm. 40 cm. Wst. 5-9 mm. Inv.Nr. 120/14/1415. F4/2; G3/3.

352 RS einer konischen Schale mit ausgelegtem, nach innen abgestrichenem Rand, Doppelzickzacklinie auf Facette, Kammstrichmuster auf der Wand. Ton grau, fein gemagert, Obfl. aussen verstrichen, innen geglättet. Rdm. 19 cm. Wst. 4-7 mm. Inv.Nr. 120/14/1418. Z11/5.

353 RS einer konischen Schale mit ausgelegtem, horizontal abgestrichenem und nach innen gekehltem Rand, Kammstrichmuster auf der Wand. Ton grau, rel. fein gemagert, Obfl. aussen verstrichen, innen geglättet. Rdm. 20 cm. Wst. 5-8 mm. Inv.Nr. 120/14/1413. V13/2.

354 RS einer konischen Schale mit ausgelegtem, nach aussen und horizontal abgestrichenem Rand, Zickzacklinie mit Resten weisser Inkrustation auf 2. Facette und Kammstrich-Sparrenmuster auf der Wand. Ton grau, fein gemagert, Obfl. aussen verstrichen, innen geglättet. Rdm. 22 cm. Wst. 4-7 mm. Inv.Nr. 120/14/1417. Z11/5.

355 RS einer konischen Schale mit ausgelegtem, horizontal abgestrichenem Rand, Zickzacklinie auf Facette und Kammstrichmuster auf der Wand. Ton grau, fein gemagert, Obfl. bräunlich, aussen verstrichen, innen geglättet, Inkrustationsreste. Rdm. 22 cm. Wst. 4-8 mm. Inv.Nr. 120/14/1416. K9/2.

Konische Schalen mit einfachem Rand

356 RS einer konischen Schale mit einfachem, gerundetem Rand. Ton bräunlich-grau, rel. fein gemagert, Obfl. geglättet. Rdm. 24 cm. Wst. 6-8 mm. Inv.Nr. 120/14/1456. F11/1.

357 RS einer konischen Schale mit einfachem, gerundetem Rand. Ton grau, fein gemagert, Obfl. geglättet. Rdm. 9 cm. Wst. 2-5 mm. Inv.Nr. 120/14/1455. Z1/4.

358 Rs einer konischen Schale mit einfachem, nach innen gekehltem Rand. Ton grau, fein gemagert, Obfl. aussen verstrichen, innen geglättet. Rdm. ca. 26 cm. Wst. 5-10 mm. Inv.Nr. 120/14/1467. F4/2.

359 RS einer konischen Schale mit einfachem, gerundetem Rand, Zickzacklinie auf der Wand. Ton grau, fein gemagert, Obfl. aussen verstrichen, innen geglättet. Rdm. 19 cm. Wst. 6-8 mm. Inv.Nr. 120/14/1468. P19/2.

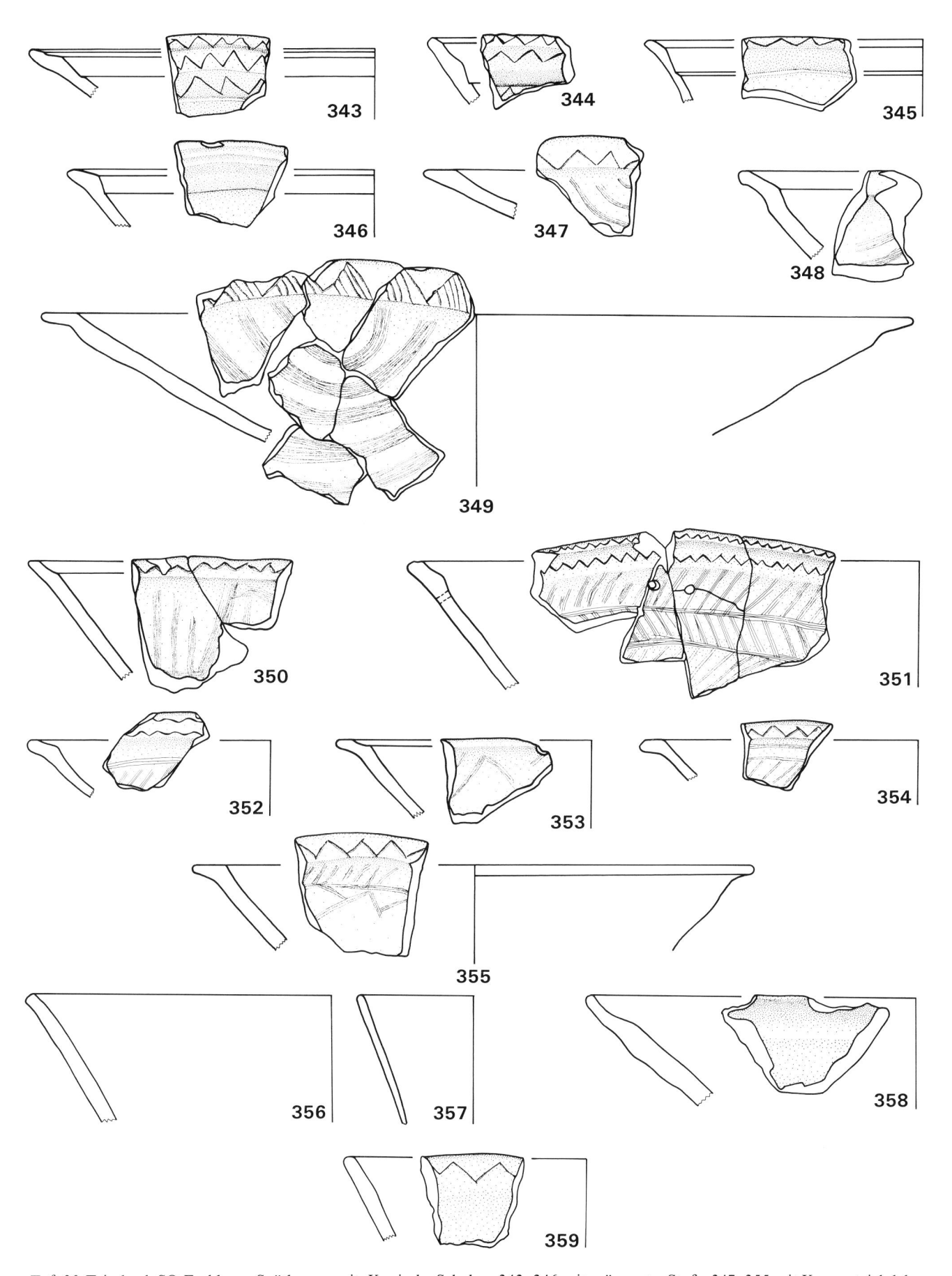

Taf. 23 Trimbach SO-Frohburg. Spätbronzezeit: Konische Schalen, 343–346 mit prägnanter Stufe, 347–355 mit Kammstrichdekor auf der Wand, 356–359 mit einfachem Rand.
Massstab 1:2.

Tafel 24: Spätbronzezeit

Konische Schalen mit einfachem Rand (Fortsetzung)

360 RS einer konischen Schale mit einfachem, horizontal abgestrichenem Rand. Ton grau, fein gemagert, Obfl. aussen verstrichen, innen geglättet. Rdm. 26 cm. Wst. 4–8 mm. Inv.Nr. 120/14/1471. K20/2.

361 RS einer konischen Schale mit einfachem, horizontal abgestrichenem Rand, feine Zickzacklinie auf Facette. Ton grau, fein gemagert, Obfl. aussen verstrichen, innen geglättet. Rdm. 20 cm. Wst. 6–8 mm. Inv.Nr. 120/14/1484. Z10/1.

362 RS einer konischen Schale mit einfachem, horizontal abgestrichenen Rand, Zickzacklinie auf Facette. Ton grau, fein gemagert, Obfl. aussen verstrichen, innen geglättet. Wst. 5–9 mm. Inv.Nr. 120/14/1580. P19/4.

363 RS einer konischen Schale mit einfachem, horizontal abgestrichenem Rand, feine Schrägstrichgruppen auf Facette und Sparrenmuster auf der Wand. Ton grau, fein gemagert, Obfl. aussen verstrichen, innen geglättet. Wst. 4–9 mm. Inv.Nr. 120/14/1485. Z11/4.

364 RS und WS einer konischen Schale mit einfachem, horizontal abgestrichenem Rand, Schrägstrichgruppen auf der Facette und stehende und hängende schräg schraffierte Dreiecke auf der schwach gestuften Wand. Ton grau, fein gemagert, Obfl. aussen verstrichen, innen poliert. Rdm. 36 cm. Wst. 5–8 mm. Inv.Nr. 120/14/1481. Z4/4.

365 RS einer konischen Schale mit einfachem, horizontal abgestrichenem Rand, Zickzacklinie auf der Facette. Ton grau, fein gemagert, Obfl. aussen verstrichen, innen geglättet. Rdm. 24 cm. Wst. 5–8 mm. Inv.Nr. 120/14/1486. Z6/1.

366 2 zusammenpassende RS einer konischen Schale mit einfachem, nach innen abgestrichenem Rand. Ton grau, fein gemagert, Obfl. aussen verstrichen, innen geglättet. Rdm. 17 cm. Wst. 4–11 mm. Inv.Nr. 120/14/1522. Z1/6.

367 RS einer konischen Schale mit einfachem, nach innen abgestrichenem Rand. Ton grau, fein gemagert, Obfl. aussen verstrichen, innen geglättet. Rdm. 22 cm. Wst. 4–7 mm. Inv.Nr. 120/14/1977. Z1/6.

368 RS einer konischen Schale mit einfachem, nach innen abgestrichenem Rand, stehende, schräg schraffierte Dreiecke auf der Wand. Ton grau, rel. fein gemagert, Obfl. aussen verstrichen, innen geglättet. Wst. 5–9 mm. Inv.Nr. 120/14/1526. A.

369 RS einer konischen Schale mit einfachem, nach innen abgestrichenem Rand, Schrägstrichgruppen auf der Facette, Fischgrätenmuster und Horizontalrillenband auf der Wand. Ton grau, fein gemagert, Obfl. braun, aussen verstrichen, innen geglättet. Wst. 6–8 mm. Inv.Nr. 120/14/1527. Z1/4.

370 RS einer konischen Schale mit einfachem, horizontal und nach innen abgestrichenem Rand, Ton grau, fein gemagert, Obfl. aussen verstrichen, innen geglättet. Rdm. 22 cm. Wst. 4–6 mm. Inv.Nr. 120/14/1528. F8/2.

371 2 zusammenpassende RS einer konischen Schale mit einfachem, horizontal abgestrichenem und nach innen schwach gekehltem Rand, Doppelzickzacklinie auf der 2. Facette. Ton im Kern grau, fein gemagert, Obfl. bräunlich, aussen verstrichen, innen geglättet. Rdm. 36 cm. Wst. 5–10 mm. Inv.Nr. 120/14/1533. F8/2.

372 RS einer konischen Schale mit einfachem, horizontal abgestrichenem und nach innen gekehltem Rand, Doppelzickzacklinie auf der 2. Facette. Ton grau, fein gemagert, Obfl. aussen geglättet, innen poliert. Wst. 4–5 mm. Inv.Nr. 120/14/1549. Z10/1.

373 RS einer konischen Schale mit einfachem, nach innen gekehltem Rand, Doppelzickzacklinie auf der Facette und hängende, schräg schraffierte Dreiecke auf der Wand. Ton grau, fein gemagert, Obfl. aussen verstrichen, innen bräunlich geglättet. Wst. 5–9 mm. Inv.Nr. 120/14/1757. A.

374 RS einer konischen Schale mit einfachem, horizontal abgestrichenem und nach innen gekehltem Rand. Ton grau, rel. fein gemagert, Obfl. braun, aussen verstrichen, innen geglättet. Rdm. 30 cm. Wst. 6–9 mm. Inv.Nr. 120/14/1535. Z11/5.

375 RS einer konischen Schale mit einfachem, horizontal und nach innen abgestrichenem Rand, Doppelzickzacklinie auf der 2. Facette. Ton grau, fein gemagert, Obfl. aussen verstrichen, innen geglättet. Rdm. 21 cm. Wst. 5–6 mm. Inv.Nr. 120/14/1547. F11/2.

376 RS einer konischen Schale mit einfachem, horizontal und nach innen gekehltem Rand, je eine Zickzacklinie auf der 2. Facette und der Wand. Ton grau, fein gemagert, Obfl. aussen verstrichen, innen bis zur Randkehlung dunkel geschmaucht, darüber braun, geglättet. Rdm. 23 cm. Wst. 4–8 mm. Inv.Nr. 120/14/1546. Z11/4.

377 RS einer konischen Schale mit einfachem, horizontal und nach innen abgestrichenem Rand. Ton grau, fein gemagert, Obfl. aussen verstrichen, innen geglättet. Rdm. 24 cm. Wst. 5–8 mm. Inv.Nr. 120/14/1577. Z11/4.

378 RS einer konischen Schale mit einfachem, horizontal abgestrichenem und nach innen schwach gekehltem Rand, leicht gestufte Wand. Ton grau, fein gemagert, Obfl. aussen verstrichen, innen geglättet. Wst. 5–8 mm. Inv.Nr. 120/14/1553. Z12/1.

379 RS einer konischen Schale mit einfachem, horizontal und nach innen abgestrichenem Rand, Doppelzickzacklinie auf der 2. Facette. Ton grau, fein gemagert, Obfl. aussen verstrichen, innen geglättet. Wst. 5–8 mm. Inv.Nr. 120/14/1847. Z8/5.

Konische Schalen mit ausgelegtem Rand

380 RS einer Schale mit ausgelegtem, nach aussen und horizontal abgestrichenem Rand. Ton grau, fein gemagert, Obfl. geglättet. Rdm. 28 cm. Wst. 5–8 mm. Inv.Nr. 120/14/1554. F8/2.

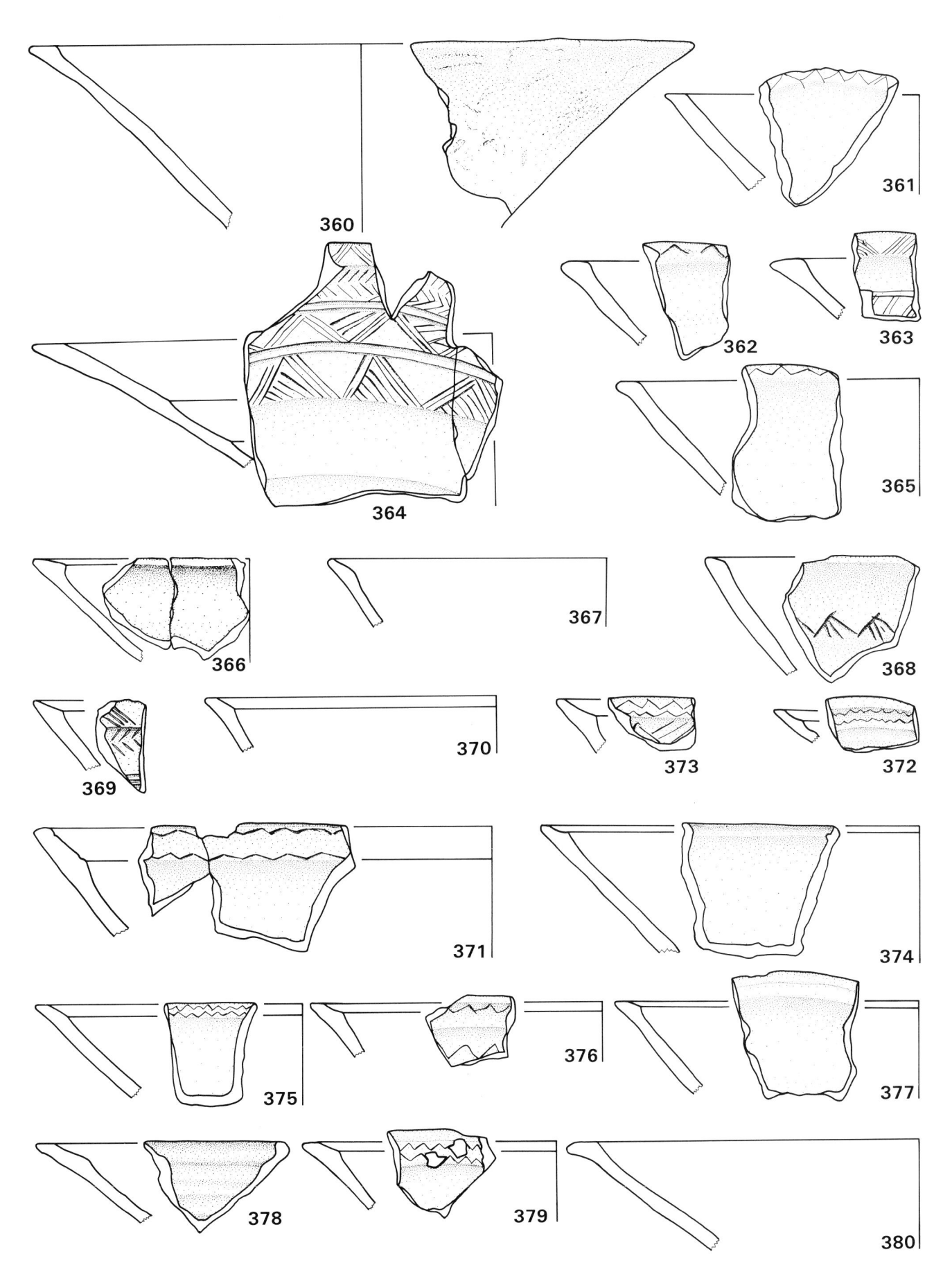

Taf. 24 Trimbach SO-Frohburg. Spätbronzezeit: Konische Schalen, 360–379 mit einfachem Rand, 380 mit ausgelegtem Rand. Massstab 1:2.

Tafel 25: Spätbronzezeit

Konische Schalen mit ausgelegtem Rand (Fortsetzung)

381 RS einer konischen Schale mit ausgelegtem, horizontal abgestrichenem Rand. Ton grau, fein gemagert, Obfl. aussen verstrichen, innen geglättet. Wst. 6–10 mm. Inv.Nr. 120/14/1555. Z11/5.

382 RS einer konischen Schale mit ausgelegtem, horizontal schwach nach innen abgestrichenem Rand. Ton grau, fein gemagert, Obfl. geglättet. Rdm. 20 cm. Wst. 5–10 mm. Inv.Nr. 120/14/1571. Z1/5.

383 RS einer konischen Schale mit ausgelegtem, horizontal abgestrichenem Rand, Orientierung unsicher, Schrägstriche oder Girlanden auf der Wand, Lochpaar. Ton grau, fein gemagert, Obfl. aussen verstrichen, innen geglättet. Wst. 6–7 mm. Inv.Nr. 120/14/1578. K22/4.

384 RS einer konischen Schale mit ausgelegtem, horizontal abgestrichenem Rand, Zickzacklinie auf der Facette. Ton grau, fein gemagert, Obfl. aussen verstrichen, innen geglättet. Wst. 5–8 mm. Inv.Nr. 120/14/1581. F4/2.

385 RS einer konischen Schale mit ausgelegtem, horizontal abgestrichenem Rand, Zickzacklinie auf der Facette, Reste weisser Inkrustation. Ton grau, fein gemagert, Obfl. aussen verstrichen, innen geglättet. Rdm. 28 cm. Wst. 5–7 mm. Inv.Nr. 120/14/1579. G3/2.

386 RS einer konischen Schale mit ausgelegtem, horizontal abgestrichenem Rand, Zickzacklinie auf der Facette. Ton im Kern grau, fein gemagert, Obfl. hellbraun, stark verwittert. Wst. 4–8 mm. Inv.Nr. 120/14/1582. Z8/5.

387 RS einer konischen Schale mit ausgelegtem, horizontal abgestrichenem Rand, tiefe Zickzacklinie auf der Facette. Ton grau, fein gemagert, Obfl. aussen verstrichen, innen geglättet. Rdm. 22 cm. Wst. 5–6 mm. Inv.Nr. 120/14/1583. Z11/5.

388 RS einer konischen Schale mit ausgelegtem, horizontal abgestrichenem Rand, Zickzacklinie auf der Facette. Ton grau, fein gemagert, Obfl. aussen verstrichen, innen braun, geglättet. Wst. 6–8 mm. Inv.Nr. 120/14/1584. A.

389 RS einer konischen Schale mit ausgelegtem, horizontal abgestrichenem Rand, je eine Zickzacklinie auf der Facette und der Wand. Ton grau, fein gemagert, Obfl. aussen verstrichen, innen geglättet. Rdm. 12 cm. Wst. 4–7 mm. Inv.Nr. 120/14/1585. P12/3.

390 RS einer konischen Schale mit ausgelegtem, nach aussen und horizontal abgestrichenem Rand, Doppelzickzacklinie auf der Facette und vertikalem Zickzack auf der Wand. Ton grau, fein gemagert, Obfl. bräunlich, aussen verstrichen, innen geglättet. Wst. 5–8 mm. Inv.Nr. 120/14/1590. Z8/5.

391 RS einer konischen Schale mit ausgelegtem, horizontal abgestrichenem Rand, Kornstich-Zickzacklinie auf der Facette, ein vierfaches Horizontalriefenband und ein Kornstich-Zickzackdekor auf der Wand. Ton grau, fein gemagert, Obfl. aussen verstrichen, innen geglättet. Rdm. 19 cm. Wst. 4–6 mm. Inv.Nr. 120/14/1589. F11/3.

392 RS einer konischen Schale mit ausgelegtem, nach aussen und horizontal abgestrichenem Rand, je eine Zickzacklinie auf der 2. Facette und der Wand, diese begleitet von Punktgruppen. Ton grau, fein gemagert, Obfl. aussen verstrichen, innen geglättet. Rdm. 29 cm. Wst. 5–8 mm. Inv.Nr. 120/14/1587. Z8/5.

393 RS einer konischen Schale mit ausgelegtem, nach aussen und horizontal abgestrichenem Rand, stehende verschachtelte Dreiecke auf der 2. Facette. Ton grau, fein gemagert, Obfl. aussen verstrichen, innen geglättet. Rdm. 24 cm. Wst. 4–7 mm. Inv.Nr. 120/14/1588. F4/2.

394 RS einer konischen Schale mit ausgelegtem, horizontal und nach innen abgestrichenem Rand, Doppelzickzacklinie auf der 2. Facette. Ton grau, fein gemagert, Obfl. aussen verstrichen, innen braun, geglättet. Wst. 4–6 mm. Inv.Nr. 120/14/1918. Z8/5.

395 RS einer konischen Schale mit ausgelegtem, horizontal gekehltem Rand, Wand gestuft. Ton grau, fein gemagert, Obfl. aussen verstrichen, innen geglättet. Rdm. 20 cm. Wst. 4–6 mm. Inv.Nr. 120/14/1591. Z6/1.

396 RS einer konischen Schale mit ausgelegtem, horizontal abgestrichenem Rand, dreifaches Riefenband auf der Facette. Ton grau, fein gemagert, Obfl. rotbraun verwittert. Wst. 6–9 mm. Inv.Nr. 120/14/1598. Z8/5.

397 2 zusammenpassende RS einer konischen Schale mit ausgelegtem, horizontal abgestrichenem Rand, Vertikalkannelüren auf der Facette. Ton grau, rel. fein gemagert, Obfl. hellbraun, aussen verstrichen, innen geglättet. Wst. 6–8 mm. Inv.Nr. 120/14/1600. P19/4.

398 2 RS einer konischen Schale mit ausgelegtem, horizontal abgestrichenem und gestuftem Rand, Loch in Wand, je eine Zickzacklinie auf der Facette, der Stufe und der Wand. Ton grau, fein gemagert, Obfl. aussen verstrichen, innen geglättet. 19 cm. Wst. 4–8 mm. Inv.Nr. 120/14/1601. Z11/3.

399 RS einer konischen Schale mit ausgelegtem, nach aussen und horizontal abgestrichenem Rand. Ton grau, fein gemagert, Obfl. aussen verstrichen, innen geglättet. Rdm. 21 cm. Wst. 4–6 mm. Inv.Nr. 120/14/1604. F19/1.

400 RS einer konischen Schale mit ausgelegtem, nach innen abgestrichenem Rand. Ton grau, fein gemagert, Obfl. aussen verstrichen, innen geglättet. Rdm. 16 cm. Wst. 4–7 mm. Inv.Nr. 120/14/1620. Z1/1.

401 RS einer konischen Schale mit ausgelegtem, nach innen abgestrichenem Rand. Ton grau, fein gemagert, Obfl. aussen verstrichen, innen geglättet. Rdm. 17 cm. Wst. 5–7 mm. Inv.Nr. 120/14/1622. Z1/6.

402 RS einer konischen Schale mit ausgelegtem, nach innen abgestrichenem Rand. Ton grau, fein gemagert, Obfl. bräunlich, aussen verstrichen, innen geglättet. Rdm. 24 cm. Wst. 3–6 mm. Inv.Nr. 120/14/1603. Z1/6.

403 RS einer konischen Schale mit ausgelegtem, nach innen abgestrichenem Rand, tiefe Zickzacklinie auf der Facette. Ton grau, grob gemagert, Obfl. aussen verstrichen, innen geglättet. Rdm. 20 cm. Wst. 4–7 mm. Inv.Nr. 120/14/1743. Z1/4.

404 RS einer konischen Schale mit ausgelegtem, nach innen abgestrichenem Rand, feine Zickzacklinie auf der Facette. Ton grau, fein gemagert, Obfl. aussen verstrichen, innen geglättet. Rdm. 18 cm. Wst. 3–9 mm. Inv.Nr. 120/14/1744. Z1/6.

405 2 zusammenpassende RS einer konischen Schale mit ausgelegtem, nach innen abgestrichenem Rand, tiefe Zickzacklinie auf der Facette. Ton grau, grob gemagert, Obfl. aussen verstrichen, innen bräunlich, geglättet. Rdm. 24 cm. Wst. 4–7 mm. Inv.Nr. 120/14/1745. P19/2.

406 RS einer konischen Schale mit ausgelegtem, nach innen abgestrichenem Rand, Zickzacklinie auf der Facette. Ton im Kern grau, fein gemagert, Obfl. braun, geglättet. Rdm. 22 cm. Wst. 6–8 mm. Inv.Nr. 120/14/1746. A.

407 2 zusammenpassende RS einer konischen Schale mit ausgelegtem, nach innen abgestrichenem Rand, Zickzacklinie auf der Facette, Reste weisser Inkrustation. Ton im Kern grau, fein gemagert, Obfl. bräunlich-grau, aussen verstrichen, innen geglättet. Wst. 4–6 mm. Inv.Nr. 120/14/1747. Z6/1.

408 RS einer konischen Schale mit ausgelegtem, nach innen abgestrichenem Rand, stehende, schräg schraffierte Dreiecke auf der Facette, Zickzackmuster auf der Wand. Ton grau, fein gemagert, Obfl. aussen verstrichen, innen geglättet. Rdm. 30 cm. Wst. 5–8 mm. Inv.Nr. 120/14/1748. Z1/6.

409 3 zusammenpassende RS einer konischen Schale mit ausgelegtem, nach innen abgestrichenem Rand, Doppelzickzacklinie auf der Facette. Ton grau, fein gemagert, Obfl. aussen verstrichen, innen geglättet. Reste weisser Inkrustationsmasse. Rdm. 17 cm. Wst. 5–6 mm. Inv.Nr. 120/14/1749. P19/1.

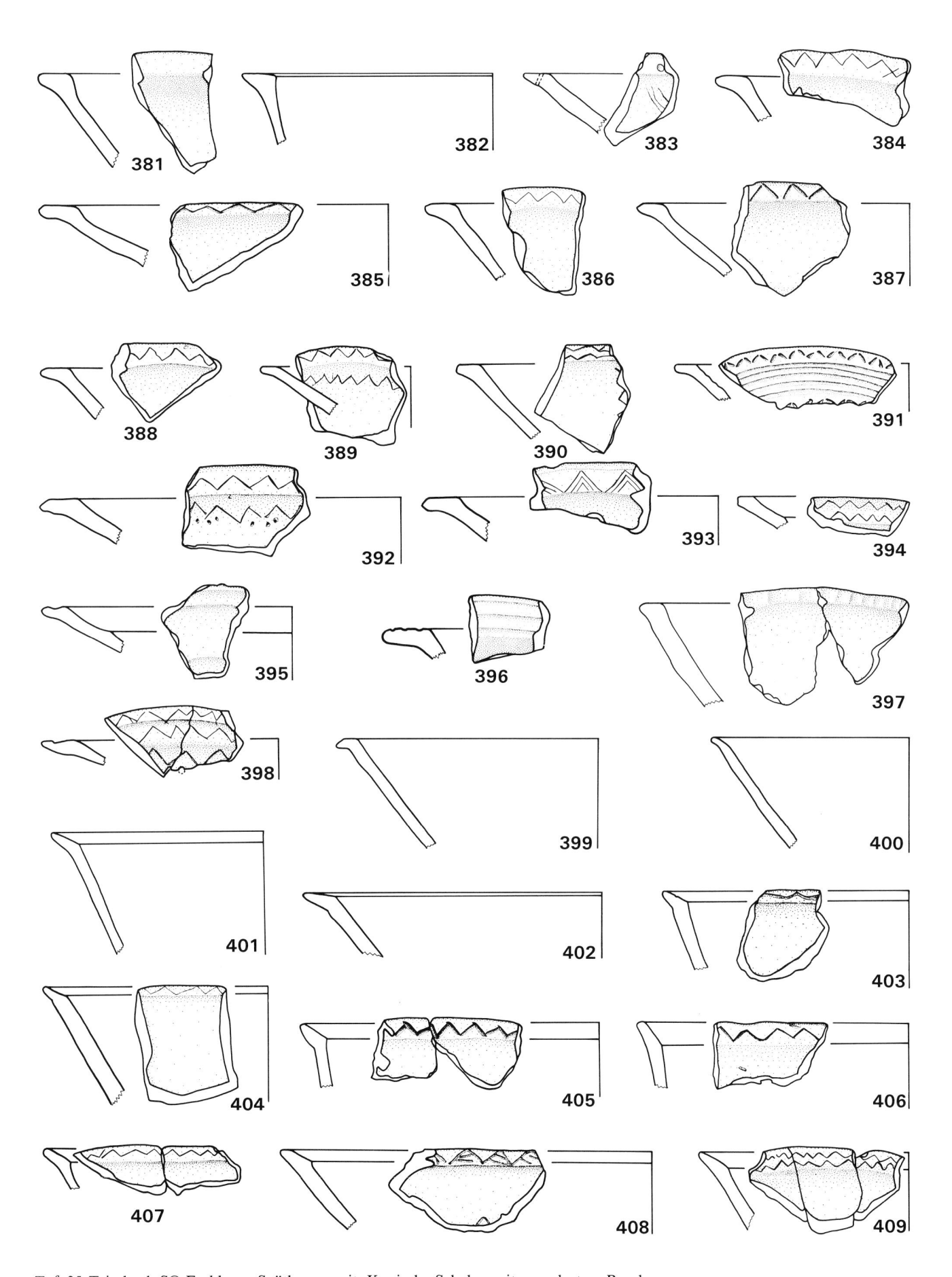

Taf. 25 Trimbach SO-Frohburg. Spätbronzezeit: Konische Schalen mit ausgelegtem Rand. Massstab 1:2.

Tafel 26: Spätbronzezeit

Konische Schalen mit ausgelegtem Rand (Fortsetzung)

410 RS einer konischen Schale mit ausgelegtem, nach innen abgestrichenem Rand, je eine Zickzacklinie auf der Facette und der Wand. Ton grau, fein gemagert, Obfl. aussen verstrichen, innen geglättet. Wst. 6–7 mm. Inv.Nr. 120/14/1750. Z11/3.

411 RS einer konischen Schale mit ausgelegtem, nach innen abgestrichenem Rand, Doppelzickzacklinie auf der Facette mit Resten weisser Inkrustationsmasse. Ton grau, fein gemagert, Obfl. aussen verstrichen, innen geglättet. Rdm. 16 cm. Wst. 5–6 mm. Inv.Nr. 120/14/1751. F11/2.

412 RS einer konischen Schale mit ausgelegtem, nach innen abgestrichenem Rand, Doppelzickzacklinie auf der Facette. Ton grau, fein gemagert, Obfl. aussen verstrichen, innen geglättet. Wst. 6–7 mm. Inv.Nr. 120/14/1753. F28/1.

413 RS einer konischen Schale mit ausgelegtem, nach innen abgestrichenem Rand, Doppelzickzacklinie auf der Facette. Ton grau, fein gemagert, Obfl. aussen verstrichen, innen geglättet, Randzone braun, Wand schwarz. Wst. 5–7 mm. Inv.Nr. 120/14/1754. Z11/5.

414 RS einer konischen Schale mit ausgel., nach innen abgestrichenem Rand, Fischgrätenmuster auf der Facette. Ton grau, fein gemagert, Obfl. aussen verstrichen, innen geglattet. Rdm. 15 cm. Wst. 4–6 mm. Inv.Nr. 120/14/1752. Z1/6.

415 3 RS einer konischen Schale mit ausgelegtem, nach innen abgestrichenem Rand, tiefe Doppelzickzacklinie auf der Facette und grosse hängende, horizontal-schräg schraffiert Dreiecke auf der Wand. Ton grau, fein gemagert, Obfl. aussen verstrichen, innen geglättet. Rdm. 32 cm. Wst. 5–8 mm. Inv.Nr. 120/14/1755; 1756. F8/2; Z8/5.

416 RS einer konischen Schale mit ausgelegtem, nach innen abgestrichenem Rand, stehende, schräg schraffierte Dreiecke auf der Facette und feiner Zickzack auf der Wand. Ton grau, fein gemagert, Obfl. aussen verstrichen, innen geglättet. Wst. 6–8 mm. Inv.Nr. 120/14/1762. P19/2.

417 RS einer konischen Schale mit ausgelegtem, nach innen abgestrichenem Rand, Fischgrätenmuster auf der Facette mit weisser Inkrustationsmasse. Ton grau, fein gemagert, Obfl. aussen verstrichen, innen geglättet. Rdm. 18 cm. Wst. 5–7 mm. Inv.Nr. 120/14/1759. Z11/5.

418 RS einer konischen Schale mit ausgelegtem, nach innen abgestrichenem Rand, Fischgrätenmuster auf der Facette mit weisser Inkrustationsmasse. Ton grau, fein gemagert, Obfl. aussen verstrichen, innen geglättet. Wst. 5–7 mm. Inv.Nr. 120/14/1760. Z8/5.

419 RS einer konischen Schale mit ausgelegtem, nach innen abgestrichenem Rand, Zickzacklinie auf der Facette und Mehrfachriefenband auf der Wand. Ton grau, fein gemagert, Obfl. aussen verstrichen, innen braun, geglättet. Rdm. 23 cm. Wst. 5–8 mm. Inv.Nr. 120/14/1758. Z10/2.

420 RS einer konischen Schale mit ausgelegtem, nach innen gekehltem Rand, Zickzacklinie auf der Facette. Ton im Kern grau, fein gemagert, Obfl. aussen verstrichen, innen geglättet. Wst. 6–9 mm. Inv.Nr. 120/14/1837. K19/2.

421 RS einer konischen Schale mit ausgel., nach innen abgestrichenem und gekehltem Rand, Zickzacklinie auf der 2. Facette und hängende, schräg schraffierte Dreiecke auf der Wand. Ton grau, fein gemagert, Obfl. aussen verstrichen, innen braun, geglättet. Wst. 5–7 mm. Inv.Nr. 120/14/1836. K9/2.

422 RS einer konischen Schale mit ausgelegtem, nach innen zweimal gekehltem Rand. Ton grau, fein gemagert, Obfl. bräunlich, aussen verstrichen, innen geglättet. Rdm. 20 cm. Wst. 5–8 mm. Inv.Nr. 120/14/1828. Z8/5.

423 RS einer konischen Schale mit ausgelegtem, nach innen und gekehltem Rand, feine Schrägkerben auf der inneren Randkante. Ton grau, fein gemagert, Obfl. aussen verstrichen, innen geglättet. Rdm. 24 cm. Wst. 4–9 mm. Inv.Nr. 120/14/1841. V13/3.

424 RS einer konischen Schale mit ausgelegtem, horizontal und nach innen schwach abgestrichenem Rand, Doppelzickzacklinie auf der 2. Facette und einfache auf der Wand. Rdm. 22 cm. Wst. 4–5 mm. Inv.Nr. 120/14/1846. F8/2.

425 RS einer konischen Schale mit ausgelegtem, horizontal und nach innen abgestrichenem Rand, Zickzacklinie auf der 2. Facette und hängende, schräg schraffierte Dreiecke sowie eine Vertikalkerbenreihe auf der Wand. Ton im Kern grau, fein gemagert, Obfl. braun, aussen verstrichen, innen geglättet. Wst. 8–10 mm. Inv.Nr. 120/14/1844. Z8/5.

426 RS einer konischen Schale mit ausgelegtem, horizontal und nach innen abgestrichenem Rand, Zickzacklinie auf der Facette. Ton grau, fein gemagert, Obfl. aussen verstrichen, innen geglättet. Rdm. 20 cm. Wst. 7–9 mm. Inv.Nr. 120/14/1843. V17/1.

427 2 zusammenpassende RS einer konischen Schale mit ausgelegtem, horizontal und nach innen abgestrichenem Rand, einfache Zickzacklinie auf der 1. und doppelte auf der 2. Facette Ton braun-grau, fein gemagert, Obfl. aussen geglättet, innen poliert. Rdm. 26 cm. Wst. 4–6 mm. Inv.Nr. 120/14/1845. Z10/1; Z4/4.

428 RS einer konischen Schale mit ausgelegtem abgestrichenem und nach innen gekehltem Rand, Zickzacklinie auf der 2. Facette und der Wand. Ton grau, fein gemagert, Obfl. aussen verstrichen, innen geglättet. Wst. 6–9 mm. Inv.Nr. 120/14/1916. Z4/4.

429 RS einer konischen Schale mit ausgelegtem, horizontal und nach innen abgestrichenem Rand, stehende, schräg schraffierte Dreiecke auf der 2. Facette und Zickzacklinie auf der Wand. Ton grau, fein gemagert, Obfl. aussen verstrichen, innen geglättet. Rdm. 18 cm. Wst. 5–7 mm. Inv.Nr. 120/14/1915. F23/1.

430 RS einer konischen Schale mit ausgelegtem, horizontal abgestrichenem und nach innen gekehltem Rand. Ton grau, fein gemagert, Obfl. aussen verstrichen, innen geglättet. Wst. 3–5 mm. Inv.Nr. 120/14/1921. Z1/4.

431 4 RS und 5 WS (zusammenpassend) einer konischen Schale mit ausgelegtem, horizontal abgestrichenem und nach innen gekehltem Rand. Ton im Kern grau, fein gemagert, Obfl. bräunlich, aussen verstrichen, innen geglättet. Rdm. 26 cm. Wst. 3–6 mm. Inv.Nr. 120/14/1883. Z1/6.

432 RS einer konischen Schale mit ausgelegtem, horizontal abgestrichenem und nach innen schwach gekehltem Rand. Ton grau, fein gemagert, Obfl. aussen verstrichen, innen geglättet. Wst. 4–6 mm. Inv.Nr. 120/14/1882. Z1/6.

433 RS einer konischen Schale mit ausgel., horizontal abgestrichenem und nach innen gekehltem Rand, Wand gestuft mit Zickzacklinie. Ton grau, fein gemagert, Obfl. geglättet-poliert. Rdm. 30 cm. Wst. 4–8 mm. Inv.Nr. 120/14/1885. F14/3.

434 3 zusammenpassende RS einer konischen Schale mit ausgelegtem, horizontal abgestrichenem und nach innen gekehltem Rand. Ton grau, fein gemagert, Obfl. aussen verstrichen, innen geglättet. Rdm. 20 cm. Wst. 4–6 mm. Inv.Nr. 120/14/1884. Z6/1.

435 RS einer konischen Schale mit ausgel., horizontal abgestrichenem und nach innen gekehltem Rand, je eine Zickzacklinie auf beiden Facetten und Punktreihe auf der Wand. Ton im Kern rot-braun, fein gemagert, Obfl. aussen verstrichen, innen geglättet. Wst. 5–6 mm. Inv.Nr. 120/14/1919. Z4/4.

436 RS einer konischen Schale mit ausgelegtem, horizontal abgestrichenem und nach innen gekehltem Rand. Ton grau, fein gemagert, Obfl. aussen verstrichen, innen geglättet. Wst. 4–6 mm. Inv.Nr. 120/14/1927. Z12/1.

437 RS einer konischen Schale mit ausgel., horizontal abgestrichenem und nach innen gekehltem Rand, Doppelzickzacklinie auf der 2. Facette und Schrägstrichmuster auf der Wand. Ton grau, fein gemagert, Obfl. aussen verstrichen, innen geglättet. Wst. 5–9 mm. Inv.Nr. 120/14/1928. Z11/4.

438 RS einer konischen Schale mit ausgelegtem, horizontal abgestrichenem und zweimal nach innen gekehltem Rand, gestufte Wand, je eine Zickzacklinie auf der 2. und 3. Facette sowie auf der Wand. Ton grau, fein gemagert, Obfl. geglättet. Rdm. 24 cm. Wst. 5–7 mm. Inv.Nr. 120/14/1920. Z6/1.

439 RS einer konischen Schale mit ausgelegtem, nach aussen und nach innen abgestrichenem Rand. Ton grau, fein gemagert, Obfl. geglättet. Rdm. 17 cm. Wst. 4–6 mm. Inv.Nr. 120/14/1931. Z12/1.

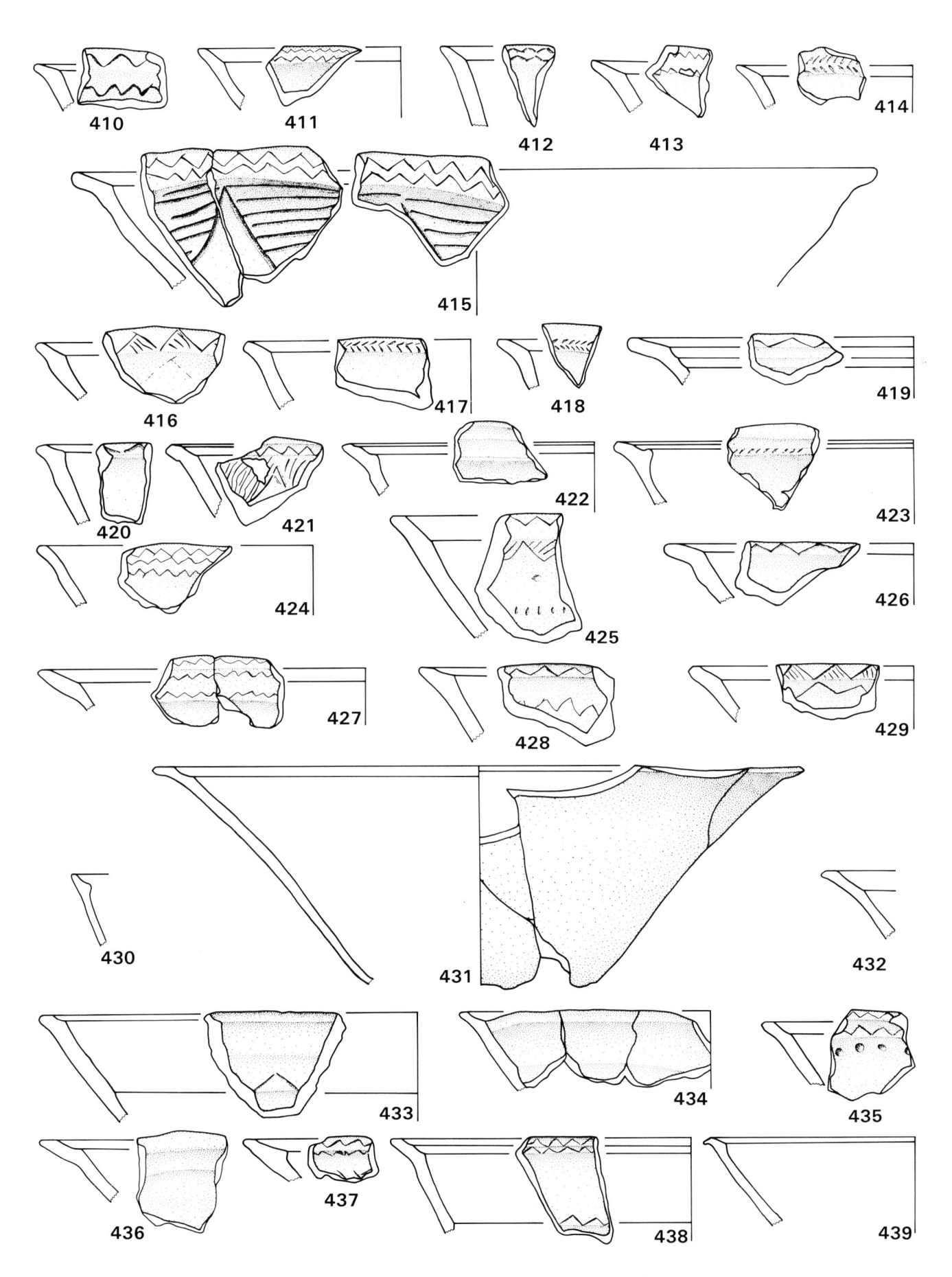

Taf. 26 Trimbach SO-Frohburg. Spätbronzezeit: Konische Schalen mit ausgelegtem Rand
Massstab 1:2.

137

Tafel 27: Spätbronzezeit

Konische Schalen mit ausgelegtem Rand (Fortsetzung)

440 RS einer konischen Schale mit ausgelegtem, nach aussen abgestrichenem und nach innen gekehltem Rand. Ton grau, rel. fein gemagert, Obfl. grau-rotbraun, aussen verstrichen, innen geglättet. Rdm. 20 cm. Wst. 4–8 mm. Inv.Nr. 120/14/1932. Z1/6.

441 2 zusammenpassende Scherben einer konischen Schale mit ausgelegtem, nach aussen und innen abgestrichenem Rand, Schrägkerben am äusseren Randsaum. Ton grau, fein gemagert, Obfl. aussen rot-braun, verstrichen, innen geglättet. Wst. 5–7 mm. Inv.Nr. 120/14/1968. Z1/6.

Gerundete Schalen mit ausgelegtem Rand

442 RS einer gerundeten Schale mit ausgelegtem, horizontal abgestrichenem Rand, Zickzacklinie auf der Facette. Ton grau, fein gemagert, Obfl. aussen verstrichen, innen geglättet. Rdm. 14 cm. Wst. 4–6 mm. Inv.Nr. 120/14/1976. A.

443 RS einer gerundeten Schale mit ausgelegtem, nach innen abgestrichenem Rand. Ton grau, rel. fein gemagert, Obfl. aussen rötlich-braun, verstrichen, innen bräunlich-grau, verwittert. Rdm. 16 m. Wst. 3–8 mm. Inv.Nr. 120/14/1979. Z6/1.

444 RS einer gerundeten Schale mit ausgelegtem, nach innen abgestrichenem Rand. Ton grau, fein gemagert, Obfl. aussen verstrichen, innen geglättet. Rdm. 24 cm. Wst. 4–7 mm. Inv.Nr. 120/14/1979a. Z8/5.

445 RS einer gerundeten Schale mit ausgelegtem, nach innen abgestrichenem Rand. Ton grau, fein gemagert, Obfl. aussen rot-braun, verstrichen, innen geglättet. Rdm. 23 cm. Wst. 4–6 mm. Inv.Nr. 120/14/1984. Z10/1.

446 RS einer gerundeten Schale mit ausgelegtem, nach innen abgestrichenem Rand. Ton grau, fein gemagert, Obfl. aussen verstrichen, innen geglättet. Rdm. 17 cm. Wst. 4–6 mm. Inv.Nr. 120/14/1985. Z4/4.

447 RS einer gerundeten Schale mit ausgelegtem, nach innen abgestrichenem Rand. Ton grau, fein gemagert, Obfl. aussen verstrichen, innen geglättet. Rdm. 22 cm. Wst. 5–6 mm. Inv.Nr. 120/14/1978. Z3/1.

448 RS einer gerundeten Schale mit ausgelegtem, nach innen abgestrichenem Rand. Ton grau, fein gemagert, Obfl. aussen bräunlich, innen schwarz geglättet. Rdm. 12 cm. Wst. 4–6 mm. Inv.Nr. 120/14/1981. A.

449 2 zusammenpassende RS einer gerundeten Schale mit ausgelegtem, nach innen abgestrichenem Rand. Ton grau, fein gemagert, Obfl. rot-braun, geglättet. Rdm. 22 cm. Wst. 4–6 mm. Inv.Nr. 120/14/1980. Z1/6.

450 RS einer gerundeten Schale mit ausgelegtem, nach innen abgestrichenem Rand, aussen seichte Fingertupfen. Ton grau, fein gemagert, Obfl. aussen beige-grau, verstrichen, innen geglättet. Rdm. 30 m. Wst. 5–7 mm. Inv.Nr. 120/14/1983. P19/1.

451 RS einer gerundeten Schale mit ausgelegtem, nach innen abgestrichenem Rand. Ton grau, fein gemagert, Obfl. aussen verstrichen, innen geglättet. Wst. 5–10 mm. Inv.Nr. 120/14/2014. K20/2.

452 RS einer gerundeten Schale mit ausgelegtem, nach innen abgestrichenem Rand, Zickzacklinie auf der Facette. Ton grau, fein gemagert, Obfl. aussen verstrichen, innen geglättet. Wst. 5–7 mm. Inv.Nr. 120/14/2016. Z11/5.

453 RS einer gerundeten Schale mit ausgelegtem, nach innen abgestrichenem Rand, sauber geritzte Zickzacklinie auf der Facette. Ton grau, fein gemagert, Obfl. aussen verstrichen, innen geglättet. Rdm. ca. 24 cm. Wst. 6–7 mm. Inv.Nr. 120/14/2017. A.

454 RS einer gerundeten Schale mit ausgelegtem, horizontal und nach innen abgestrichenem Rand. Ton grau, fein gemagert, Obfl. aussen verstrichen, innen geglättet. Rdm. 14 m. Wst. 4–6 mm. Inv.Nr. 120/14/2020. F8/2.

455 RS einer gerundeten Schale mit ausgelegtem, horizontal und nach innen abgestrichenem Rand, Wand gestuft. Ton grau, fein gemagert, Obfl. bräunlich, aussen verstrichen, innen geglättet. Rdm. 30 cm. Wst. 5–8 mm. Inv.Nr. 120/14/2039. P19/2.

456 RS einer gerundeten Schale mit ausgelegtem, horizontal und nach innen abgestrichenem Rand, Wand gestuft, je eine Zickzacklinie auf der 2. Facette und der Wand. Ton grau, fein gemagert, Obfl. aussen verstrichen, innen geglättet. Wst. 5–6 mm. Inv.Nr. 120/14/2040. Z11/5.

457 RS einer gerundeten Schale mit ausgelegtem, horizontal abgestrichenem und nach innen gekehltem Rand. Ton grau, fein gemagert, Obfl. aussen verstrichen, innen geglättet. Rdm. 23 cm. Wst. 4–6 mm. Inv.Nr. 120/14/2041. Z6/1.

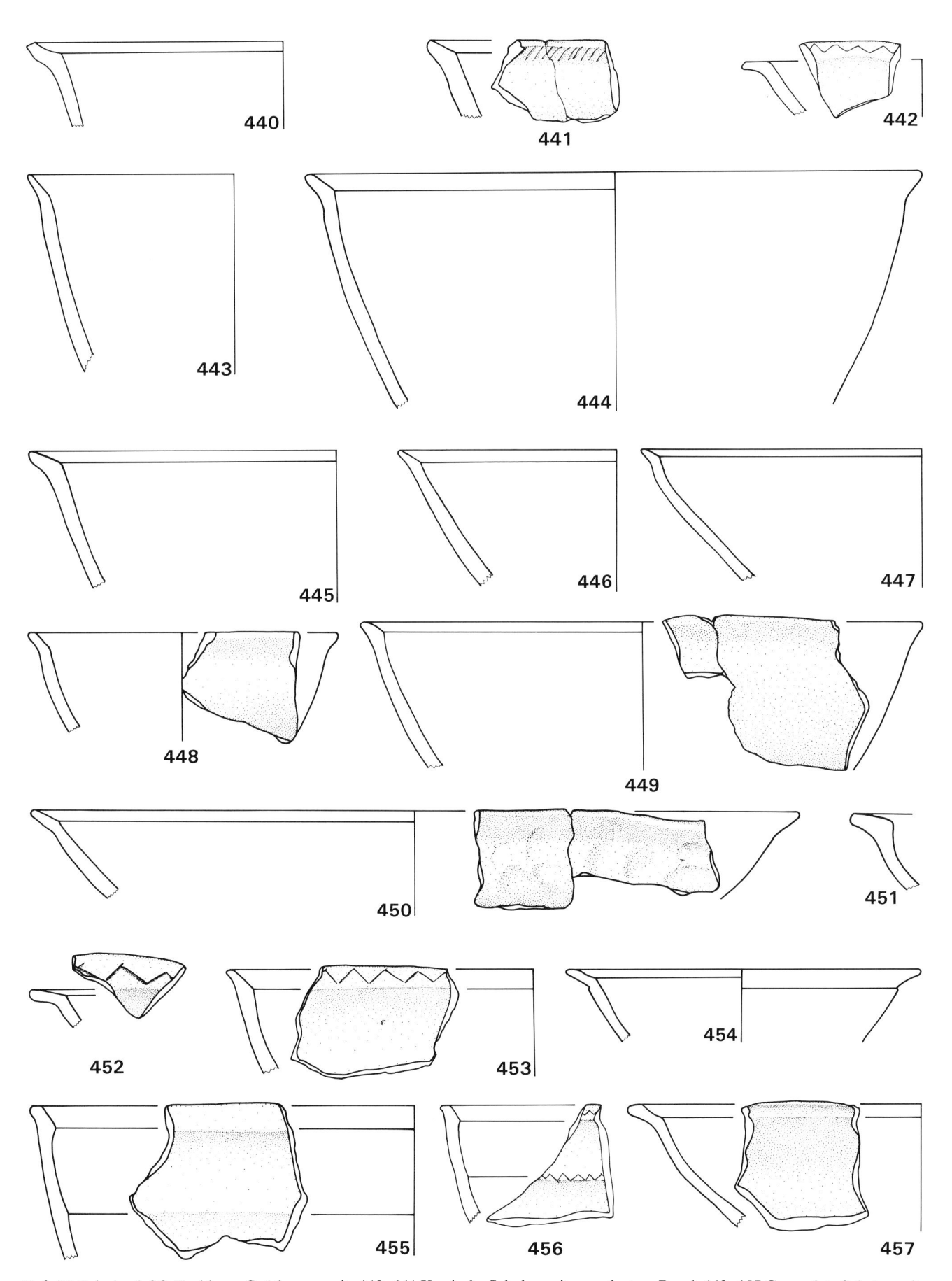

Taf. 27 Trimbach SO-Frohburg. Spätbronzezeit: 440–441 Konische Schalen mit ausgelegtem Rand, 442–457 Gerundete Schalen mit ausgelegtem Rand.
Massstab 1:2.

Tafel 28: Spätbronzezeit

Gerundete Schalen mit ausgelegtem Rand (Fortsetzung)

458 RS einer gerundeten Schale mit ausgelegtem, horizontal abgestrichenem und nach innen gekehltem Rand. Ton grau, rel. fein gemagert, Obfl. bräunlich, aussen verstrichen, innen geglättet. Rdm. 29 cm. Wst. 6–8 mm. Inv.Nr. 120/14/2043. P13/1.

459 RS einer gerundeten Schale mit ausgelegtem, horizontal abgestrichenem und nach innen zweimal gekehltem Rand. Ton grau, fein gemagert, Obfl. bräunlich, aussen verstrichen, innen geglättet. Rdm. 28 cm. Wst. 5–10 mm. Inv.Nr. 120/14/2046. F23/1.

460 RS einer gerundeten Schale mit ausgelegtem, horizontal und nach innen abgestrichenem Rand, seichte Fingertupfen aussen unterhalb des Randes. Ton grau, fein gemagert, Obfl. bräunlich, aussen verstrichen, innen geglättet. Rdm. 28 cm. Wst. 6–10 mm. Inv.Nr. 120/14/2047. Z10/1.

461 RS einer gerundeten Schale mit ausgelegtem, zweimal nach innen abgestrichenem Rand. Ton grau, fein gemagert, Obfl. geglättet. Rdm. 22 cm. Wst. 5–9 mm. Inv.Nr. 120/14/2063. P12/1.

462 RS einer gerundeten Schale mit ausgelegtem, horizontal und nach innen abgestrichenem Rand. Ton grau, grob gemagert, Obfl. verwittert. Rdm. 34,5 cm. Wst. 6–10 mm. Inv.Nr. 120/14/2064. P19/1.

463 RS einer gerundeten Schale mit ausgelegtem, horizontal und nach innen abgestrichenem Rand. Ton grau, fein gemagert, Obfl. braun, aussen verstrichen, innen geglättet. Rdm. 26 cm. Wst. 7–9 mm. Inv.Nr. 120/14/2067. P19/2.

464 RS einer gerundeten Schale mit ausgelegtem, nach innen abgestrichenem Rand, zwei feine Horizontalrillen auf der Innenwand. Ton rot-braun, fein gemagert, Obfl. geglättet. Rdm. 18 cm. Wst. 4–7 mm. Inv.Nr. 120/14/2071. Z11/5.

465 RS einer gerundeten Schale mit ausgelegtem, horizontal und nach innen abgestrichenem Rand. Ton braun, fein gemagert, Obfl. geglättet. Rdm. 12 cm. Wst. 4–6 mm. Inv.Nr. 120/14/2068. Z11/4.

466 RS einer gerundeten Schale mit ausgelegtem, horizontal und nach innen abgestrichenem Rand. Ton grau, fein gemagert, Obfl. aussen verstrichen, innen geglättet. Rdm. 24 cm. Wst. 6–9 mm. Inv.Nr. 120/14/2069. F4/2.

467 RS einer gerundeten Schale mit ausgelegtem, nach innen abgestrichenem Rand. Ton grau-braun, fein gemagert, Obfl. geglättet-poliert. Rdm. 20 cm. Wst. 5–7 mm. Inv.Nr. 120/14/2072. Z8/5.

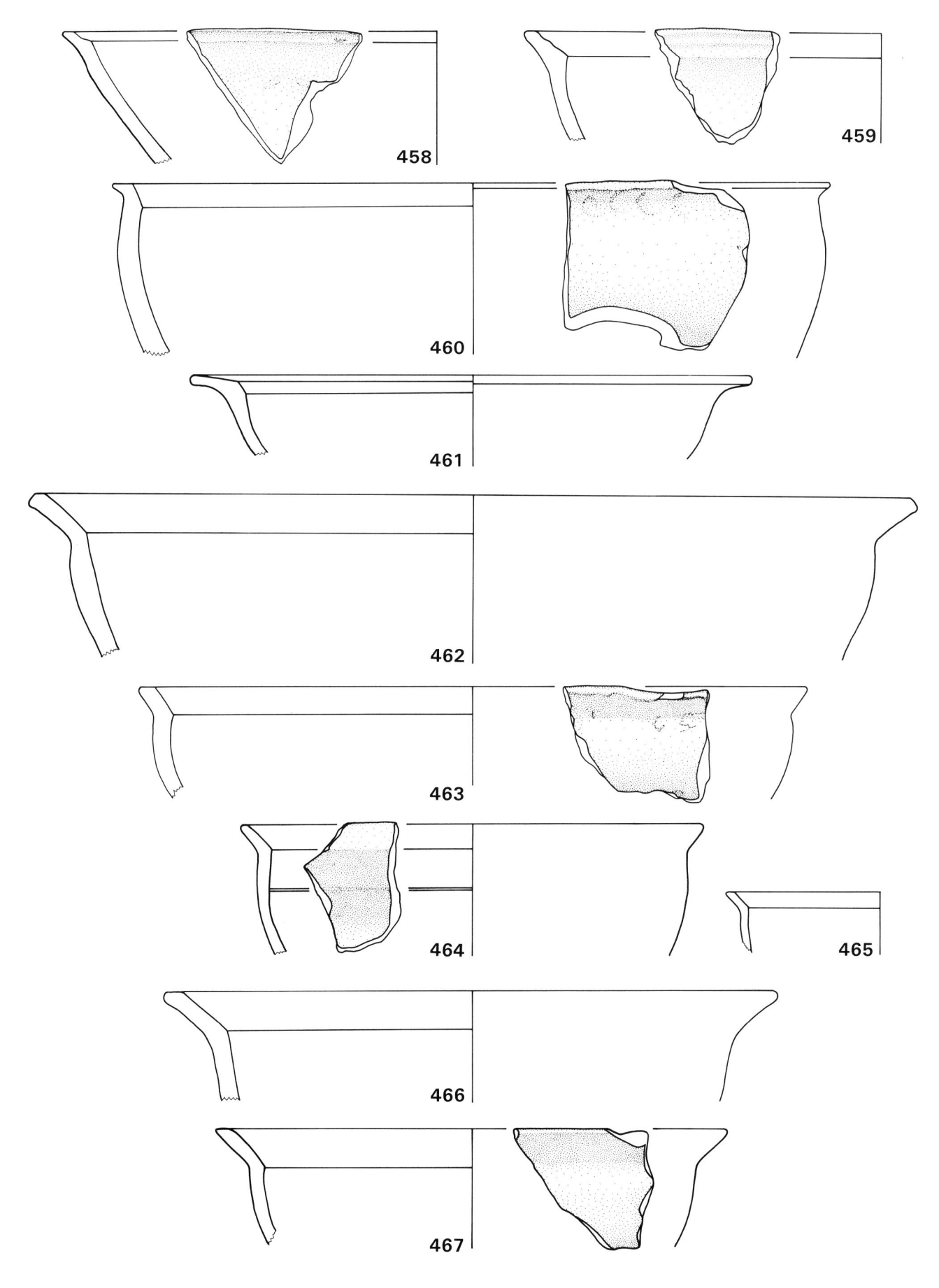

Taf. 28 Trimbach SO-Frohburg. Spätbronzezeit: Gerundete Schalen mit ausgelegtem Rand. Massstab 1:2.

Tafel 29: Spätbronzezeit

Gerundete Schalen/Schüsseln mit ausgelegtem Rand
468 RS einer gerundeten Schüssel mit ausgelegtem, nach aussen und innen abgestrichenem Rand. Ton grau, rel. fein gemagert, Obfl. rot-grau, geglättet. Rdm. 26 cm. Wst. 5–9 mm. Inv.Nr. 120/14/2070. P19/2.
469 RS einer gerundeten Schüssel mit ausgelegtem, zweimal nach innen abgestrichenem Rand. Ton rot-braun, rel. fein gemagert, Obfl. verstrichen-geglättet. Rdm. 22 cm. Wst. 5–9 mm. Inv.Nr. 120/14/2074. Z11/5.
470 RS einer gerundeten Schale mit ausgelegtem, zweimal nach innen abgestrichenem Rand. Ton grau, rel. fein gemagert, Obfl. beige verwittert. Rdm. 20 cm. Wst. 5–7 mm. Inv.Nr. 120/14/2075. A.
471 RS einer gerundeten Schüssel mit ausgelegtem, zweimal nach innen abgestrichenem Rand. Ton rötlich-grau, rel. fein gemagert, Obfl. verstrichen. Rdm. 15 cm. Wst. 4–5 mm. Inv.Nr. 120/14/2077. W5/1.
472 RS einer gerundeten Schüssel mit ausgelegtem, zweimal nach innen abgestrichenem Rand. Ton grau, fein gemagert, Obfl. rot-braun, geglättet. Rdm. 18 cm. Wst. 4–6 mm. Inv.Nr. 120/14/2076. F23/1.
473 RS einer gerundeten Schüssel mit ausgelegtem, zweimal nach innen abgestrichenem Rand. Ton rötlich-grau, rel. fein gemagert, Obfl. verstrichen-geglättet. Rdm. 16 cm. Wst. 4–7 mm. Inv.Nr. 120/14/2078. P19/1.

Gerundete Schalen mit einfachem Rand
474 RS einer gerundeten Schale mit einfachem, gerundetem Rand. Ton grau, fein gemagert, Obfl. geglättet. Rdm. 14 cm. Wst. 5–6 mm. Inv.Nr. 120/14/2080. F14/3.
475 RS einer gerundeten Schale mit einfachem, gerundetem Rand. Ton grau, fein gemagert, Obfl. bräunlich, geglättet. Rdm. 16 cm. Wst. 5–8 mm. Inv.Nr. 120/14/2081. Z9/2.
476 RS einer gerundeten Schale mit einfachem, gerundetem Rand. Ton grau, fein gemagert, Obfl. geglättet. Rdm. 15 cm. Wst. 5–7 mm. Inv.Nr. 120/14/2082. K9/2.
477 RS einer gerundeten Schale mit einfachem, gerundetem Rand. Ton grau, fein gemagert, Obfl. bräunlich, geglättet. Rdm. 18 cm. Wst. 4–6 mm. Inv.Nr. 120/14/2085. Z8/5.
478 RS einer gerundeten Schale mit einfachem, spitzgerundetem Rand. Ton grau, rel. fein gemagert, Obfl. geglättet. Wst. 5–6 mm. Inv.Nr. 120/14/2118. Z6/1.
479 RS einer gerundeten Schale mit einfachem, gerundetem Rand. Ton grau, fein gemagert, Obfl. geglättet. Rdm. 20 cm. Wst. 4–6 mm. Inv.Nr. 120/14/2083. F22/2.
480 RS einer gerundeten Schale mit einfachem, gerundetem Rand. Ton grau, fein gemagert, Obfl. bräunlich, geglättet. Wst. 6–8 mm. Inv.Nr. 120/14/2119. K2/3.

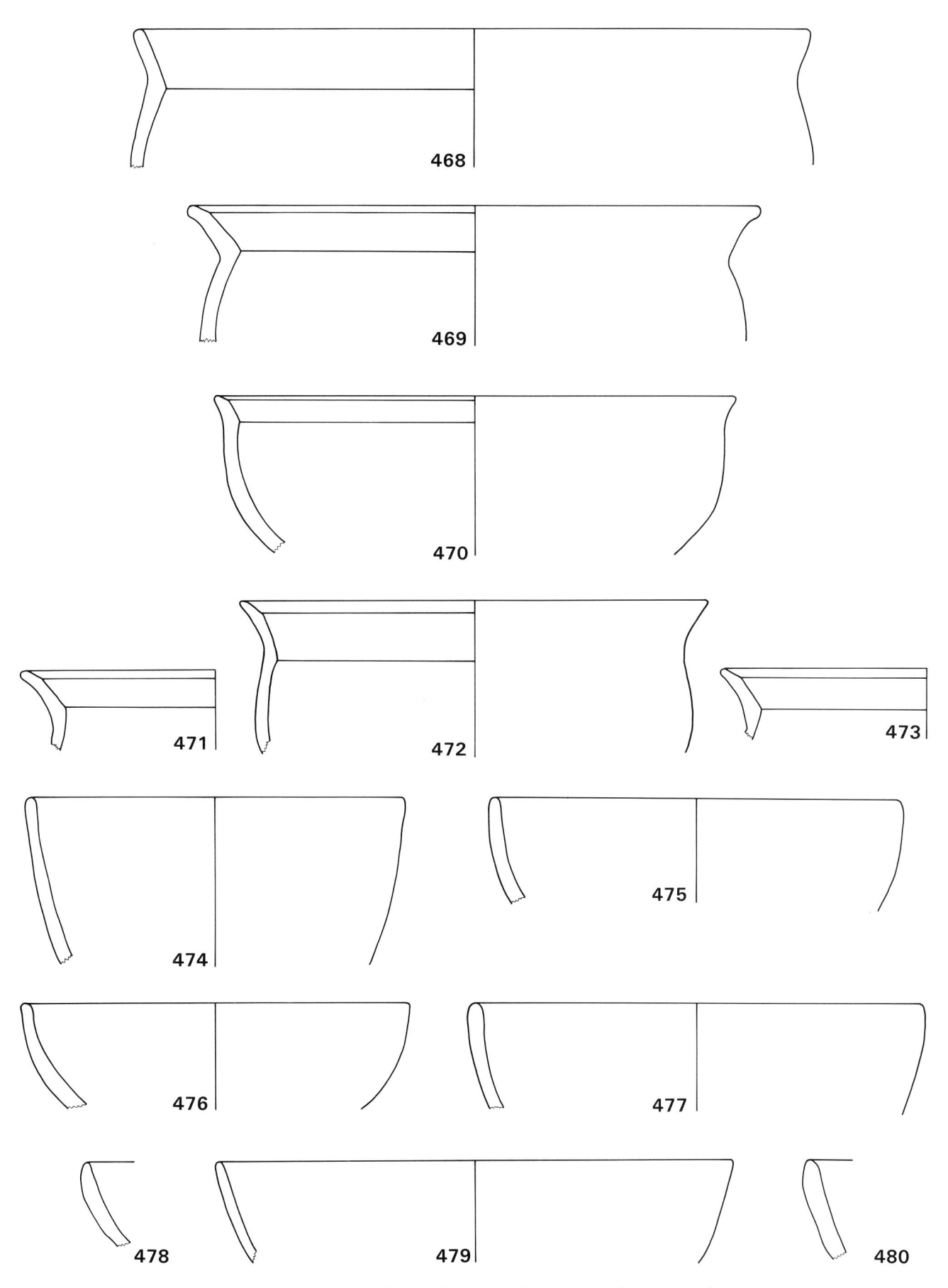

Taf. 29 Trimbach SO-Frohburg. Spätbronzezeit: 468–473 Gerundete Schalen und Schüsseln mit ausgelegtem Rand, 474–480 Gerundete Schalen mit einfachem Rand.
Massstab 1:2.

Tafel 30: Spätbronzezeit

Gerundete Schalen mit einfachem Rand (Fortsetzung)

481 RS einer gerundeten Schale mit einfachem, gerundetem Rand. Ton grau, grob gemagert, Obfl. verstrichen-geglättet. Rdm. 11 cm. Wst. 4–6 mm. Inv.Nr. 120/14/2092. Z11/4.

482 RS einer gerundeten Schale mit einfachem-leicht einziehendem, gerundetem Rand. Ton grau, fein gemagert, Obfl. geglättet. Rdm. 19 cm. Wst. 5–9 mm. Inv.Nr. 120/14/2117. F11/2.

483 RS einer gerundeten Schale mit einfachem-einziehendem, gerundetem Rand. Ton grau, fein gemagert, Obfl. poliert. Wst. 5–7 mm. Inv.Nr. 120/14/2120. V4/2.

484 RS einer gerundeten Schale mit einfachem-einziehendem, gerundetem Rand. Ton grau, rel. fein gemagert, Obfl. geglättet. Wst. 5–7 mm. Inv.Nr. 120/14/2132. F4/2.

485 RS einer gerundeten Schale mit einfachem-einziehendem, gerundetem Rand. Ton grau, fein gemagert, Obfl. geglättet. Wst. 5–7 mm. Inv.Nr. 120/14/2123. F4/2.

486 RS einer gerundeten Schale mit einfachem-leicht einziehendem, gerundetem Rand. Ton grau, fein gemagert, Obfl. geglättet. Rdm. 14 cm. Wst. 4–6 mm. Inv.Nr. 120/14/2122. A.

487 RS einer gerundeten Schale mit einfachem, einziehendem und gerundetem Rand, Unterteil eingezogen (wie geschweifte Schale). Ton grau, fein gemagert, Obfl. innen hellbraun überfangen, geglättet. Rdm. 20 cm. Wst. 5–9 mm. Inv.Nr. 120/14/2133. F11/1.

488 RS einer gerundeten Schale mit einfachem, horizontal abgestrichenem Rand. Ton grau, fein gemagert, Obfl. geglättet. Rdm. 16 cm. Wst. 6–8 mm. Inv.Nr. 120/14/2140. Z1/6.

489 RS einer gerundeten Schale mit einfachem, horizontal abgestrichenem Rand. Ton grau, grob gemagert, Obfl. aussen bräunlich, verwittert. Rdm. 20 cm. Wst. 8–10 mm. Inv.Nr. 120/14/2151. Z1/1.

490 RS und WS einer gerundeten Schale mit einfachem, nach innen abgestrichenem Rand. Ton grau, fein gemagert, Obfl. geglättet. Rdm. 19 cm. Wst. 5–7 mm. Inv.Nr. 120/14/2153. A.

491–493 RS von gerundeten Schalen mit einfachem, nach innen abgestrichenem Rand. Ton grau, rel. fein gemagert, Obfl. bräunlich, aussen verstrichen, innen geglättet. Wst. 4–8 mm. Inv.Nrn. 120/14/2155; 2156; 2157. P12/2; G1/2; P20/2.

494 RS einer gerundeten Schale mit einfachem, nach innen abgestrichenem Rand, dreifache Zickzacklinie zwischen zwei Doppellinien auf der Aussenwand. Ton grau, fein gemagert, Obfl. geglättet. Rdm. 12 cm. Wst. 5–7 mm. Inv.Nr. 120/14/2169. P2/1.

495 RS einer flachen, gerundeten Schale mit einfachem, nach innen abgestrichenem Rand, hängende, schräg schraffierte Dreiecke in Doppelfurchenstich-Technik auf der Innenwand. Ton grau, rel. fein gemagert, Obfl. bräunlich, geglättet. Rdm. ca. 28 cm. Wst. 6–8 mm. Inv.Nr. 120/14/2170. V8/2.

496 RS einer flachen gerundeten Schale mit einfachem, nach innen sehr schwach abgestrichenem Rand, violettrote Bemalung der Innenwand bis zum Rand. Ton grau, fein gemagert, Obfl. geglättet. Rdm. ca. 15 cm. Wst. 3–5 mm. Inv.Nr. 120/14/2171. F4/Ss.

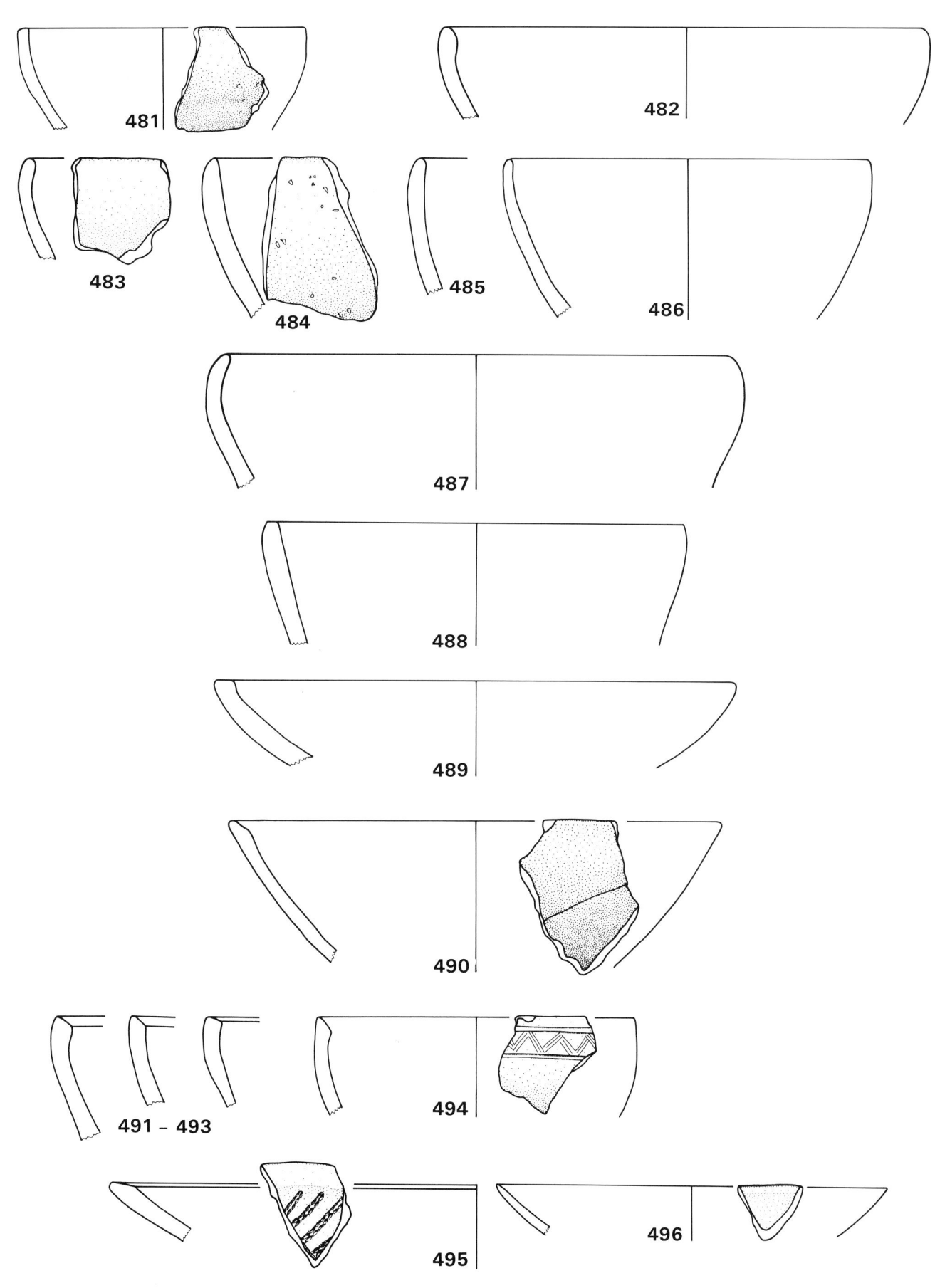

Taf. 30 Trimbach SO-Frohburg. Spätbronzezeit: Gerundete Schalen mit einfachem Rand, 494 mit Aussendekor, 496 mit roter Bemalung.
Massstab 1:2.

Tafel 31: Spätbronzezeit

Gerundete Schalen mit einfachem Rand (Fortsetzung)
497 RS einer gerundeten Schale mit einfachem, nach innen abgestrichenem Rand, Schrägkerben am äusseren Randsaum. Ton grau, rel. fein gemagert, Obfl. geglättet. Rdm. ca. 20 cm. Wst. 5–7 mm. Inv.Nr. 120/14/2172. Z1/6.

S-förmig geschweifte Schalen
498 RS einer sehr schwach geschweiften Schale mit nach innen abgestrichenem Rand. Ton grau, grob gemagert, Obfl. verstrichen. Rdm. 31 cm. Wst. 7–10 mm. Inv.Nr. 120/14/2152. F14/3.
499 2 zusammenpassende RS einer geschweiften Schale mit nach innen abgestrichenem Rand. Ton grau, fein gemagert, Obfl. geglättet. Rdm. 18 cm. Wst. 4–6 mm. Inv.Nr. 120/14/2187. F11/1.
500 RS einer geschweiften Schale mit spitz-gerundetem Rand. Ton grau, fein gemagert, Obfl. aussen schwarz (geschmaucht), innen hellbraun, poliert, Rdm. 24 cm. Wst. 5–8 mm. Inv.Nr. 120/14/2186. Z1/6.
501 RS einer geschweiften Schale mit gerundetem Rand. Ton grau, fein gemagert, Obfl. bräunlich, geglättet. Rdm. 20 cm. Wst. 5–7 mm. Inv.Nr. 120/14/2175. Z12/1.
502 RS einer geschweiften Schale mit gerundetem Rand. Ton grau, fein gemagert, Obfl. geglättet Rdm. 29 cm. Wst. 6–9 mm. Inv.Nr. 120/14/2176. Z6/1.
503 RS einer geschweiften Schale mit gerundetem Rand. Ton grau, rel. fein gemagert, Obfl. geglättet. Rdm. 26 cm. Wst. 5–7 mm. Inv.Nr. 120/14/2177. Z10/1.
504 RS einer geschweiften Schale mit gerundetem Rand. Ton grau, fein gemagert, Obfl. aussen braun, innen schwarz, geglättet-poliert, Rdm. 15 cm. Wst. 4–5 mm. Inv.Nr. 120/14/2185. P24/4.

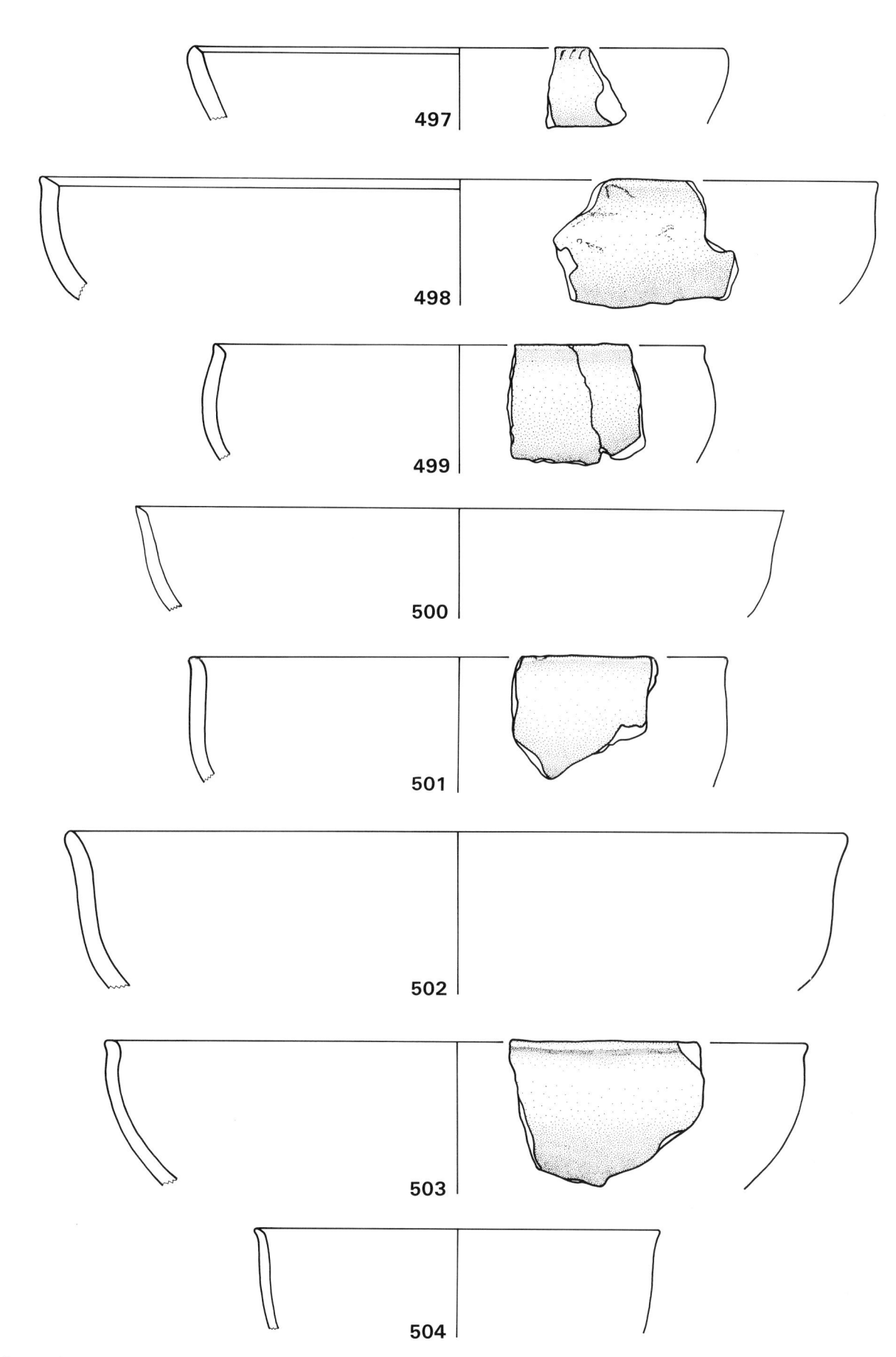

Taf. 31 Trimbach SO-Frohburg. Spätbronzezeit-Hallstattzeit: 497 Gerundete Schale mit einfachem Rand, 498–504 S-förmig geschweifte Schalen.
Massstab 1:2.

Tafel 32: Spätbronzezeit

Tassen

505 RS einer gerundeten Tasse mit einfachem, gerundetem Rand und randständigem Bandhenkel. Ton grau, fein gemagert, Obfl. geglättet. Rdm. 8 cm. Wst. 3–6 mm. Inv.Nr. 120/14/2190. F11/3.

506 RS einer gerundeten Tasse mit einfachem, gerundetem Rand und randständigem Bandhenkel. Ton grau, fein gemagert, Obfl. geglättet. Rdm. 8 cm. Wst. 4–8 mm. Inv.Nr. 120/14/2194. A.

507 RS einer gerundeten Tasse mit einfachem, gerundetem Rand und randständigem Henkel. Ton grau, fein gemagert, Obfl. geglättet. Rdm. 10,5 cm. Wst. 4–7 mm. Inv.Nr. 120/14/2193. Z11/4.

508 RS einer gerundeten Tasse mit ausgelegtem, nach innen abgestrichenem Rand und randständigem Henkel (nur Ansatz). Ton grau, fein gemagert, Obfl. aussen verstrichen, innen geglättet. Rdm. 15 cm. Wst. 4–8 mm. Inv.Nr. 120/14/2192. F4/2.

509 RS einer Tasse mit randständigem Bandhenkel. Ton grau, fein gemagert, Obfl. geglättet. Wst. 3–8 mm. Inv.Nr. 120/14/2196. G2/4.

510 RS einer Tasse mit einfachem, gerundetem Rand und randständigem Ösen-Bandhenkel. Ton grau, fein gemagert, Obfl. verstrichen. Wst. 5–11 mm. Inv.Nr. 120/14/2195. Z8/5.

Wand- und Bodenscherben verzierter konischer Schalen

511 WS mit metopenartigem Ritzmuster: Vertikale durch Doppellinien gefasste Fischgrätenreihen und Blitzmuster. Ton grau, fein gemagert, Obfl. aussen verstrichen, innen geglättet. Wst. 6–8 mm. Inv.Nr. 120/14/2303. Z1/6.

512 WS mit Fischgrätenreihe, stehender, schräg schraffierter Dreieckreihe und Riefenband. Ton grau, fein gemagert, Obfl. bräunlich, aussen verstrichen, innen geglättet. Wst. 6–8 mm. Inv.Nr. 120/14/2245. Z8/5.

513 WS mit doppelt geritztem Girlandenmuster und Schrägstrichen. Ton grau, fein gemagert, Obfl. aussen verstrichen, innen geglättet. Inv.Nr. 120/14/2313. Z13/2.

514 WS mit Einstichreihe und Riefenband. Ton grau, fein gemagert, Obfl. aussen verstrichen, innen geglättet. Inv.Nr. 120/14/2274. Z11/5.

515 WS mit stehenden, schräg schraffierten Dreiecken und Riefenband. Ton grau, fein gemagert, Obfl. aussen verstrichen, innen geglättet. Inv.Nr. 120/14/2246. F21/4.

516 WS mit zwei Zickzacklinien, die untere begleitet von Punkten. Ton rot-braun, fein gemagert, Obfl. aussen verstrichen, innen geglättet. Wst. 5–7 mm. Inv.Nr. 120/14/2281. Z11/5.

517 WS mit stehenden, schräg schraffierten Dreiecken. Ton grau, fein gemagert, Obfl. aussen verstrichen, innen geglättet. Wst. 6–7 mm. Inv.Nr. 120/14/2255. Z1/6.

518 WS mit geritztem Sparrendekor. Ton grau, fein gemagert, Obfl. aussen verstrichen, innen geglättet. Wst. 7–8 mm. Inv.Nr. 120/14/2306. Z1/6.

519 WS und BS mit Doppeleinstichreihe und breiter Riefe. Ton grau, fein gemagert, Obfl. aussen verstrichen, innen geglättet. Bdm. 12 cm. Wst. 6–10 mm. Inv.Nr. 120/14/2280. Z1/6.

520 BS mit Zickzacklinie und Riefenband. Ton grau, fein gemagert, Obfl. aussen verstrichen, innen geglättet. Bdm. 5 cm. Wst. 3–7 mm. Inv.Nr. 120/14/2262. Z8/5.

521 WS und BS mit schräg schraffierten Dreiecken auf der Facette, Zickzacklinie und breitem, flachem Riefenband. Ton grau, fein gemagert, Obfl. aussen braun-orange, verstrichen, innen braun-grau, geglättet. Bdm. 13,5 cm. Wst. 4–9 mm. Inv.Nr. 120/14/2257–2261. K22/4.

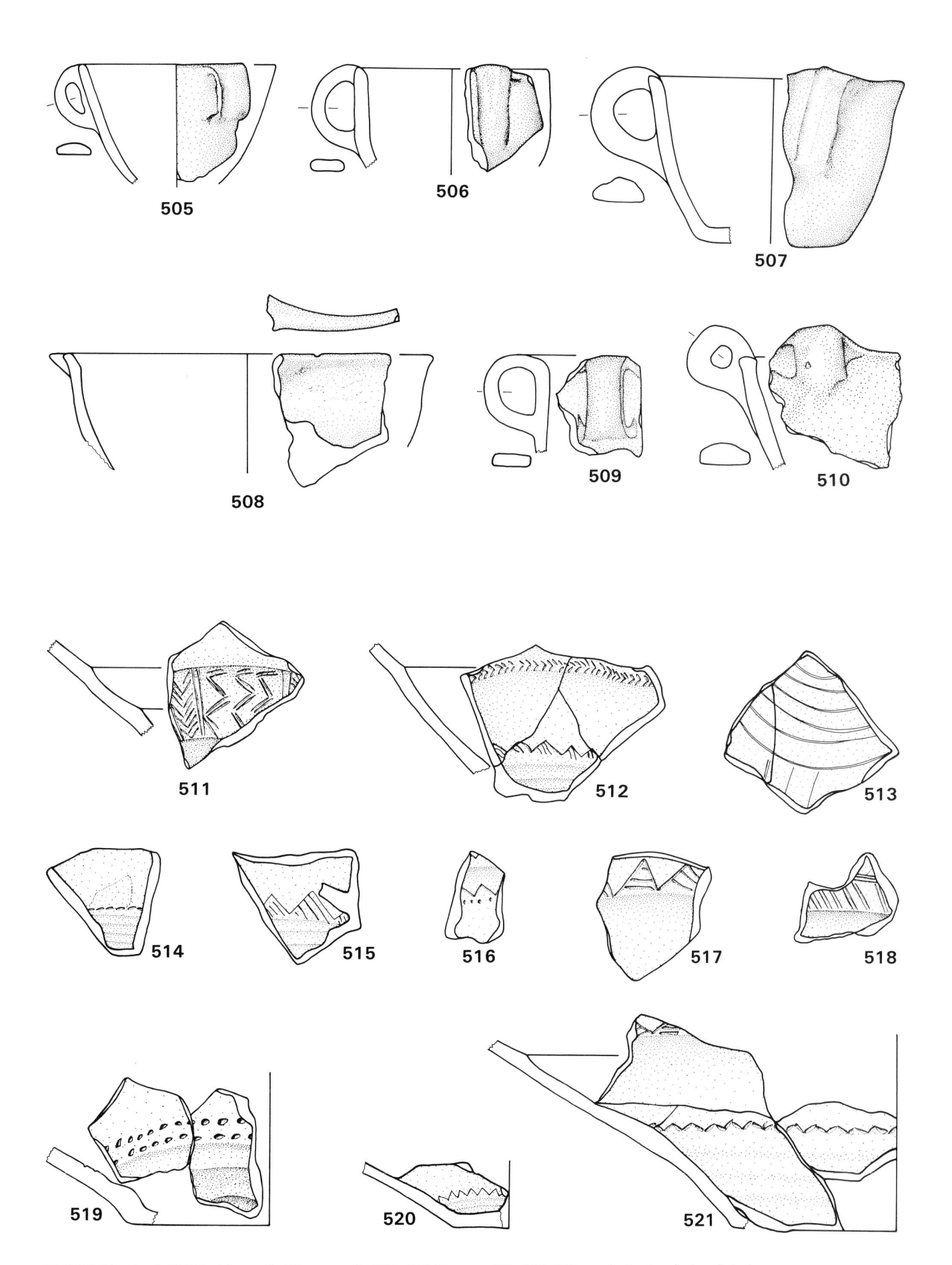

Taf. 32 Trimbach SO-Frohburg. Spätbronzezeit: 505–510 Tassen, 511–521 WS verzierter konischer Schalen. Massstab 1:2.

Tafel 33: Spätbronzezeit

Gefässe mit abgesetztem Halsfeld: Schulterbecher

522 RS und WS eines breiten Schulterbechers mit horizontal und nach innen abgestrichenem Schrägrand, schwach kegelförmigem Hals und deutlich abgesetzter Schulter, Kammstrichbänder am Hals und vertikale Kammstrichgruppen auf der Schulter. Ton grau, fein gemagert, Obfl. aussen geglättet, innen Unterteil verstrichen. Rdm. 20 cm. Wst. 3–6 mm. Inv.Nr. 120/14/2332. Z1/6.

523 RS und WS eines breiten Schulterbechers mit nach innen abgestrichenem Schrägrand, kegelartigem Hals und deutlich abgesetzter Schulter. Kammstrichbänder am Hals und alternierende schräge Kammstrichgruppen auf der Schulter. Ton grau, fein gemagert, Obfl. geglättet. Rdm. 16 cm. Wst. 5–8 mm. Inv.Nr. 120/14/2333. F4/2.

524 WS eines breiten Schulterbechers mit Schrägrand, Zylinderhals und deutlich abgesetzter Schulter. Kammstrichbänder am Hals und schräge Kammstrichgruppen auf der Schulter. Ton grau, fein gemagert, Obfl. hellbraun, verwittert. Bdm. 18 cm. Wst. 4–8 mm. Inv.Nr. 120/14/2336. P12/2.

525 2 zusammenpassende WS eines breiten Schulterbechers mit kegelartigem Hals und deutlich abgesetzter Schulter. Kammstrichbänder am Hals, Kammstrichbänder und schräge Kammstrichgruppen auf der Schulter. Ton grau, fein gemagert, Obfl. aussen geglättet, innen verstrichen. Bdm. 16,5 cm. Wst. 3–7 mm. Inv.Nr. 120/14/2342. F4/2.

526 WS eines Schulterbechers mit kegelartigem Hals und deutlich abgesetzter Schulter. Kammstrichbänder am Hals, Kammstrichbänder und -gruppen auf der Schulter. Ton grau, fein gemagert, Obfl. hellbraun, aussen geglättet, innen verstrichen. Bdm. 16,5 cm. Wst. 2–5 mm. Inv.Nr. 120/14/2339. Z8/5.

527 2 zusammenpassende WS eines Schulterbechers mit schwachem Kegelhals und deutlich abgesetzter Schulter. Kammstrichbündel am Hals und schräge Kammstrichgruppen auf der Schulter. Ton grau, fein gemagert, Obfl. geglättet. Bdm. 15,5 cm. Wst. 2–3 mm. Inv.Nr. 120/14/2340. Z11/5.

528 WS eines Schulterbechers mit deutlich abgesetzter Schulter. Schräge Kammstrichgruppen auf der Schulter. Bdm. 12 cm. Wst. 5–10 mm. Inv.Nr. 120/14/2344. K20/2.

529 WS eines Schulterbechers mit Kegelhals und deutlich abgesetzter Schulter. Kammstrichbündel am Hals und Kammstrichgruppen auf der Schulter. Ton grau, fein gemagert, Obfl. aussen geglättet, innen verstrichen. Bdm. 11,5 cm. Wst. 3–5 mm. Inv.Nr. 120/14/2338. Z8/5.

530 WS eines Schulterbechers mit Kegelhals und deutlich abgesetzter Schulter. Kammstrichbündel am Hals und schräge Kammstrichgruppen auf der Schulter. Ton grau, fein gemagert, Obfl. aussen geglättet, innen verstrichen. Bdm. 10 cm. Wst. 2–7 mm. Inv.Nr. 120/14/2341. F11/1.

531 2 zusammenpassende WS eines breiten Schulterbechers mit deutlich abgesetzter Schulter. Kammstrichgruppen auf der Schulter. Ton grau, fein gemagert, Obfl. geglättet. Wst. 2–6 mm. Inv.Nr. 120/14/2334. Z1/6.

532 WS eines breiten Schulterbechers mit deutlich abgesetzter Schulter. Kammstrichgruppen auf der Schulter. Ton grau, fein gemagert, Obfl. geglättet. Bdm. 21 cm. Wst. 2–6 mm. Inv.Nr. 120/14/2335. Z1/6.

533 WS von der Schulter eines grossen Schulterbechers mit Kammstrichbündeldekor. Ton grau, fein gemagert, Obfl. aussen geglättet, innen verstrichen. Wst. 5–7 mm. Inv.Nr. 120/14/2354. K9/2.

534 WS eines Schulterbechers mit deutlich abgesetzter Schulter. Alternierende, schräge Kammstrichgruppen auf der Schulter. Ton grau, fein gemagert, Obfl. aussen geglättet, innen verstrichen. Wst. 6–8 mm. Inv.Nr. 120/14/2348. Z11/4.

535 WS eines Schulterbechers. Kammstrichbänder und -schrägstrichgruppen. Ton grau, fein gemagert, Obfl. aussen geglättet, innen verstrichen. Wst. 3–6 mm. Inv.Nr. 120/14/2353. V9/2.

536 WS eines Schulterbechers mit deutlich abgesetzter Schulter. Schräge Kammstrichgruppen auf der Schulter. Ton grau, fein gemagert, Obfl. aussen geglättet-poliert, innen verstrichen. Wst. 2–5 mm. Inv.Nr. 120/14/2352. F11/3.

537 WS eines Schulterbechers mit Kammstrichgruppen auf der Schulter. Ton grau, fein gemagert, Obfl. aussen geglättet, innen verstrichen. Bdm. 12 cm. Wst. 1–3 mm. Inv.Nr. 120/14/2345. Z1/6.

538 WS eines Schulterbechers mit deutlich betonter Schulter. Zwei Horizontalrillen und in Grübchen schräge Kammstrichgruppen auf der Schulter. Ton grau, fein gemagert, Obfl. aussen beige verwittert, innen verstrichen. Wst. 3–4 mm. Inv.Nr. 120/14/2355. Z1/5.

539 WS eines Schulterbechers mit deutlich abgesetzter Schulter. Schräge Kammstrichbündel auf der Schulter. Ton grau, fein gemagert, Obfl. aussen geglättet, innen verstrichen. Wst. 3–6 mm. Inv.Nr. 120/14/2337. F4/2.

540 WS eines Schulterbechers, Schulter durch Riefe abgesetzt. Kammstrichgruppen auf der Schulter. Ton grau, fein gemagert, Obfl. aussen geglättet, innen verstrichen. Bdm. 14 cm. Wst. 3–5 mm. Inv.Nr. 120/14/2350. K22/4.

541 WS vom Unterteil eines Schulterbechers mit schrägen Kammstrichgruppen auf der Schulter. Ton grau, fein gemagert, Obfl. aussen geglättet, innen verstrichen. Wst. 3–7 mm. Inv.Nr. 120/14/2346. Z8/5.

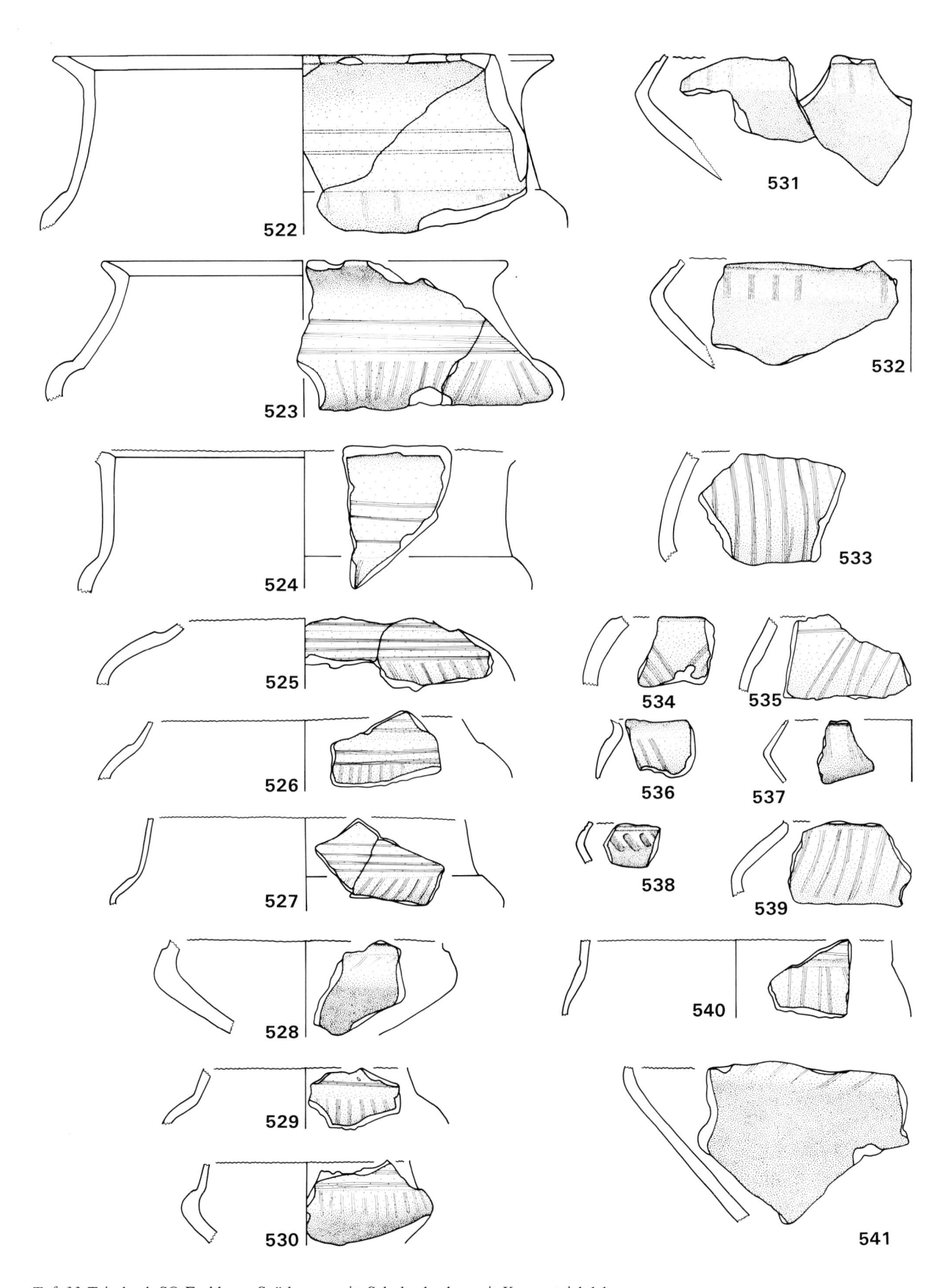

Taf. 33 Trimbach SO-Frohburg. Spätbronzezeit: Schulterbecher mit Kammstrichdekor.
Massstab 1:2.

Tafel 34: Spätbronzezeit

Schulterbecher (Fortsetzung)

542 WS eines Schulterbechers mit etwas verrundetem Schulterabsatz. Kammstrichbänder am Hals, Doppelriefe und daran hängende alternierende, schräge Kammstrichgruppen auf der Schulter. Ton grau, fein gemagert, Obfl. bräunlich, aussen geglättet, innen verstrichen. Bdm. 14 cm. Wst. 3-5 mm. Inv.Nr. 120/14/2358. Z8/5.

543 WS eines Schulterbechers mit Horizontalrillenband und Kammstrichgruppen. Ton grau, fein gemagert, Obfl. aussen geglättet, innen verstrichen. Wst. 3-5 mm. Inv.Nr. 120/14/2351. P19/2.

544 WS eines Schulterbechers mit kugeligem Unterteil. Zwei breite Horizontalriefen auf der Schulter und schräge Kammstrichgruppen auf dem Bauch. Ton grau, fein gemagert, Obfl. aussen geglättet, innen verstrichen. Bdm. 10 cm. Wst. 3-6 mm. Inv.Nr. 120/14/2359. Z8/5.

545 WS eines Schulterbechers mit deutlich abgesetzter Schulter und einem Zylinderhals. Kammstrichbänder am Hals und getreppte Schulter. Ton grau, fein gemagert, Obfl. bräunlich, geglättet. Bdm. 17 cm. Wst. 4-6 mm. Inv.Nr. 120/14/2361. Z1/1.

546 WS eines Schulterbechers. Durch dreifaches Riefenband abgesetzte Schulter und Kammstrichgruppen auf der Schulter. Ton grau, fein gemagert, Obfl. aussen geglättet, innen verstrichen. Wst. 4-6 mm. Inv.Nr. 120/14/2347. G2/3.

547 WS eines Schulterbechers(?). Dreifaches Kammstrichband auf der Schulter. Ton grau, fein gemagert, Obfl. aussen geglättet, innen verstrichen. Wst. 3-7 mm. Inv.Nr. 120/14/2356. Z8/5.

548 WS eines Schulterbechers mit Kegelhals und deutlich abgesetzter Schulter. Kammstrichbänder am Hals und getreppte Schulter. Ton grau, fein gemagert, Obfl. aussen geglättet-poliert, innen verstrichen. Bdm. 19 cm. Wst. 3-6 mm. Inv.Nr. 120/14/2362. Z11/5.

549 WS eines Schulterbechers mit Kegelhals und deutlich abgesetzter Schulter. Kammstrichbänder am Hals und getreppte Schulter. Ton grau, fein gemagert, Obfl. bräunlich, aussen geglättet, innen verstrichen. Wst. 5-7 mm. Inv.Nr. 120/14/2343. F8/2.

550 WS eines grossen Schulterbechers(?). Riefenband mit Kammstrichgruppen. Ton grau, fein gemagert, Obfl. aussen geglättet, innen verstrichen. Wst. 5-7 mm. Inv.Nr. 120/14/2373. Z1/4.

551 WS eines Schulterbechers mit abgesetzter Schulter. Doppelte Riefengirlande kombiniert mit schrägen Kammstrichgruppen. Ton grau, fein gemagert, Obfl. aussen geglättet, innen verstrichen. Wst. 5-8 mm. Inv.Nr. 120/14/2414. Z11/3.

552 WS eines Schulterbechers(?). Schräge Kammstrichgruppen und durch Rillenbänder begleitete Zickzacklinie auf der Schulter. Ton grau, fein gemagert, Obfl. aussen bräunlich geglättet, innen verstrichen. Wst. 4-7 mm. Inv.Nr. 120/14/2415. Z1/6.

553 RS eines breiten, straffen Schulterbechers mit horizontal und nach innen abgestrichenem Schrägrand, Kegelhals und deutlich abgesetzter Schulter. Dreifach abgekantete Schulter. Ton grau, fein gemagert, Obfl. aussen poliert, innen partiell geglättet. Rdm. 16 cm. Wst. 4-6 mm. Inv.Nr. 120/14/2395. Z1/6.

554 WS eines breiten Schulterbechers mit mehrfach getreppter Schulter. Ton grau, fein gemagert, Obfl. aussen geglättet-poliert, innen verstrichen. Bdm. 22 cm. Wst. 3-8 mm. Inv.Nr. 120/14/2396. Z6/1.

555 4 zusammenpassende WS eines breiten Schulterbechers mit Schrägrand, Kegelhals und deutlich abgesetzter Schulter. Breite Horizontalriefe im Schulterumbruch, schräg geriefte (leichtgerieft) Schulter. Ton grau, fein gemagert, Obfl. aussen geglättet, innen verstrichen. Bdm. 28,5 cm. Wst. 5-8 mm. Inv.Nr. 120/14/2401. Z11/5; Z8/5.

556 WS eines Schulterbechers mit kugeligem Unterteil. Horizontalriefen im Umbruchbereich und auf der Schulter, tiefe Schrägriefen auf der Schulter. Ton grau, fein gemagert, Obfl. aussen geglättet, innen verstrichen. Bdm. 12 cm. Wst. 3-5 mm. Inv.Nr. 120/14/2409. Z6/1.

557 WS eines Schulterbechers mit deutlichem Schulterknick. Zwei Doppelrillen auf der Schulter. Ton grau, fein gemagert, Obfl. rotbraun, stark verwittert. Bdm. 9 cm. Wst. 3-8 mm. Inv.Nr. 120/14/2417. Z6/1.

558 WS eines Schulterbechers mit deutlich abgesetzter Schulter. Horizontalrillen am Hals und eine auf der Schulter. Ton grau, fein gemagert, Obfl. aussen geglättet, innen verstrichen. Bdm. 12 cm. Wst. 2-4 mm. Inv.Nr. 120/14/2418. K22/4.

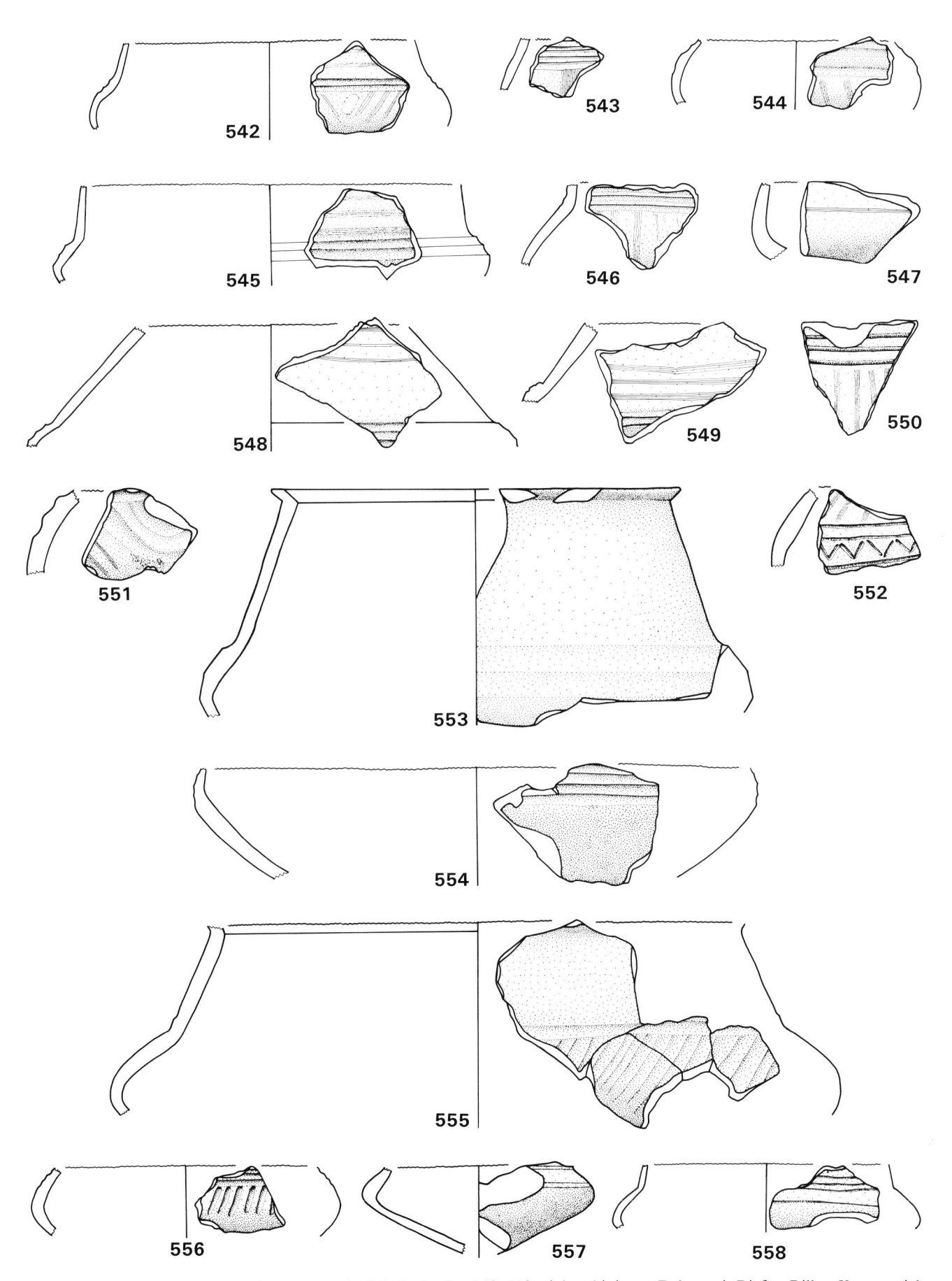

Taf. 34 Trimbach SO-Frohburg. Spätbronzezeit: Schulterbecher 542–552 mit kombinierten Dekors wie Riefen, Rillen, Kammstrich, 553–554 mit abgekanteter, getreppter Schulter, 555–556 mit Schrägriefen. 557–558 mit Horizontalrillen. Massstab 1:2.

Tafel 35: Spätbronzezeit

Schulterbecher (Fortsetzung)

559 WS eines Schulterbechers. Rillenband im Schulter-Hals-Bereich. Ton grau, fein gemagert, Obfl. aussen geglättet, innen verstrichen. Bdm. 12 cm. Wst. 4–8 mm. Inv.Nr. 120/14/2420. A.

560 WS eines verrundeten Schulterbechers. Doppelriefenband auf der Schulter. Ton rot-braun, fein gemagert, Obfl. hellbraun, geglättet. Bdm. 9 cm. Wst. 4–5 mm. Inv.Nr. 120/14/4149. F8/2.

561 WS eines verrundeten Schulterbechers. Rillenband am Hals. Ton grau, fein gemagert, Obfl. aussen geglättet, innen verstrichen. Wst. 5–7 mm. Inv.Nr. 120/14/2426. Z6/1.

562 WS eines Schulterbechers mit deutlich abgesetzter Schulter und geschwungenem Hals. Rillenband am Hals und auf der Schulter, daran alternierende Schrägstrichgruppen. Ton grau, fein gemagert, Obfl. geglättet. Bdm. 11 cm. Wst. 3–5 mm. Inv.Nr. 120/14/2443. Z12/1.

563 WS eines Schulterbechers. Alternierende Schrägstrichgruppen auf der Schulter. Ton grau, fein gemagert, Obfl. geglättet. Wst. 5–8 mm. Inv.Nr. 120/14/2449. Z8/5.

564 WS eines Schulterbechers mit Schrägrand und deutlich abgesetzter Schulter. Doppelzickzacklinie am Hals und Schrägstriche auf der Schulter, Reste weisser Inkrustationsmasse. Ton grau, fein gemagert, Obfl. geglättet. Bdm. 16 cm. Wst. 4–7 mm. Inv.Nr. 120/14/2428. K9/2.

565 WS eines Schulterbechers. Schrägstriche auf der Schulter. Ton grau, fein gemagert, Obfl. geglättet. Wst. 4–9 mm. Inv.Nr. 120/14/2455. F8/2.

566 WS eines Schulterbechers mit deutlich abgesetzter Schulter. Fischgrätenmuster auf der Schulter-Bauchzone. Ton grau, fein gemagert, Obfl. aussen geglättet, innen verstrichen. Wst. 2–5 mm. Inv.Nr. 120/14/2456. Z1/6.

567 WS eines Schulterbechers mit abgesetzter Schulter. Alternierende Schrägstrichgruppen auf der Schulter. Ton grau, fein gemagert, Obfl. aussen geglättet, innen verstrichen. Bdm. 20 cm. Wst. 3–7 mm. Inv.Nr. 120/14/2445. A.

568 2 zusammenpassende WS eines breiten Schulterbechers mit betontem Schulterabsatz. Riefenband mit daran hängenden, alternierenden Schrägstrichgruppen. Ton grau, fein gemagert, Obfl. aussen geglättet, innen verstrichen. Bdm. 24 cm. Wst. 3–7 mm. Inv.Nr. 120/14/2446. Z6/1.

569 2 zusammenpassende WS eines Schulterbechers mit schwach abgesetzter Schulter. Alternierende Schrägstrichgruppen auf der Schulter. Ton grau, fein gemagert, Obfl. geglättet. Bdm. 17 cm. Wst. 3–6 mm. Inv.Nr. 120/14/2448. Z10/1.

570 WS eines verrundeten Schulterbechers. Doppelrillenbänder am Hals und Schrägstrichgruppen auf der Schulter. Ton grau, fein gemagert, Obfl. aussen geglättet-poliert, innen verstrichen. Wst. 3–5 mm. Inv.Nr. 120/14/2427. Z11/5.

571 2 zusammenpassende WS eines verrundeten Schulterbechers. Rillenband am Hals, alternierende Schrägstrichgruppen und Fischgerätemuster auf der Schulter. Ton grau, fein gemagert, Obfl. aussen geglättet-poliert, innen verstrichen. Wst. 2–6 mm. Inv.Nr. 120/14/2453. Z1/6.

572 WS eines Schulterbechers mit abgesetzter Schulter. Feines, breites Rillenband und Schrägstrich- und Fischgrätenmuster auf der Schulter. Ton grau, fein gemagert, Obfl. aussen geglättet, innen verstrichen. Wst. 3–5 mm. Inv.Nr. 120/14/2459. Z11/5.

573 2 WS eines Schulterbechers. Horizontalrillenband und Mehrfach-Fischgrätenmuster auf der Schulter. Ton grau, fein gemagert, Obfl. geglättet. Wst. 3–8 mm. Inv.Nr. 120/14/2465; 2466. P19/2.

574 2 WS eines Schulterbechers mit deutlich abgesetzter Schulter. Fischgräten mit Punkten und Strichgruppen. Ton grau, fein gemagert, Obfl. aussen geglättet, innen verstrichen. Wst. 3–8 mm. Inv.Nr. 120/14/2460; 2461. Z11/5.

575 2 zusammenpassende WS eines Schulterbechers(?). Fischgrätenmuster auf der Schulter. Ton grau, rel. fein gemagert, Obfl. aussen bräunlich, geglättet. Wst. 6–7 mm. Inv.Nr. 120/14/2467. G11/1.

576 WS eines Schulterbechers. Doppelriefenband auf der Schulter, Schrägriefen über Schulter und Bauch. Ton grau, fein gemagert, Obfl. aussen bräunlich, verwittert, innen verstrichen. Wst. 6–10 mm. Inv.Nr. 120/14/2480. P19/1.

577 WS eines Schulterbechers(?). Alternierende Fischgrätengruppen. Ton grau, fein gemagert, Obfl. aussen geglättet, innen verstrichen. Wst. 4–6 mm. Inv.Nr. 120/14/2471. Z1/4.

578 WS eines Schulterbechers(?). Zickzacklinie auf der Schulter, Reste weisser Inkrustation. Ton grau, fein gemagert, Obfl. aussen geglättet, innen verstrichen. Wst. 4–7 mm. Inv.Nr. 120/14/2468. P12/1.

579 WS eines Schulterbechers mit deutlich abgesetzter Schulter. Ton grau, fein gemagert, Obfl. aussen geglättet, innen verstrichen. Wst. 2–6 mm. Inv.Nr. 120/14/2502. Z1/6.

580 WS eines Schulterbechers mit deutlich abgesetzter Schulter. Ton grau, fein gemagert, Obfl. aussen bräunlich, geglättet. Bdm. 9 cm. Wst. 2–4 mm. Inv.Nr. 120/14/2503. Z8/5.

581 WS eines verrundeten Schulterbechers. Ton grau, fein gemagert, Obfl. aussen geglättet, innen verstrichen. Wst. 4–9 mm. Inv.Nr. 120/14/2499. F11/1.

582 WS mit kammstrichartig fein geritzten, schräg schraffierten Dreiecken. Schulterbecher oder gerundete Schale(?). Ton grau, fein gemagert, Obfl. geglättet. Wst. 4–5 mm. Inv.Nr. 120/14/2483. K8/1.

583 WS mit feingeritztem Wellen-Zickzackmuster zwischen Horizontalrillen. Schulterbecher(?). Ton grau, fein gemagert, Obfl. aussen geglättet, innen verstrichen. Wst. 3–6 mm. Inv.Nr. 120/14/2485. Z11/5.

584 WS eines Schulterbechers(?) mit kugeligem Unterteil. Zickzacklinie und einzelne, schräg schraffierte Dreiecke auf der Schulter. Ton grau, fein gemagert, Obfl. aussen geglättet, innen braun, verstrichen. Reste weisser Inkrustation. Rdm. 10 cm. Wst. 4–6 mm. Inv.Nr. 120/14/2486. Z1/6.

585 WS mit feinen Horizontalrillenbändern. Schulterbecher(?). Ton grau, fein gemagert, Obfl. rot-braun, geglättet. Wst. 4–5 mm. Inv.Nr. 120/14/2494. Z1/6.

586 WS eines Schulterbechers(?) mit Vertikalriefenbündel auf der Schulter. Ton grau, fein gemagert, aussen geglättet, innen verstrichen. Wst. 6–7 mm. Inv.Nr. 120/14/2482. Z1/6.

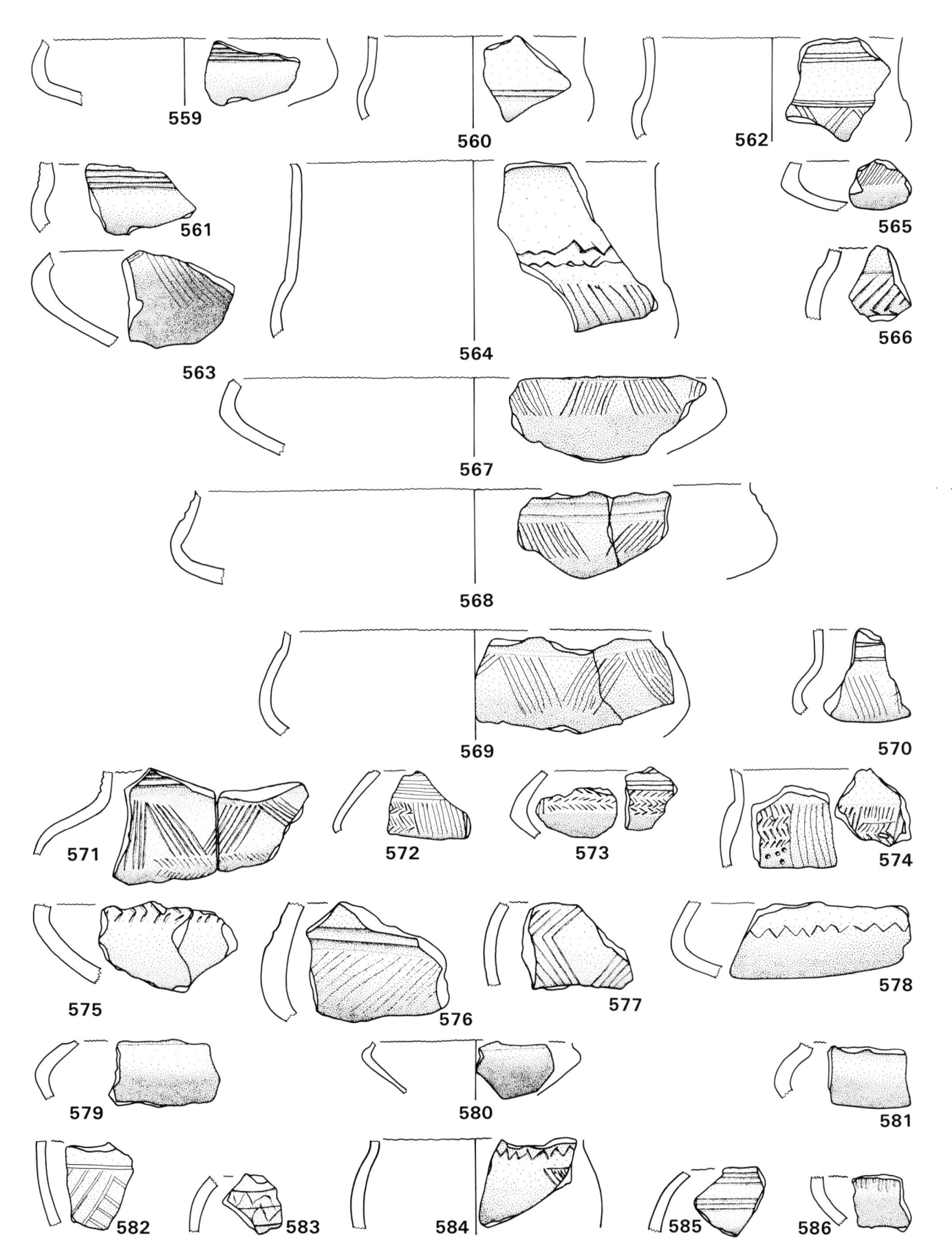

Taf. 35 Trimbach SO-Frohburg. Spätbronzezeit: Schulterbecher, 559–578 mit Riefen- oder Ritzdekor 579–581 ohne Schulterdekor, 582–586 WS mit diversen Dekors, Schulterbecher ?
Massstab 1:2.

Tafel 36: Spätbronzezeit

Gefässe mit abgesetztem Halsfeld: Schulterbecher oder Zylinderhalsgefässe

587 RS eines Schulterbechers mit nach innen abgestrichenem Schrägrand und Kegelhals. Rillenband am Hals. Ton grau, fein gemagert, Obfl. aussen geglättet, innen verstrichen. Rdm. 16 cm. Wst. 3–6 mm. Inv.Nr. 120/14/2554. K22/4.

588 2 WS eines Schulterbechers(?) mit Zylinderhals. Rillenband am Hals und alternierende Schrägstrichgruppen auf der Schulter. Ton grau, fein gemagert, Obfl. aussen geglättet, innen verstrichen. Rdm. ca. 13 cm. Wst. 5–8 mm. Inv.Nr. 120/14/2451; 2452. Z8/5.

589 RS eines hohen Schulterbechers mit nach aussen schwach und nach innen abgestrichenem Schrägrand. Mäandroides Muster am Hals. Ton grau, fein gemagert, Obfl. hellbraun, aussen geglättet-poliert, innen verstrichen. Rdm. 7,5 cm. Wst. 2–5 mm. Inv.Nr. 120/14/2546. Z1/6.

590 RS eines breiten Schulterbechers mit zweimal nach innen abgestrichenem Schrägrand. Rille(n) am Hals. Ton grau, fein gemagert, Obfl. geglättet. Rdm. 22,5 cm. Wst. 5–8 mm. Inv.Nr. 120/14/2549. F28/1.

591 3 RS und 3 WS eines breiten Schulterbechers mit horizontal und nach innen abgestrichenem Schrägrand. Zwei Doppelrillen am Hals. Ton grau, fein gemagert, Obfl. geglättet. Rdm. 20 cm. Wst. 3–8 mm. Inv.Nr. 120/14/2550. Z1/6; Z10/1.

592 7 RS und 4 WS eines breiten Schulterbechers mit horizontal abgestrichenem und nach innen gekehltem Schrägrand. Breites Rillenband am Hals. Ton grau, fein gemagert, Obfl. geglättet. Rdm. 20 cm. Wst. 3–8 mm. Inv.Nr. 120/14/2551–2553. Z6/1.

593 RS eines Schulterbechers mit scharf umgelegtem Rand. Ton grau, fein gemagert, Obfl. geglättet. Rdm. 11 cm. Wst. 3–6 mm. Inv.Nr. 120/14/2560. Z1/4.

594 RS eines Schulterbechers mit nach innen abgestrichenem Schrägrand. Ton grau, fein gemagert, Obfl. geglättet. Rdm. 15 cm. Wst. 2–5 mm. Inv.Nr. 120/14/2564. G4/1.

595 RS eines Schulterbechers mit horizontal und nach innen abgestrichenem Schrägrand. Ton grau, fein gemagert, Obfl. geglättet. Rdm. 7,5 cm. Wst. 3–4 mm. Inv.Nr. 120/14/2559. Z1/6.

596 RS eines breiten Schulterbechers(?) mit nach innen abgestrichenem Schrägrand. Ton grau, rel. fein gemagert, Obfl. verstrichen-geglättet. Rdm. 24 cm. Wst. 5–11 mm. Inv.Nr. 120/14/2565. F23/1.

597 RS eines Schulterbechers mit horizontal und nach innen abgestrichenem Schrägrand. Ton grau, fein gemagert, Obfl. aussen geglättet, innen verstrichen. Rdm. 15 cm. Wst. 5–6 mm. Inv.Nr. 120/14/2570. Z1/6.

598 RS eines Schulterbechers mit weit ausgelegtem, horizontal und nach innen abgestrichenem Schrägrand. Ton grauschwarz, fein gemagert, Obfl. geglättet-poliert. Rdm. 15 cm. Wst. 4–8 mm. Inv.Nr. 120/14/2566. Z8/5.

599 RS eines breiten Schulterbechers(?) mit horizontal und nach innen abgestrichenem Schrägrand. Ton grau, fein gemagert, Obfl. geglättet. Wst. 6–10 mm. Inv.Nr. 120/14/2579. Z10/1.

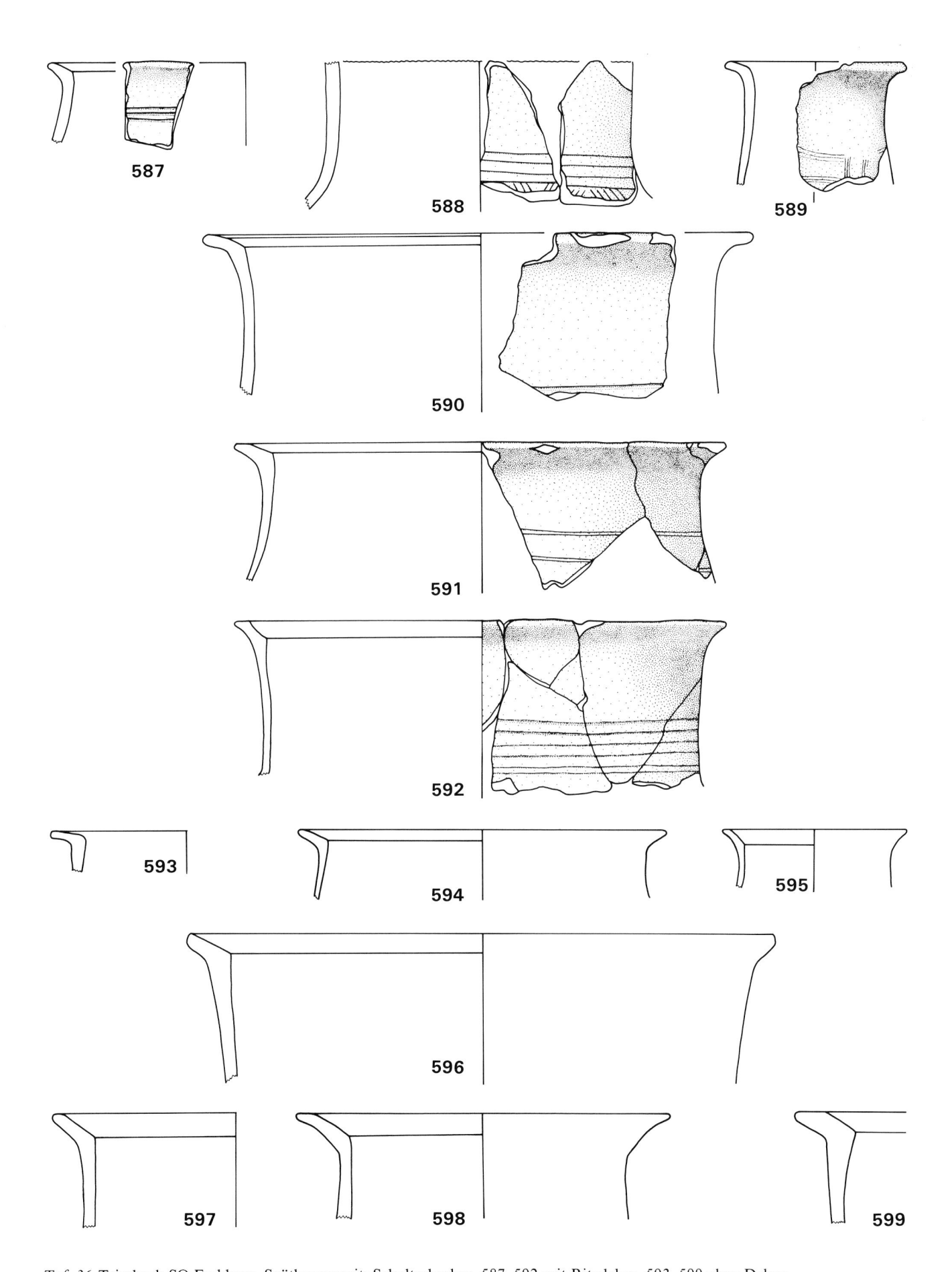

Taf. 36 Trimbach SO-Frohburg. Spätbronzezeit: Schulterbecher, 587–592 mit Ritzdekor, 593–599 ohne Dekor. Massstab 1:2.

Tafel 37: Spätbronzezeit

Gefässe mit abgesetztem Halsfeld: Schulterbecher oder Zylinderhalsgefässe (Fortsetzung)

600 RS eines Schulterbechers mit nach innen abgestrichenem Schrägrand und flauer Schulter. Ton grau, fein gemagert, Obfl. bräunlich verwittert. Rdm. 16 cm. Wst. 3–5 mm. Inv.Nr. 120/14/2568. K9/2.

601 RS eines Schulterbechers mit horizontal und nach innen abgestrichenem Schrägrand. Fingertupfen aussen am Rand. Ton grau, fein gemagert, Obfl. geglättet. Rdm. 16 cm. Wst. 3–6 mm. Inv.Nr. 120/14/2571. Z11/5.

602 RS eines breiten Schulterbechers mit stark ausgelegtem Schrägrand. Ton grau, fein gemagert, Obfl. bräunlich, geglättet. Rdm. 24 cm. Wst. 7–9 mm. Inv.Nr. 120/14/2572. Z8/5.

603 2 RS eines breiten Schulterbechers mit nach innen abgestrichenem Schrägrand. Ton grau, fein gemagert, Obfl. geglättet. Rdm. 20 cm. Wst. 6–10 mm. Inv.Nr. 120/14/2580. K19/1.

604 RS eines Zylinderhalsgefässes oder eines breiten Schulterbechers mit horizontal und nach innen abgestrichenem Schrägrand. Ton grau, fein gemagert, Obfl. bräunlich, stark verwittert oder verbrannt. Rdm. 25 cm. Wst. 8–11 mm. Inv.Nr. 120/14/2581. F8/2.

605 RS und WS eines Zylinderhalsgefässes mit horizontal und nach innen abgestrichenem Schrägrand. Ton grau, fein gemagert, Obfl. geglättet. Rdm. 29 cm. Wst. 5–10 mm. Inv.Nr. 120/14/2583. P19/1.

606 RS eines Zylinderhalsgefässes(?) mit nach innen abgestrichenem Rand. Ton grau, rel. fein gemagert, Obfl. verstrichen. Rdm. 24 cm. Wst. 6–11 mm. Inv.Nr. 120/14/3103. P19/4.

607 RS eines Zylinderhalsgefässes(?) mit horizontal und nach innen abgestrichenem Rand. Ton grau, fein gemagert, Obfl. geglättet. Wst. 4–8 mm. Inv.Nr. 120/14/2595. Z10/1.

608 2 zusammenpassende RS eines trichterartigen Zylinderhalsgefässes(?) mit horizontal abgestrichenem und nach innen gekehltem Schrägrand. Ton grau, fein gemagert, Obfl. aussen bräunlich, geglättet. Rdm. 26 cm. Wst. 7–10 mm. Inv.Nr. 120/14/2620. Z1/6.

609 15 RS eines Zylinderhalsgefässes(?) mit horizontal und nach innen zweimal abgestrichenem Schrägrand. Ton grau, fein gemagert, Obfl. aussen geglättet, innen verstrichen. Rdm. 32 cm. Wst. 6–12 mm. Inv.Nr. 120/14/2573–2578. Z1/6; Z/Sf.

610 RS eines Gefässes mit horizontal abgestrichenem, nach innen abgestrichenem und gekehltem Schrägrand. Ton grau, fein gemagert, Obfl. geglättet. Rdm. ca. 40 cm. Wst. 5–9 mm. Inv.Nr. 120/14/2618. Z1/6.

611 RS eines Gefässes mit nach innen abgestrichenem und gekehltem Schrägrand. Ton grau, fein gemagert, Obfl. geglättet. Rdm. 23 cm. Wst. 5–6 mm. Inv.Nr. 120/14/2673. Z1/4.

612 RS eines Gefässes mit nach aussen, horizontal und nach innen abgestrichenem Schrägrand. Ton grau, fein gemagert (Bohnerzkörner), Obfl. aussen braun, geglättet. Rdm. 25 cm. Wst. 7–10 mm. Inv.Nr. 120/14/2676. Z1/6.

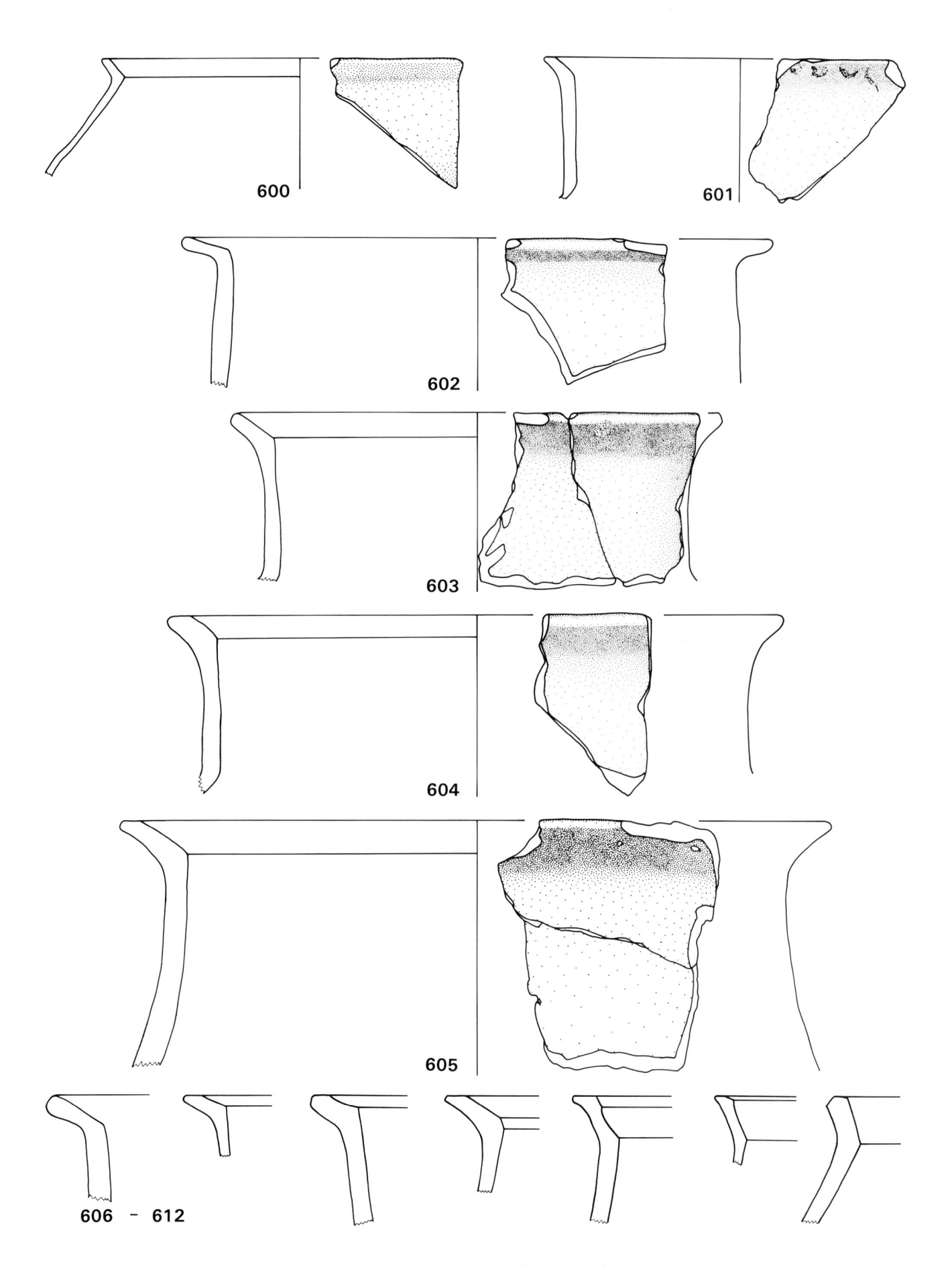

Taf. 37 Trimbach SO-Frohburg. Spätbronzezeit: Schulterbecher und Zylinderhalsgefässe. Masstab 1:2.

Tafel 38: Spätbronzezeit

*Gefässe mit abgesetztem Halsfeld: Schulterbecher,
Zylinderhalsgefässe und andere feinkeramische Gefässe*

613 2 zusammenpassende RS eines Schulterbechers(?) mit horizontal abgestrichenem und nach innen gekehltem Schrägrand. Ton grau, fein gemagert, Obfl. geglättet. Rdm. 18 cm. Wst. 5–9 mm. Inv.Nr. 120/14/2622. F23/1.

614 3 zusammenpassende RS eines Zylinderhalsgefässes mit horizontal abgestrichenem, dreimal nach innen gekehltem Schrägrand. Ton rot-braun-grau, fein gemagert, Obfl. braun, geglättet. Rdm. 32 cm. Wst. 5–10 mm. Inv.Nr. 120/14/2624. Z6/1.

615 RS eines Zylinderhalsgefässes(?) mit horizontal abgestrichenem, zweimal nach innen gekehltem Schrägrand. Ton grau, grob gemagert, Obfl. geglättet. Rdm. 18 cm. Wst. 7–10 mm. Inv.Nr. 120/14/3142. Z13/2.

616 WS eines Zylinderhalsgefässes mit nach innen abgestrichenem Schrägrand. Schulter durch Riefe vom Hals abgesetzt. Ton grau, rel. fein gemagert, Obfl. geglättet. Rdm. ca. 33 cm. Wst. 6–10 mm. Inv.Nr. 120/14/2584. K9/1.

617 RS eines Schulterbechers(?) mit weit ausgelegtem, horizontal abgestrichenem und nach innen gekehltem Schrägrand. Ton grau, fein gemagert, Obfl. geglättet. Rdm. 14 cm. Wst. 3–7 mm. Inv.Nr. 120/14/2623. K9/2.

618 RS eines Schulterbechers(?) mit nach innen abgestrichenem Schrägrand und kegelartigem Hals. Rillenband am Hals. Ton grau, rel. fein gemagert, Obfl. aussen geglättet, innen verstrichen. Wst. 4–8 mm. Inv.Nr. 120/14/2547. F4/2.

619 RS eines Schulterbechers(?) mit nach innen abgestrichenem und gekehltem Schrägrand und kegelartigem Hals. Ton grau, fein gemagert, Obfl. geglättet. Rdm. 15 cm. Wst. 4–7 mm. Inv.Nr. 120/14/2617. Z1/6.

620 RS eines Schulterbechers(?) mit nach innen abgestrichenem Schrägrand und kegelartigem Hals. Ton grau, fein gemagert, Obfl. geglättet. Rdm. 18 cm. Wst. 4–8 mm. Inv.Nr. 120/14/2650. Z8/5.

621 RS eines Schulterbechers(?) mit horizontal und nach innen abgestrichenem Schrägrand und kegelartigem Hals. Ton grau, fein gemagert, Obfl. geglättet. Rdm. 20 cm. Wst. 4–7 mm. Inv.Nr. 120/14/2674. K9/1.

622 RS eines feinkeramischen Gefässes mit horizontal und nach innen abgestrichenem Schrägrand mit bauchigem Unterteil. Ton grau, fein gemagert, Obfl. geglättet. Rdm. 24 cm. Wst. 5–9 mm. Inv.Nr. 120/14/2649. K9/2.

623 RS eines feinkeramischen Gefässes mit horizontal und nach innen abgestrichenem Schrägrand. Ton grau, fein gemagert, Obfl. geglättet. Rdm. 39 cm. Wst. 5–10 mm. Inv.Nr. 120/14/2643. F8/2.

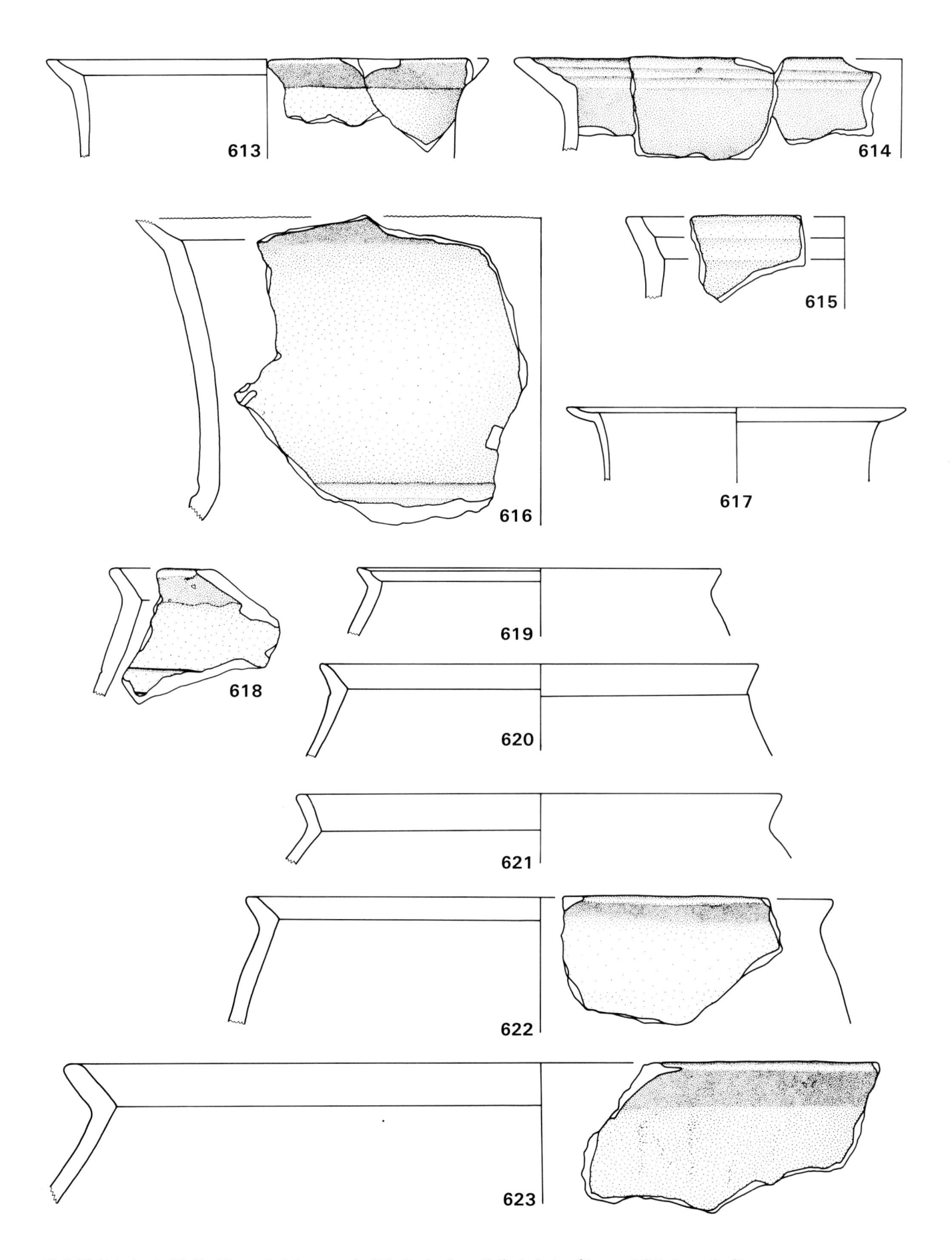

Taf. 38 Trimbach SO-Frohburg. Spätbronzezeit: Schulterbecher, Zylinderhalsgefässe und Schrägrandgefässe. Masstab 1:2.

Tafel 39: Spätbronzezeit

Feinkeramische Gefässe: Bikonische Gefässe

624 WS eines bikonischen Gefässes mit Zylinderhals(?). Ton grau, fein gemagert, Obfl. geglättet. Bdm. 19 cm. Wst. 4–7 mm. Inv.Nr. 120/14/2677. Z11/5.

625 4 zusammenpassende WS eines bikonischen Gefässes. Ton grau, fein gemagert, Obfl. geglättet. Bdm. 37 cm. Wst. 5–8 mm. Inv.Nr. 120/14/2678. Z1/6.

626 WS eines bikonischen Gefässes mit breitgeriefter Schulter. Ton grau, fein gemagert, Obfl. geglättet. Wst. 4–6 mm. Inv.Nr. 120/14/2680. K7/1.

627 WS eines bikonischen Gefässes mit Riefenbändern auf der Schulter. Ton grau, fein gemagert, Obfl. geglättet. Bdm. 22 cm. Wst. 5–6 mm. Inv.Nr. 120/14/2679. Z1/6.

628 3 zusammenpassende WS eines schulterbecherartig geknickten Gefässes. Rillenband mit hängenden, schräg schraffierten Dreiecken auf der Schulter, Schrägstriche und Rille(n) am Bauch. Ton grau, fein gemagert, Obfl. geglättet. Bdm. 26 cm. Wst. 4–7 mm. Inv.Nr. 120/14/2687. F14/3.

629 3 zusammenpassende RS und 5 WS eines bikonischen(?) Gefässes mit breitgeriefter Schulterzone und horizontal und nach innen abgestrichenem Schrägrand, Ton grau, fein gemagert, Obfl. geglättet. Rdm. 22 cm. Wst. 5–7 mm. Inv.Nr. 120/14/2681–2686. Z1/4; Z1/5; Z1/6; Z8/5; K7/1.

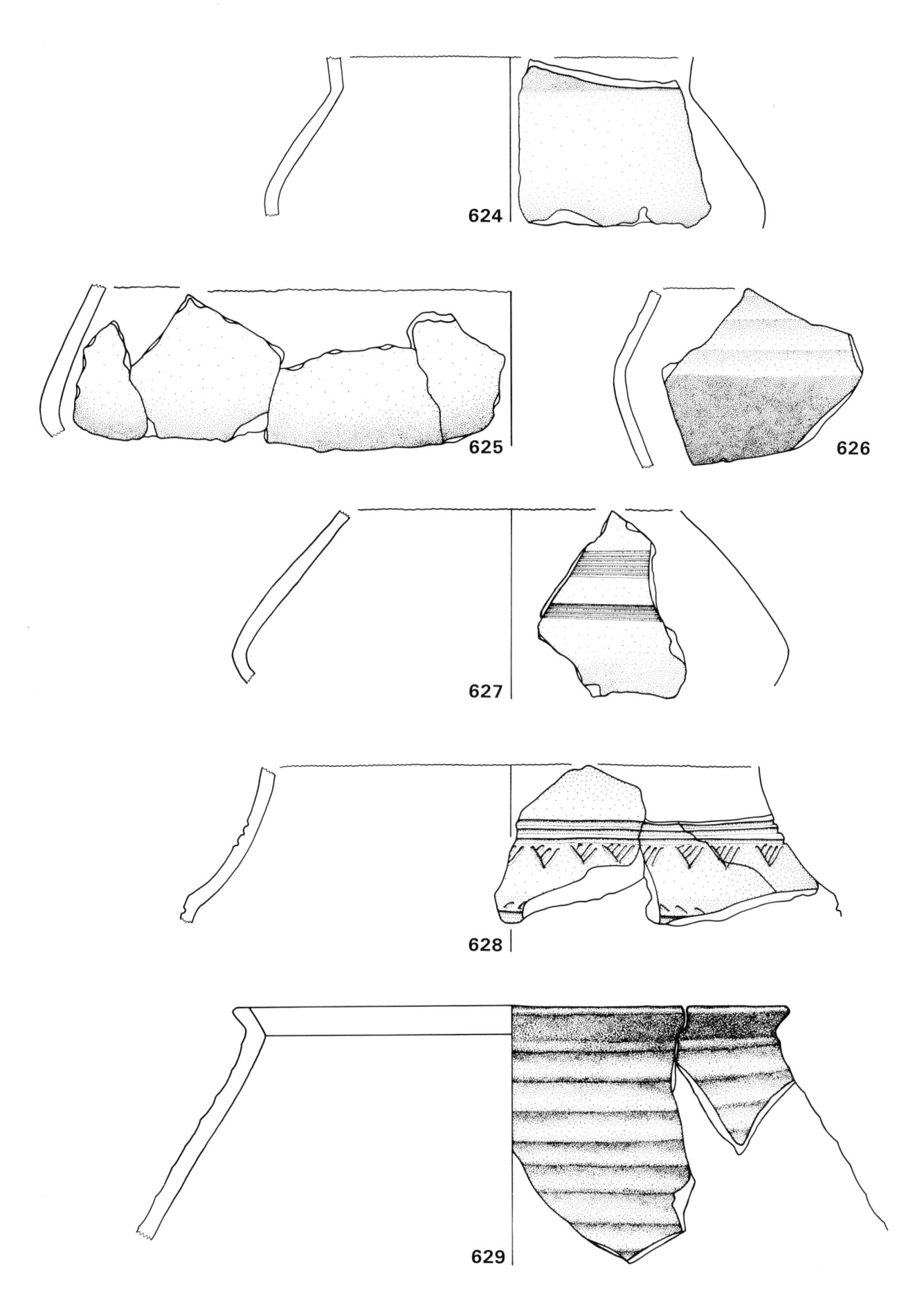

Taf. 39 Trimbach SO-Frohburg. Spätbronzezeit: Bikonische Gefässe.
  Massstab 1:2.

Tafel 40: Spätbronzezeit

Schrägrandschüsseln

630 4 zusammenpassende RS und 3 WS einer Schrägrandschüssel mit zweimal nach innen abgestrichenem Schrägrand. Rillenband mit daran hängenden, schräg schraffierten Dreiecken auf der Schulter. Ton grau, fein gemagert, Obfl. geglättet-poliert. Rdm. 22 cm. Wst. 3–6 mm. Inv.Nr. 120/14/2689–2692. F4/2.

631 RS einer Schrägrandschüssel mit horizontal abgestrichenem und nach innen gekehltem Schrägrand. Rillenband mit daran hängenden, schräg schraffierten Dreiecken auf der Schulter. Ton grau, fein gemagert, Obfl. geglättet. Rdm. 14 cm. Wst. 3–6 mm. Inv.Nr. 120/14/2693. Z11/4.

632 RS einer Schrägrandschüssel mit nach innen abgestrichenem Schrägrand. Rillenband mit daran hängenden, schräg schraffierten Dreiecken(?). Ton grau, fein gemagert, Obfl. geglättet. Wst. 3–6 mm. Inv.Nr. 120/14/2694. Z11/5.

633 WS einer Schrägrandschüssel mit Rillenband und daran hängenden, schräg schraffierten Dreiecken. Ton grau, fein gemagert, Obfl. geglättet. Wst. 5–6 mm. Inv.Nr. 120/14/2702. Z11/4.

634 RS einer Schrägrandschüssel(?) mit Rillenband und Schrägstrichmuster auf der Schulter. Ton grau, fein gemagert, Obfl. geglättet. Wst. 2–3 mm. Inv.Nr. 120/14/2695. K9/1.

635 WS einer Schrägrandschüssel mit horizontal und nach innen abgestrichenem Schrägrand. Rillenband und Zickzacklinie auf der Schulter. Ton grau, fein gemagert, Obfl. geglättet. Rdm. 10 cm. Wst. 4–7 mm. Inv.Nr. 120/14/2696. Z8/5.

636 RS einer Schrägrandschüssel mit horizontal und nach innen abgestrichenem Schrägrand. Horizontalrillen auf der Schulter. Ton grau, fein gemagert, Obfl. geglättet. Rdm. 15 cm. Wst. 3–6 mm. Inv.Nr. 120/14/2699. F4/Ss.

637 RS einer kleinen Schrägrandschüssel mit horizontal abgestrichenem, nach innen gekehltem Schrägrand. Horizontalrillen auf der Schulter. Ton grau, fein gemagert, Obfl. geglättet. Rdm. 8 cm. Wst. 2–6 mm. Inv.Nr. 120/14/2698. Z13/1.

638 RS einer Schrägrandschüssel mit horizontal abgestrichenem, nach innen gekehltem Schrägrand. Horizontalrillen auf der Schulter mit Fadenlöchern. Ton grau, fein gemagert, Obfl. bräunlich geglättet. Rdm. 14 cm. Wst. 4–7 mm. Inv.Nr. 120/14/2697. K7/2.

639 RS einer Schrägrandschüssel mit horizontal und nach innen abgestrichenem Schrägrand und durchlochter Vertikalknubbe. Ton grau, fein gemagert, Obfl. geglättet. Rdm. 10 cm. Wst. 3–7 mm. Inv.Nr. 120/14/2714. K20/2.

Wandscherben von feinkeramischen Gefässen unbestimmter Form

640 2 WS eines Gefässes mit reich verzierter Schulter-Hals-Zone. Rillenbänder mit Sparren- und Schrägstrichmotiven. Ton grau, fein gemagert, Obfl. geglättet. Wst. 5–7 mm. Inv.Nr. 120/14/2715; 2716; F8/1; F11/1.

641 WS mit hängenden, schräg schraffierten Dreiecken. Inkrustationsreste. Ton grau, rel. fein gemagert, Obfl. geglättet. Wst. 5–7 mm. Inv.Nr. 120/14/2718. P19/1.

642 WS mit Rillen und hängenden, schräg schraffierten Dreiecken. Ton grau, fein gemagert, Obfl. aussen geglättet, innen verstrichen. Wst. 7–9 mm. Inv.Nr. 120/14/2717. Z8/5.

643 WS eines Schrägrandgefässes mit Kreisaugenreihe. Ton grau, fein gemagert, Obfl. braun überfangen, aussen geglättet, innen verstrichen. Wst. 7–10 mm. Inv.Nr. 120/14/2722. V12/2.

644 WS mit schwach gestufter Schulter und doppelter Zickzacklinie. Ton grau, fein gemagert, Obfl. aussen geglättet, innen verstrichen. Wst. 5–8 mm. Inv.Nr. 120/14/2720. Z1/6.

645 WS mit doppelter Zickzacklinie. Ton grau, fein gemagert, Obfl. aussen geglättet, innen verstrichen. Wst. 7–8 mm. Inv.Nr. 120/14/2721. K7/1.

646 2 WS mit Rillen und Zickzacklinie, gerundete Schale(?). Ton grau, fein gemagert, aussen geglättet, innen verstrichen. Bdm. 12 cm. Wst. 4–6 mm. Inv.Nr. 120/14/2487; 2488. A.

647 WS mit breitem Horizontalrillenband und Schrägstrichmuster. Ton grau, fein gemagert, Obfl. geglättet. Wst. 5–7 mm. Inv.Nr. 120/14/2746. P19/4.

648 WS mit feiner Einstichreihe, Horizontalriefenband und Schrägriefen. Ton grau, fein gemagert, Obfl. aussen geglättet, innen verstrichen. Wst. 4–6 mm. Inv.Nr. 120/14/2751. Z11/5.

649 2 zusammenpassende WS eines Gefässes mit Riefenband und daran hängenden, schräg schraffierten Dreiecken auf der Schulter. Ton grau, fein gemagert, Obfl. bräunlich, aussen geglättet, innen verstrichen. Wst. 8–11 mm. Inv.Nr. 120/14/2741. Z8/5.

650 WS mit Riefenband und -girlanden. Ton grau, fein gemagert, Obfl. aussen schwarz, geglättet-poliert, innen verstrichen. Wst. 4–5 mm. Inv.Nr. 120/14/2748. Z8/5.

651 WS eines Gefässes mit Kerbenreihe, Riefenband und Kannelürengruppen auf der Schulter. Ton grau, fein gemagert, Obfl. bräunlich, geglättet. Wst. 5–7 mm. Inv.Nr. 120/14/2740. Z11/5.

652 WS eines Gefässes mit Horizontalriefenband und Riefengirlanden auf der Schulter. Ton grau, fein gemagert, Obfl. geglättet. Wst. 4–5 mm. Inv.Nr. 120/14/2747. Z11/5.

653 WS mit schwachem Schulterabsatz und daran hängenden, mehrfachen Riefengirlanden. Ton grau, fein gemagert, Obfl. aussen schwarz, geglättet, innen bräunlich, verstrichen. Wst. 5–6 mm. Inv.Nr. 120/14/2749. Z12/1.

654 WS mit Wandknick und daran hängendes mehrfaches, gestuftes Riefenband oder Riefengirlanden. Ton grau, rel. fein gemagert, Obfl. aussen rot-orange, verstrichen-geglättet. Wst. 6–8 mm. Inv.Nr. 120/14/2750. K22/4.

655 WS eines Schrägrandgefässes mit gerieftem Doppelzickzackmuster. Ton grau, fein gemagert, Obfl. verwittert, aussen bräunlich. Wst. 5–9 mm. Inv.Nr. 120/14/2753. Z2/1.

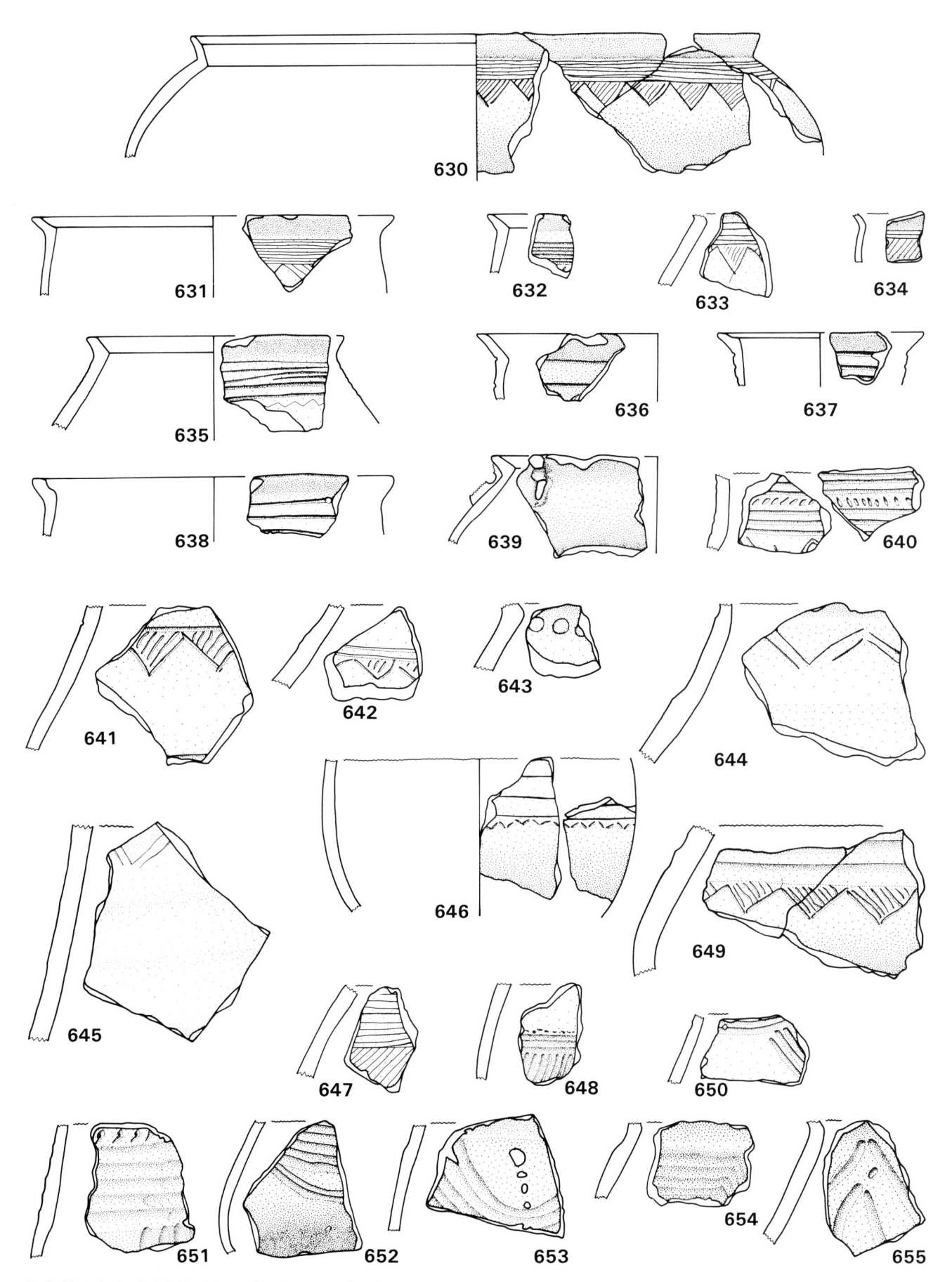

Taf. 40 Trimbach SO-Frohburg. Spätbronzezeit: 630–639 Schrägrandschüsseln, 641–655 WS, 641–647 Rillen-, 648–655 Riefendekors.
Massstab 1:2.

Tafel 41: Spätbronzeit

Bodenscherben verschiedener Gefässe
656 BS eines bauchigen Gefässes mit abgesetzter Standfläche. Feine Fingertupfenspuren am Fuss. Ton grau, grob gemagert, Obfl. braun, aussen verstrichen, innen geglättet (Schale?). Bdm. 14 cm. Wst. 6–18 mm. Inv.Nr. 120/14/2759. A.
657 BS mit aufgewölbtem Boden und Riefenband auf der Aussenwand. Ton grau, fein gemagert, Obfl. aussen geglättet, innen verstrichen. Bdm. 3 cm. Wst. 2–5 mm. Inv.Nr. 120/14/3083. Z1/6.
658 BS eines flachbodigen Gefässes mit Schrägstrichdekor. Ton grau, fein gemagert, Obfl. geglättet. Bdm. 9,5 cm. Wst. 5–12 mm. Inv.Nr. 120/14/2762. F4/2.
659 BS. Ton grau, fein gemagert, Obfl. bräunlich, verstrichen. Bdm. 3 cm. Wst. 4–7 mm. Inv.Nr. 120/14/3095. Z1/4.
660 BS mit Bodenmarke: geritzte, sich schneidende Linien. Ton grau, fein gemagert, Obfl. geglättet. Wst. 4–9 mm. Inv.Nr. 120/14/3077. Z4/4.
661 BS mit Bodenmarke: dreiteiliges Kreuz mit Mittelpunkt auf der Gefässinnenseite. Ton grau, fein gemagert, Obfl. innen geglättet, aussen verstrichen (Schale?). Bdm. 6,5 cm. Wst. 4–14 mm. Inv.Nr. 120/14/3079. K9/1.
662 BS gewölbt mit Bodenmarke: vierteiliges Kreuz mit Mittelpunkt. Ton grau, fein gemagert, Obfl. geglättet. Bdm. 8,5 cm. Wst. 4–7 mm. Inv.Nr. 120/14/3078. Z8/5.
663 BS mit Standring. Ton grau, fein gemagert, Obfl. geglättet. Bdm. 2 cm. Wst. 3–7 mm. Inv.Nr. 120/14/3081. A.
664 BS mit Bodenmarke: Eindrücke auf der Bodeninnenseite. Ton grau, fein gemagert, Obfl. innen braun, geglättet. Wst. 4–8 mm. Inv.Nr. 120/14/3087. P14/2.
665 BS mit Bodenmarke: Punkt- und Ritzmuster auf der Bodeninnenseite mit Resten weisser Inkrustationsmasse Ton grau, fein gemagert, Obfl. aussen verstrichen, innen geglättet (Schale?). Wst. 4–8 mm. Inv.Nr. 120/14/3090. K9/1.
666 BS mit Bodenmarke: Riefenkreuz auf der Bodenaussenseite. Ton grau, fein gemagert, Obfl. geglättet. Bdm. 6 cm. Wst. 6–11 mm. Inv.Nr. 120/14/3092. Z1/6.
667 BS mit Bodenmarke: geritztes Kreuz und regellose Linien auf der Bodenaussenseite. Ton grau, fein gemagert, Obfl. bräunlich, geglättet. Bdm. 5,5 cm. Wst. 6–13 mm. Inv.Nr. 120/14/3093. Z1/6.
668 BS mit Bodenmarke: Punktreihe auf der Bodenaussenseite. Ton grau, fein gemagert, Obfl. verstrichen-geglättet. Bdm. 10 cm. Wst. 6–11 mm. Inv.Nr. 120/14/3076. Z11/5.
669 BS mit Kerben am Boden. Ton grau, fein gemagert, Obfl. aussen rot-braun, geglättet, innen verstrichen. Wst. 5–11 mm. Inv.Nr. 120/14/3086. Z13/2.

Grobkeramische Töpfe
670 RS eines steilwandigen Topfes mit nach innen abgestrichenem Schrägrand. Fingertupfen am Randsaum und mindestens zwei Reihen auf der Wand. Ton grau, grob gemagert, Obfl. rotbraun, verstrichen. Rdm. ca. 40 cm. Wst. 5–11 mm. Inv.Nr. 120/14/3106. Z1/6.
671 Zusammenpassende RS und 3 WS eines steilwandigen Topfes mit stark ausgelegtem, nach aussen abgestrichenem Schrägrand. Je eine Schrägkerbenreihe unter dem Randumbruch und auf der Wand. Ton grau, rel. fein gemagert, Obfl. verstrichen-geglättet. Rdm. 17 cm. Wst. 5–8 mm. Inv.Nr. 120/14/3107–3109. Z1/6.
672 RS eines steilwandigen Topfes mit nach innen abgestrichenem Schrägrand. Fingertupfen an der Randlippe und mindestens zwei Reihen auf der Wand. Ton beige-grau, rel. fein gemagert, Obfl. verstrichen-geglättet. Wst. 6–13 mm. Inv.Nr. 120/14/3105. Z12/1.
673 RS eines steilwandigen Topfes mit horizontal und nach innen abgestrichenem Schrägrand. Schnitte am Randsaum und Fingertupfenreihe auf der Wand. Ton grau, grob gemagert, Obfl. braun überfangen, geglättet. Rdm. ca. 26 cm. Wst. 8–13 mm. Inv.Nr. 120/14/3143. Z1/6.
674 RS eines steilwandigen Topfes mit horizontal und nach innen abgestrichenem Schrägrand. Nagelkerben am Randsaum. Ton braun-grau, grob gemagert, Obfl. rot-braun, verstrichen-geglättet. Rdm. 16 cm. Wst. 4–10 mm. Inv.Nr. 120/14/3136. A.

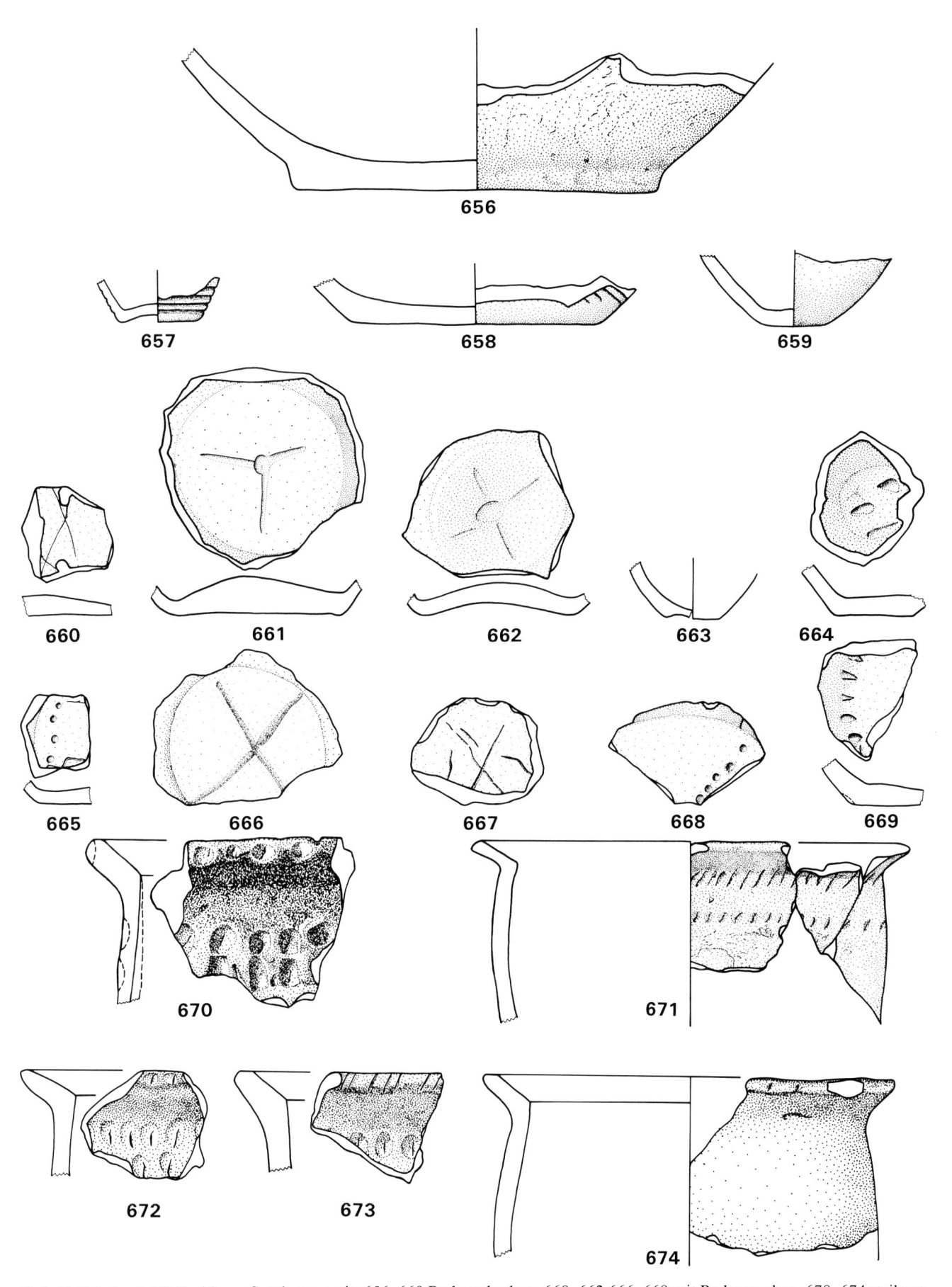

Taf. 41 Trimbach SO-Frohburg. Spätbronzezeit: 656–669 Bodenscherben, 660–662, 666–668 mit Bodenmarken, 670–674 steilwandige Töpfe.
Massstab 1:2.

Tafel 42: Spätbronzezeit

Grobkeramische Töpfe (Fortsetzung)

675 2 zusammenpassende RS eines Topfes mit horizontal abgestrichenem und nach innen gekehltem Schrägrand. Fingertupfen im Randumbruch-Bereich. Ton grau, grob gemagert, Obfl. braun, verstrichen. Rdm. 44 cm. Wst. 11–20 mm. Inv.Nr. 120/14/3145. Z11/5.

676 RS eines steilwandigen Topfes mit horizontal und nach innen abgestrichenem Schrägrand. Nagelkerben am Randsaum, lange Schrägkerben auf der Wand. Ton grau, grob gemagert, Obfl. bräunlich verstrichen. Wst. 8–13 mm. Inv.Nr. 120/14/3147. F22/2.

677 RS eines Topfes mit horizontal und nach innen abgestrichenem Schrägrand. Nagelkerben am Randsaum, Punkteindrücke auf der Wand. Ton grau, grob gemagert, Obfl. aussen rot-braun, verstrichen-geglättet. Wst. 5–12 mm. Inv.Nr. 120/14/3151. Z1/6.

678 RS eines steilwandigen Topfes mit horizontal abgestrichenem und nach innen gekehltem Schrägrand. Grübchenreihe im Randumbruch-Bereich. Ton grau, grob gemagert, Obfl. aussen braun, verstrichen. Rdm. 13 cm. Wst. 5–13 mm. Inv.Nr. 120/14/3146. F21/4.

679 RS eines steilwandigen Topfes mit horizontal abgestrichenem, nach innen gekehltem Schrägrand. Nagelkerben am Randsaum, Fischgrätenmuster im Umbruchbereich. Ton grau, rel. fein gemagert, Obfl. hellbraun, verwittert. Rdm. 20 cm. Wst. 6–11 mm. Inv.Nr. 120/14/3149. Z3/1.

680 RS eines steilwandigen Topfes mit horizontal und nach innen abgestrichenem Schrägrand. Fingertupfen am Randsaum, Tupfenreihe im Randumbruch-Bereich. Ton grau, rel. fein gemagert, Obfl. aussen bräunlich, verstrichen. Rdm. 22 cm. Wst. 8–11 mm. Inv.Nr. 120/14/3150. Z10/2.

681 RS eines steilwandigen Topfes mit zweimal nach innen abgestrichenem Schrägrand. Fingertupfenreihe am Randsaum und im Umbruchbereich. Ton beige-grau, grob gemagert, Obfl. braun-orange, verstrichen. Rdm. 28 cm. Wst. 6–13 mm. Inv.Nr. 120/14/3148. Z1/6.

682 RS eines steilwandigen Topfes mit zweimal nach innen abgestrichenem Schrägrand. Schwache Fingertupfen am Randsaum und im Umbruchbereich. Ton grau, grob gemagert, Obfl. beige, verstrichen. Wst. 6–9 mm. Inv.Nr. 120/14/3152. K9/2.

683 RS eines steilwandigen Topfes mit zweimal nach innen abgestrichenem Schrägrand. Schrägkerben am Randsaum. Ton grau, rel. fein gemagert, Obfl. braun, verstrichen-geglättet. Wst. 8–13 mm. Inv.Nr. 120/14/3144. Z8/5.

684 RS eines steilwandigen Topfes mit zweimal nach innen abgestrichenem Schrägrand. Fingertupfen auf der Wand. Ton grau, grob gemagert, Obfl. rot-braun, verstrichen-geglättet. Rdm. 18 cm. Wst. 6–9 mm. Inv.Nr. 120/14/3153. Z10/1.

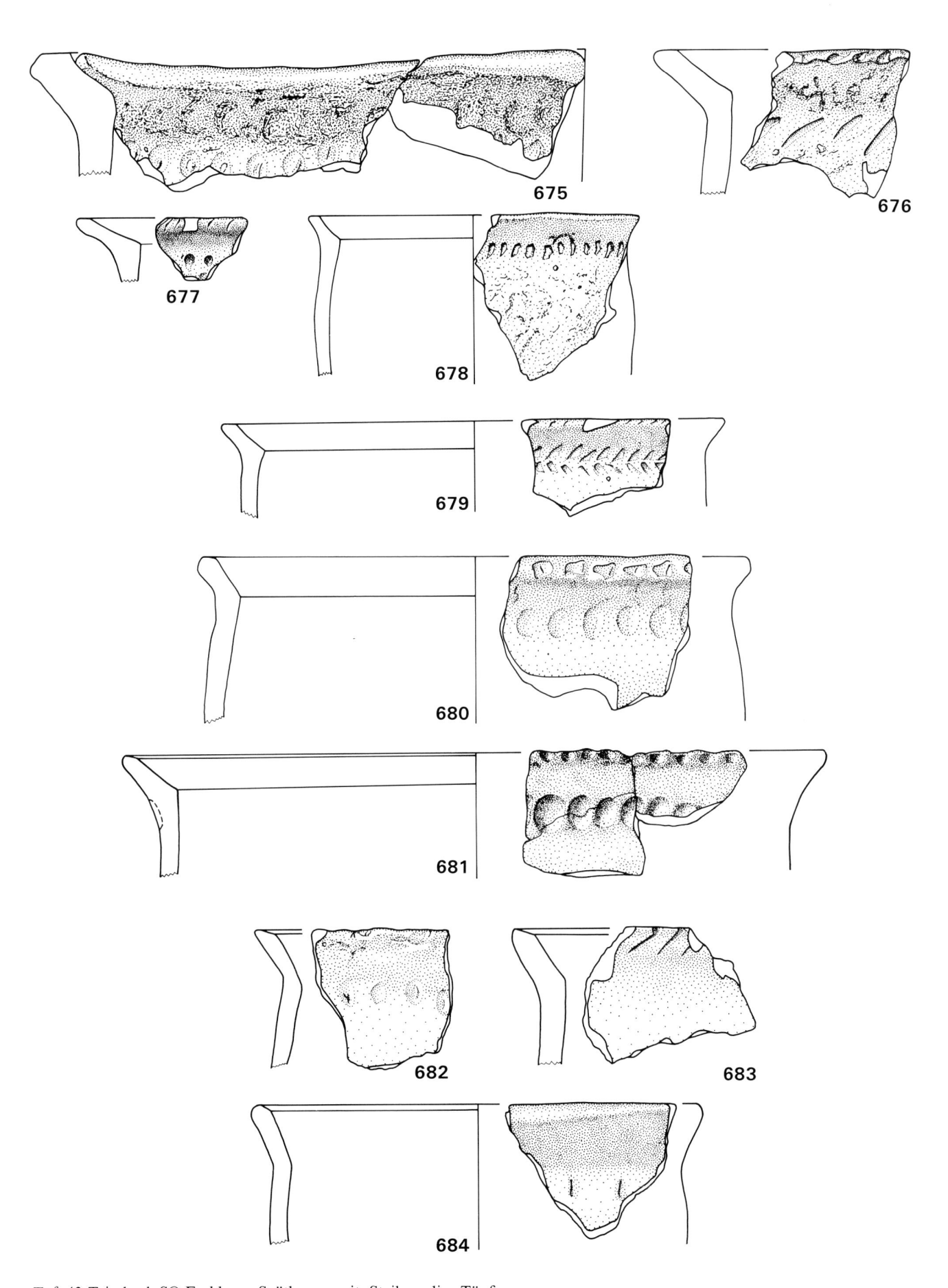

Taf. 42 Trimbach SO-Frohburg. Spätbronzezeit: Steilwandige Töpfe.
Massstab 1:2.

Tafel 43: Spätbronzezeit

Grobkeramische Töpfe (Fortsetzung)

685 3 zusammenpassende RS eines steilwandigen Topfes mit nach innen abgestrichenem Schrägrand. Gedellter Randsaum, Fingertupfenreihe auf der Wand. Ton grau, grob gemagert, Obfl. braun, verstrichen. Rdm. 37 cm. Wst. 7–13 mm. Inv.Nr. 120/14/3155. Z6/1.

686 RS eines steilwandigen Topfes mit nach innen schwach gekehltem Schrägrand. Gedellter Randsaum, Fingertupfenreihe im Umbruchbereich. Ton grau, grob gemagert, Obfl. braun, verstrichen. Wst. 7–14 mm. Inv.Nr. 120/14/3157. Z6/1.

687 RS eines steilwandigen Topfes mit horizontal und nach innen abgestrichenem Schrägrand. Gedellter Randsaum, Fingertupfen im Randumbruchbereich. Ton grau, grob gemagert, Obfl. rot-braun, verstrichen-geglättet. Rdm. 14 cm. Wst. 6–9 mm. Inv.Nr. 120/14/3156. Z12/1.

688 2 zusammenpassende RS eines steilwandigen Topfes mit schwach nach innen abgestrichenem Schrägrand. Schwach gedellter Randsaum, Fingertupfen am Rand und im Randumbruchbereich. Ton grau, grob gemagert, Obfl. braun, verstrichen. Rdm. 30 cm. Wst. 7–11 mm. Inv.Nr. 120/14/3154. P13/3.

689 RS eines steilwandigen Topfes mit flauem, gerundetem Schrägrand. Ton grau, grob gemagert, Obfl. braun, verstrichen-geglättet. Rdm. 20 cm. Wst. 6–10 mm. Inv.Nr. 120/14/3182. Z8/5.

690 3 RS eines steilwandigen Topfes mit flauem, horizontal abgestrichenem Schrägrand. Schräge Dreieckkerben im Umbruchbereich. Ton grau, grob gemagert, Obfl. braun, verstrichen. Rdm. 20 cm. Wst. 9–10 mm. Inv.Nr. 120/14/3177–3179. Z1/6; Z10/1.

691 2 RS eines Topfes mit flauem, nach innen zweimal sehr schwach abgestrichenem Schrägrand. Schwach gedellter Randsaum. Ton grau, grob gemagert, Obfl. braun, verstrichen. Rdm. 36 cm. Wst. 9–13 mm. Inv.Nr. 120/14/3175–3176. Z1/4; Z1/5.

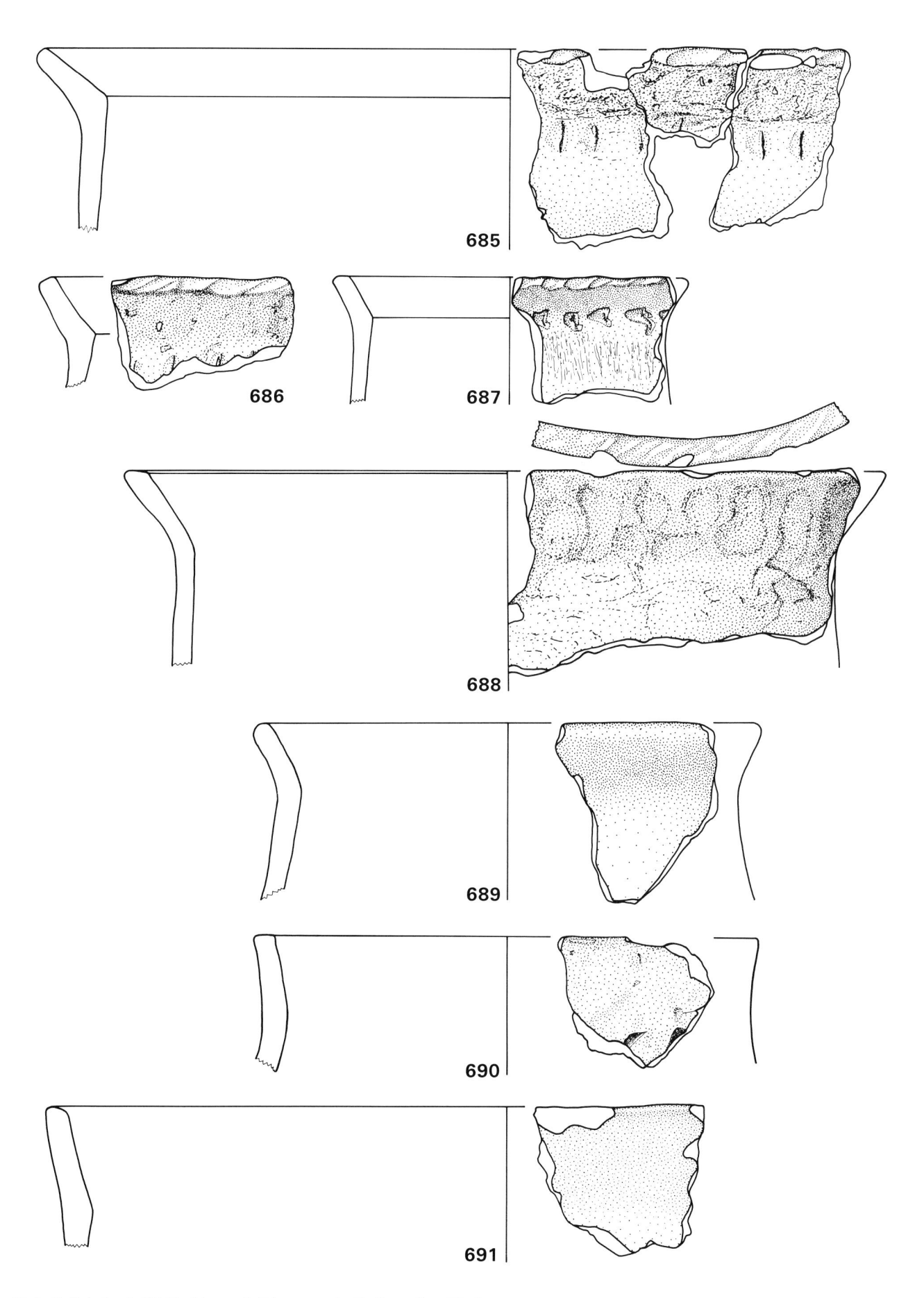

Taf. 43 Trimbach SO-Frohburg. Spätbronzezeit: Steilwandige Töpfe.
Massstab 1:2.

Tafel 44: Spätbronzezeit

Grobkeramische Töpfe (Fortsetzung)

692 2 zusammenpassende RS eines eher bauchigen Topfes mit einfachem Schrägrand. Ton grau, rel. fein gemagert, Obfl. bräunlich, verstrichen-geglättet. Rdm. 28 cm. Wst. 9–12 mm. Inv.Nr. 120/14/3181. Z3/1.

693 RS eines bauchigen Topfes mit gerundetem, nach innen gekehltem Schrägrand. Fingertupfen am Randsaum und auf der Wand. Ton grau, grob gemagert, Obfl. rot-braun, verstrichen. Rdm. ca. 40 cm. Wst. 7–11 mm. Inv.Nr. 120/14/3189. Z1/6.

694 RS eines Topfes mit flauem, gerundetem Schrägrand. Fingertupfenreihe im Randumbruchbereich. Ton grau, grob gemagert, Obfl. braun, verstrichen. Wst. 6–10 mm. Inv.Nr. 120/14/3188. Z1/6.

695 RS eines bauchigen Topfes mit nach innen abgestrichenem Schrägrand. Schrägkerben am Randsaum, Schrägkerben und Fingertupfen auf der Wand. Ton grau, grob gemagert, Obfl. rot-braun-beige, verstrichen-geglättet. Wst. 6–10 mm. Inv.Nr. 120/14/3194. Z6/1.

696 RS eines bauchigen Topfes mit einfachem Schrägrand. Nagelkerben am Randsaum, Doppelte Tupfenreihe im Umbruchbereich. Ton grau, grob gemagert, Obfl. aussen rot-braun, verstrichen. Wst. 6–9 mm. Inv.Nr. 120/14/3195. P13.

697 RS eines bauchigen Topfes mit einfachem, spitzgerundetem Schrägrand. Dreieckkerben im Randumbruchbereich. Ton grau, grob gemagert, Obfl. braun, verstrichen. Wst. 7–12 mm. Inv.Nr. 120/14/3196. P12/2.

698 2 zusammenpassende RS eines Topfes mit nach innen abgestrichenem Schrägrand. Nagelkerben am Randsaum. Ton rot-braun-grau, grob gemagert, Obfl. bräunlich, verstrichen-geglättet. Rdm. 22 cm. Wst. 5–9 mm. Inv.Nr. 120/14/3190. Z1/6.

699 RS eines bauchigen Topfes mit nach innen abgestrichenem Schrägrand. Schrägkerben am Randsaum, Kerben im Umbruchbereich. Ton grau, grob gemagert, Obfl. bräunlich, verstrichen. Wst. 5–8 mm. Inv.Nr. 120/14/3198. K20/2.

700 RS eines bauchigen Topfes mit nach innen abgestrichenem Schrägrand. Fingertupfen am Randsaum. Ton grau, grob gemagert, Obfl. braun, verstrichen. Rdm. 38 cm. Wst. 8–11 mm. Inv.Nr. 120/14/3197. Z8/5.

701 RS eines bauchigen Topfes mit nach innen abgestrichenem Schrägrand. Nagelkerben am Randsaum, mind. doppelte Tupfenreihe auf der Wand. Ton grau, grob gemagert, Obfl. rot-braun, verstrichen. Rdm. 21 cm. Wst. 6–12 mm. Inv.Nr. 120/14/3199. P19/2.

702 RS eines bauchigen Topfes mit einfachem Schrägrand. Nagelkerben am Randsaum, Tupfenreihe im Umbruchbereich. Ton grau, grob gemagert, Obfl. rot-braun, verstrichen. Rdm. 18 cm. Wst. 6–10 mm. Inv.Nr. 120/14/3200. F8/2.

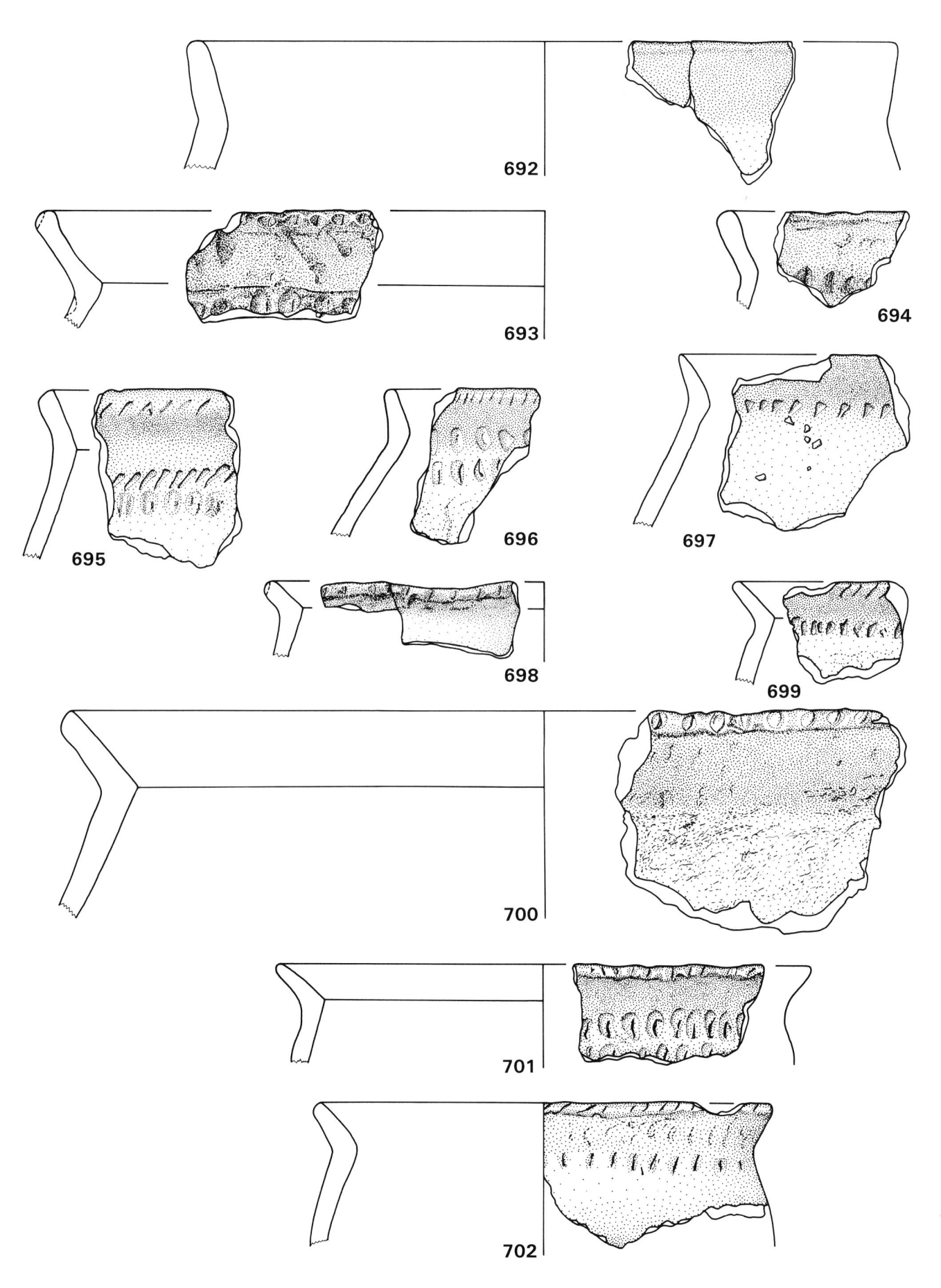

Taf. 44 Trimbach SO-Frohburg. Spätbronzezeit: Bauchige Töpfe.
Massstab 1:2.

Tafel 45: Spätbronzezeit

Grobkeramische Töpfe (Fortsetzung)

703 RS eines bauchigen Topfes mit horizontal abgestrichenem Schrägrand. Nagelkerben am Randsaum, Fingertupfen auf der Wand. Ton grau, grob gemagert, Obfl. aussen braun, verstrichen-geglättet. Rdm. 36 cm. Wst. 7–11 mm. Inv.Nr. 120/14/3257. Z1/6.

704 RS eines bauchigen Topfes mit horizontal und nach innen abgestrichenem Schrägrand. Nagelkerben am Randsaum, mindestens doppelte Kerbenreihe auf der Wand. Ton grau, grob gemagert, Obfl. verstrichen-geglättet. Wst. 4–8 mm. Inv.Nr. 120/14/3267. P19/2.

705 RS eines bauchigen Topfes mit horizontal und nach innen abgestrichenem Schrägrand. Schrägkerben am Randsaum. Ton rot-braun, grob gemagert, Obfl. verstrichen-geglättet. Wst. 6–8 mm. Inv.Nr. 120/14/3263. Z1/6.

706 RS eines bauchigen Topfes mit horizontal und nach innen abgestrichenem Schrägrand. Schrägkerben am Randsaum, Fischgräten-Kerbmuster auf der Wand. Ton grau, grob gemagert, Obfl. verstrichen-geglättet. Rdm. ca. 24 cm. Wst. 6–9 mm. Inv.Nr. 120/14/3258. A.

707 RS eines bauchigen Topfes mit horizontal abgestrichenem Schrägrand. Kerben am Randsaum, Schrägkerben im Randumbruchbereich. Ton grau, grob gemagert, Obfl. verstrichen. Rdm. 23 cm. Wst. 5–8 mm. Inv.Nr. 120/14/3259. Z8/5.

708 RS eines bauchigen Topfes mit horizontal und nach innen abgestrichenem Schrägrand. Nagelkerben am Randsaum, Schrägkerben im Randumbruchbereich. Ton grau, rel. fein gemagert, Obfl. bräunlich verstrichen. Rdm. 14,5 cm. Wst. 6–9 mm. Inv.Nr. 120/14/3260. Z6/1.

709 2 zusammenpassende RS eines bauchigen Topfes mit horizontal und nach innen abgestrichenem Schrägrand. Kerben auf der Wand. Ton grau, grob gemagert, Obfl. bräunlich, verstrichen. Rdm. 28 cm. Wst. 7–10 mm. Inv.Nr. 120/14/3261. P12/1.

710 RS eines bauchigen Topfes mit horizontal und nach innen abgestrichenem Schrägrand. Schrägkerben am Randsaum und im Bereich des Randumbruches. Ton grau, grob gemagert, Obfl. aussen rot-braun, verstrichen-geglättet. Rdm. 20 cm. Wst. 5–10 mm. Inv.Nr. 120/14/3262. Z6/1.

711 2 zusammenpassende RS eines bauchigen Topfes mit horizontal und nach innen abgestrichenem Schrägrand und ausgebildeter Lippe. Nagelkerben an der Lippe, dreifaches Nagelkerbenband auf der Wand. Rdm. 26 cm. Wst. 5–9 mm. Inv.Nr. 120/14/3266. K7/2.

712 3 zusammenpassende RS eines bauchigen Topfes mit horizontal abgestrichenem und nach innen gekehltem Schrägrand. Fingertupfen am Randsaum und auf der Wand. Ton grau, grob gemagert, Obfl. bräunlich, verstrichen-geglättet. Rdm. 18 cm. Wst. 5–8 mm. Inv.Nr. 120/14/3269. Z1/6; Z10/1.

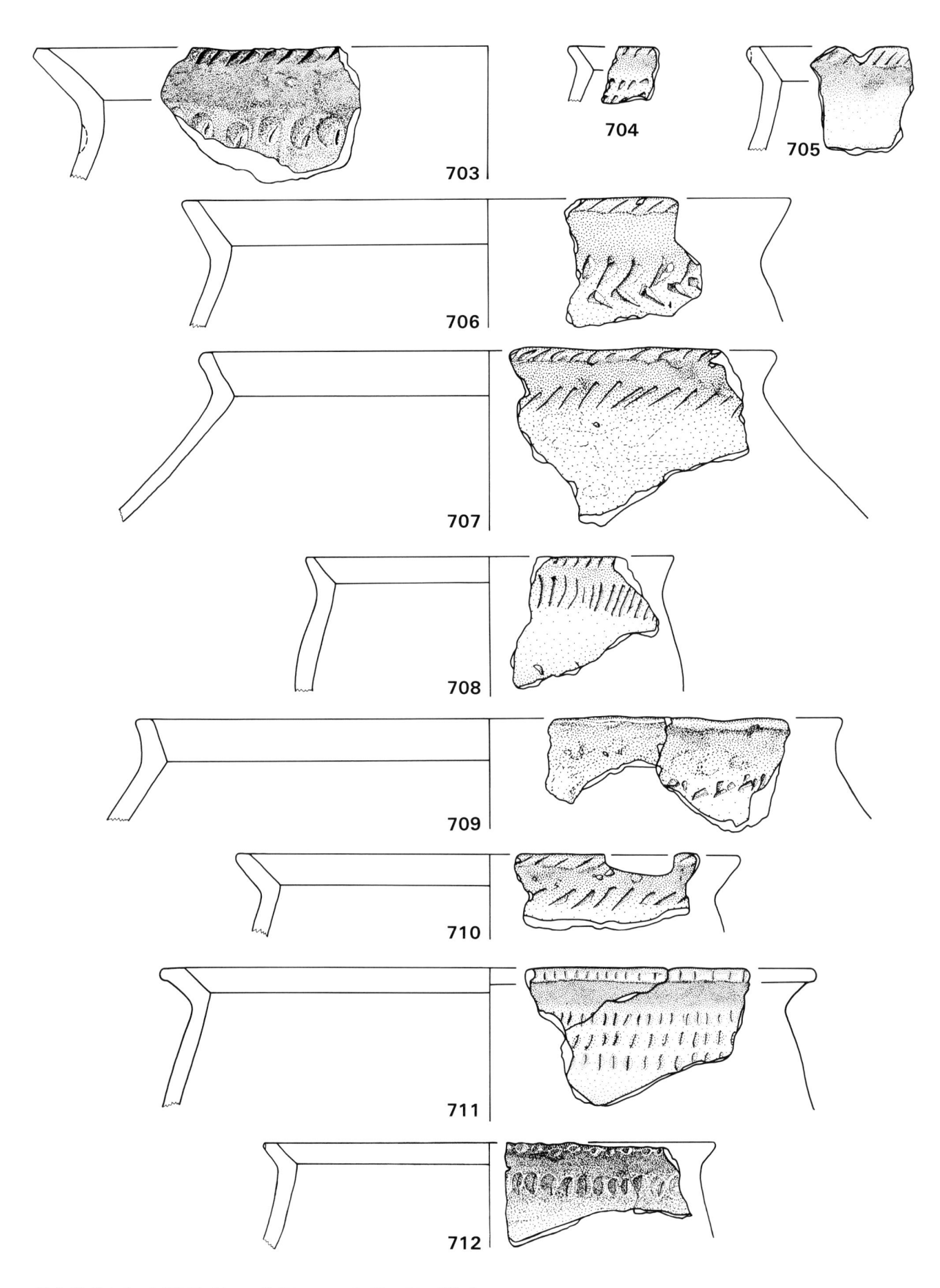

Taf. 45 Trimbach SO-Frohburg. Spätbronzezeit: Bauchige Töpfe. Massstab 1:2.

Tafel 46: Spätbronzezeit

Grobkeramische Töpfe (Fortsetzung)

713 4 zusammenpassende RS eines bauchigen Topfes mit horizontal und nach innen abgestrichenem Schrägrand. Tupfen mit Nagelabdruck im Randumbruchbereich. Ton grau, grob gemagert, Obfl. bräunlich, aussen verstrichen, innen geglättet. Rdm. 18 cm. Wst. 5–10 mm. Inv.Nr. 120/14/3268. F4/2.

714 RS eines bauchigen Topfes mit horizontal abgestrichenem Schrägrand mit ausgebildeter Lippe. Kerben an der Lippe, eine Nagelkerben- und eine Tupfenreihe im Randumbruchbereich. Ton grau, grob gemagert, Obfl. aussen rot-braun, verstrichen. Wst. 7–13 mm. Inv.Nr. 120/14/3264. F28/1.

715 RS eines bauchigen Topfes mit horizontal abgestrichenem Schrägrand. Schrägkerben am Randsaum, Punktstempel auf der Wand. Ton grau, grob gemagert, Obfl. braun, verstrichen. Wst. 6–11 mm. Inv.Nr. 120/14/3265. F4/2.

716 RS eines bauchigen Topfes mit Schrägrand. Gedellter Randsaum. Ton grau, grob gemagert, Obfl. braun, verstrichen. Rdm. ca. 20 cm. Wst. 8–12 mm. Inv.Nr. 120/14/3270. Z8/5.

717 2 zusammenpassende RS eines bauchigen Topfes mit Schrägrand. Gedellter Randsaum. Ton grau, grob gemagert, Obfl. rötlich-braun, verstrichen-geglättet. Rdm. 13 cm. Wst. 4–6 mm. Inv.Nr. 120/14/3271. Z1/6.

718 RS eines bauchigen Topfes mit Schrägrand. Gedellter Randsaum. Ton grau, grob gemagert, Obfl. braun, verstrichen-geglättet. Rdm. 22 cm. Wst. 8–11 mm. Inv.Nr. 120/14/3271a. Z1/4.

719 RS eines bauchigen Topfes mit zweimal nach innen abgestrichenem Schrägrand. Tupfen am Randsaum, Tupfen mit Nagelabdruck auf der Wand. Ton grau, grob gemagert, Obfl. rot-braun, verstrichen-geglättet. Rdm. 29 cm. Wst. 6–9 mm. Inv.Nr. 120/14/3300. Z11/5.

720 3 zusammenpassende RS eines bauchigen Topfes mit nach innen schwach abgestrichenem Schrägrand. Nagelkerben am Randsaum, Grübchen im Randumbruchbereich. Ton grau, grob gemagert, Obfl. bräunlich, verstrichen-geglättet. Rdm. ca. 30 cm. Wst. 6–11 mm. Inv.Nr. 120/14/3321. F4/2.

721 2 zusammenpassende RS eines bauchigen Topfes mit horizontal abgestrichenem Schrägrand. Kerben im Randumbruchbereich. Ton grau, rel. fein gemagert, Obfl. rot-braun, verstrichen-geglättet. Rdm. 28 cm. Wst. 5–11 mm. Inv.Nr. 120/14/3320. Z12/1.

722 RS eines bauchigen Topfes mit horizontal und zweimal nach innen abgestrichenem Schrägrand. Kerben auf der Wand. Ton grau, rel. fein gemagert, Obfl. aussen beige, innen bräunlich, verstrichen-geglättet. Wst. 6–10 mm. Inv.Nr. 120/14/3319. P19/2.

723 RS eines bauchigen Topfes mit flauem, horizontal abgestrichenem und nach innen schwach gekehltem Schrägrand. Ton grau, rel. fein gemagert, Obfl. aussen bräunlich, verstrichen-geglättet. Wst. 8–14 mm. Inv.Nr. 120/14/3332. Z11/5.

724 RS eines Topfes mit flauem, horizontal abgestrichenem und nach innen schwach gekehltem Schrägrand. Tupfen im Randumbruchbereich. Ton grau, grob gemagert, Obfl. braun, verstrichen. Wst. 8–11 mm. Inv.Nr. 120/14/3331. F12/1.

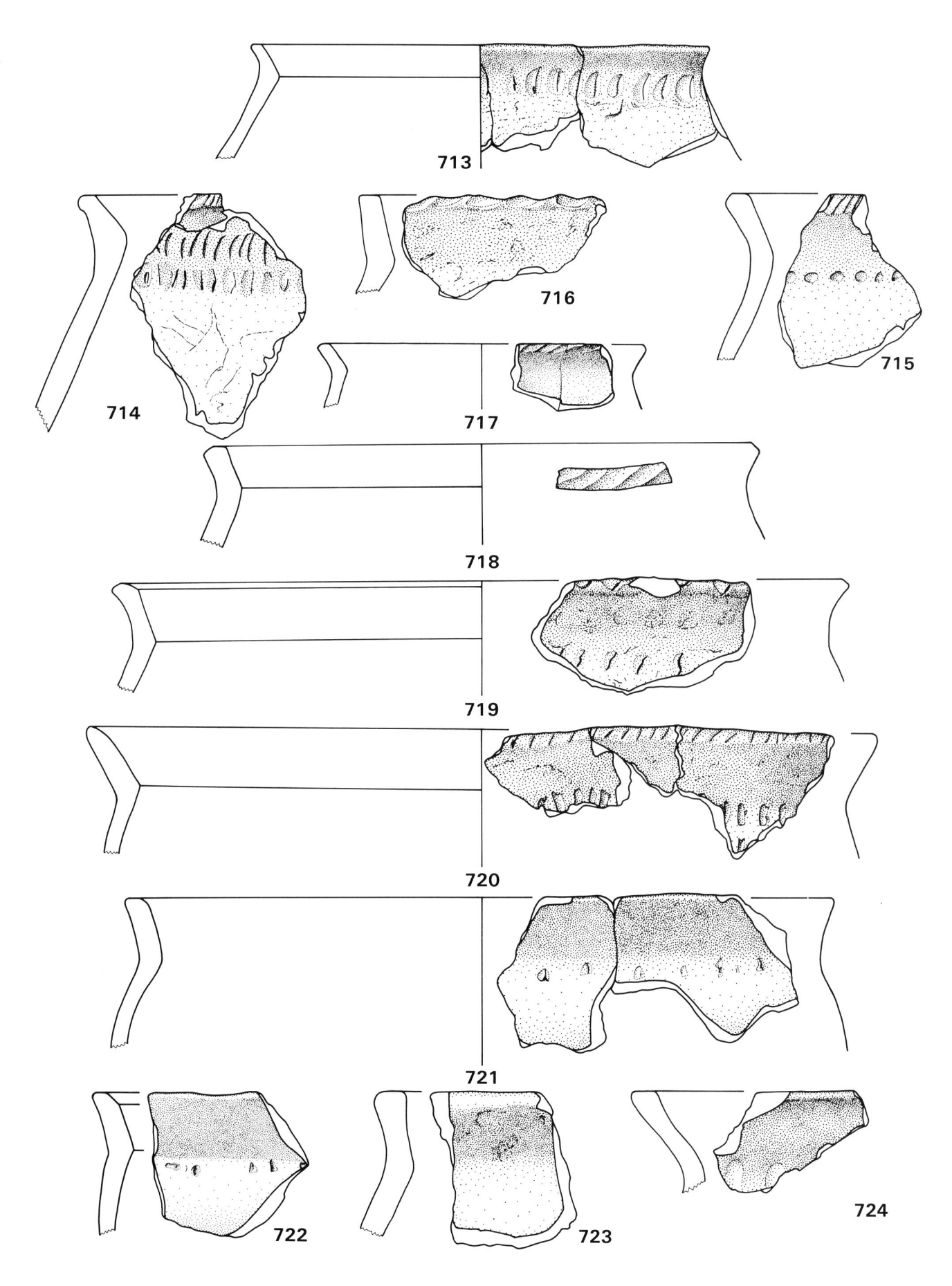

Taf. 46 Trimbach SO-Frohburg. Spätbronzezeit: Bauchige Töpfe.
Massstab 1:2.

Tafel 47: Spätbronze- bis Hallstattzeit

Grobkeramische Töpfe

725 2 zusammenpassende RS eines Topfes oder einer Schüssel mit horizontal abgestrichenem Rand. Schrägkerben am Randsaum. Ton grau, grob gemagert, Obfl. rot-braun, verstrichen-geglättet. Rdm. ca. 40 cm Schrägrand. Wst. 11–16 mm. Inv.Nr. 120/14/3354. Z8/5.

726 WS eines Schrägrandtopfes mit doppelter Fingertupfenreihe auf der Wand. Ton grau, grob gemagert, Obfl. aussen bräunlich, verstrichen. Wst. 6–9 mm. Inv.Nr. 120/14/3357. Z8/5.

727 WS mit dreifacher Fingertupfenreihe. Ton grau, grob gemagert, Obfl. innen braun, verstrichen, aussen verwittert. Wst. 5–7 mm. Inv.Nr. 120/14/3500. Z1/5.

728 WS mit zwei Nagelkerbenreihen. Ton grau, grob gemagert, Obfl. beige, verwittert. Wst. 6–9 mm. Inv.Nr. 120/14/3501. Z1/6.

729 WS mit Schrägkerben. Ton grau, grob gemagert, Obfl. braun, verstrichen. Wst. 8–13 mm. Inv.Nr. 120/14/3524. Z1/6.

730 WS mit Kerben. Ton grau, grob gemagert, Obfl. braun, verstrichen-geglättet. Wst. 5–8 mm. Inv.Nr. 120/14/3523. Z1/1.

731 2 zusammenpassende WS mit Fingertupfenreihe. Ton grau, grob gemagert, Obfl. bräunlich, verstrichen. Wst. 6–9 mm. Inv.Nr. 120/14/3363. Z6/1.

732 2 zusammenpassende WS mit einer Reihe Schrägkerben und Fingertupfen. Ton grau, grob gemagert, Obfl. rot-braun, verstrichen. Wst. 6–10 mm. Inv.Nr. 120/14/3522. Z8/5.

733 WS mit Kerbdekor im Bereich des Randumbruches. Ton grau, grob gemagert, Obfl. braun, verstrichen-geglättet. Wst. 6–9 mm. Inv.Nr. 120/14/3592. Z8/5.

734 WS mit Spatelkerben. Ton grau, grob gemagert, Obfl. aussen braun überzogen, verstrichen-geglättet. Wst. 6–9 mm. Inv.Nr. 120/14/3599. Z4/4.

735 WS mit zwei Reihen polygonal Eindrücke. Ton grau, grob gemagert, Obfl. aussen braun, verstrichen. Wst. 6–14 mm. Inv.Nr. 120/14/3600. F23/1.

736 WS mit Grübchengürtel. Ton grau, grob gemagert, Obfl. aussen rot-braun, verstrichen. Wst. 8–11 mm. Inv.Nr. 120/14/3604. F2/1.

737 WS mit hufeisenförmigen Grübchen. Ton grau, grob gemagert, Obfl. rotbraun, verstrichen. Wst. 5–9 mm. Inv.Nr. 120/14/3606. Z1/6.

738 WS mit einer Doppelreihe feiner Kerbchen. Ton grau, grob gemagert, Obfl. braun, verstrichen. Wst. 7–9 mm. Inv.Nr. 120/14/3608. Z4/4.

739 WS eines Schrägrandtopfes mit unregelmässigen Eindrücken auf der Wand. Ton grau, grob gemagert, Obfl. rot-braun, verstrichen. Wst. 8–11 mm. Inv.Nr. 120/14/3609. F28/1.

740 WS eines Schrägrandtopfes mit Blitzkerben auf der Wand. Ton grau, grob gemagert, Obfl. bräunlich, verstrichen. Wst. 5–7 mm. Inv.Nr. 120/14/3610. Z9/1.

741 WS eines Schrägrandtopfes mit s-förmigen Eindrücken. Ton grau, grob gemagert, Obfl. braun, verstrichen. Wst. 5–8 mm. Inv.Nr. 120/14/3611. Z8/5.

742 WS mit einer Doppelreihe kornstichartiger Eindrücke. Ton grau, grob gemagert, Obfl. braun, geglättet. Wst. 5–7 mm. Inv.Nr. 120/14/3643. Z1/4.

743 WS mit Punkteindrücken. Ton grau, grob gemagert, Obfl. verstrichen. Wst. 6–9 mm. Inv.Nr. 120/14/3644. Z1/4.

744 WS mit feiner Tupfenleiste. Ton grau, grob gemagert, Obfl. aussen braun, geglättet, innen verstrichen. Wst. 9–12 mm. Inv.Nr. 120/14/3673. Z1/5.

745 WS eines Schrägrandgefässes mit einer Kerbleiste, beidseitig begleitet von Fingertupfen, darunter zusätzlich von Schrägkerben. Ton grau, grob gemagert, Obfl. verstrichen. Wst. 9–13 mm. Inv.Nr. 120/14/3728. F8/2.

746 WS mit aufgesetzter, z.T. abgeplatzter Kerbleiste. Ton grau, grob gemagert, Obfl. aussen hellbraun, geglättet, innen verstrichen. Wst. 9–12 mm. Inv.Nr. 120/14/3729. Z11/4.

747 WS mit Leiste mit tiefen Schrägschnitten. Ton grau, rel. fein gemagert, Obfl. aussen geglättet, innen verstrichen. Wst. 9–11 mm. Inv.Nr. 120/14/3730. F28/1.

748 2 zusammenpassende WS mit Kerbleiste. Ton grau, grob gemagert, Obfl. aussen bräunlich, verstrichen. Wst. 7–13 mm. Inv.Nr. 120/14/3731. Z1/1.

749 WS mit Leiste mit versetzten Schrägkerbengruppen. Ton grau, rel. fein gemagert, Obfl. aussen braun, geglättet. Wst. 6–10 mm. Inv.Nr. 120/14/3744. Z1/6.

750 BS eines Gefässes mit unten schwach eingezogener Wand, Fingertupfenzier. Ton grau, grob gemagert, Obfl. aussen braun, verstrichen. Wst. 13–15 mm. Inv.Nr. 120/14/3745. Z12/1.

751 3 zusammenpassende BS eines Gefässes mit gerader Wandung. Ton grau, grob gemagert, Obfl. aussen braun, verstrichen. Bdm. 9 cm. Wst. 8–13 mm. Inv.Nr. 120/14/3748. P8/1. P14/3.

752 BS eines Gefässes mit deutlich abgesetztem Fuss, Kerbzier. Ton grau, grob gemagert, Obfl. aussen braun, verstrichen. Wst. 7–11 mm. Inv.Nr. 120/14/3747. A.

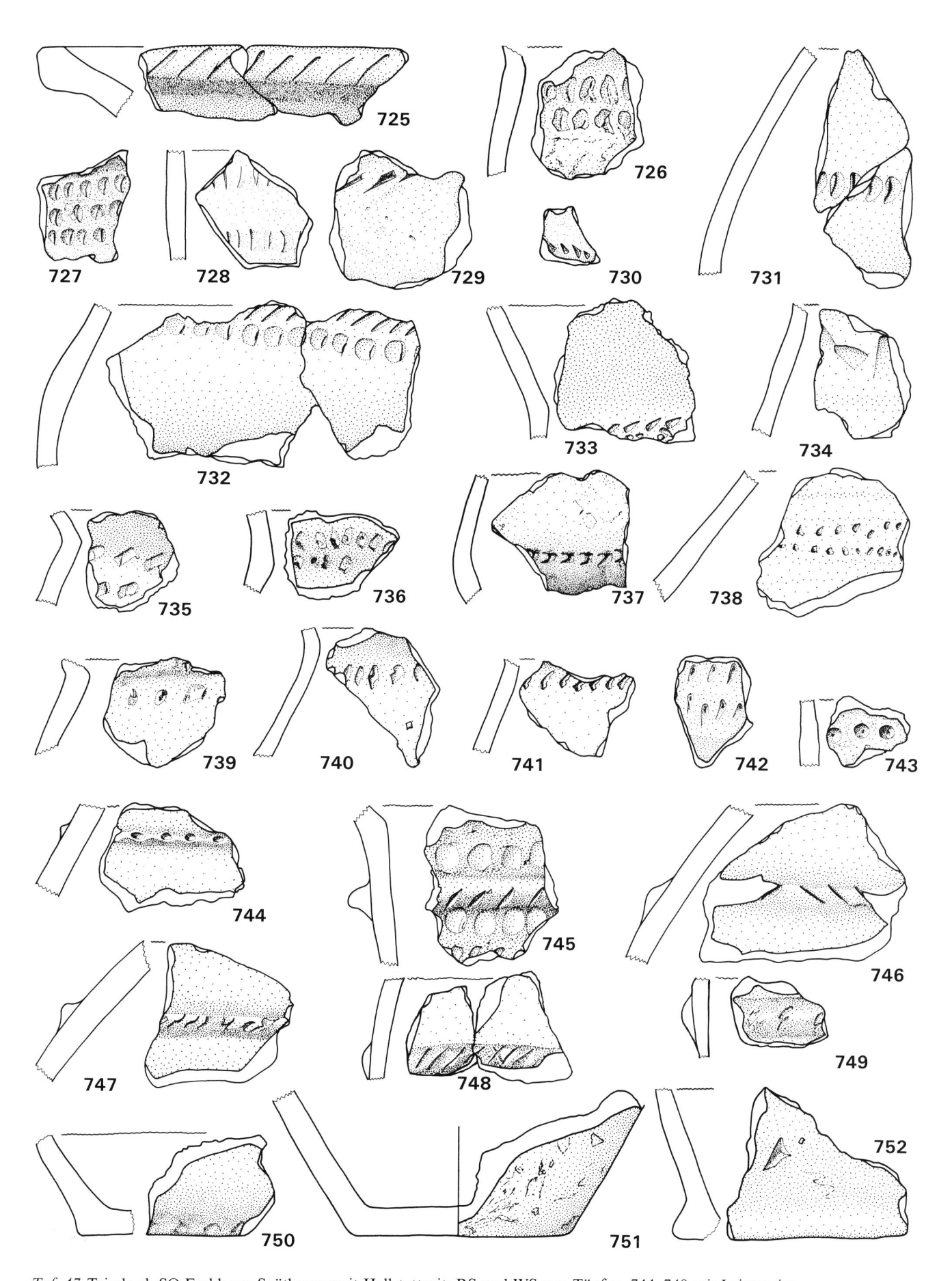

Taf. 47 Trimbach SO-Frohburg. Spätbronzezeit-Hallstattzeit: RS und WS von Töpfen, 744–749 mit Leistenzier. Massstab 1:2.

179

Tafel 48: Spätbronzezeit

Kugeltöpfchen

753 WS eines Kugeltöpfchens mit dreifachem Riefenband auf der Schulter. Ton grau, fein gemagert, Obfl. aussen bräunlich, geglättet. Wst. 5–7 mm. Inv.Nr. 120/14/4152. K7/1.

754 RS eines Kugeltöpfchens mit ausbiegendem, innen gekehltem Rand. Riefenband auf der Schulter. Ton grau, fein gemagert, Obfl. braun überzogen, geglättet. Rdm. 11 cm. Wst. 4–7 mm. Inv.Nr. 120/14/4148. F4/2.

755 2 zusammenpassende WS eines Kugeltöpfchens mit dreifachem Riefenband auf der Schulter. Ton grau, fein gemagert, Obfl. geglättet. Wst. 3–5 mm. Inv.Nr. 120/14/4151. P19/1.

756 WS eines Kugeltöpfchens mit dreifachem Riefenband auf der Schulter. Ton grau, fein gemagert, Obfl. geglättet. Bdm. 10 cm. Wst. 3–5 mm. Inv.Nr. 120/14/4150. F8/2.

757 WS eines Kugeltöpfchens mit abgesetzter Schulter. Ton grau, fein gemagert, Obfl. abgewittert. Bdm. 12 cm. Wst. 3–6 mm. Inv.Nr. 120/14/4158. P19/2.

758 WS eines Kugeltöpfchens mit dreifachem Riefenband auf der Schulter. Ton grau, fein gemagert, Obfl. braun überzogen, geglättet. Wst. 4–7 mm. Inv.Nr. 120/14/4153. F4/2.

759 WS eines Kugeltöpfchens mit vierfachem Riefenband auf der Schulter. Ton grau, fein gemagert, Obfl. geglättet. Wst. 3–4 mm. Inv.Nr. 120/14/4156. Z4/4.

Schrägrandgefässe mit Riefenzier

760 RS eines Töpfchens mit nach innen zweimal abgestrichenem Schrägrand. Dreifaches Riefenband. Ton grau, fein gemagert, Obfl. bräunlich, verwittert. Rdm. 16 cm. 4–7 mm. Inv.Nr. 120/14/4159. Z12/1.

761 Zusammenpassende RS und WS eines Topfes mit nach innen abgestrichenem Schrägrand. Riefenband auf der Schulter. Ton grau, fein gemagert, Obfl. aussen bräunlich, verstrichen-geglättet. Rdm. 20 cm. Wst. 7–9 mm. Inv.Nr. 120/14/4160. Z1/6; K19/1.

762 Zusammenpassende RS und WS eines Topfes mit horizontal und nach innen abgestrichenem Schrägrand. Dreifaches Riefenband, begleitet von Kerben auf der Schulter. Ton grau, rel. fein gemagert, Obfl. geglättet. Rdm. ca. 31 cm. Wst. 8–12 mm. Inv.Nr. 120/14/4161. K5/1.

763 RS eines Topfes mit nach innen abgestrichenem Schrägrand. Dreifaches Riefenband, begleitet von Horizontalkerben. Ton grau, rel. fein gemagert, Obfl. geglättet. Rdm. 26 cm. Wst. 7–9 mm. Inv.Nr. 120/14/4162. Z1/6.

764 RS eines Topfes mit nach innen abgestrichenem Schrägrand. Dreifaches Riefenband, begleitet von Schrägkerben auf der Schulter. Ton grau, fein gemagert, Obfl. geglättet. Rdm. 18 cm. Wst. 5–6 mm. Inv.Nr. 120/14/4163. K9/1.

765 WS eines Gefässes mit Riefenband, begleitet von Kerben. Ton grau, fein gemagert, Obfl. rot-braun, geglättet. Wst. 4–6 mm. Inv.Nr. 120/14/4164. Z11/4.

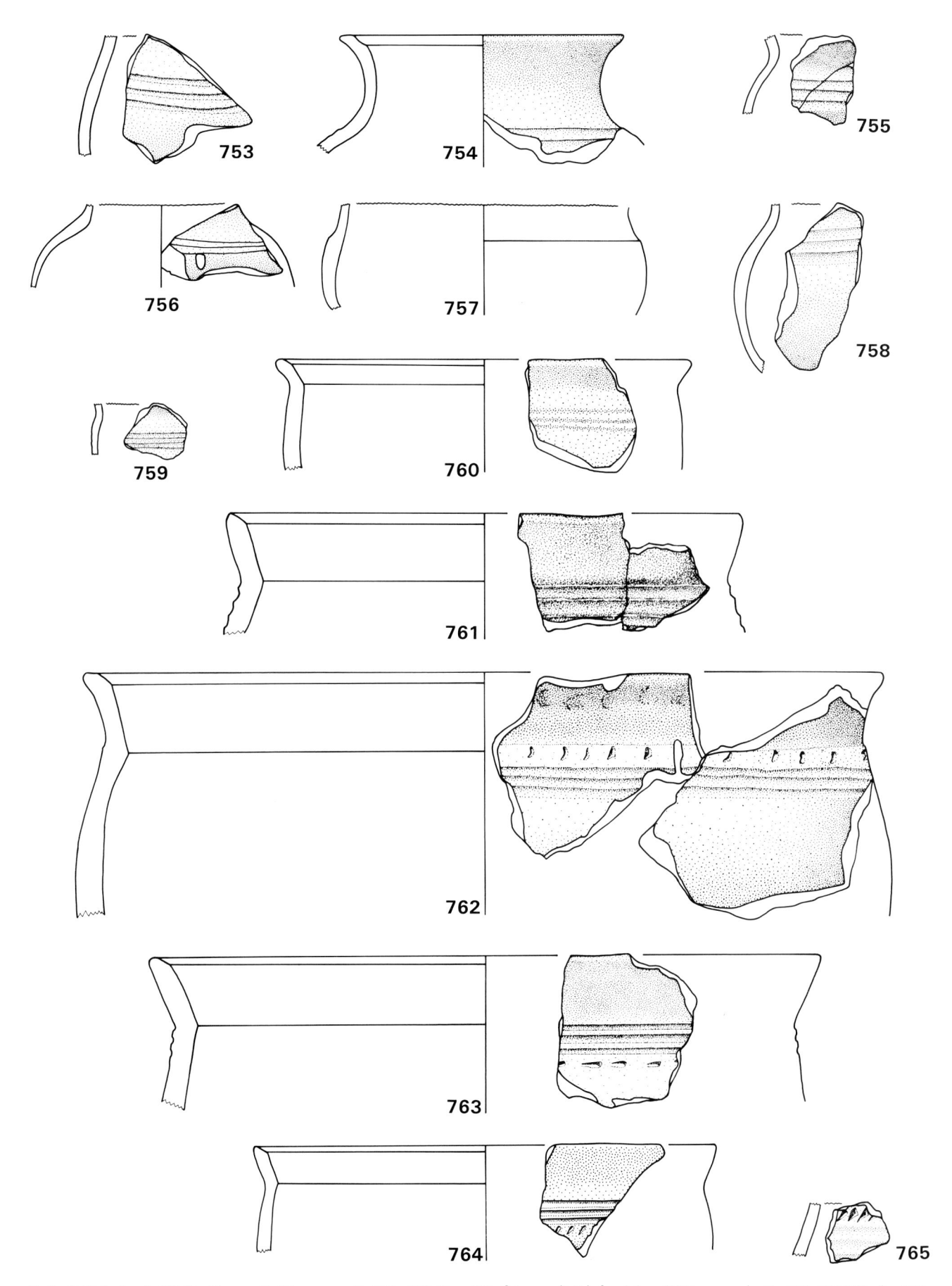

Taf. 48 Trimbach SO-Frohburg. Spätbronzezeit: 753–759 Kugeltöpfchen mit Riefendekor (757 unverziert), 760–765 Töpfe, 760–761 mit Riefenband 762–765 Riefenband von Kerben begleitet. Massstab 1:2.

Tafel 49: Spätbronzezeit

Schrägrandgefässe mit Riefenzier (Fortsetzung)
766 WS eines Topfes mit Schrägrand. Dreifaches Riefenband, begleitet von Horizontalkerben. Ton grau, rel. fein gemagert, Obfl. verstrichen-geglättet. Wst. 7–9 mm. Inv.Nr. 120/14/4165. A.
767 2 zusammenpassende WS eines Schrägrandtopfes. Riefenband, begleitet von Schrägkerben auf der Schulter. Ton grau, fein gemagert, Obfl. geglättet. Bdm. ca. 52 cm. Wst. 10–17 mm. Inv.Nr. 120/14/4166. F8/2.
768 WS eines Töpfchens mit Riefenband und begleitenden Schrägkerben. Ton grau, fein gemagert, Obfl. geglättet-poliert. Wst. 4–6 mm. Inv.Nr. 120/14/935. K7/2.
769 2 WS eines Schrägrandtöpfchens mit einem Riefendekor, kombiniert mit Schrägkerben auf der Schulter und dem Bauch. Ton grau, fein gemagert, Obfl. geglättet. Bdm. 12,5 cm. Wst. 3–5 mm. Inv.Nr. 120/14/4167. Z4/3; F4/2.
770 WS mit Riefenband, begleitet von einer Wellenlinie. Ton grau, fein gemagert, Obfl. geglättet. Wst. 4–6 mm. Inv.Nr. 120/14/4169. Z11/4.
771 WS eines Schrägrandgefässes mit dreifachem Riefenband auf der Schulter. Ton grau, fein gemagert, Obfl. geglättet. Wst. 7–11 mm. Inv.Nr. 120/14/4173. Z8/5.
772 WS eines Schrägrandgefässes mit mehrfachem Riefenband auf der Schulter. Ton grau, rel. fein gemagert, Obfl. bräunlich, geglättet. Wst. 7–10 mm. Inv.Nr. 120/14/4172. P19/2.
773 WS eines Schrägrandgefässes mit mehrfachem Riefenband im Bereich des Randumbruches. Ton grau, fein gemagert, Obfl. geglättet. Wst. 9–11 mm. Inv.Nr. 120/14/4174. Z8/5.
774 WS eines Schrägrandgefässes mit dreifachem Riefenband auf der Schulter. Ton grau, fein gemagert, Obfl. geglättet. Wst. 7–11 mm. Inv.Nr. 120/14/4171. Z11/4.
775 WS eines Gefässes mit zwei mehrfachen Reifenbändern auf der Schulter Ton grau, rel. fein gemagert, Obfl. geglättet. Wst. 4–8 mm. Inv.Nr. 120/14/4205. A.
776 2 zusammenpassende WS eines Gefässes mit Trichterrand. Mehrfaches Riefenband auf der Schulter. Ton grau, rel. fein gemagert, Obfl. geglättet-poliert. Wst. 7–9 mm. Inv.Nr. 120/14/4175. Z1/6.
777 WS eines Schrägrandgefässes mit sehr flachem, vierfachem Riefenband auf der Schulter. Ton grau, fein gemagert, Obfl. geglättet. Wst. 6–8 mm. Inv.Nr. 120/14/4176. K19/2.

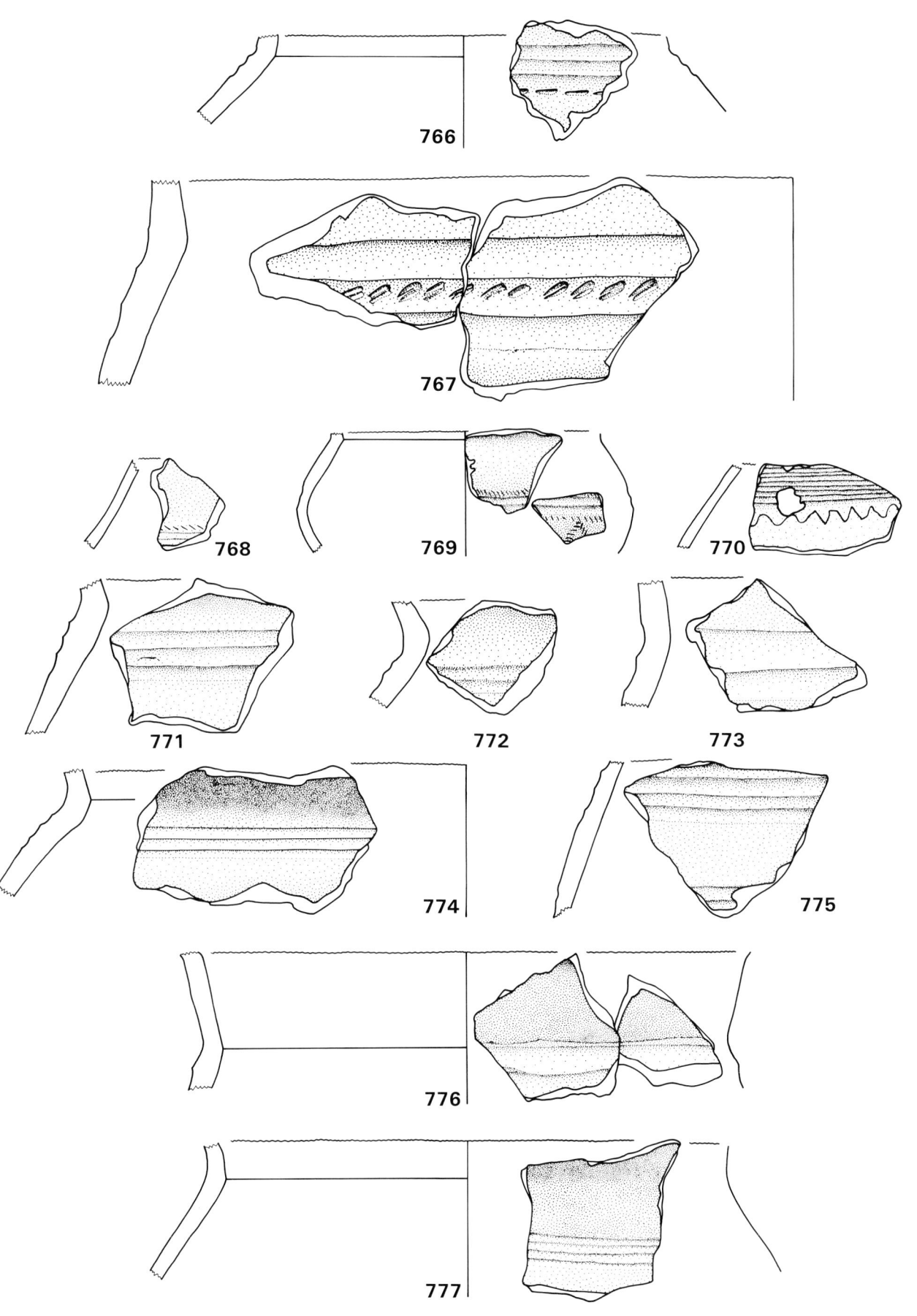

Taf. 49 Trimbach SO-Frohburg Spätbronzezeit: Schrägrandgefässe, 666–769 mit Riefendekor, begleitet von Kerben, 770 mit begleitender Wellenlinie, 771–777 mit Riefenband.
Massstab 1:2.

Tafel 50: Spätbronzezeit

Trichterrandgefässe

778 RS eines Gefässes mit einfachem, gerundetem Trichterrand. Ton grau, fein gemagert, Obfl. geglättet. Rdm. 19 cm. Wst. 4–8 mm. Inv.Nr. 120/14/4239. K22/3.

779 RS eines Gefässes mit einfachem Trichterrand. Ton grau, fein gemagert, Obfl. aussen bräunlich-rot, geglättet. Rdm. 16 cm. Wst. 4–7 mm. Inv.Nr. 120/14/4218. P19/1.

780 RS eines Gefässes mit einfachem Trichterrand. Ton grau, fein gemagert, Obfl. geglättet. Rdm. 20 cm. Wst. 5–8 mm. Inv.Nr. 120/14/4228. A.

781 RS eines Gefässes mit einfachem, gerundetem Trichterrand. Ton grau, rel. fein gemagert, Obfl. verstrichen-geglättet. Rdm. 13 cm. Wst. 4–7 mm. Inv.Nr. 120/14/4223. K19/1.

782 RS eines Gefässes mit horizontal und nach innen abgestrichenem Trichterrand. Ton grau, fein gemagert, Obfl. geglättet. Rdm. 13 cm. Wst. 4–8 mm. Inv.Nr. 120/14/4255. Z1/6.

783 RS eines Gefässes mit horizontal abgestrichenem Trichterrand. Ton grau, fein gemagert, Obfl. geglättet. Rdm. 16 cm. Wst. 5–6 mm. Inv.Nr. 120/14/4212. Z11/5.

784 RS eines weiten Gefässes mit horizontal abgestrichenem Trichterrand. Ton grau, fein gemagert, Obfl. aussen und auf der Randfacette, braun, innen dunkel geschmaucht, poliert. Rdm. 20 cm. Wst. 5–7 mm. Inv.Nr. 120/14/4215. Z8/5.

785 RS eines Gefässes mit nach aussen und horizontal abgestrichenem Trichterrand. Ton grau, fein gemagert, Obfl. geglättet. Rdm. 24 cm. WSt. 5–9 mm. Inv.Nr. 120/14/4229. F4/2.

786 RS eines Gefässes mit horizontal oder nach innen abgestrichenem (Orientierung unsicher) Trichterrand. Ton grau, fein gemagert, Obfl. geglättet. Rdm. ca. 28 cm. Wst. 4–8 mm. Inv.Nr. 120/14/4226. K7/1.

787 RS eines Gefässes mit nach innen abgestrichenem Trichterrand. Ton grau, fein gemagert, Obfl. geglättet. Rdm. 20 cm. Wst. 4–6 mm. Inv.Nr. 120/14/4221. Z11/5.

788 RS eines Gefässes mit nach innen schwach abgestrichenem Trichterrand. Ton grau, rel. fein gemagert, Obfl. geglättet. Rdm. 15 cm. Wst. 7–10 mm. Inv.Nr. 120/14/4222. Z11/4.

789 RS eines Gefässes mit nach innen abgestrichenem Trichterrand. Ton grau, fein gemagert, Obfl. aussen bräunlich, geglättet. Wst. 5–8 mm. Inv.Nr. 120/14/4217. Z1/6.

790 RS eines Gefässes mit zweimal nach innen abgestrichenem Trichterrand. Ton grau, rel. fein gemagert, Obfl. rot-braun, geglättet. Wst. 8–10 mm. Inv.Nr. 120/14/4227. Z1/5.

791 RS eines Gefässes mit innen gekehltem Trichterrand. Ton grau, rel. fein gemagert, Obfl. geglättet. Rdm. 20 cm. Wst. 5–9 mm. Inv.Nr. 120/14/4225. P19/2.

792 2 zusammenpassende RS eines Gefässes mit horizontal abgestrichenem Trichterrand, ausgebildete Lippe. Doppelriefe im Bereich des Randumbruches. Ton grau, fein gemagert, Obfl. geglättet. Rdm. 28 cm. Wst. 6–10 mm. Inv.Nr. 120/14/4230. Z6/1.

793 RS eines Gefässes mit nach innen abgestrichenem Trichterrand. Riefe(n) im Bereich des Randumbruches. Ton grau, fein gemagert, Obfl. aussen braun, geglättet. Rdm. 21 cm. Wst. 4–9 mm. Inv.Nr. 120/14/4232. Z11/5.

794 2 zusammenpassende RS eines Gefässes mit nach innen abgestrichenem Trichterrand. Riefe im Bereich des Randumbruches. Ton grau, fein gemagert, Obfl. geglättet. Rdm. 27 cm. Wst. 5–7 mm. Inv.Nr. 120/14/4231. Z8/5.

795 RS eines Gefässes mit nach innen abgestrichenem Trichterrand. Riefe im Bereich des Randumbruches. Ton grau, fein gemagert, Obfl. geglättet. Rdm. 16 cm. Wst. 5–7 mm. Inv.Nr. 120/14/4224. P11/3.

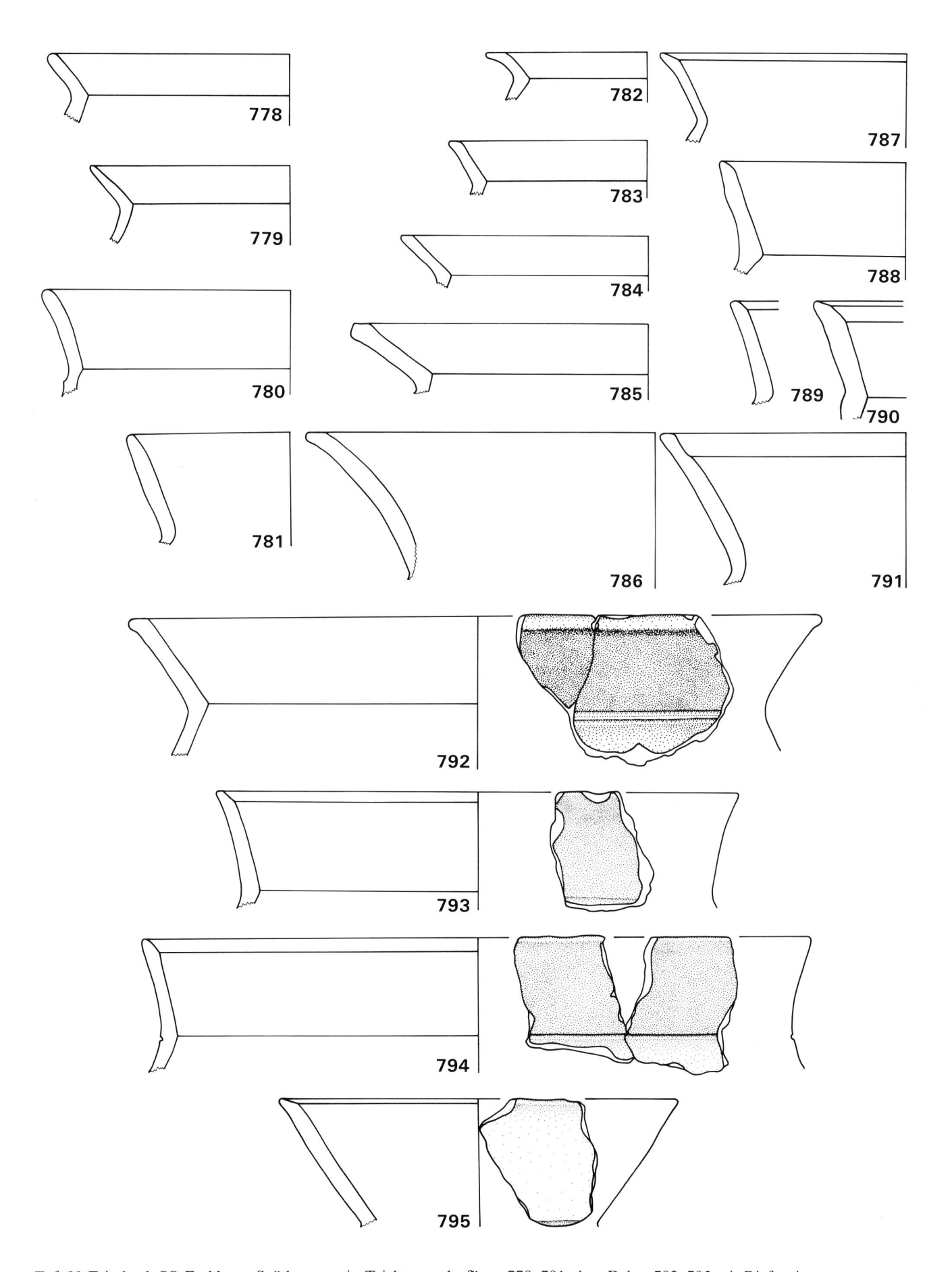

Taf. 50 Trimbach SO-Frohburg. Spätbronzezeit: Trichterrandgefässe, 778–791 ohne Dekor 792–795 mit Riefenzier. Massstab 1:2.

185

Tafel 51: Spätbronzezeit

Schrägrandgefässe mit Riefenzier (Fortsetzung zu Tafel 49)
796 2 zusammenpassende RS eines Schrägrandgefässes. Gedellter Randsaum und Riefe(n) im Bereich des Randumbruchs. Ton grau, fein gemagert, Obfl. rotbraun-orange, geglättet. Rdm. ca. 27 cm. Wst. 5–9 mm. Inv.Nr. 120/14/4256. Z1/6.k
797 RS eines Gefässes mit nach innen abgestrichenem Schrägrand. Schrägkerben am Randsaum und Riefe(n) im Bereiche des Randumbruches. Ton grau, fein gemagert, Obfl. aussen beige, geglättet. Wst. 6–9 mm. Inv.Nr. 120/14/4257. Z1/6.

Henkelgefässe
798 WS eines Kruges mit Trichterrand und wandständigem Henkel. Ritzdekor im Bereich des Randumbruches. Ton grau, fein gemagert, Obfl. aussen und innen über dem Randknick geglättet, darunter verstrichen. Bdm. 24 cm. Wst. 5–7 mm. Inv.Nr. 120/14/4260. Z1/6.
799 WS mit Henkelansatz, vierfach umreift. Ton grau, fein gemagert, Obfl. geglättet. Wst. 4–12 mm. Inv.Nr. 120/14/4262. Z12/1.
800 WS eines Kruges mit wandständigem Bandhenkel. Dreifaches Reifenband im Bereich des Randumbruches, um den Henkel herum ziehend. Ton grau, fein gemagert, Obfl. aussen geglättet, innen verstrichen. Wst. 4–6 mm. Inv.Nr. 120/14/4261. F4/2.
801 RS eines Schrägrandkruges mit randständigem Henkel. Kerben am Randsaum und Punkteinstiche im Bereiche des Randumbruches, über dem Henkel durchziehend. Ton grau, rel. fein gemagert, Obfl. rot-braun, verstrichen. Rdm. ca. 21 cm. Wst. 5–13 mm. Inv.Nr. 120/14/4263. K9/2.
802 RS eines Kruges mit kurzem Schrägrand und randständigem Henkel. Ton grau, fein gemagert, Obfl. verstrichen. Rdm. ca. 16 cm. Wst. 5–16 mm. Inv.Nr. 120/14/4266. Z1/6.
803 WS eines Kruges mit wandständigem Bandhenkel. Riefendekor am Rand. Ton grau, fein gemagert, Obfl. geglättet. Wst. 3–13 mm. Inv.Nr. 120/14/4264. F11/2.
804 RS eines Kruges mit randständigem Henkel. Kerbendekor. Ton grau, fein gemagert, Obfl. geglättet. Wst. 3–3 mm. Inv.Nr. 120/14/4265. Z1/6.
805 RS eines Henkelgefässes mit Schrägrand und randständigem Henkel. Fingertupfen am Randsaum und Kerben im Bereich des Randumbruches. Ton grau, rel. fein gemagert, Obfl. verstrichen-geglättet. Wst. 5–13 mm. Inv.Nr. 120/14/4267. F4/2.

Mondhörner
806 Mondhornfragment mit Riefen- und Punktdekor. Ton rotbraun, grob gemagert, Obfl. verwittert. Wst. 56–78 mm. Inv.Nr. 120/14/4305. Z8/5.
807 Mondhornfragment mit Punktdekor. Ton rot-braun, fein gemagert, Obfl. verstrichen. Wst. 22–53 mm. Inv.Nr. 120/14/4306. Z/Sf.

Siebfragmente
808 2 zusammenpassende WS eines Siebgefässes. Ton grau, fein gemagert, Obfl. aussen geglättet, innen bräunlich, verstrichen. Bdm. ca. 28 cm. Wst. 4–11 mm. Inv.Nr. 120/14/4324. Z1/6.

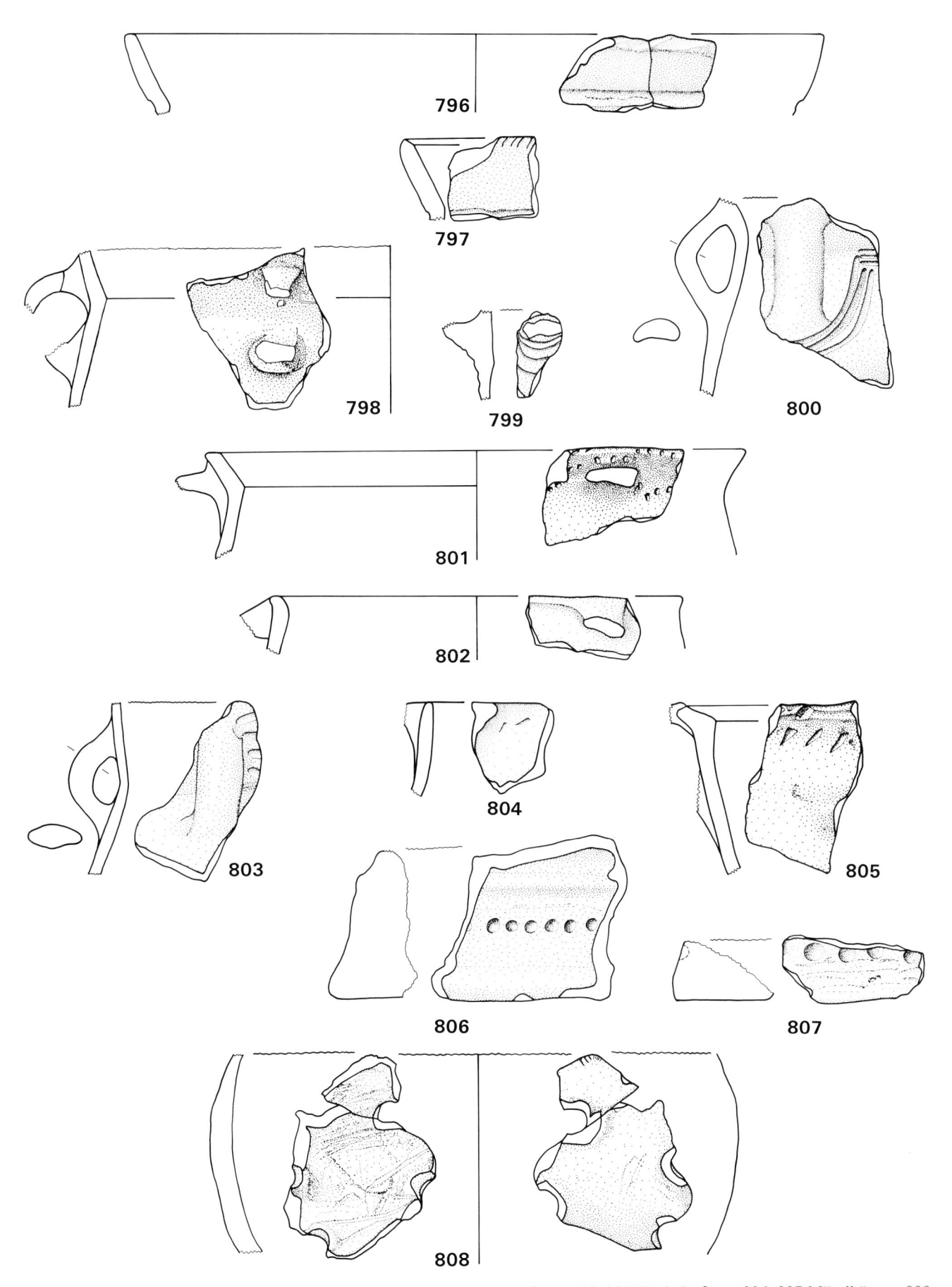

Taf. 51 Trimbach SO-Frohburg. Spätbronzezeit: 796–797 Schrägrandgefässe, 798–805 Henkelgefässe, 806–807 Möndhörner, 808 Siebgefäss.
Massstab 1:2.

Tafel 52: Spätbronze- bis Hallstattzeit

Webgewichte, Spinnwirtel und Tonspulen

809 Fragment eines langovalen Webgewichtes. Ton grau, rel. fein gemagert, Obfl. beige, rissig, verstrichen. Länge 10,1 cm. Breite 5.6 cm. Inv.Nr. 120/14/4309. K22/4.

810 Tonspulenfragment. Ton grau, grob gemagert, Obfl. abgewittert. Inv.Nr. 120/14/4307. A.

811 Spinnwirtelfragment, Ton rot, grob gemagert, Obfl. rotbraun, geglättet. Dm. 4 cm. Höhe 2,2 cm. Inv.Nr. 120/14/4312. Z1/6.

812 Spinnwirtel. Ton rot-braun, rel. fein gemagert, Obfl. verstrichen-geglättet. Dm. 4,5 cm. Höhe 2 cm. Inv.Nr. 120/14/4314. Z14/1.

813 Spinnwirtel. Ton braun-grau, rel. fein gemagert, Obfl. verstrichen-geglättet. Dm. 2,5 cm. Höhe 2,1 cm. Inv.Nr. 120/14/4313. Z11/4.

814 Spinnwirtel. Nagelkerben und Punktstempel. Ton braungrau, fein gemagert, Obfl. geglättet. Dm. 3,1 cm. Höhe 2,5 cm. Inv.Nr. 120/14/4320. K7/2.

815 Spinnwirtel. Fingertupfen mit Nagelabdruck am Bauch. Ton rot-braun-grau, rel. fein gemagert, Obfl. verstrichen-geglättet. Dm. 4,6 cm. Höhe 1,9 cm. Inv.Nr. 120/14/4317. Z4/4.

816 Spinnwirtelfragment. Fingertupfen am Bauch. Ton grau, fein gemagert, Obfl. rot-braun-grau, verstrichen-geglättet. Dm. 4,4 cm. Höhe 2,3 cm. Inv.Nr. 120/14/4316. F8/2.

817 Spinnwirtel. Je eine Tupfenreihe mit Nagelabdruck am Bauch und am Hals. Ton grau, fein gemagert, Obfl. braungrau-schwarz, verstrichen. Dm. 4,6 cm. Höhe 2 cm. Inv.Nr. 120/14/4318. Z10/1.

818 Spinnwirtelfragment. Schrägkerben am Bauch und am Hals, Punkteinstiche auf der Schulter. Ton braun-grau, fein gemagert, Obfl. geglättet. Dm. 40 cm. Höhe 1,9 cm. Inv.Nr. 120/14/4319. Z1/1.

Rundel

819 Rundel mit Loch. Ton rot-braun, rel. fein gemagert, Obfl. geglättet. Inv.Nr. 120/14/4408. Z13.

Standfüsse

820 Fussfragment eines Gefässes. Ton grau, fein gemagert, Obfl. verstrichen-geglättet. Bdm. 4,8 cm. Wst. 4–12 mm. Inv.Nr. 120/14/4326a. A.

821 Standfuss eines Gefässes. Ton grau, fein gemagert, Obfl. aussen rötlich, verstrichen-geglättet. Bdm. 9 cm. Wst. 5–15 mm. Inv.Nr. 120/14/4326. F28/1.

822 Tonfüsschen. Einstichreihen deuten vielleicht die Riemen an, mit denen derartige (vermutlich) Lederstiefel über dem Knöchel und den Waden festgebunden wurden. Ton grau, fein gemagert, Obfl. verstrichen-geglättet. Wst. 4–11 mm. Inv.Nr. 120/14/4325. Z1/6.

Töpfe und Schalen

823 WS eines Töpfchens (Orientierung unsicher). Eindrücke. Ton grau, fein gemagert, Obfl. geglättet. Bdm. 7 cm. Wst. 4–6 mm. Inv.Nr. 120/14/4328. K7/1.

824 RS einer Schale mit gerundetem Rand. Geriefter Oberteil. Ton grau, fein gemagert, Obfl. geglättet. Rdm. ca. 15 cm. Wst. 5–8 mm. Inv.Nr. 120/14/4330. Z4/4.

825 RS einer Schale mit gerundetem Rand. Ton rot-braun, rel. fein gemagert, Obfl. abgewittert. Rdm. ca. 15 cm. Wst. 6–10 mm. Inv.Nr. 120/14/4331. V17/1.

826 RS eines kugeligen Töpfchens mit s-förmig geschweifter Wandung. Ritzdekor auf der Schulter-Bauch-Zone. Ton grau, fein gemagert, Obfl. hellbraun überfangen, geglättet-poliert. Rdm. 14 cm. Wst. 5–6 mm. Inv.Nr. 120/14/4329. Z1/6.

827 WS mit tiefgeritztem Vertikal- und Schrägstrichmuster. Ton grau, fein gemagert, Obfl. bräunlich, geglättet. Wst. 5–7 mm. Inv.Nr. 120/14/2484. Z4/4.

828 WS mit Ritzdekor, Leitermuster(?). Ton grau, rel. fein gemagert, Obfl. aussen hellbraun, geglättet-poliert, innen verstrichen. Wst. 4–5 mm. Inv.Nr. 120/14/2489. Z10/1.

829 WS mit Horizontalrillen, dreifachgeritzten, punktgefüllten Dreiecken. Ton grau, fein gemagert, Obfl. aussen verstrichen, innen geglättet (Schale?). Wst. 4–6 mm. Inv.Nr. 120/14/2319. P14/2.

830 WS mit feinem Ritzdekor. Ton grau, fein gemagert, Obfl. geglättet. Wst. 6–9 mm. Inv.Nr. 120/14/4332. F8/2.

831 WS mit feinem Ritzdekor. Ton grau, fein gemagert, Obfl. innen verstrichen, aussen geglättet. Wst. 6–9 mm. Inv.Nr. 120/14/4333. F4/2.

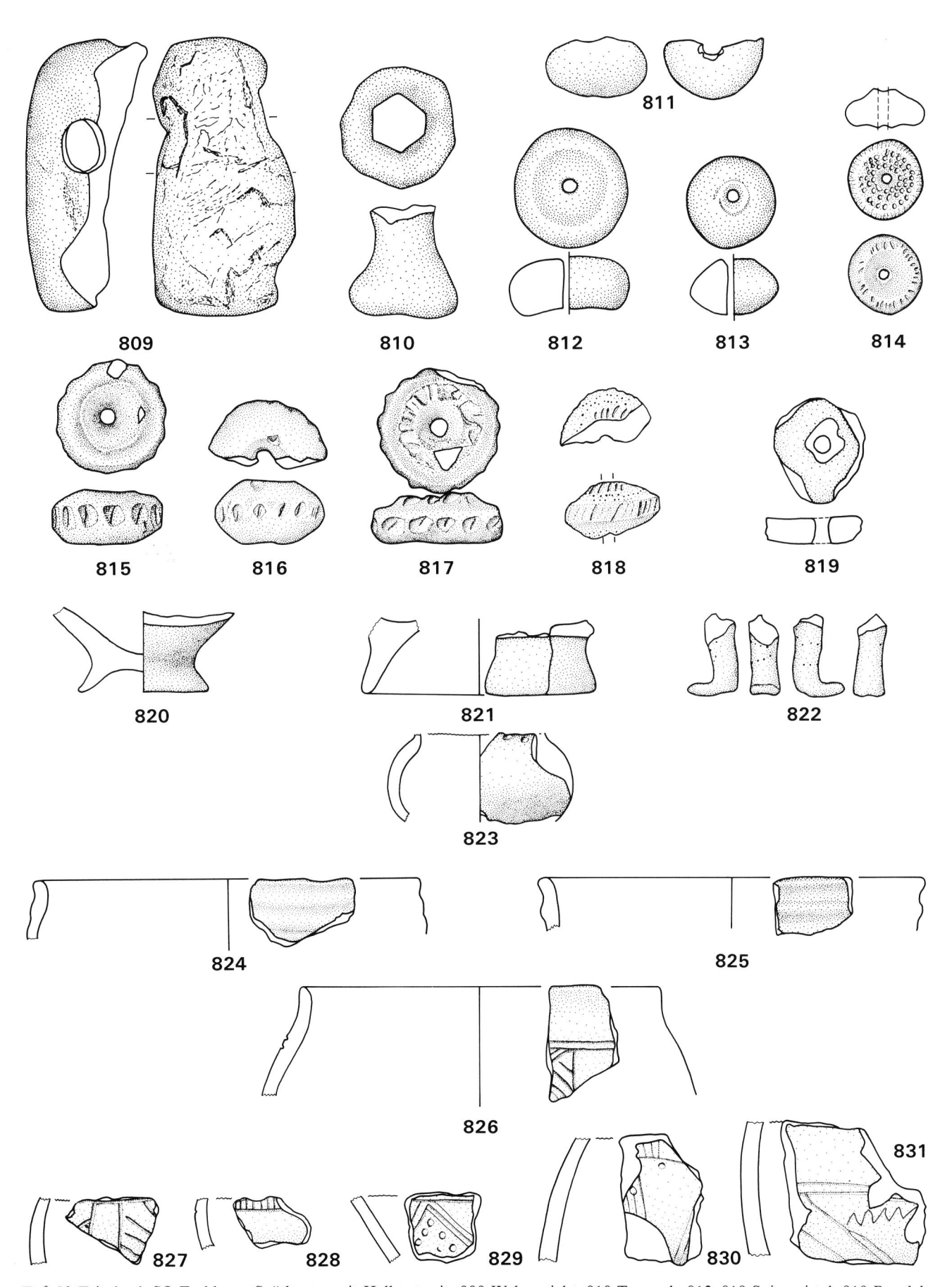

Taf. 52 Trimbach SO-Frohburg. Spätbronzezeit-Hallstattzeit: 809 Webgewicht, 810 Tonspule 812–818 Spinnwirtel, 819 Rundel, 820–821 Standfüsse, 822 Tonfüsschen, 823 Miniaturgefäss, 824–831 Töpfe und Schalen.
Massstab 1:2.

Tafel 53: Hallstattzeit

Töpfe und Schalen
832 RS einer gerundeten Schale mit gedelltem Rand. Ton grau, rel. fein gemagert, Obfl. rot-braun, verstrichen. Rdm. ca. 24 cm. Wst. 4-7 mm. Inv.Nr. 120/14/4338. Z1/4.
833 RS einer gerundeten Schale mit gedelltem Rand. Ton grau, grob gemagert, Obfl. aussen beige-rot-orange, verstrichen. Rdm. 21 cm. Wst. 8-10 mm. Inv.Nr. 120/14/4337. P19/1.
834 RS einer s-förmig geschweiften Schale mit gedelltem(?) Rand. Schrägkerben über dem Bauch. Ton grau, grob gemagert, Obfl. verstrichen. Wst. 5-9 mm. Inv.Nr. 120/14/4339. Z11/5.
835 RS einer s-förmig geschweiften Schale mit Kordelleiste über dem Bauch. Ton grau, grob gemagert, Obfl. bräunlich, aussen geglättet, innen verstrichen. Wst. 7-16 mm. Inv.Nr. 120/14/4340. K3/2.

Kragenrandgefäss
836 2 zusammenpassende RS und WS eines grossen Kragenrandtopfes. Ton grau, fein gemagert, Obfl. aussen, bräunlich, geglättet. Rdm. 26 cm. Wst. 5-9 mm. Inv.Nr. 120/14/4341; 4342. Z1/5; Z4/4.

Kegelhalsgefässe
837 WS eines Kegelhalsgefässes. Ton grau, fein gemagert, Obfl. aussen geglättet, innen verstrichen. Wst. 4-7 mm. Inv.Nr. 120/14/4345. F8/2.
838 2 zusammenpassende WS eines Kegelhalstopfes mit deutlich abgesetztem Halsfeld. Ton grau, fein gemagert, Obfl. aussen geglättet-poliert, innen verstrichen. Bdm. 28 cm. Wst. 4-8 mm. Inv.Nr. 120/14/4343. Z11/6.

Grobkeramische Töpfe
839 RS eines Topfes mit flauem, gerundetem Schrägrand. Gedellter Randsaum und gedellte Leiste im Randumbruch. Ton grau, grob gemagert, Obfl. aussen bräunlich, verstrichen. Rdm. 19 cm. Wst. 5-8 mm. Inv.Nr. 120/14/4347. P19/2.
840 RS eines Topfes mit steilem, schwach kegelartigem Rand. Gedellter Randsaum und Kordelleiste im Randumbruchbereich. Ton grau, rel. fein gemagert, Obfl. aussen bräunlich, verstrichen. Rdm. 24 cm. Wst. 7-11 mm. Inv.Nr. 120/14/4348. K20/2.

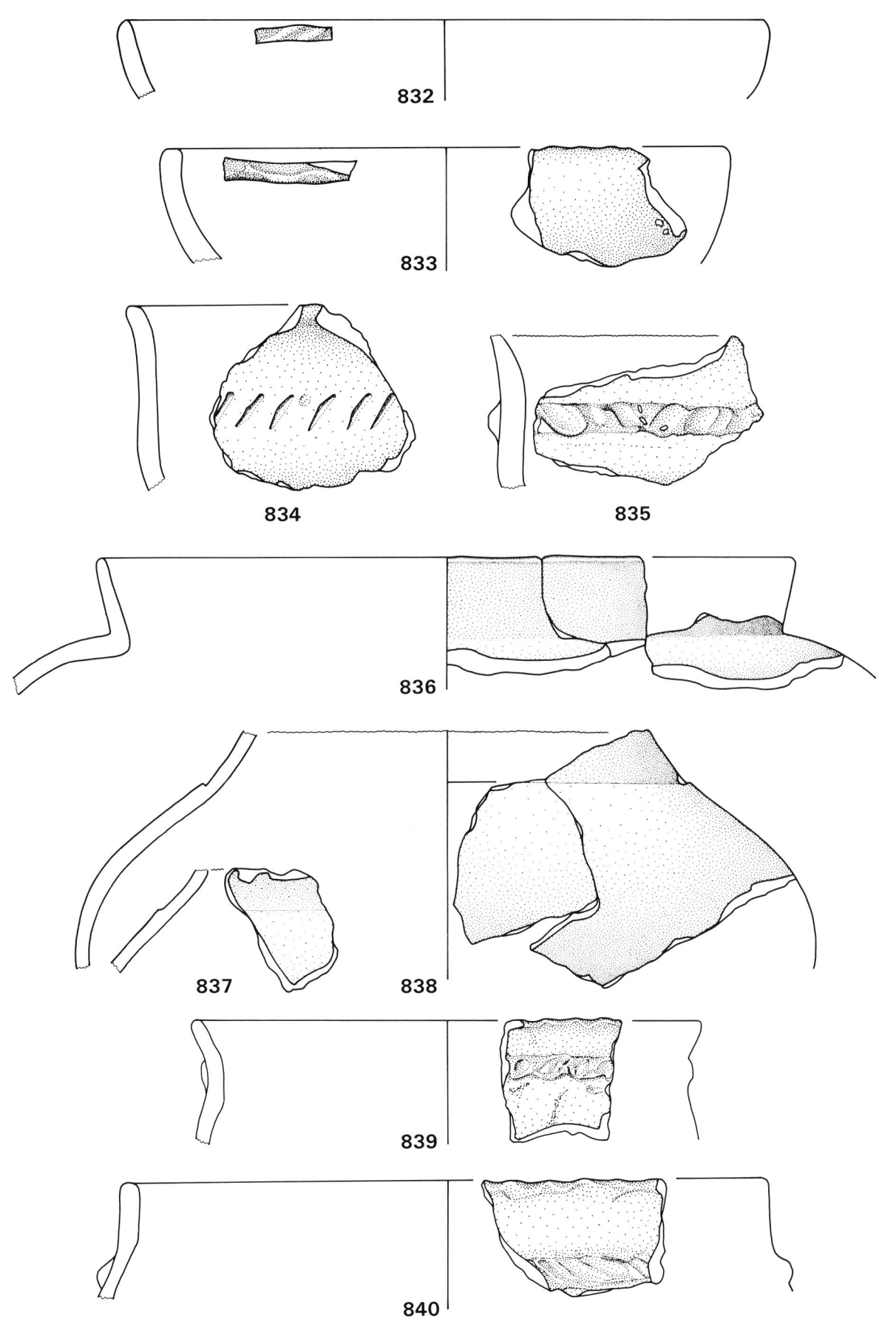

Taf. 53 Trimbach SO-Frohburg. Hallstattzeit: 832–833 gerundete Schalen, 834–835 S-förmig geschweifte Schalen, 836 grosses Kragenrandgefäss, 837–838 Kegelhalsgefässe, 839 Töpfe mit Leistenzier.
Massstab 1:2.

Tafel 54: Hallstattzeit

Grobkeramische Töpfe (Fortsetzung)

841 RS eines Topfes mit kegelartigem Kragenrand. Hochsitzende Kerbleiste. Ton grau, rel. fein gemagert, Obfl. geglättet. Rdm. 16 cm. Wst. 6–9 mm. Inv.Nr. 120/14/4349. K4/4.

842 RS eines Topfes mit kegelartigem Kragenrand. Gedellter Randsaum und hochsitzende Tupfenleiste. Ton grau, grob gemagert, Obfl. braun, verstrichen-geglättet. Rdm. 17 cm. Wst. 6–9 mm. Inv.Nr. 120/14/4350. P19/1.

843 Zusammenpassende RS und WS eines Topfes mit steilem Kragenrand. Gedellter Randsaum und Dellenleiste im Randumbruch. Ton grau, grob gemagert, Obfl. bräunlich, verstrichen, Randzone geglättet. Rdm. 29 cm. Wst. 7–10 mm. Inv.Nr. 120/14/4351. A.

844 RS eines Topfes mit schwach ausbiegendem Schrägrand. Getupfter Randsaum und Tupfenleiste im Randumbruch. Ton grau, grob gemagert, Obfl. aussen bräunlich, verstrichen. Wst. 7–10 mm. Inv.Nr. 120/14/4353. Z1/5.

845 RS eines Topfes mit flauem Schrägrand. Gedellter Randsaum und Dellenleiste im Umbruch. Ton grau, rel. fein gemagert, Obfl. aussen bräunlich, über Leiste geglättet, innen verstrichen. Wst. 4–10 mm. Inv.Nr. 120/14/4352. Z1/6.

846 RS eines Topfes mit Steilrand. Kordelleiste im flauem Umbruchbereich. Ton grau, rel. fein gemagert, Obfl. aussen braun, verstrichen-geglättet. Wst. 10–13 mm. Inv.Nr. 120/14/4355. K20/2.

847 RS eines Topfes mit Schrägrand und Leiste im Randumbruch. Ton im Kern rot, grob gemagert, Obfl. rot-braun, verstrichen. Wst. 8–12 mm. Inv.Nr. 120/14/4356. F4/2.

848 RS eines Topfes mit flauem Schrägrand. Dellenleiste im Umbruchbereich. Ton grau, rel. fein gemagert, Obfl. braungrau, verstrichen-geglättet. Rdm. 25 cm. Wst. 10–13 mm. Inv.Nr. 120/14/4354. P19/2.

849 WS eines Topfes mit Schrägrand. Kordelleiste im Randumbruch. Ton grau, rel. fein gemagert, Obfl. aussen rot-braun, innen braun-grau, verstrichen. Wst. 9–10 mm. Inv.Nr. 120/14/4360. F8/1.

850 2 zusammenpassende WS eines Topfes mit flauem Schrägrand. Tupfenleiste im Umbruch. Ton grau, grob gemagert, Obfl. verstrichen-geglättet. Wst. 4–10 mm. Inv.Nr. 120/14/4359. F11/1.

851 WS eines bauchigen Topfes mit einer teils abgeplatzten Kordelleiste auf der Schulter. Ton grau, rel. fein gemagert, Obfl. geglättet. Bdm. ca. 27 cm. Wst. 7–10 mm. Inv.Nr. 120/14/4365. Z10/2.

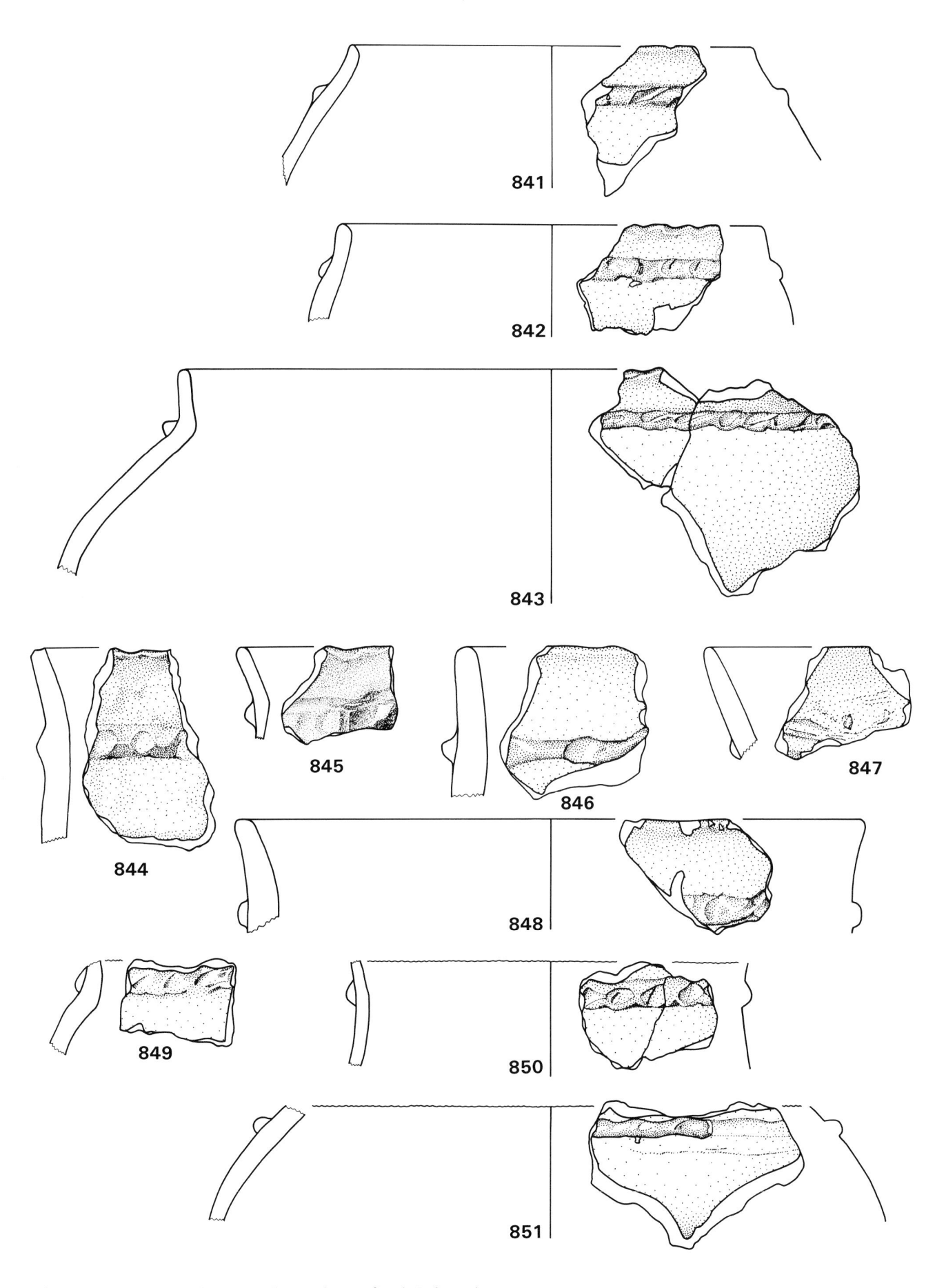

Taf. 54 Trimbach SO-Frohburg. Hallstattzeit: Töpfe mit Leistenzier.
Massstab 1:2.

Tafel 55: Hallstattzeit

Grobkeramische Töpfe (Fortsetzung)

852 2 zusammenpassende WS eines Topfes mit langem Schrägrand. Tupfenleiste im Randumbruch. Ton grau, rel. fein gemagert, Obfl. aussen rötlich, verstrichen. Bdm. 34 cm. Wst. 7–10 mm. Inv.Nr. 120/14/4361. K9/2.

853 2 zusammenpassende RS eines Topfes mit Steilrand. Gedellter Rand und flache Tupfenleiste im Randumbruch. Ton grau, grob gemagert, Obfl. verstrichen. Rdm. 25 cm. Wst. 8–11 mm. Inv.Nr. 120/14/4367. Z8/5; K22/4.

854 RS eines Topfes mit flauem Schrägrand. Gedellter Randsaum und Tupfen mit Nagelabdruck im Randumbruchbereich. Ton grau, grob gemagert, Obfl. aussen bräunlich, verstrichen. Rdm. 20 cm. Wst. 6–13 mm. Inv.Nr. 120/14/4370. Z8/5.

855 RS eines Topfes mit flauem Schrägrand. Gedellter Randsaum und Tupfen mit Nagelabdruck im Umbruch. Ton grau, fein gemagert, Obfl. aussen rot-braun, verstrichen. Wst. 4–8 mm. Inv.Nr. 120/14/4369. F8/2.

856 RS eines Topfes mit flauem Schrägrand. Stark gedellter Randsaum. Ton grau, grob gemagert, Obfl. rotbraun, verstrichen. Wst. 6–9 mm. Inv.Nr. 120/14/4372. Z1/5.

857 RS eines Topfes mit flauem Schrägrand. Gedellter Randsaum. Ton rot-braun, grob gemagert, Obfl. aussen geglättet, innen verstrichen. Wst. 6–9 mm. Inv.Nr. 120/14/4371. Z3/1.

858 RS eines Topfes mit flauem Schrägrand. Gedellter Randsaum. Ton grau, grob gemagert, Obfl. verstrichen. Wst. 5–8 mm. Inv.Nr. 120/14/4373. Z6/1.

859 RS eines Topfes mit Schrägrand. Gedellter Randsaum und Tupfen mit Nagelabdruck. Ton grau, grob gemagert, Obfl. verstrichen. Wst. 6–9 mm. Inv.Nr. 120/14/4378. Z11/4.

860 RS eines Topfes mit verdicktem Rand. Gedellter Randsaum. Ton grau, grob gemagert, Obfl. innen rot-braun, verstrichen. Wst. 5–9 mm. Inv.Nr. 120/14/4377. Z6/1.

861 3 RS (2 zusammenpassend) eines Topfes mit Steilrand. Kordelleiste am Randsaum. Ton grau, grob gemagert, Obfl. bräunlich, verstrichen-geglättet. Rdm. 22 cm. Wst. 7–9 mm. Inv.Nr. 120/14/4376. P19/1; P19/2.

862 RS eines Topfes mit flauem Schrägrand-Steilrand. Nagelkerben am Randsaum und rechteckige Eindrücke im Randumbruchbereich. Ton grau, grob gemagert, Obfl. aussen bräunlich, verstrichen. Rdm. 24 cm. Wst. 8–10 mm. Inv.Nr. 120/14/4388. Z13/2.

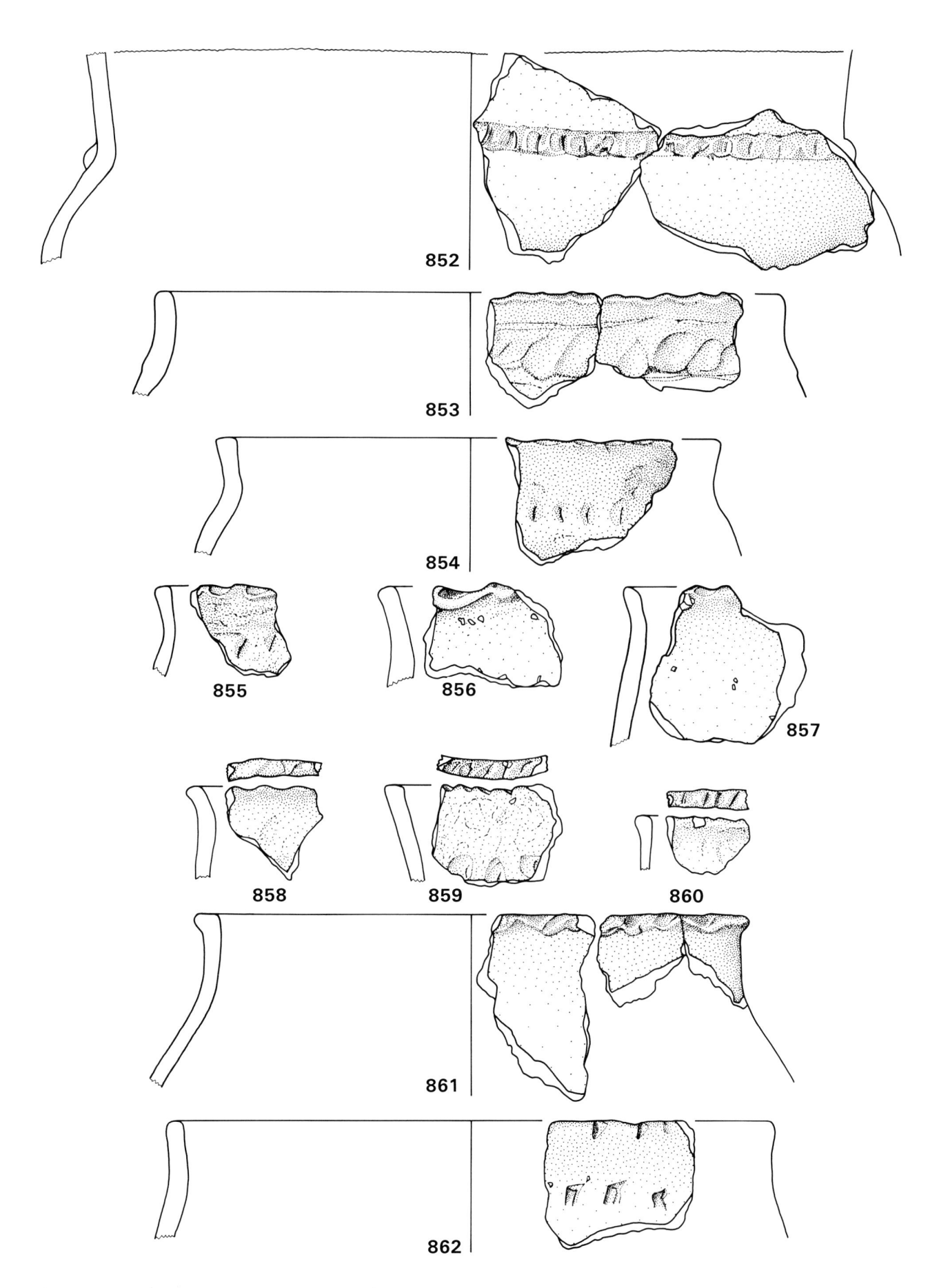

Taf. 55 Trimbach SO-Frohburg. Hallstattzeit: Töpfe, 852–853 mit Leistenzier.
   Massstab 1:2.

Tafel 56: Hallstatt- bis Latènezeit (?)

Grobkeramische Töpfe (Fortsetzung)

863 RS eines Topfes mit flauem Schrägrand. Feine Tupfen am Randsaum und Schrägkerben im Umbruchbereich. Ton grau, grob gemagert, Obfl. orange, verstrichen. Rdm. 30 cm. Wst. 9–12 mm. Inv.Nr. 120/14/4392. Z10/1.

864 RS eines Topfes mit flauem Randprofil. Fingertupfen mit Nagelkerben im Randumbruch. Ton grau, grob gemagert, Obfl. bräunlich, verstrichen. Rdm. 24 cm. Wst. 8–11 mm. Inv.Nr. 120/14/4390. K20/2.

865 RS eines Topfes mit flauem Schrägrand, innen schwach gekehlt. Halbmondförmige Grübchen im Umbruchbereich. Ton grau, grob gemagert, Obfl. aussen orange, verstrichen. Rdm. 18 cm. Wst. 4–7 mm. Inv.Nr. 120/14/4393. F22/1.

866 RS eines Topfes mit flauem Steilrand. Nagelkerben am Randsaum und Fingertupfen mit Nagelabdruck im Randumbruch. Ton grau, rel. fein gemagert, Obfl. aussen bräunlich geglättet, innen verstrichen. Wst. 10–13 mm. Inv.Nr. 120/14/4389. K19/2.

867 RS eines Topfes mit Steilrand. Ton grau, fein gemagert, Obfl. geglättet. Wst. 5–6 mm. Inv.Nr. 120/14/4401. K24/1.

868 RS eines Topfes mit flauem Schrägrand. Kerbenartige Eindrücke im Umbruchbereich. Ton grau, grob gemagert, Obfl. braun, verstrichen-geglättet. Wst. 7–13 mm. Inv.Nr. 120/14/4391. G2/3.

869 RS eines Topfes mit flauem Schrägrand. Gedellter Randsaum und feine Nagelkerben im Randumbruchbereich. Ton grau, grob gemagert, Obfl. bräunlich verstrichen. Wst. 5–8 mm. Inv.Nr. 120/14/3180. P19/4.

Varia

870 5 WS eines Hochhalsgefässes(?) mit leicht geknickter Schulter und scharfem Bauchknick. Schrägstrichgruppen, durch Zickzack unterbrochen(?), oben durch einfache, unten durch doppelte Linie gefasst, fein gerieft oder eingeglättet. Ton grau, rel. fein gemagert, Obfl. aussen braun geglättet, innen verstrichen. Bdm. ca. 30 cm. Wst. 3–7 mm. Inv.Nr. 120/14/4406. Z1/6; Z10/Pf.; Z10/1.

871 BS eines Drei- oder Mehrfussgefässes. Grübchendekor. Ton grau, rel. fein gemagert, Obfl. aussen braun-orange, verstrichen. Bdm. innen ca. 18 cm. Wst. 6–22 mm. Inv.Nr. 120/14/4407. V11/3.

Sapropelit

872 Armringfragment aus Sapropelit. Ovaler Querschnitt mit Mittelrille auf der Innenseite. Dunkelbraun-grau, Obfl. poliert. Dm. aussen 8 cm. Höhe 7,3 mm. Breite 4,8 mm. Gewicht 2,54 g. Inv.Nr. 120/14/4409. Z1/3.

873 Armringfragment aus Sapropelit. Ovaler Querschnitt, innen doppelkonisch mit geriffelter Mittelrille. Dunkelbraun-grau, Obfl. poliert. Dm. aussen 7,5 cm. Höhe 9,2 mm. Breite 5,7 mm. Gewicht 2,62 g. Inv.Nr. 120/14/4410. Z1/5.

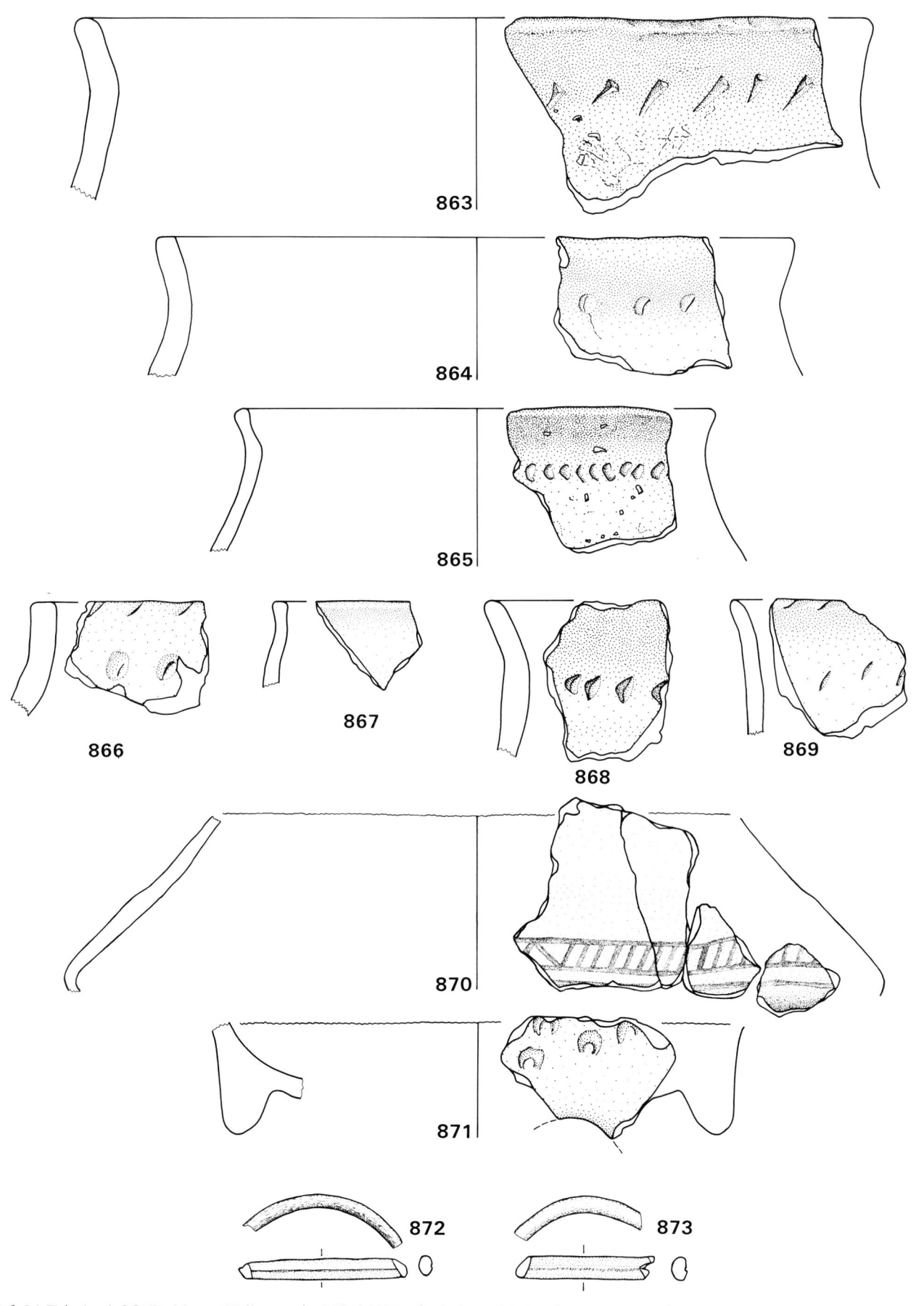

Taf. 56 Trimbach SO-Frohburg. Hallstattzeit: 863–869 Töpfe, 870 Hochhalsgefäss (?), 871 Drei- oder Mehrfussgefäss, ev. 872–873 Sapropelitarmring-Fragment.
Massstab 1:2.

Tafel 57: Bronzezeit bis Römische Epoche

Buntmetall

874 Nadel mit bikonischem Kopf. Feine Kerben an der Kopfkante und eine fein geritzte Spirale (17 Windungen) am Hals. Feine grüne-graue Patina, querlaufende Bearbeitungsspuren am Kopf und längslaufende Schleifspuren am Schaft. Dm. Kopf: 8,3–9 mm. Schaft: max. 3,5 mm. Länge 12,8 cm. Gewicht 9,25 g. Inv.Nr. 120/14/4412. Z1/5.

875 Nadel mit Rollenkopf. Feine braun-grau-grüne Patina. Dm. am abgeflachten Kopf: 6 mm, Schaft: max. 4 mm. Länge 12,8 cm. Gewicht 10,25 g. Inv.Nr. 120/14/4413. P14/2.

876 Nadel mit zerdrücktem Rollenkopf. Feine grau-grüne Patina. Dm. am abgeflachten Kopf: 3,5 mm, Schaft: max. 3 mm. Erhaltene Länge 6,2 cm. Gewicht 2,99 g. Inv.Nr. 120/14/5160. P13.

877 Nadelfragment, evt. zu 876 gehörig. Stark oxydierte Obfl., braun-grüne, blumige Patina. Dm. max. 3 mm. Erhaltene Länge 7,6 cm. Gewicht 2,71 g. Inv.Nr. 120/14/4417. Z1/6.

878 Tordierter Rundstab mit Ansatz einer Spirale(?). Feine grünliche Patina. Dm. 3,7–3,9 mm. Gewicht 5,58 g. Inv.Nr. 120/14/4419. F23/1.

879 Ringlein. Stark oxydiert. Grau-braun-grüne, blumige Patina. Dm. 1,9–2 cm. Schaft: oval 1,9–2,2 mm. Gewicht 1,40 g. Inv.Nr. 120/14/4418. Z1/6.

880 Ringlein mit abgeflachten Ösenenden. Braun-grüne, feine Patina. Dm. oval: 1,8–2,1 mm. Gewicht 0,75 g. Inv.Nr. 120/14/4420. F8/1.

881 Pfriem mit einer Spitze und einer Schneide. Quadratischer Querschnitt. Dunkelbraune, feine Patina. Dm. 4 mm. Länge 8,4 cm. Gewicht 8,41 g. Inv.Nr. 120/14/4416. Z1/6.

882 Pfeilspitze. Stark oxydiert. Inv.Nr. 120/14/4414. A.

883 Lanzenspitze mit Tülle. Gelblichbraune Obfl. Länge 10,8 cm. Inv.Nr. 120/14/4415. A.

884 Werkstück einer Nauheimerfibel. Bräunlichgrüne Patina. Fuss abgebrochen, Bügel breitgehämmert und mit Leitermuster verziert, Spirale noch nicht gewunden, Nadel noch nicht ausgezogen. Länge 17,3 cm. Dm. 2,4 mm. Gewicht 5,77 g. Inv.Nr. 120/14/4421. P12/1.

885 Thekenbeschlag mit Ornamentdekor. Rest eines Eisenniets. Länge 4,75 cm. Gewicht 6,97 g. Inv.Nr. 120/14/4422. Z1/4.

Eisen

886 Schiebeschlüssel. Bartkerbung in Form eines spiegelbildlichen N. Länge 7,5 cm. Gewicht 31,9 g. Inv.Nr. 120/14/4423. K19/1.

Glas

887 RS eines Schälchens (Isings 87?) aus entfärbtem, stark irisierendem Glas. Doppelrille auf der Innenseite. Inv.Nr. 120/14/4428. Z14/Pf.

888 RS aus naturgrünem Glas. Inv.Nr. 120/14/4429. Z11/4.

889 RS eines Schälchens mit verdicktem Horizontalrand. Entfärbtes, schwach irisierendes Glas. Inv.Nr. 120/14/4430. Z11/5.

890 RS einer naturgrünen Flasche oder eines Balsamariums mit umgelegtem Röhrchenrand. Inv.Nr. 120/14/4431. Z4/4.

891 BS einer naturgrünen Vierkantflasche. Inv.Nr. 120/14/4435. Z12/1.

892 BS eines Tellers oder einer Schüssel nach TS-Form aus entfärbtem, feinblasigem, irisierendem Glas. Inv.Nr. 120/14/4436. A.

893 BS aus naturgrünem Glas. Inv.Nr. 120/14/4433. Z12/1.

894 BS aus naturgrünem Glas. Inv.Nr. 120/14/4434. P26/2.

895 BS einer Vierkantflasche(?) mit Riefen- und Rillenzier aus naturgrünem Glas. Inv.Nr. 120/14/4437. Z12/1.

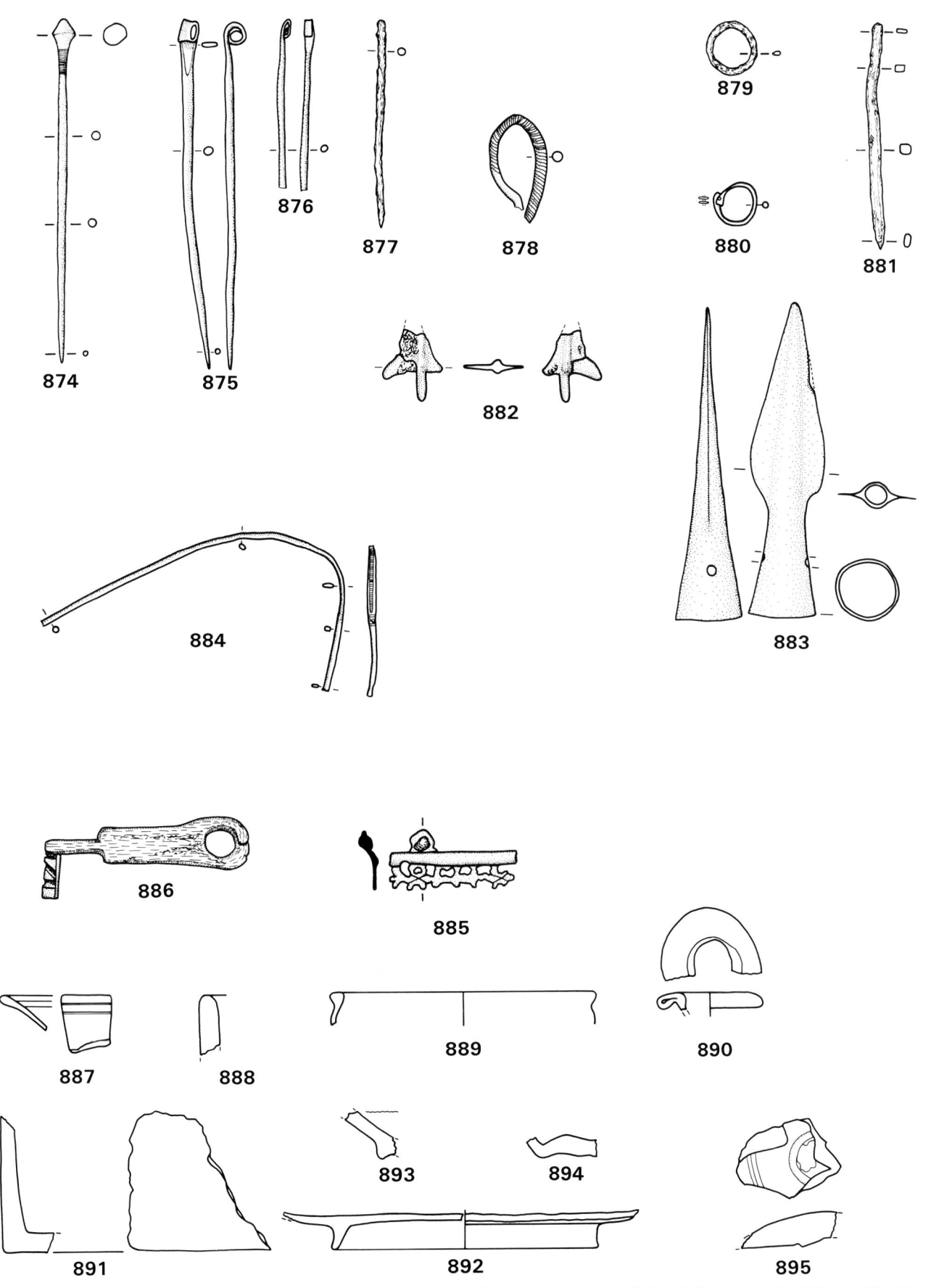

Taf. 57 Trimbach SO-Frohburg. Bronzezeit-Hallstattzeit: Buntmetall, 874–877 Nadeln, 878–880 Schmuck, 881 Pfriem, 882–883 Waffen. Latènezeit: Werkstück einer Nauheimerfibel. Römische Epoche: 885 Thekenbeschlag; Eisen, 886 Schlüssel; 887–895 Glas.
Massstab 1:2.

Tafel 58: Römische Epoche

Terra Sigillata

896 Zusammenpassende RS und BS eines Tässchens Drag. 35. Barbotinedekor auf dem Rand. Ton umbra, Überzug hellbraunrot, glänzend, sekundär verbrannt. Süd-, mittel- oder ostgallisch. Rdm. 12 cm. Inv.Nr. 120/14/4512. Z13/1.

897 2 zusammenpassende RS eines Tellers Curle 23. Ton fleischocker, Überzug rotbraun, hart, matt. Gute Qualität. Ostgallisch? Rdm. 32 cm. Inv.Nr. 120/14/4511. Z8/3; Z11/4.

898 WS eines Tellers Curle 23. Ton fleischocker, Überzug hell- bis dunkelrot, matt. Inv.Nr. 120/14/4524. F22/1.

899 RS eines Tellers Drag. 32 oder Chenet 302. Ton siena, Überzug hellrot, hart. Mittel-ostgallisch(?). Inv.Nr. 120/14/4529. F14/3.

900 WS wohl eines Bechers. Glasschliffdekor und Riefelband. Ton fleischocker, Überzug hellrot, Seidenglanz, hart. Ostgallisch? Inv.Nr. 120/14/4520. G5/1.

901 WS mit Glasschliffdekor. Ton fleischocker, Überzug hellbraun, matt. Inv.Nr. 120/14/4474. Z8/5.

902 WS mit Glasschliffdekor. Ton fleischocker, Überzug rot-hellbraun, matt. Inv.Nr. 120/14/4476. Z4/4.

903 RS einer Schüssel Chenet 320. Ton fleischocker, Überzug hellrot, hart, glänzend. Importware? Rdm. 18 cm. Inv.Nr. 120/14/4478. Z4/4.

904 RS einer Schüssel Chenet 320. Ton fleischocker, Überzug hell- bis rotbraun. Importware? Rdm. 17 cm. Inv.Nr. 120/14/4500. Z8/4.

905 RS einer Schüssel Chenet 320. Ton fleischocker, Überzug hellrot, hart, glänzend. Importware(?). Rdm. 12 cm. Inv.Nr. 120/14/4487. Z8/5.

906 WS einer Schüssel Chenet 320 mit Rädchendekor: einfaches Schachbrettmuster. Ton ocker, Überzug hell- bis braunrot, sekundär verbrannt. Argonnensigillata. Inv.Nr. 120/14/4459. Z8/5.

907 WS einer Schüssel Chenet 320 mit Rädchendekor: einfaches Schachbrettmuster. Ton fleischocker, Überzug hellrot, stark abgewittert. Argonnensigillata. Inv.Nr. 120/14/4461. Z8/4.

908 WS wohl einer Schüssel Chenet 320 mit Rädchendekor: Eierstabmuster. Ton fleischocker, Überzug hellrot, stark verwittert. Argonnensigillata. Inv.Nr. 120/14/4467. Z4/4.

909 WS wohl einer Schüssel Chenet 320 mit Rädchendekor: Eierstab- und Kerbenmuster. Ton fleischocker, Überzug hellrot, glänzend. Argonnensigillata. Inv.Nr. 120/14/4466. Z1/Sf.

910 WS einer Schüssel Chenet 320 mit Rädchendekor: Dreieckkerben und Eierstabmuster. Ton römisch ocker, Überzug hellrot-dunkelbraun, glänzend. Importware. Inv.Nr. 120/14/4469. Z2/1.

911 WS wohl eines Bechers mit Barbotinedekor. Ton fleischocker, Überzug hellrot, glänzend. Importware? Inv.Nr. 120/14/4811. Z8/5.

912 Wie 911.

913 RS eines Tellers Chenet 307. Ton fleischocker, Überzug hellrot, z.T. abgerieben. Argonnensigillata. Rdm. ca. 18 cm. Inv.Nr. 120/14/4522. Z4/3.

914 WS einer Schüssel Chenet 325 mit Barbotinedekor. Importware? Ton fleischocker, Überzug hellrot, matt. Bdm. 18,5 cm. Inv.Nr. 120/14/4518. F4/2.

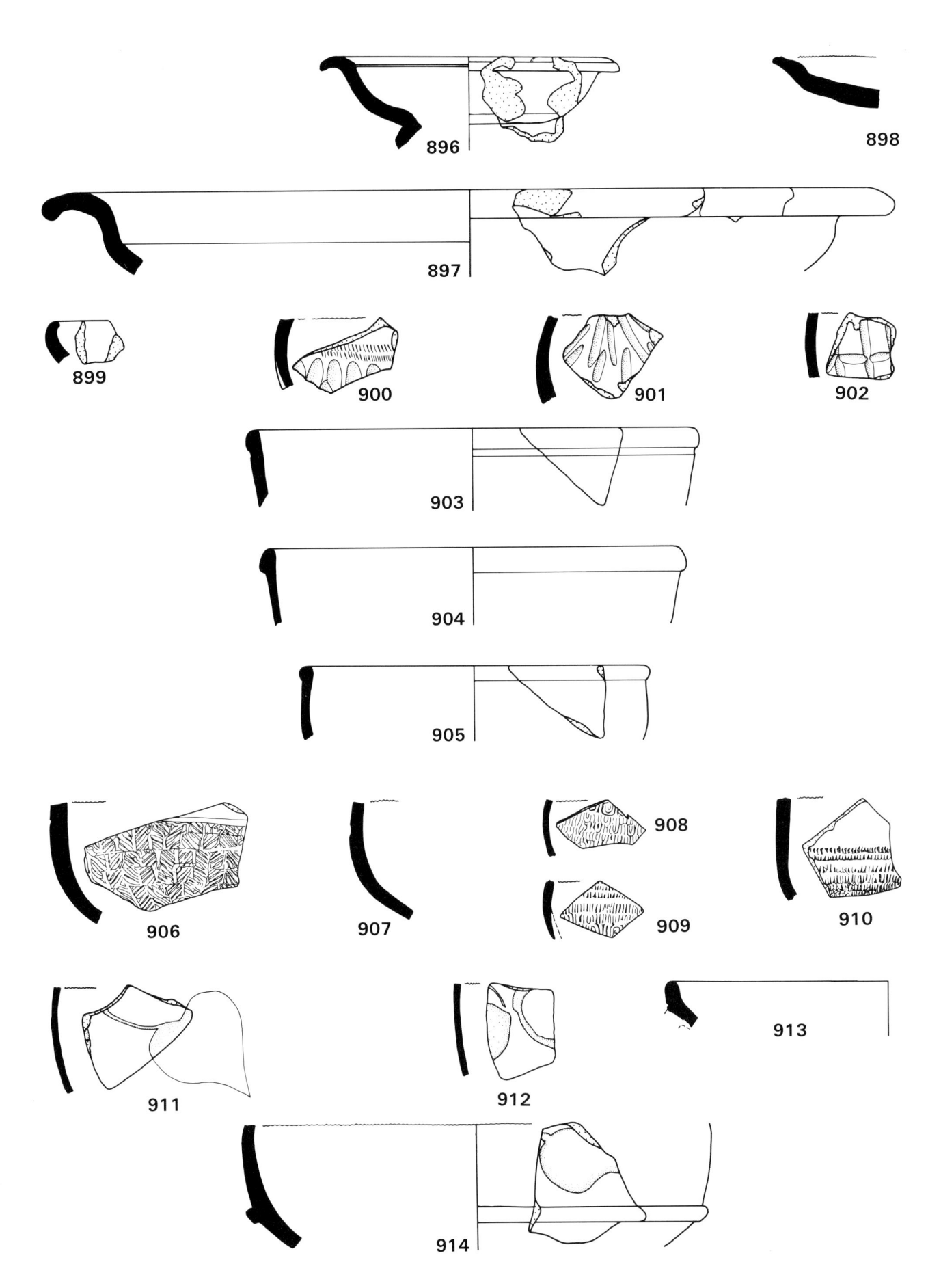

Taf. 58 Trimbach SO-Frohburg. Römische Epoche: Terra Sigillata.
Massstab 1:2.

Tafel 59: Römische Epoche

Lokale Produktion TS-ähnlicher Gefässe

915 RS einer Kragenschüssel der Art Drag. 38. Ton fleischocker, Überzug rot bis rotbraun. Rdm. 20 cm. Inv.Nr. 120/14/4513. E3/1.

916 RS einer Schüssel der Form Drag. 38. Ton siena bis fleischocker, grauer Kern, Überzug hellrot-braun-schwarz, Seidenglanz. Rdm. 20 cm. Inv.Nr. 120/14/4516. F4/1.

917 RS einer Schüssel der Form Drag. 37 mit seichtem Riefelbanddekor. Ton fleischocker, sehr hart gebrannt. Überzug braun-schwarz, dünn. Rdm. 16 cm. Inv.Nr. 120/14/4471. Z4/4.

918 RS einer Schüssel der Form Drag. 37 mit Riefelbanddekor. Ton fleischocker, Reste eines braunroten Überzuges. Rdm. 16 cm. Inv.Nr. 120/14/4470. Z9/1.

919 RS einer Schüssel der Form Drag. 37 mit Glasschliffdekor. Ton fleischocker, Überzug rot-hellbraun, glänzend. Rdm. 18 cm. Inv.Nr. 120/14/4473. Z11/5.

920 RS einer Schüssel der Form Drag. 37. Ton neapelgelb-rötlich, sandig weich, Überzug hellrot, stark abgewittert. Rdm. 15 cm. Inv.Nr. 120/14/4486. P12/3.

921 RS einer Schüssel der Form Drag. 37. Ton fleischocker, Überzug hellbraun-schwarz. Rdm. 20 cm. Inv.Nr. 120/14/4484. Z4/3.

922 RS einer Schüssel der Form Drag. 37. Ton siena, Überzug hellbraun, stark abgewittert. Rdm. 18 cm. Inv.Nr. 120/14/4485. Z11/4.

923 RS einer Schüssel der Form Drag. 37. Ton fleischocker, Überzug hellrot-braun. Rdm. 20 cm. Inv.Nr. 120/14/4490. V18/1.

924 5 RS einer Schüssel der Form Drag. 37. Ton fleischocker, Überzug hellbraun, Seidenglanz. Rdm. 19 cm. Inv.Nr. 120/14/4479–4483. E3/1; Z8/4; Z8/4; Z11/2; Z13/1.

925 RS einer Schüssel der Form Drag. 37. Ton fleischocker, Überzug hellrot. Inv.Nr. 120/14/4489. G3/3.

926 RS einer Schüssel der Form Drag. 37. Ton fleischocker, Überzug bräunlich, stark abgewittert. Rdm. 22 cm. Inv.Nr. 120/14/4488. Z9/2.

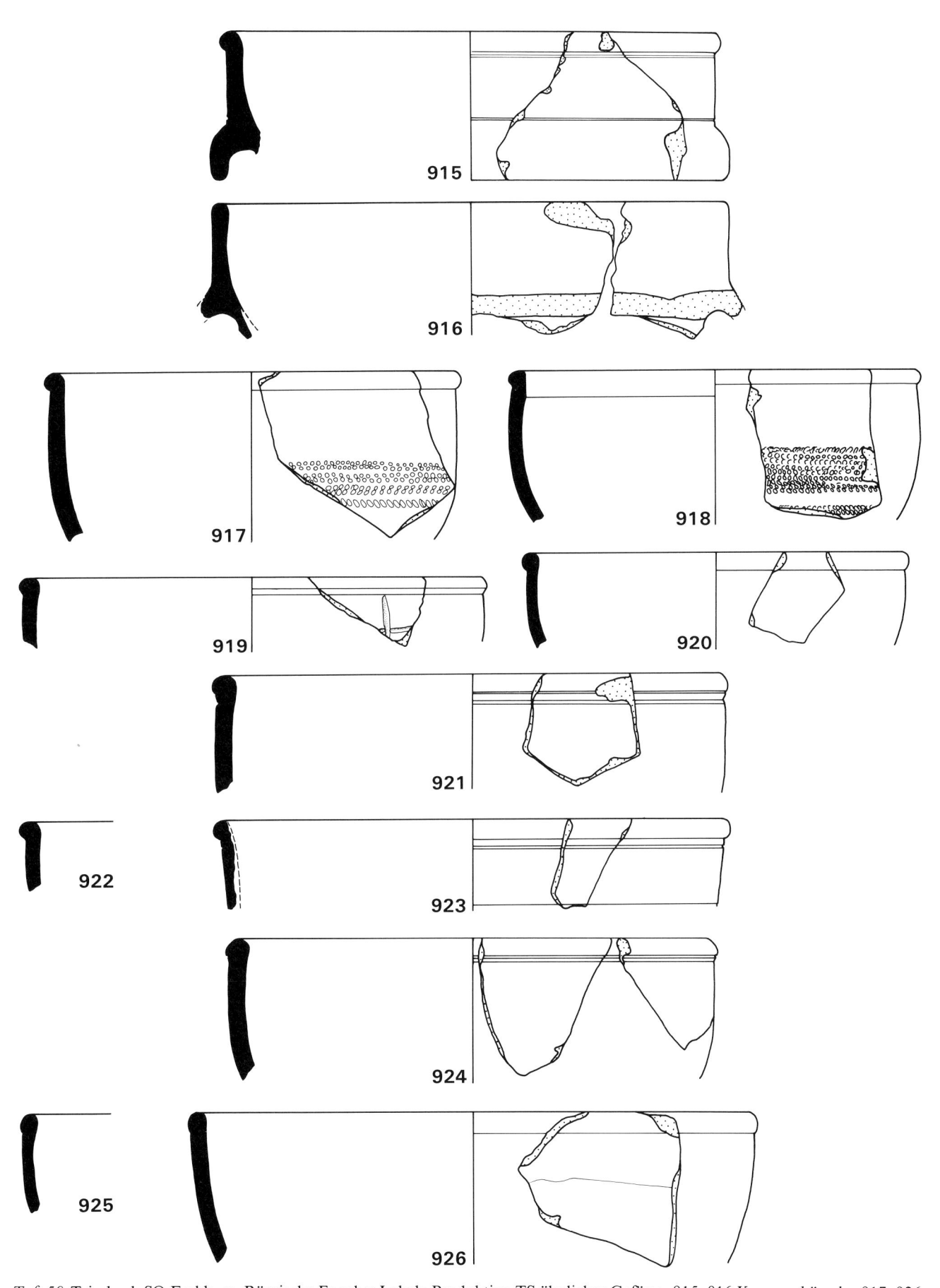

Taf. 59 Trimbach SO-Frohburg. Römische Epoche: Lokale Produktion TS-ähnlicher Gefässe, 915–916 Kragenschüsseln, 917–926 Schüsseln der Form Drag.37.
Massstab 1:2.

Tafel 60: Römische Epoche

Lokale Produktion TS-ähnlicher Gefässe (Fortsetzung)

927 RS einer Schüssel ähnlich Drag. 37. Ton fleischocker, Überzug abgewittert. Rdm. 20 cm. Inv.Nr. 120/14/4515. Z11/5.
928 RS einer Tasse. Ton fleischocker, Überzug hell-dunkelbraun, matt. Rdm. 10 cm. Inv.Nr. 120/14/4505. P14/2.

Feine Becher

929 RS eines Hochhalsbechers der Form Niederbieber 33. Ton hellbraun-grau, Überzug grau, glänzend. Rdm. 5 cm. Inv.Nr. 120/14/4770. Z8/5.
930 RS eines Bechers. Ton fleischocker, Überzug hell-dunkelrot, matt. Inv.Nr. 120/14/4771. Z8/5.
931 RS eines Bechers. Ton fleischocker, Überzug hellrot-dunkelbraun. Inv.Nr. 120/14/4772. Z10/Pf.
932 RS eines Hochhalsbechers. Ton fleischocker, Überzug schwarz, glänzend. Inv.Nr. 120/14/4769. F4/2.
933 RS eines Bechers. Ton fleischocker, Überzug hellbraun. Rdm. 5 cm. Inv.Nr. 120/14/4773. Z9/2.
934 RS eines Bechers. Ton fleischocker, Überzug hellbraun. Rdm. 6 cm. Inv.Nr. 120/14/4774. Z1/5.
935 WS eines Faltenbechers der Form Niederbieber 33c. Kreisrunde Dellen und feines Kerbband. Ton hellbeige, Obfl. aussen wohl geschmaucht und poliert, matt-glänzend, grau. Bdm. ca. 12 cm. Inv.Nr. 120/14/4741. K7/2.
936 WS eines Faltenbechers mit langovalen Dellen. Ton hellgrau-bräunlich, Überzug schwarz glänzend. Inv.Nr. 120/14/4745. Z1/4.
937 WS eines Faltenbechers mit runden Dellen. Ton fleischocker, Überzug hellbraun, matt. Inv.Nr. 120/14/4744. Z13/1.
938 WS eines Faltenbechers mit kreisrunden Dellen. Ton fleischocker, Reste eines hellbraunen Überzuges in der Delle. Inv.Nr. 120/14/4742. Z11/5.
939 WS eines Faltenbechers mit langovalen Dellen. Ton hellbraun-grau, Obfl. aussen geschmaucht und überglättetpoliert. Inv.Nr. 120/14/4743. Z11/5.
940 WS eines Bechers. Ton fleischocker, sehr hart, Obfl. tonfarben, matt. Inv.Nr. 120/14/4756. Z9/2.
941 WS eines Bechers. Ton hellbraun-grau, Obfl. grau-dunkelgrau, poliert. Inv.Nr. 120/14/4755. Z8/5.
942 WS eines Hochhalsbechers(?). Ton fleischocker, Überzug hellrot, matt. Inv.Nr. 120/14/4754. Z11/5.
943 WS eines Hochhalsbechers. Ton hellbeige, Überzug dunkelbraun-grau, irisierend. Inv.Nr. 120/14/4757. Z1/4.
944 WS eines Bechers. Ton fleischocker, Überzug hellrot-dunkelbraun, Seidenglanz. Inv.Nr. 120/14/4758. K7/1.
945 2 zusammenpassende RS eines Bechers der Form Niederbieber 32c. Kerbbanddekor. Ton fleischocker, Überzug hellrot-braun. Rdm. 9 cm. Inv.Nr. 120/14/4781. K9/1.
946 2 zusammenpassende RS eines Bechers der Form Niederbieber 32c. Feines Kerbband. Ton fleischocker, Überzug hellrot, schwach glänzend. Rdm. 9 cm. Inv.Nr. 120/14/4780. Z4/4.
947 WS eines Bechers mit Rillendekor. Ton fleischocker, Überzug hellbraun, matt. Inv.Nr. 120/14/4792. F28/1.
948 2 zusammenpassende RS eines Bechers der Form Niederbieber 32c. Ton fleischocker, Überzug hellbraun, matt. Rdm. 12 cm. Inv.Nr. 120/14/4784. Z8/3; Z8/5.
949 RS eines Bechers der Form Niederbieber 32c. Ton fleischocker, Überzug hellbraun. Rdm. 12 cm. Inv.Nr. 120/14/4783. F22/2.
950 RS eines Bechers der Form Niederbieber 32c. Ton fleischocker, Überzug hellbraun, matt. Rdm. 10 cm. Inv.Nr. 120/14/4782. P4/1.
951 WS eines Bechers mit Rillendekor. Ton fleischocker, Überzug hellbraun oder tongrundig. Inv.Nr. 120/14/4791. Z4/4.
952 RS eines Bechers. Ton fleischocker, Überzug hellrot-dunkelbraun, rissig, schwach glänzend. Rdm. 6,5 cm. Inv.Nr. 120/14/4794. P31/1.
953 RS eines kleinen, feinen Bechers. Ton hellbeige, Überzug schwarz-dunkelbraun, glänzend. Rdm. 5,5 cm. Inv.Nr. 120/14/4795. Z12/1.
954 WS wohl eines Bechers mit halbkreisförmigen Eindrücken (oculé). Ton fleischocker, Überzug hellrot, matt. Inv.Nr. 120/14/4798. Z4/3.
955 WS wohl eines Bechers mit Glasschliffdekor. Ton fleischocker, Überzug rot. Inv.Nr. 120/14/4797. Z4/4.
956 BS einer Schüssel oder eines Bechers. Ton beige, Überzug hell- und dunkelolivebraun, schwach glänzend. Bdm. 7,5 cm. Inv.Nr. 120/14/4822. Z6/1.
957 BS wohl eines Bechers. Ton fleischrot, Überzug braun, matt. Bdm. 4,5 cm. Inv.Nr. 120/14/4826. Z6/1.
958 BS eines Bechers. Ton beige-fleischocker, Überzug hellrotschwarz, fleckig, matt. Bdm. 4,6 cm. Inv.Nr. 120/14/4817. Z11/4.
959 BS eines Bechers der Form Niederbieber 33(?). Ton beige, Obfl. geschmaucht und poliert. Bdm. 3,8 cm. Inv.Nr. 120/14/4816. Z6/1.
960 4 zusammenpassende WS und BS eines Bechers mit geripptem Unterteil. Ton fleischocker, Überzug dunkel-hellbraun, matt. Rdm. 4 cm. Inv.Nr. 120/14/4819. Z6/1.
961 2 zusammenpassende BS eines Bechers. Ton fleischocker, Überzug hellrot, matt. Bdm. 4,5 cm. Inv.Nr. 120/14/4823. Z11/4.
962 BS eines Bechers mit Graffito: Gekreuzte Linien. Ton gelbgrau, Überzug(?). Bdm. 5 cm. Inv.Nr. 120/14/4824. K9/1.
963 BS eines Bechers. Ton hellbeige, Überzug hell-dunkelbraun, fleckig. Bdm. 4,2 cm. Inv.Nr. 120/14/4821. F28/1.
964 BS eines Bechers mit Graffito: Kreuz. Ton hellbeige, Überzug hell-dunkelbraun-schwarz, fleckig. Rdm. 4 cm. Inv.Nr. 120/14/4820. P10/1.

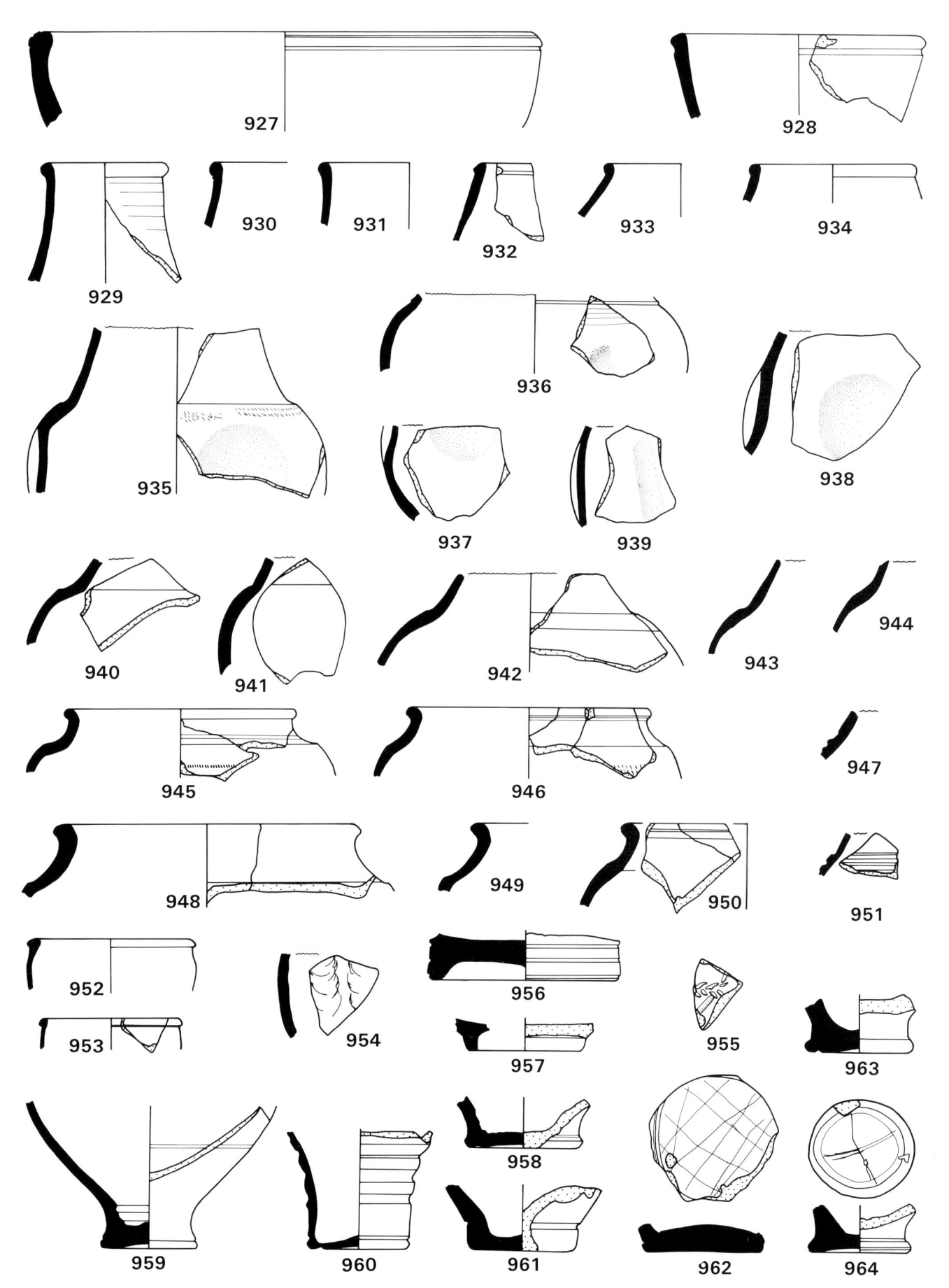

Taf. 60 Trimbach SO-Frohburg. Römische Epoche: 927–928 Lokale Produktion TS-ähnlicher Formen, 929–964 feine Becher. Massstab 1:2.

Tafel 61: Römische Epoche

Reibschüsseln

965 RS einer Reibschüssel der Form Chenet 331(?). Feinkörnige Quarzierung. Ton fleischocker, Überzug hellbraun-rot. Rdm. 26 cm. Inv.Nr. 120/14/4579. Z9/2.

966 RS einer Reibschüssel der Form Chenet 331(?). Feinkörnige Quarzierung. Ton fleischocker, Überzug hellrot-braunrot. Rdm. 24 cm. Inv.Nr. 120/14/4581a. Z12/1.

967 4 RS einer «rätischen» Reibschüssel mit Kragenrand und Innenkehlung. Grobkörnige Quarzierung unterhalb der Innenkehlung. Ausguss. Ton fleischocker, hart gebrannt, Überzug(?) bräunlich-schwarz, fleckig. Rdm. 28 cm. Inv.Nr. 120/14/4582–4585. Z4/3; Z4/3; Z4/4; Z4/4.

968 2 RS einer «rätischen» Reibschüssel. Grobe Quarzierung bereits auf der Innekehle. Ton fleischocker, hart, Überzug innen und über Rand rotbraun. Rdm. 36 cm. Inv.Nr. 120/14/4586–4587. F22/1; F10/1.

969 4 RS (2 zusammenpassend) einer «rätischen» Reibschüssel mit Rille am Kragensaum. Feinkörnige Quarzierung unterhalb der Innenkehlung. Ton fleischocker, teils grau verbrannt, Überzug innen und auf dem Kragen rotbraun-grau, fleckig. Rdm. 38 cm. Inv.Nr. 120/14/4588–4590. Z8/5; Z8/5; Z8/5; Z13/2.

970 RS einer «rätischen» Reibschussel. Ton fleischocker, Überzug rotbraun-schwarz. Rdm. 32 cm. Inv.Nr. 120/14/4591. V17/1.

971 2 RS einer dünnwandigen «rätischen» Reibschüssel(?). Ton fleischocker, Überzug hellrot, matt. Rdm. 28 cm. Inv.Nr. 120/14/4592–4593. F22/1; G9/1.

972 RS einer «rätischen» Reibschüssel(?). Ton fleischocker, Überzug hellrot-braun. Inv.Nr. 120/14/4611. K22/3.

973 2 RS einer «rätischen» Reibschüssel(?). Ton fleischocker, Überzug hellbraun. Inv.Nr. 120/14/4595–4596. P13; P14/2.

974 RS einer «rätischen» Reibschüssel(?). Ton siena, Überzug braun. Inv.Nr. 120/14/4594. Z12/1.

975 2 RS einer «rätischen» Reibschüssel mit dickem Kragen und Innenkehlung. Ton fleischocker, Überzug hellbraun bis dunkelrot. Rdm. 32 cm. Inv.Nr. 120/14/4602–4603. Osthang/Sf.

976 RS einer «rätischen» Reibschüssel. Ton fleischocker, Überzug braun, matt. Rdm. 32 cm. Inv.Nr. 120/14/4604. Z1/4.

977 RS einer «rätischen» Reibschüssel. Ton römisch ocker, Überzug dunkelbraun. Rdm. 28 cm. Inv.Nr. 120/14/4601. V15/2.

978 9 RS einer «rätischen» Reibschüssel mit dickem Kragen. Breite Rille auf der Aussenseite. Ton fleischocker, Überzug innen auf dem Kragen hellbraun. Rdm. 32 cm. Inv.Nr. 120/14/4605–4610a. F12/1; F12/1; G4/1; K9/1; Z3/1; Z11/5.

979 4 RS einer «rätischen» Reibschüssel. Ton fleischocker, z.T. grau verbrannt, Überzug innen und über Kragen hell-rotbraun. Rdm. 34 cm. Inv.Nr. 120/14/4597–4600. Z3/2; Z4/3; Z12/1; Z12/1.

980 2 BS einer Reibschüssel. Ton fleischocker, tongrundig. Bdm. 10 cm. Inv.Nr. 120/14/4666–4667. Z11/5; Z11/5.

981 BS einer Reibschüssel mit Standring. Ton beige, Überzug hellbraun. Inv.Nr. 120/14/4668. Z9/1.

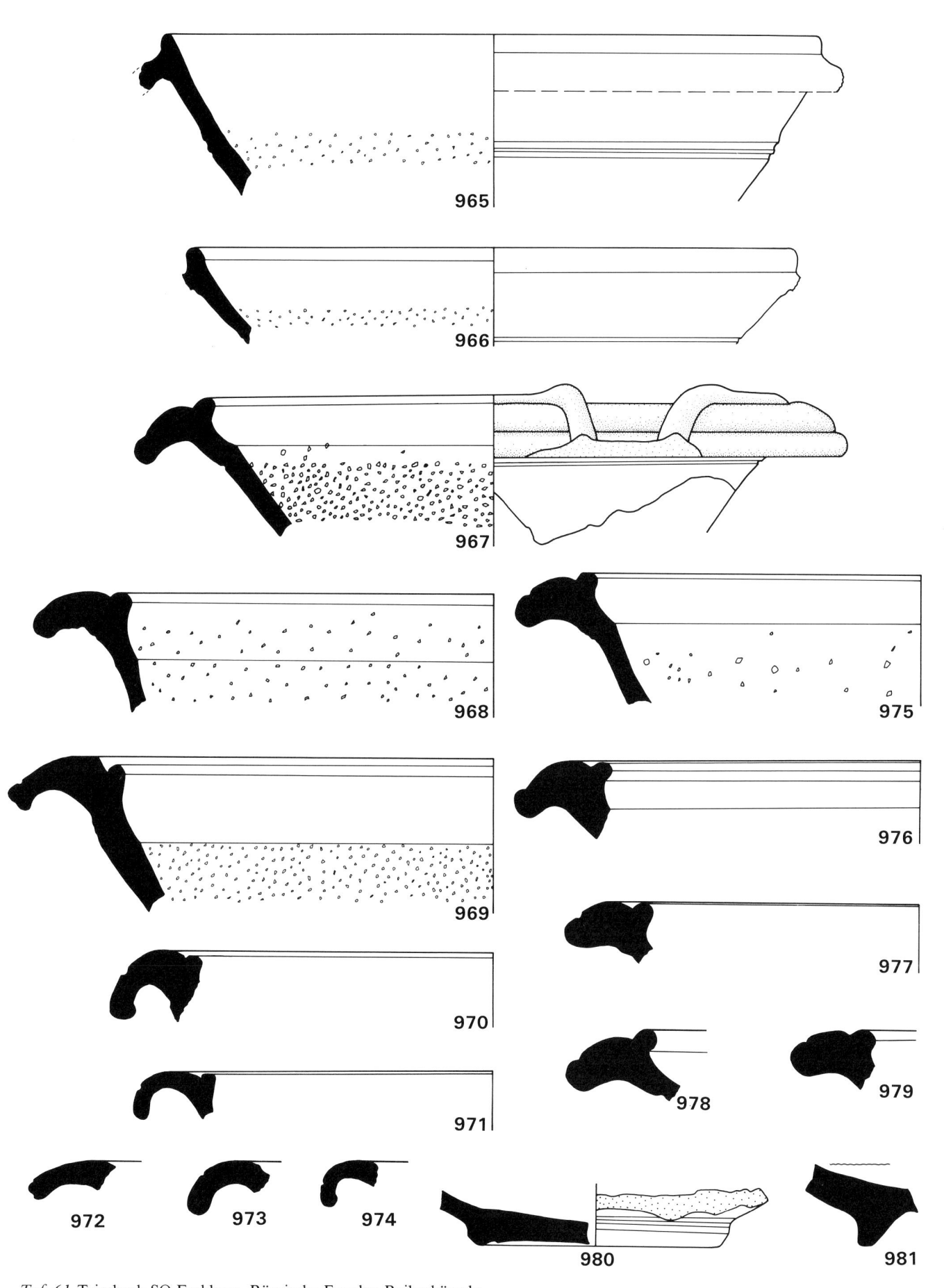

Taf. 61 Trimbach SO-Frohburg. Römische Epoche: Reibschüsseln.
  Massstab 1:2.

Tafel 62: Römische Epoche

Reibschüsseln (Fortsetzung)

982 6 WS und BS einer «rätischen» Reibschüssel. Rille über dem Boden. Grobe, stark abgenutzte Quarzierung. Ton fleischocker, Überzug innen dunkelrot. Bdm. 11 cm. Inv.Nr. 120/14/4652–4657. F4/2; F28/1; P18/1; P18/1; Z5/1; Z11/3.

983 BS einer Reibschüssel. Ton fleischocker, Überzug(?). Bdm. 12 cm. Inv.Nr. 120/14/4658. Z8/4.

Teller

984 RS eines Tellers mit eingewölbtem Rand. Ton beigerot, grob quarzitgemagert, Obfl. handgeglättet. Rdm. 19 cm. Inv.Nr. 120/14/4951. Z1/4.

985 RS eines Tellers mit eingewölbtem Rand. Ton grau, grob gemagert, Obfl. aussen hellbraun, handgeglättet. Rdm. 18 cm. Inv.Nr. 120/14/4936. Z11/5.

986 RS eines Tellers mit eingewölbtem Rand. Ton grau, grob gemagert, hart, Obfl. innen beige, aussen rötlich, handgeformt und überdreht. Rdm. 20 cm. Inv.Nr. 120/14/4950. G8/2.

987 RS eines Tellers mit eingewölbtem Rand. Ton fleischorange, Überzug(?). Inv.Nr. 120/14/4969. P12/1.

988 RS eines Tellers mit eingewölbtem Rand. Scheibengedreht. Ton fleischocker, Überzug(?). Rdm. 19,5 cm. Inv.Nr. 120/14/4956. F8/2.

989 2 RS eines Tellers mit eingewölbtem Rand. Scheibengedreht, deutliche Horizontalrillen. Ton bräunlich-beige, Obfl. partiell scheibengeglättet. Rdm. 22 cm. Inv.Nr. 120/14/4952–4953. K13/2; Z1/4.

990 RS eines Tellers mit eingewölbtem Rand und Innenkehle. Ton fleischocker, Überzug hellbraun, matt. Rdm. 18 cm. Inv.Nr. 120/14/4967. Z11/5.

991 RS eines Tellers mit eingewölbtem Rand und Innenkehle. Scheibengedreht. Ton fleischocker, Überzug(?) rot, geglättet, Rdm. 17 cm. Inv.Nr. 120/14/4963. Z1/1.

992 3 zusammenpassende RS eines Tellers mit eingewölbtem Rand. Ton fleischocker, Überzug rotbraun. Rdm. 22 cm. Inv.Nr. 120/14/4970. P27/1; Z6/1; Z8/5.

993 RS eines Tellers mit eingewölbtem Rand und Innenkehle. Scheibengedreht. Ton fleischocker, Überzug hellrot-braun. Rdm. 18 cm. Inv.Nr. 120/14/4966.

994 RS eines Tellers mit eingewölbtem Rand und Innenkehle. Scheibengedreht. Ton fleischocker, Überzug hellbraun, matt. Rdm. 22 cm. Inv.Nr. 120/14/4965. P14/3.

995 2 zusammenpassende RS eines Tellers mit eingewölbtem Rand und Innenkehle. Scheibengedreht. Ton fleischocker, Überzug rotbraun, matt. Rdm. 19 cm. Inv.Nr. 120/14/4968. F4/2; Z11/4.

996 RS eines Tellers mit eingewölbtem Rand und Innenkehle. Scheibengedreht. Ton fleischocker, Überzug hellbraun. Inv.Nr. 120/14/4964. Z11/4.

997 RS eines Tellers mit verdicktem, eingewölbtem Rand. Scheibengedreht. Ton fleischocker, z.T. beige-grau, Überzug rotbraun, matt. Rdm. 24 cm. Inv.Nr. 120/14/4955. Z12/1.

998 RS eines Tellers mit verdicktem, eingewölbtem Rand. Scheibengedreht. Ton fleischocker, mit wenigen Schamottkörnern gemagert, hart gebrannt, Überzug rot-hellbraun, matt. Rdm. 18 cm. Inv.Nr. 120/14/4954. Z2/2.

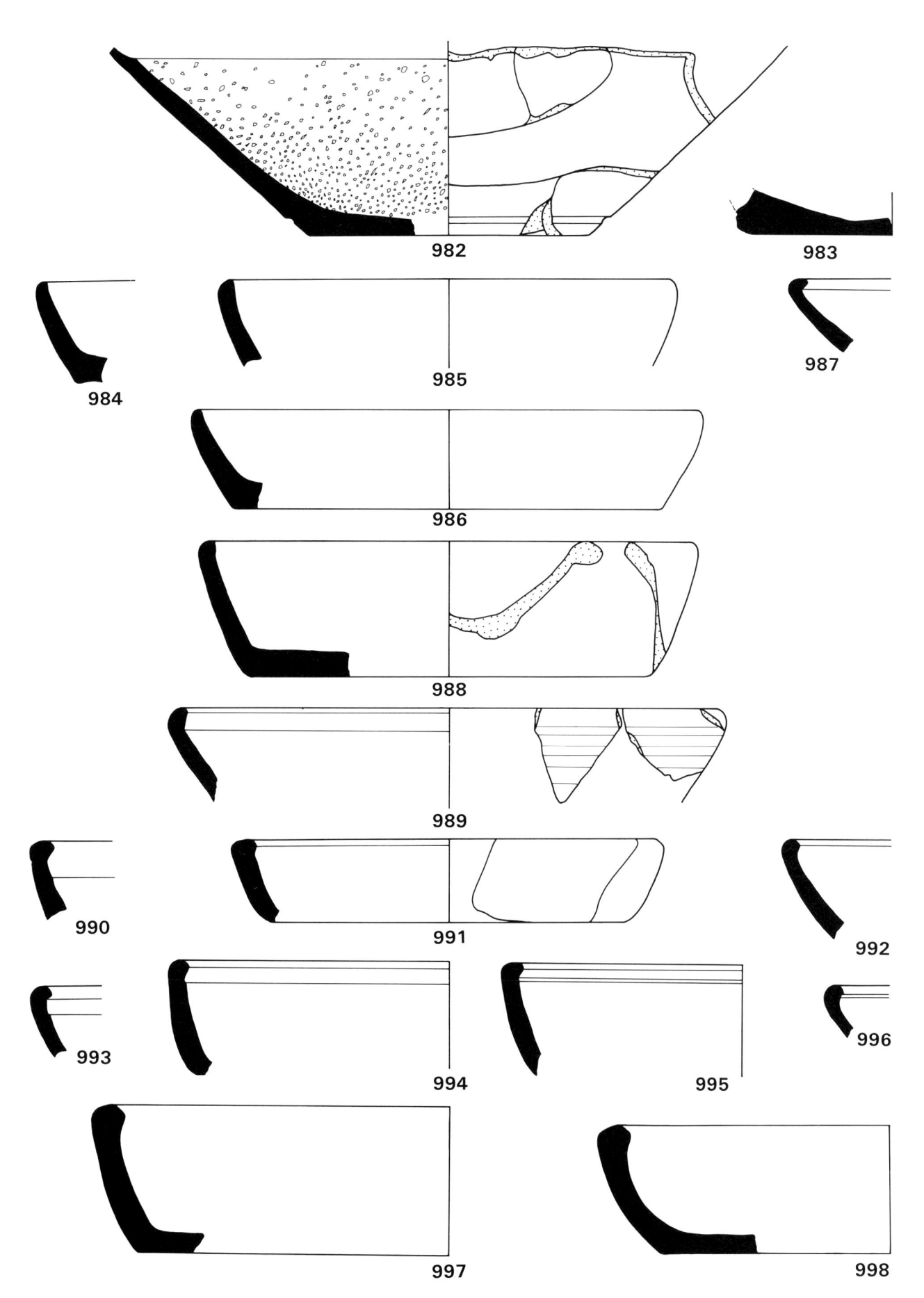

Taf. 62 Trimbach SO-Frohburg. Römische Epoche: 982–983 Reibschüsseln, 984–998 Teller.
Massstab 1:2

Tafel 63: Römische Epoche

Schüsseln mit gerillter Randleiste
999   2 zusammenpassende RS einer Schüssel mit schwach gerillter Randleiste. Ton fleischocker, wohl tongrundig. Rdm. 36 cm. Inv.Nr. 120/14/4874. F15/1; Z/Sf.
1000 RS einer Schüssel mit doppelt gerillter Randleiste und deutlichem Wandknick. Ton fleischocker, Überzug braunrot, matt. Rdm. 22 cm. Inv.Nr. 120/14/4875. F28/1.
1001 RS einer Schüssel mit doppelt gerillter Randleiste und Rille auf dem Randsaum. Ton fleischocker, Überzug rotbraun, schwach irisierend. Rdm. ca. 21 cm. Inv.Nr. 120/14/4884. F24/4.
1002 RS einer Schüssel mit doppelt gerillter Randleiste. Ton fleischocker-orangerot, Überzug hellrot-braun. Rdm. ca. 18 cm. Inv.Nr. 120/14/4878. G4/1.
1003 RS einer Schüssel mit doppelt gerillter Randleiste und deutlichem Wandknick. Ton hellgrau-beige, Überzug rotbraun, matt. Rdm. 30 cm. Inv.Nr. 120/14/4876. V17/1.
1004 3 zusammenpassende RS einer Schüssel mit doppelt gerillter Randleiste. Ton fleischocker-orangerot, Überzug rotbraun. Rdm. 22 cm. Inv.Nr. 120/14/4877. F22/2; F22/2; G3/3.
1005 RS einer Schüssel mit einfach gerillter Randleiste. Ton hellgrau-beige, Überzug rotbraun. Rdm. ca. 20 cm. Inv.Nr. 120/14/4891. Z12/1.
1006 RS einer Schüssel mit einfach gerillter Randleiste. Ton fleischocker, Überzug rotbraun. Rdm. ca. 20 cm. Inv.Nr. 120/14/4888. V2/4.
1007 RS einer Schüssel mit einfacher gerillter Randleiste. Ton fleischocker, Überzug rotbraun. Rdm. 23 cm. Inv.Nr. 120/14/4886. F11/1.
1008 RS einer Schüssel mit einfach gerillter Randleiste, wohl Wandknick. Ton fleischocker, Überzug rot-hellbraun. Rdm. 18 cm. Inv.Nr. 120/14/4885. G4/1.
1009 RS einer Schüssel mit einfach gerillter Randleiste. Ton fleischocker, Überzug rotbraun. Inv.Nr. 120/14/4889. Z1/1.
1010 2 zusammenpassende RS einer Schüssel mit schwach gerillter Randleiste. Handgefertigt. Ton grau-beige, Obfl. seifig, Randzone überdreht. Rdm. 18 cm. Inv.Nr. 120/14/4458. F22/2; G7/1.

Schüsseln mit Horizontalrand, rauhwandig
1011 RS einer Schüssel mit verdicktem Horizontalrand. Ton hellgrau, Obfl. seifig, innen rot, aussen und Randzone überdreht. Rdm. ca. 15 cm. Inv.Nr. 120/14/5044. Z4/3.
1012 RS einer Schüssel mit verdicktem Horizontalrand. Ton grau, grob gemagert, Obfl. handgeglättet. Rdm. 18 cm. Inv.Nr. 120/14/5025. Z4/3.
1013 RS einer Schüssel mit gekehltem Horizontalrand. Ton hellgrau, Obfl. handgeglättet, Randzone überdreht(?). Rdm. 20 cm. Inv.Nr. 120/14/4453. Z4/4.
1014 RS einer Schüssel mit gerilltem Horizontalrand. Ton braun, grob kalkgemagert, Obfl. handgeglättet. Rdm. ca. 18 cm. Inv.Nr. 120/14/5039. Z6/1.
1015 RS einer Schüssel mit gerilltem Horizontalrand. Ton grau, grob gemagert, Obfl. handgeglättet, Randzone überdreht(?). Rdm. 26 cm. Inv.Nr. 120/14/5038. F11/1.
1016 RS einer Schüssel mit gerilltem Horizontalrand. Ton hellbraun-grau, fein, Obfl. geglättet, Randzone überdreht. Rdm. 20 cm. Inv.Nr. 120/14/5063. P19/2.
1017 RS einer Schüssel mit gerilltem Horizontalrand. Ton fein, grau, Obfl. scheibengeglättet. Rdm. 22 cm. Inv.Nr. 120/14/5062. Z8/5.
1018 RS einer Schüssel mit gerilltem Horizontalrand. Ton hellgrau, Obfl. handgeglättet, Randzone überdreht. Rdm. 20 cm. Inv.Nr. 120/14/5040. Z7/1.
1019 RS einer Schüssel mit gekehltem Horizontalrand. Ton hellgrau, Obfl. handgeglättet, Rand überdreht(?). Inv.Nr. 120/14/5045. P13.
1020 RS einer Schüssel mit gerilltem Horizontalrand. Ton graubraun, Obfl. handgeglättet, Randzone überdreht. Rdm. 23 cm. Inv.Nr. 120/14/4455. Z1/6.
1021 RS einer Schüssel mit gerilltem Horizontalrand. Ton grau, grob kalkgemagert, Obfl. handgeglättet, Randzone überdreht(?). Rdm. 22 cm. Inv.Nr. 120/14/5041. V17/1.
1022 RS einer Schüssel mit gekehltem Horizontalrand. Ton hellbraun-grau, handgeglättet, Randzone überdreht(?). Rdm. 19 cm. Inv.Nr. 120/14/4454. Z4/4.

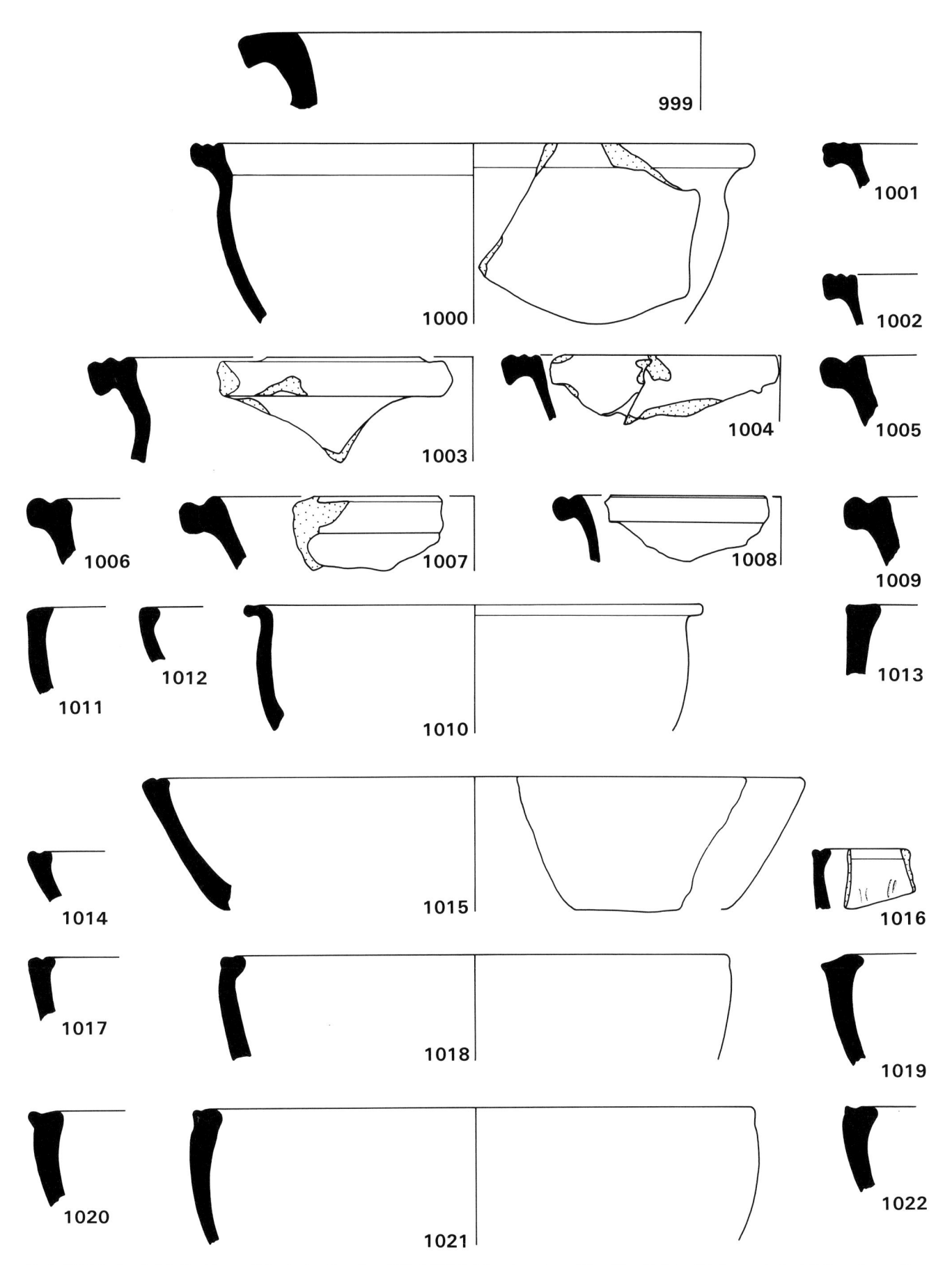

Taf. 63 Trimbach SO-Frohburg. Römische Epoche: 999–1010 Schüsseln mit gerillter Randleiste, feinkeramisch, 1010 rauhwandig, 1011–1022 Schüsseln mit Horizontalrand, rauhwandig.
Massstab 1:2.

Tafel 64: Römische Epoche

Schüsseln mit Horizontalrand, rauhwandig (Fortsetzung)

1023 RS einer Schüssel mit nach aussen schwach gekehltem Horizontalrand. Ton hellbraun-grau, kalkgemagert, Obfl. handgeglättet, Randzone überdreht(?). Rdm. 18 cm. Inv.Nr. 120/14/5042. K20/2.

1024 RS einer Schüssel mit Horizontalrand. Horizontale Rillen. Ton grau-hellbraun, Obfl. handgeglättet, Randzone überdreht. Rdm. 16 cm. Inv.Nr. 120/14/5046. Z4/4.

1025 RS einer Schüssel mit doppelt gekehltem Horizontalrand. Ton bräunlich grau, Obfl. handgeglättet, Randzone überdreht. Rdm. 24 cm. Inv.Nr. 120/14/5162. Z4/4.

1026 RS einer Schüssel mit doppelt gekehltem Horizontalrand. Ton hellgrau, kalkgemagert, Obfl. handgeglättet, Randzone überdreht. Rdm. 22 cm. Inv.Nr. 120/14/5043. Z11/4.

1027 RS einer Schüssel mit eingerolltem, leicht gekehltem Horizontalrand. Ton hellgrau, grob gemagert, Obfl. handgeglättet, Randzone überdreht(?). Rdm. ca. 30 cm. Inv.Nr. 120/14/5032. E3/1.

1028 RS einer Schüssel mit eingerolltem Horizontalrand. Ton grau, hart gebrannt, Obfl. handgeglättet, Randzone überdreht. Rdm. 26 cm. Inv.Nr. 120/14/5030. P19/1.

1029 2 RS einer Schüssel mit eingerolltem, gekehltem Horizontalrand. Ton grau, Obfl. handgeglättet, Randzone überdreht(?). Inv.Nr. 120/14/5031. Z10/1.

1030 RS einer Schüssel mit eingerolltem, fein gerilltem Horizontalrand und geschweifter Wand. Ton grau, Obfl. handgeglättet, Randzone überdreht. Rdm. 25 cm. Inv.Nr. 120/14/4452. Z/Sf.

Schüsseln mit eingewülstetem Rand

1031 RS einer Schüssel mit eingewülstetem Rand. Ton fleischocker, fein, Überzug(?). Inv.Nr. 120/14/4973. Z1/1.

1032 RS einer Schüssel mit eingewülstetem Rand. Ton im Kern hellbraun, Obfl. grau, handgeglättet. Rdm. ca. 20 cm. Inv.Nr. 120/14/5028. P19/1.

1033 RS einer Schüssel mit eingewülstetem Rand und Innenkehle. Ton fleischocker, Überzug(?). Rdm. 16 cm. Inv.Nr. 120/14/4972. Z12/1.

1034 RS einer Schüssel mit eingewülstetem Rand. Ton grau-hellbraun, Obfl. handgeglättet, Randzone überdreht. Inv.Nr. 120/14/4971. Z4/4.

1035 RS einer Schüssel(?) mit eingewülstetem Rand. Ton hellgrau, hart, Obfl. handgeglättet, Randzone überdreht(?). Rdm. ca. 17 cm. Inv.Nr. 120/14/5029. W5/1.

1036 RS einer Schüssel mit nur schwach verdicktem, einziehendem Rand. Ton grau, Obfl. handgeglättet. Inv.Nr. 120/14/5033. P19/1.

1037 RS einer Schüssel mit gerundeter Wand. Ton orange, Schamottenmagerung, Obfl. tongrundig oder Überzug(?). Rdm. 22 cm. Inv.Nr. 120/14/5170. E3/1.

1038 RS einer Schüssel oder eines Tellers mit schwach einziehendem Rand. Ton grau, Obfl. handgeglättet. Rdm. 20 cm. Inv.Nr. 120/14/5064. Z4/4.

1039 RS einer Schüssel mit geschweifter Wand. Ton gelb-orange, fein, Überzug weiss. Rdm. ca. 24 cm. Inv.Nr. 120/14/4429. F8/1.

Kochtöpfe

1040 RS eines Kochtopfes mit ausgelegtem Wulstrand. Ton grau, seifig, Obfl. handgeglättet, Randzone überdreht. Rdm. 10 cm. Inv.Nr. 120/14/5167. Z8/4.

1041 RS eines Kochtopfes mit ausgelegtem Wulstrand. Ton graubraun, rel. fein gemagert, Obfl. handgeglättet, Randzone überdreht. Rdm. ca. 13 cm. Inv.Nr. 120/14/4931. Z8/5.

1042 RS eines Kochtopfes mit ausgelegtem Wulstrand. Ton grau-braun, seifig, Obfl. handgeglättet. Randzone überdreht. Rdm. 10 cm. Inv.Nr. 120/14/4457. K17/1.

1043 RS eines Kochtopfes mit ausgelegtem Wulstrand. Ton bräunlich grau, Obfl. handgeglättet, Randzone überdreht. Rdm. 12 cm. Inv.Nr. 120/14/5163. Z1/3.

1044 RS eines Kochtopfes mit ausgelegtem Wulstrand. Ton grau, seifig, Obfl. handgeglättet, Rand- und Halszone überdreht. Rdm. 14 cm. Inv.Nr. 120/14/5161. Z1/4.

1045 RS eines Kochtopfes mit Wulstrand. Ton grau-braun, Obfl. handgeglättet, Randwulst überdreht. Rdm. ca. 6 cm. Inv.Nr. 120/14/4925. Z4/4.

1046 RS eines Kochtopfes mit Wulstrand. Ton braungrau, rel. fein gemagert, Obfl. handgeglättet, Randzone überdreht. Inv.Nr. 120/14/4459. Z1/4.

1047 RS eines Kochtopfes mit ausgezogenem Wulstrand. Ton braun-grau, Obfl. handgeglättet, Randzone überdreht. Rdm. 15 cm. Inv.Nr. 120/14/5165. Z4/4.

1048 RS eines Kochtopfes mit ausgelegtem Wulstrand. Ton braun-grau, grob, Obfl. handgeglättet, Rand überdreht. Rdm. 13 cm. Inv.Nr. 120/14/4924. F2/1.

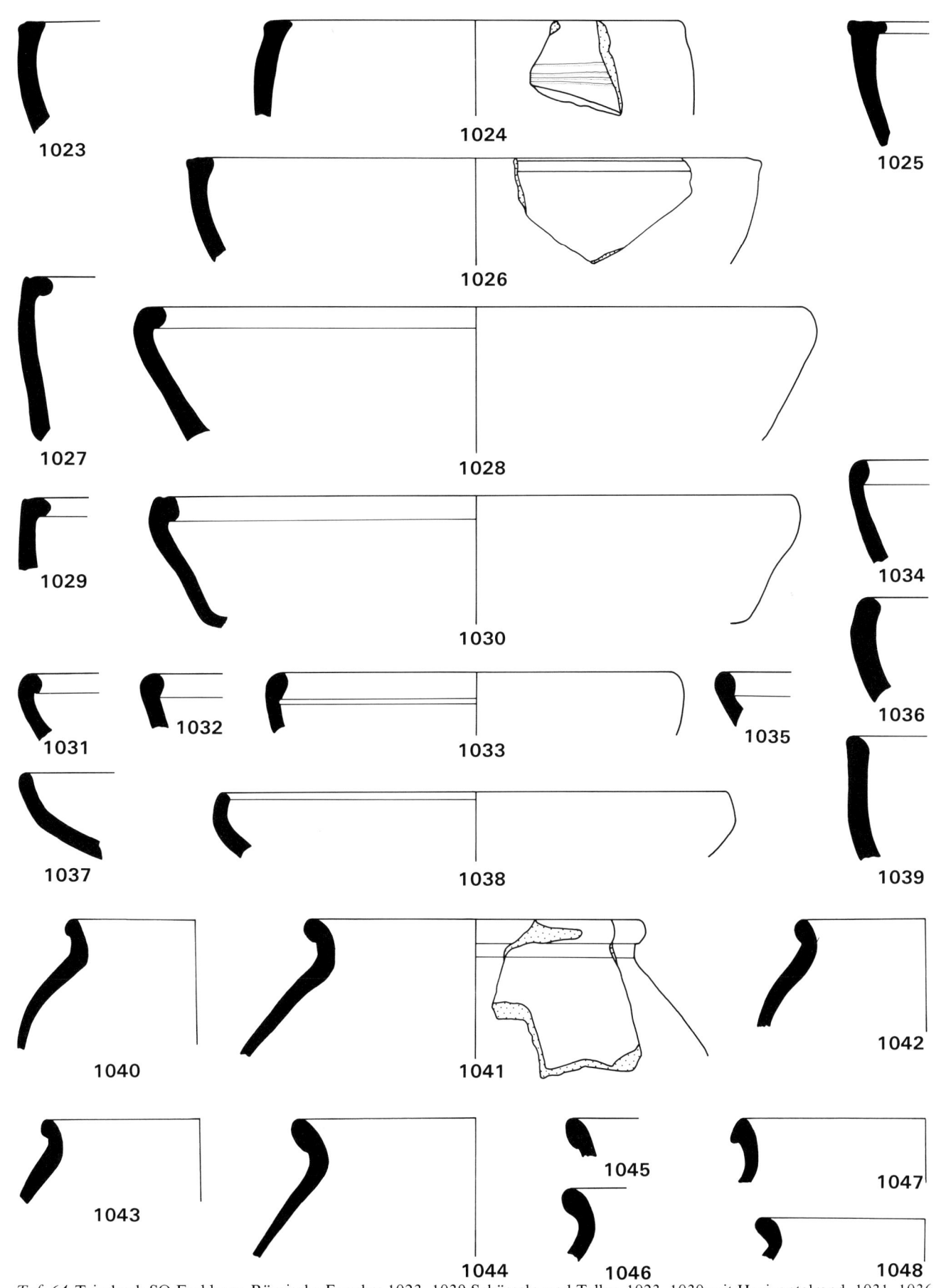

Taf. 64 Trimbach SO-Frohburg. Römische Epoche: 1023–1039 Schüsseln und Teller, 1023–1030 mit Horizontalrand, 1031–1036 mit eingewülstetem Rand. 1037–1039 Varia, 1040–1048 Kochtöpfe mit ausgelegtem Wulstrand. Massstab 1:2.

Tafel 65: Römische Epoche

Kochtöpfe (Fortsetzung)
1049 RS und 5 WS eines Kochtopfes mit ausgelegtem Rand. (1059 wohl dazugehöriger Unterteil). Ton dunkelbraungrau, seifig, Obfl. handgeglättet, Randzone überdreht. Rdm. 22 cm. Inv.Nr. 120/14/4922. Z6/1.
1050 RS eines Kochtopfes mit ausgelegtem Rand. Ton graubraun, Obfl. handgeglättet, Randzone aussen überdreht. Rdm. 14 cm. Inv.Nr. 120/14/4918. F15/1.
1051 RS eines Kochtopfes mit verdicktem, ausgelegtem Rand. Ton dunkelgrau, fein, Obfl. aussen hellbraun, handgeglättet, überdreht(?). Rdm. 11 cm. Inv.Nr. 120/14/4921. Z14/1.
1052 RS eines Kochtopfes mit ausgelegtem Rand. Ton hellgrau, Obfl. handgeglättet, überdreht(?). Rdm. 12 cm. Inv.Nr. 120/14/4957. Z1/4.
1053 RS eines Kochtopfes mit ausgelegtem Rand. Ton grau, Obfl. handgeglättet, Randzone aussen überdreht. Rdm. 16 cm. Inv.Nr. 120/14/5164. K19/1.
1054 RS eines Kochtopfes mit ausgelegtem Rand. Ton grau, grob, Obfl. handgeglättet, Randzone überdreht, Rdm. 14 cm. Inv.Nr. 120/14/5053. F28/1.
1055 RS eines Kochtopfes mit ausgelegtem Rand. Ton graubraun, Obfl. handgeglättet, Randzone überdreht(?). Rdm. 16 cm. Inv.Nr. 120/14/5054. A.
1056 RS eines Kochtopfes mit ausgelegtem Rand. Ton grau, grob, Obfl. Randzone überdreht. Rdm. 15 cm. Inv.Nr. 120/14/4920. Z8/5.
1057 RS eines Kochtopfes mit ausgelegtem, schwach nach aussen gekehltem Rand. Ton grau-braun, grob, Obfl. geglättet. Rdm. 18 cm. Inv.Nr. 120/14/4923. Z12/1.
1058 RS eines Kochtopfes mit ausgelegtem Rand und Innenkehle. Ton grau-braun, Obfl. innen grau-schwarz, aussen braun, handgeglättet, Randzone überdreht. Rdm. 14 cm. Inv.Nr. 120/14/5168. Z8/4.
1059 BS und 2 WS eines Kochtopfes (vgl. 1049). Ton dunkelbraun-grau, Obfl. handgeglättet. Bdm. 16 cm. Inv.Nr. 120/14/4922. Z6/1.

Krüge und Henkeltöpfe
1060 RS eines Kruges mit verdicktem Rand. Ton fleischocker, Überzug braun. Rdm. 4,5 cm. Inv.Nr. 120/14/4538. F22/2.
1061 RS eines Kruges mit ausgelegtem Rand mit Kehle. Ton fleischocker, Überzug braunrot. Rdm. 6 cm. Inv.Nr. 120/14/4539. Z/Sf.
1062 RS eines Kruges mit unterschnittener, bandförmiger Randlippe, trichterförmig. Ton hellorange, Überzug braun. Rdm. 6 cm. Inv.Nr. 120/14/4540. Z4/4.
1063 RS eines Kruges mit gerilltem Randsaum. Ton fleischocker, Überzug hellrot, matt glänzend. Rdm. 4 cm. Inv.Nr. 120/14/4542. K2/3.
1064 RS eines Kruges mit Wulstrand. Rille unterhalb Rand. Ton fleischocker, Überzug rotbraun, glänzend. Rdm. 6 cm. Inv.Nr. 120/14/4543. A.
1065 RS eines Kruges mit schmaler schwach austrichternder Mündung. Ton grau-braun, wohl verbrannt. Rdm. 2,7 cm. Inv.Nr. 120/14/4541. Z8/5.
1066 RS eines Kruges oder Henkeltopfes mit nach aussen abgeschrägter Randlippe. Ton ocker, sek. verbrannt. Rdm. 8,5 cm. Inv.Nr. 120/14/4546. Z13/2.
1067 RS eines Kruges mit einfach gerilltem Rand. Ton grau, fein, Obfl. geglättet. Rdm. 4 cm. Inv.Nr. 120/14/4536. K9/1.
1068 RS eines Kruges mit Wulstrand. Ton gelborange mit Glimmer, Überzug(?). Rdm. 3,9 cm. Inv.Nr. 120/14/4537. Z1/4.
1069 2 zusammenpassende WS eines Kruges mit Randwulst und Rillenband auf der Schulter. Ton fleischocker, Überzug hellbraun-rot, glänzend. Inv.Nr. 120/14/4577. Z11/4; Z11/5.
1070 5 zusammenpassende WS eines Kruges mit Rillendekor. Ton fleischocker, Überzug hellrot bis braun(?). Inv.Nr. 120/14/4576. Z6/1.
1071 WS mit Henkel wohl eines Honigtopfes. Ton fleischocker, Überzug rotbraun. Inv.Nr. 120/14/4571. P19/1.
1072 WS mit Henkel wohl eines Honigtopfes. Ton fleischocker, Überzug abgewittert(?). Inv.Nr. 120/14/4570. Z8/5.
1073 Fragment eines Zweistabhenkels. Ton fleischocker, Überzug rot-braun, matt. Inv.Nr. 120/14/4548. Z12/1.

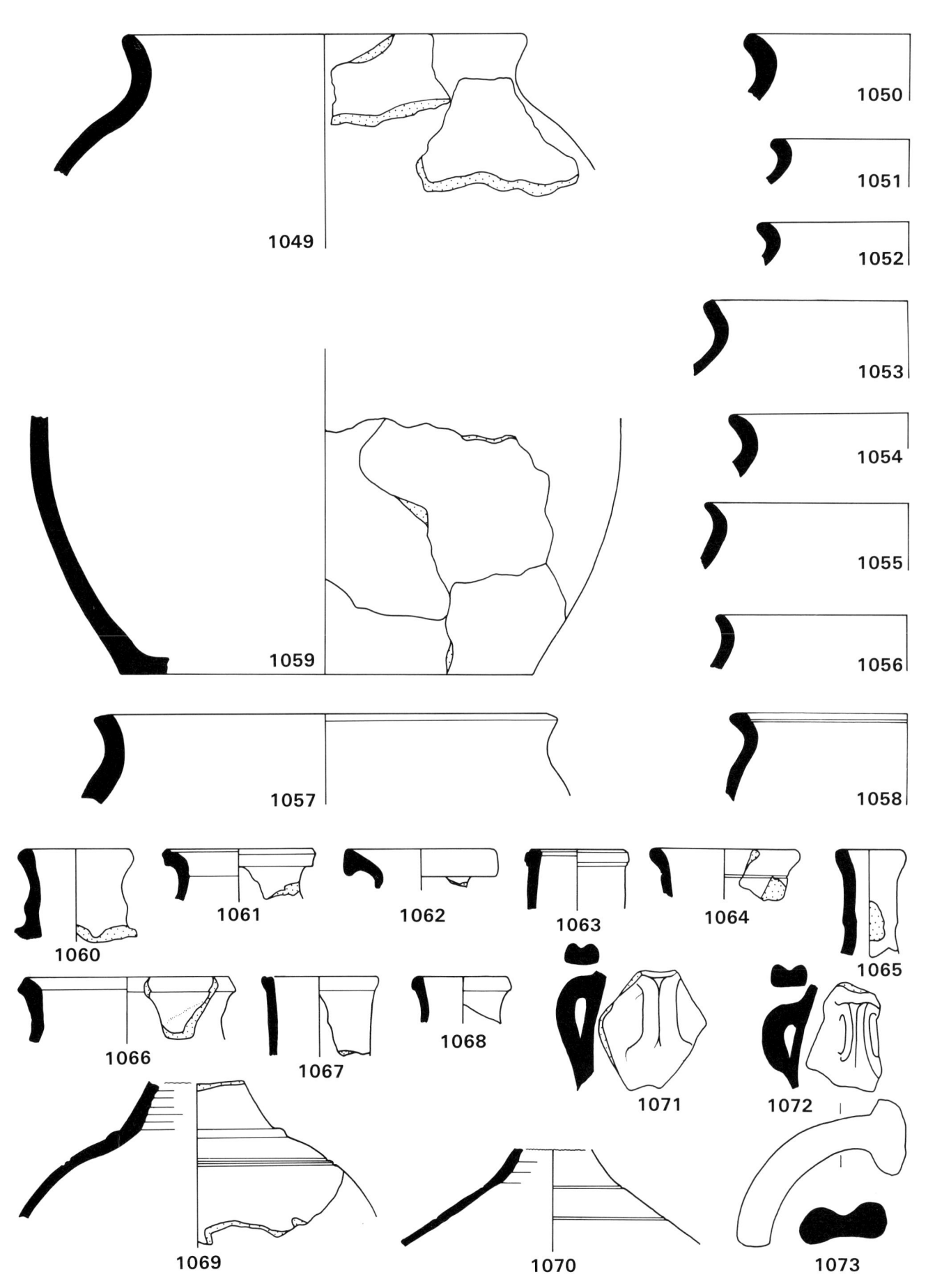

Taf. 65 Trimbach SO-Frohburg. Römische Epoche: 1049–1059 Kochtöpfe, 1060–1073 Krüge und Henkeltöpfe. Massstab 1:2.

Tafel 66: Römische Epoche

Lavez

1074 2 zusammenpassende BS eines Lavezgefässes. Dreifaches Rillenband. Inv.Nr. 120/14/4872.
1075 BS eines Lavezgefässes. Doppelrille. Inv.Nr. 120/14/4873.

Lavezimitierende Gefässe

1076 RS eines zylindrischen Bechers mit dreifachem Rillenband. Ton hellbraun-dunkelgrau, Obfl. aussen schwarz, poliert, scheibengedreht. Rdm. 9 cm. Inv.Nr. 120/14/4841. Z6/1.
1077 RS eines zylindrischen Bechers mit Riefendekor. Ton hellbraun-dunkelgrau, Obfl. aussen schwarz, poliert, scheibengedreht. Rdm. 9 cm. Inv.Nr. 120/14/4842. Z6/1.
1078 RS eines zylindrischen Bechers mit Riefendekor. Ton hellgrau-beige, Obfl. poliert, scheibengedreht. Rdm. 9 cm. Inv.Nr. 120/14/4840. Z6/1.
1079 BS eines becherartigen Gefässes. Ton beige, rel. fein, Obfl. innen hellbraun, aussen und Bodenfläche dunkelgrauschwarz glänzend, geschmaucht(?). Bdm. 5,2 cm. Inv.Nr. 120/14/5074. Z6/1.
1080 WS eines zylindrischen Bechers mit Rillenbanddekor. Ton hellbraun-grau, Obfl. aussen schwarz glänzend. Inv.Nr. 120/14/4843. Z11/5.
1081 RS eines zylindrischen Bechers mit verdicktem, auf dem Saum grieftem Rand. Rillendekor. Ton grau, Obfl. geglättet. Rdm. ca. 14 cm. Inv.Nr. 120/14/4839. Z4/4.
1082 RS und 2 WS wohl desselben konischen Bechers mit horizontalem und Wellenkammstrichdekor sowie vertikaler Ritzzier. Ton hellgrau-beige, Obfl. handgeglättet, partiell überdreht. Rdm. 11 cm. Inv.Nr. 120/14/4859–4861. F8/2; P12/3; P15/2.
1083 RS eines zylindrischen Bechers mit Horizontal- und Wellenkammstrichdekor sowie Riefenband. Innenkehle. Ton hellgrau, Obfl. aussen handgeglättet, partiell überdreht. Rdm. 10 cm. Inv.Nr. 120/14/4858. K19/1.
1084 2 WS eines Zylindrischen Bechers mit Horizontal- und Wellenkammstrichdekor. Ton hellgrau-beige, Obfl. handgeglättet, partiell überdreht. Inv.Nr. 120/14/4862–4863. K19/1; Z10/1.
1085 WS eines zylindrischen Bechers mit Horizontal- und Wellenkammstrichdekor. Ton hellgrau-beige, Obfl. handgeglättet, partiell überdreht. Inv.Nr. 120/14/4864. Z10/1.

Varia

1086 RS eines Doliums mit ausgelegtem Wulstrand. Ton graubraun, rel. fein gemagert, Obfl. handgeglättet, Randzone überdreht. Rdm. 17 cm. Inv.Nr. 120/14/4930. A.
1087 3 RS (2 zusammenpassend) eines Deckels mit Rillenbanddekor. Ton beige-hellbraun, fein, Reste von braunrotem Überzug. Rdm. 24 cm. Inv.Nr. 120/14/5068–5069. F8/2; F28/1.
1088 RS eines Topfes(?) mit einziehendem verdicktem Rand. Ton grau, fein gemagert, Obfl. sekundär verbrannt, Drehrillen auf der Randzone. Rdm. 14 cm. Inv.Nr. 120/14/4426. A.
1089 2 zusammenpassende RS einer Tonne(?) mit verdicktem Rand und Wulstleiste. Ton orange, mehlig, Obfl. grau. Rdm. 13 cm. Inv.Nr. 120/14/4427.
1090 RS einer Flasche oder Tonne mit flacher Leiste. Ton fleischocker, Überzug rötlich? Rdm. 14 cm. Inv.Nr. 120/14/5156. E1/3.
1091 RS einer Tonne mit verdicktem, einziehendem Rand. Ton fleischocker, Überzug hellrotbraun, glänzend. Rdm. 8 cm. Inv.Nr. 120/14/5154. Z9/1.
1092 RS einer Tonne mit verdicktem, einziehendem Rand. Ton fleischocker, Überzug hellbraun, matt. Rdm. 8 cm. Inv.Nr. 120/14/5153. Z11/4.

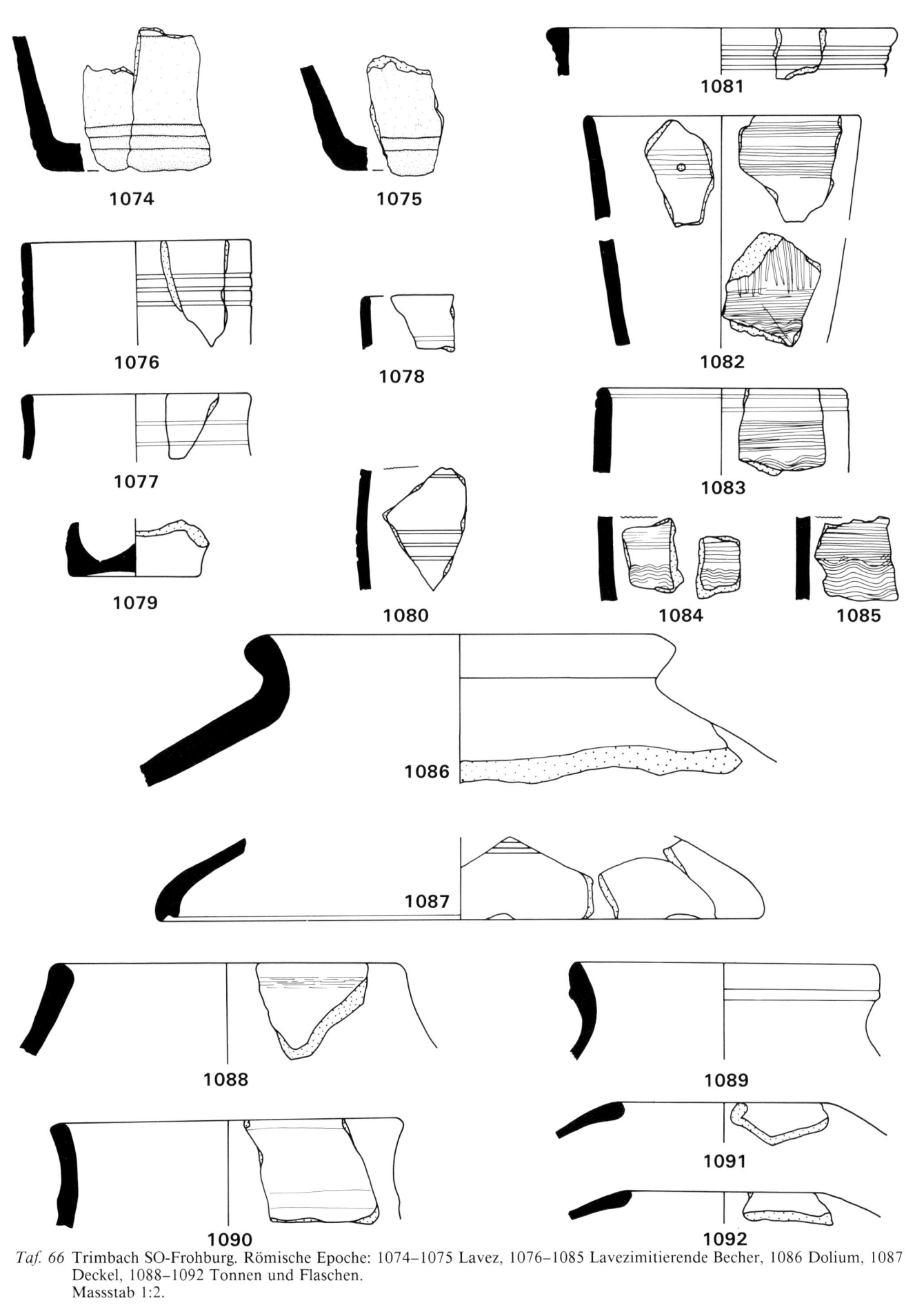

Taf. 66 Trimbach SO-Frohburg. Römische Epoche: 1074–1075 Lavez, 1076–1085 Lavezimitierende Becher, 1086 Dolium, 1087 Deckel, 1088–1092 Tonnen und Flaschen.
Massstab 1:2.

Tafel 67: Römische Epoche

Verschiedene Töpfe/Töpfchen

1093 RS eines Töpfchens mit Kehlrand (Form Alzey 27). Ton orange-beige, Überzug(?). Rdm. 11 cm. Inv.Nr. 120/14/4903. Z4/4.
1094 RS eines Töpfchens mit Kehlrand (Form Alzey 27). Ton fleischocker, Überzug hellbraun. Rdm. 11 cm. Inv.Nr. 120/14/4904. Z8/5.
1095 RS eines Töpfchens mit Kehlrand (Form Alzey 27). Ton fleischocker, Überzug(?). Rdm. 8 cm. Inv.Nr. 120/14/4906. Z4/4.
1096 RS eines Töpfchens mit Kehlrand (Form Alzey 27). Ton fleischocker, Überzug(?). Inv.Nr. 120/14/4905. Z12/1.
1097 RS eines Töpfchens mit doppelt schwach gekehltem Rand. Ton fleischocker, Überzug(?). Rdm. 12 cm. Inv.Nr. 120/14/4908. Z1/1.
1098 RS eines Topfes mit gekehltem Horizontalrand. Ton grau, fein, Obfl. braun, Randzone überdreht. Rdm. 14 cm. Inv.Nr. 120/14/5169. P19/1.
1099 RS eines Topfes mit schwachem Kehlrand. Ton hell-dunkelgrau, Obfl. handgeglättet, Randzone überdreht. Inv.Nr. 120/14/4909. Z8/3.
1100 RS eines Topfes mit «herzförmigem» Profil der Form Alzey 27. Ton fleischocker, grob kalkgemagert, Obfl. tongrundig, am Rande geschwärzt. Rdm. 17 cm. Inv.Nr. 120/14/4902. A.
1101 RS eines Töpfchens mit gerillter Randleiste. Ton fleischocker, Überzug hellrot-braun. Inv.Nr. 120/14/4893. Z11/5.
1102 RS eines Töpfchens mit gerillter Randleiste. Ton fleischocker, Überzug hellbraun. Inv.Nr. 120/14/4894. Z11/5.
1103 RS eines Töpfchens mit schwach gekehlter Randleiste. Ton fleischocker, Überzug hellbraun. Inv.Nr. 120/14/4896. Z11/3.
1104 RS eines Töpfchens mit schwach gerillter Randleiste. Ton orangerot, Überzug hellbraun-rot Rdm. 12 cm. Inv.Nr. 120/14/4895. Z12/1.
1105 RS eines Töpfchens mit gerillter Randleiste. Ton fleischocker, Überzug hellrot-braun. Rdm. 10 cm. Inv.Nr. 120/14/4892. K8/1.
1106 RS eines Topfes mit horizontaler Randleiste. Ton graubraun, fein, Randzone überdreht. Rdm. 12 cm. Inv.Nr. 120/14/5166. A.
1107 4 zusammenpassende RS eines Töpfchens mit am Saum gerillter Randleiste. Ton fleischocker, Obfl. tongrundig. (Honigtopf?). Rdm. 9 cm. Inv.Nr. 120/14/4898–4900. Z11/3; Z12/1.
1108 RS eines Töpfchens mit schwach gekehlter Randleiste. Ton grau, grob gemagert, Obfl. handgeglättet, Randzone überdreht. Rdm. 11 cm. Inv.Nr. 120/14/4914. P19/2.
1109 RS eines Topfes mit gerillter Randleiste. Ton hellbraun, Obfl. hellbraun-schwarz, Randzone überdreht. Rdm. 13 cm. Inv.Nr. 120/14/4915. E3/1.
1110 RS eines Töpfchens mit Horizontalrand. Ton orange, Überzug braun. Rdm. 6 cm. Inv.Nr. 120/14/5160. A.
1111 RS eines Topfes mit doppelt gekehltem Innenrand. Ton grau, grob gemagert, Obfl. handgeglättet, Randzone überdreht. Rdm. 15 cm. Inv.Nr. 120/14/4913. Z4/4.
1112 3 zusammenpassende BS einer Tonne oder Flasche. Ton fleischocker, fein, Obfl. grau glänzend, wohl geschmaucht und poliert. Bdm. 11 cm. Inv.Nr. 120/14/5071. P2/1.
1113 2 zusammenpassende BS einer Schüssel(?). Ton fleischocker, Überzug hellbraun(?). Bdm. 8,5 cm. Inv.Nr. 120/14/5072. Z8/4; Z13/1.
1114 BS einer Flasche mit Drehrillen. Ton fleischocker, Überzug orangerot-dunkelbraun, mattglänzend. Bdm. 8,5 cm. Inv.Nr. 120/14/5070. Z4/4.
1115 BS eines tonnenartigen Gefässes mit flachem Boden. Ton hellgrau, fein, Obfl. tongrundig poliert. Bdm. 12 cm. Inv.Nr. 120/14/5073. Z11/4.
1116 2 zusammenpassende BS eines flachbodigen Gefässes. Ton fleischocker, Überzug hellrot-braun, matt glänzend. Bdm. 7,5 cm. Inv.Nr. 120/14/5077. P8/1; K12/2.
1117 BS einer Schüssel(?). Ton fleischocker, Überzug hellrot, innen tongrundig. Bdm. 7 cm. Inv.Nr. 120/14/5075. K7/2.
1118 3 zusammenpassende BS eines grauen, groben Gefässes. Rille über Boden. Ton hellgrau, Obfl. handgeglättet, aussen überdreht(?). Bdm. 11 cm. Inv.Nr. 120/14/5076. Z8/5.
1119 Fragment eines Käsesiebes. Ton fleischocker, Obfl. tongrundig. Inv.Nr. 120/14/5157. Z1/Sf.
1120 Leistenziegelfragment mit schwach eingepresstem Legionsstempel [LE]G XI CP[F], Jahn-Typ 14a(?). Ton orangerot, grob gemagert, Inv.Nr. 120/14/5158. P14/1.

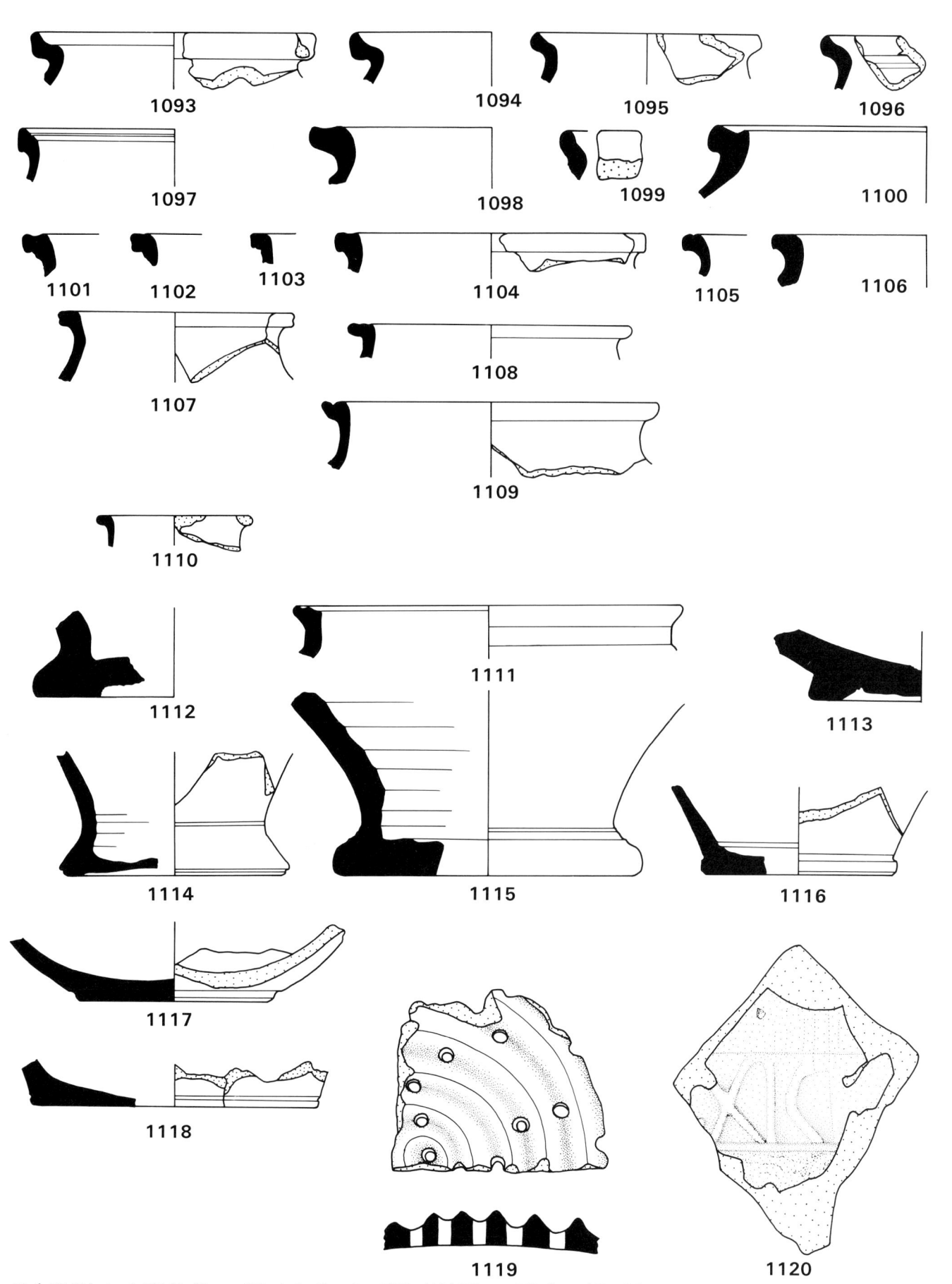

Taf. 67 Trimbach SO-Frohburg. Römische Epoche: 1093–1111 Diverse Töpfe und Töpfchen, 1112–1118 Bodenscherben verschiedener Gefässe, 1119 Sieb, 1120 Ziegel.
Massstab 1:2.